明清时期
台湾先贤先烈传记

李跃乾　孙钦梅 / 编著

华艺出版社
HUA YI PUBLISHING HOUSE

目录

一　　沈有容：台海抗倭名将

沈有容（1557—1627），字士弘，号宁海，嘉靖三十六年（1557年）出生于南直隶（今安徽）宣城洪林桥一个著名的官宦家庭，祖父沈宠是明朝大学者、嘉靖丁酉年（1537年）举人，官至广西参议。父亲沈懋敬是太学生，官至蒲州同知，官声很好。他的叔父沈懋学于万历五年（1577年）考中状元，与宰相张居正私交甚笃。

沈有容自幼"驰马试剑，好兵略"，立志从戎报国。沈懋学非常支持侄儿沈有容从军，"君典（沈懋学）尝指将军示余（屠隆）：'此吾家千里驹也。吾家世以文学显，是子当奋行间，黄金鹊印，不足道也。'"① 沈懋学的儿子沈有则也说过："仲兄少负倜傥，崖然有封狼居胥志，尊人先太史独器重之。弱冠，以戎官游塞上，尝有诗壮其行，载集中。尊人到处材仲兄不翅口，固有若谢安之举兄子玄也者；而仲兄亦遂到处竖奇伐，尊人每为折屐齿焉。嗟嗟！令尊人今日而在，闻仲兄海上威名，更不知何如愉快矣！"② 沈懋学还有《赠出塞》诗四首赠予沈有容。

---

① 参见（明）陈第《平东番记》；沈有容《闽海赠言》。
② 参见沈有则《宁海颂·为仲兄五十初度纂（有序）》。

戍守东北边疆

万历五年（1577 年），沈有容西赴云中、上谷，投在宣（府）大（同）总督吴
襄洲麾下，服役将近一年。万历六年，沈有容回到了宣城，万历七年到应天（南京）
参加武举考试，一举夺得了第四名。

万历八年（1560 年），在参加科举考试失败后，沈有容北上投在蓟辽总督梁梦龙
麾下，梁梦龙"见而异之"，授予他旗牌官一职。不久，沈有容又被梁梦龙任用为昌
平右骑营千总，后由受知总督张佳胤调蓟镇东路，辖南兵后营。万历十二年秋，蒙
古朵颜长昂以三千骑兵入侵刘家口，沈有容于半夜带着二十九人前去夜袭，他身中
二矢，斩首六级，蒙古兵于是退走，从此立下威名。后来被辽东巡抚顾养谦招致麾
下，负责训练火器。

万历十四年（1586 年）四月，蒙古部落首领土默特率诸子，联合泰宁部巴图尔、
绰哈等，以三万骑兵向辽阳前进。宁远伯、总兵李成梁率轻骑出镇边堡（北镇北），
昼伏夜行二百多里，在可母林大破蒙古兵，斩首九百余众，沈有容跟随李成梁参加
了这场战斗。第二年，沈有容再次跟随李成梁出塞外攻克北关（海西女真）部落。
沈有容因功绩而得世荫千户，升迁为都司金书，守卫浮屠谷。

万历二十年（1592 年）爆发朝鲜之役，日本关白丰臣秀吉入侵朝鲜。明廷任命
宋应昌为备倭总经略，率兵去朝鲜。宋应昌任命沈有容为"本部院中军"（中军相当
于副官），宋应昌还找了一个所谓"驱使神兵"的术士张元阳随军。沈有容见到宋应
昌如此沉溺于方术，非常失望。宋应昌对他也逐渐冷淡起来，沈有容不久便识趣地
"托疾乞归"了。

威镇台海

嘉靖、万历年间，浙江、福建等沿海地区和台湾屡遭倭寇侵扰，百姓深受其害，

也成为朝廷最棘手的外患之一。丰臣秀吉于万历二十五年（1597年）发动了第二次朝鲜战争，企图在中国东南和东北两面进攻，夹击中国。明廷得到消息后不敢怠慢，在浙江、福建沿海集结了大量水师，严阵以待。福建巡抚金学曾上疏认为，不如运用这些兵力去攻击日本本土，迫使日本从朝鲜撤兵。明廷采纳了这一建议，调童元镇来执行此事。金学曾开始在全国范围内搜求将才，沈有容就在其中。当年秋，沈有容欣然接受了聘请，来到福州府衙。金学曾授予他海坛把总一职，驻守海坛（今福建平潭岛），以防备倭寇响应丰臣秀吉入侵东南沿海。丰臣秀吉死后，明廷认为将倭寇赶下海的目的已经达到，不再进行远征了。

沈有容自此便留在福建，在福建沿海镇守几十年。正是在这期间，他曾率军三次进入台湾群岛，歼灭倭寇，驱逐荷兰殖民者，成功地保卫了台湾。

万历二十六年（1598年），沈有容调守泉州府，掌控浯屿、铜山游兵，这期间，沈有容两次歼击倭寇有功，擢升为浯屿钦依把总，驻守浯屿水寨。

万历二十九年（1601年）七月，七艘倭寇船在闽、浙、粤海面流动抢劫，被明军击败后，逃到东番（今台湾岛），四处残害福建商民与当地原住民。

于是，沈有容积极筹划收复台湾，以根除倭患。沈有容招募渔民到台湾"阴诇地势""图其地理"，并且加紧操练水军。同年冬，福建巡抚朱运昌发密札"令剿东番（今台湾）倭"。春节前夕，沈有容率十四艘军舰渡海前往台湾，进迫东番西南海岸。倭寇对突然出现的明军感到十分意外和惊恐，深恐被明军及东番当地人民所夹击，匆忙出海迎战。据《泉州府志》记载："乘风破浪，过澎湖，与倭遇，诸士卒殊死战，勇气百倍，格杀数人。""焚沉倭寇船只六艘，斩首十五级，夺回被掳男女三百七余人。"最终，倭寇被彻底赶出东番。沈有容带军在大员（今台南西）驻扎二十多天，受到原住民的热烈欢迎。当时，与沈有容同船前往的连江人陈第在《东番记》中写道："倭破，收泊大员。夷目大弥勒辈率数十人叩谒，献鹿馈酒，喜为除害也。"《泉州府志》也载："番旄倪壶浆饩牵来犒我师，曰：'沈将军，再造我也！'海上息肩者十年。"

万历三十年（1602年），沈有容移镇晋江石湖，修建了蚶江镇石湖水寨。当时蚶江海堤水土流失严重，沈有容发动群众，修防波堤，海堤因此被称为沈公堤。同时，他又建防护林，帮助当地村民发展农业生产。沈有容调任其他地方后，石湖百姓为他修建了"沈公生祠"。

万历三十二年（1604年）八月，荷兰东印度公司的韦麻郎等率两艘巨舰（一说三艘），趁明军汛兵撤防之隙开入澎湖，升起了东印度公司的旗帜，在岛上筑城，并在娘妈宫（现今澎湖的马公）摆起了洋货摊。他们以互市为名，企图像葡萄牙人占领澳门一样永远占领澎湖列岛。

韦麻郎派人到福建同地方官员洽谈通商事宜，明朝地方官要求荷兰人先退出澎湖。韦麻郎却威胁说，如果不同意贸易就要攻打福建沿海。根据《闽海赠言》卷二"怀音记"记载，沈有容对池浴德说："夷意岂在互市，不过悬赂饵我，幸而售，将醉睡卧侧，睥睨中土！"深刻地指出了荷兰人的真实意图。福建巡抚拨五十艘战舰给沈有容，让他再次去澎湖剿灭荷兰人。可是，沈有容却主张先礼后兵："谕以理，惧以祸，令其自疑。""彼来求市，非为寇也，奈何剿之？剿而得胜，徒杀无罪，不足明中国广大。不胜则轻罢百姓。不如谕之，第令无所得利，徐当自去也！"巡抚赞许地说："将军若能息兵戈而退夷，当是上策！"于是委派沈有容为使者，赶赴澎湖"谕退红夷"。

十一月十六日，沈有容"轻袍缓带，径登其舟"，抵达澎湖与荷兰人进行交涉。沈有容向荷兰将领韦麻郎说明，明朝不允许荷兰人在澎湖通商。沈有容说："中国甚惯杀贼，第尔等既说为商，故尔优容；尔何言战斗，想是元怀作反之意。尔未睹中国兵威耶？"①"郎不去，恃汝舟大与？壑可藏、力可负、凿可沉、撞可破，而舟何可恃耶？郎不闻沈将军破倭奴东海上，海水尽赤？吾不忍若颈之续其后，故谕而归，

---

① 参见（明）陆燮《东西洋考》。

汝郎不从吾言，吾去矣，郎请后勿见我，毋贻空自悔也！"① 翻译林玉还把明军水师五十艘战舰正在合围两艘荷兰炮舰的态势通报给了荷兰人。韦麻郎退出了盘踞半年之久的澎湖，转往占据台湾。在临别之时，韦麻郎请画师为沈有容画像，以示尊敬。沈有容退荷有功升为金书浙江都司，同时在澎湖为沈有容刻立石碑，碑上刻着"沈有容谕退红毛番韦麻郎等"。该石碑在 1919 年出土，现存于澎湖马公大天后宫内的清风阁。

万历四十四年（1616 年），日本内乱。德川家康策划入侵东番，派遣村山秋安等率战舰十三艘、士兵三千人，于五月间从长崎进犯东番，途中遭遇风暴，船队被吹散。村山秋安所率三艘战舰漂至交趾（今越南），于次年返回长崎，明石道友等人所乘的三艘战舰驶到东番北部停泊，以小船载百余名士兵登陆，为东番人民包围，最后被迫全部自杀。另七艘于十一月间驶至福建海面，进犯金门料罗湾，并进攻宁德的大金堡，烧杀抢掠，桃烟门等倭寇盘踞东沙岛（今白犬岛）。明廷调沈有容任福州参将，统领水师，再剿倭寇。他"以倭制倭"，用明石道友的书信招降桃烟门一伙，"有获生倭六十九名于东沙之山，不伤一卒。"② 同时，沈有容还招降了海寇袁进、李忠，并且散遣其众。

镇守登、莱

天启元年（1621 年）三月，建州左卫都督、女真首领努尔哈赤叛明并且入侵辽东，辽阳、沈阳相继被后金占领。熊廷弼建三方布置之议，以陶朗先巡抚登州、莱州，而擢沈有容都督金事，任总兵官，登、莱遂为重镇。八月，毛文龙破后金，诏沈有容统水师一万，偕天津水师直抵镇江策应。沈有容感叹说："率一旅之师，当方

① 参见（明）沈有容《却西番记》；沈有容《闽海赠言》卷 2。
② 参见"大埔石刻"。

张之敌，吾知其不克济也。"后来明军果然失去镇江，水师于是不进。天启二年（1622年），广宁被后金攻占，辽民走避各个海岛，日望登莱水师救援。当时陶朗先下令，敢渡一人者斩。沈有容抗命力争，立命数十艘前往，获救百姓数万人。时金州、复州、盖州三卫俱空无人，有人提议欲据守金州。沈有容言金州孤悬海外，登州、皮岛俱远隔大洋，声援不及，不可以守，毛文龙后来攻取金州，未几又失。

天启四年（1624年），沈有容以年老乞骸骨辞官回乡，辑录在福建任上"七闽文雅与诸名公"所赠诗文，成书《闽海赠言》。方豪教授曾经在《闽海赠言·弁言》中如是写道："按所收各文，标有年代者，以泰昌庚申年（1620年）为最晚，知其书初刻必在天启间。"

崇祯元年（1628年），沈有容病死，获明思宗赠都督同知，赐祭葬。沈有容有子八人：四子沈寿岳，积极支持郑成功与张煌言抗清，于南明永历十五年、清顺治十八年（1661年）被斩首；六子沈寿崇，袭职，崇祯十六年（1643年）在湖南被李自成部所杀；八子沈寿尧，于南明弘光元年、清顺治二年（1645年）响应金声桓号召，组织义军抗清，兵败被杀。

二　李旦：台湾贸易的先驱

李旦（？—1625），福建泉州人，出身不详，是 17 世纪中国东南沿海地区著名的海商。

李旦先到马尼拉经商，是当地华侨领袖，因为钱财问题，他与西班牙人发生了冲突，被拘留在船上服苦役达九年之久。后来，李旦逃到日本平户。他与日本官方的关系很好，他的武装商船取得了日本的朱印状，往来于中国、日本、东南亚各地，成为该海域最强大的海商，他也顺理成章地成为日本华人富商和平户华侨的首领。根据英国、荷兰人的记载，在万历四十一年（1613 年），李旦已在平户有华丽的住宅，一妻数妾，子女满堂。他是在长崎平户拥有巨额财产的大商人，在平户长崎交游甚广，声望很高。英国东印度公司驻平户商馆馆长考克斯、司令官赛利斯、日本当地领主松浦隆信等贵族，长崎奉行长谷川权六以及萨摩领主岛津氏等，都与李旦密切往来。

李旦与福建的官员很有交情，经常赠送他们礼品。考克斯为了实现和中国通商的愿望，曾给予李旦大量金钱，想通过他贿赂福建官员。李旦虽然竭力效劳，却最终并没有完成使命，且欠了考克斯六千六百三十六两白银的债。

据上所述，可知李旦是在台湾海面最大的海商集团的首领，同时也是在日本平户的华侨首领，郑芝龙就是依靠这位同乡富商发达起来的。以日本平户为据点，李旦的商船常年驶往台湾、吕宋、澳门、印度支那等地。据当时考克斯的日记和其他人的记载，从1614年至1625年十一年间，李旦的十八只商船中，有十一只是航行台湾的。

万历年间后期（1610年代），李旦几乎年年派朱印船到台湾贩运生丝。

从1622年4月至1625年7月，李旦曾先后四次住在台湾，每次居住时间一年或几个月。最后于1624年2月到台湾后，除9月至11月去澎湖和厦门活动外，其余一年多的时间都是住在台湾，直到1625年7月，才因病离开台湾回到日本，8月12日死在日本平户。他在台湾长时期居住，当时荷兰人和英国人，都不止一次说他是"台湾最大的贸易者"，是"台湾贸易的先驱者"。

天启三年（1623年），李旦在安平与荷兰司令官雷约兹结识。李旦积极支持中国与荷兰通商，多次替荷兰人向中国官员请求贸易许可证。荷兰人侵占澎湖，筑城防守，要求互市，对福建沿海厦门等地进行骚扰。福建巡抚南居益夺回镇海港，遣将进攻，荷兰人退居风柜城。明军增兵继续进攻数月，荷兰人仍不退却。

第二年（1624年），荷兰台湾总督宋克请李旦从中斡旋，李旦协调荷兰人从澎湖转到台湾。

李旦还鼓励大陆居民向台湾岛居住垦荒，他在台湾从事商业活动，同时组织一部分从大陆来的居民扩大垦荒，从事农业生产，荷兰平户商馆长给荷兰台湾总督普特曼斯（Hans Putmans）的信中称李旦是台湾的知名人士。

所以说，李旦不但是"台湾贸易的先驱者"，也是开发台湾的先驱者之一。

三　　颜思齐：开台王

颜思齐（1589—1625），字振泉，福建漳州府海澄县青礁村人，万历十七年（1589 年）出生，生性豪爽，仗义疏财，身材魁梧，精通武艺，喜欢打抱不平。在台湾开发史上，颜思齐最早率众纵横台湾海峡，招泉漳移民，对台湾进行大规模的有组织的拓垦，因而被尊为"开台王""第一位开拓台湾的先锋"，连横在《台湾通史》中为台湾历史人物列传，"以思齐为首"。

万历四十年（1612 年），颜思齐遭官宦人家欺辱，怒杀其仆，躲进一艘货轮的船舱里，逃亡到日本平户，以裁缝为业。

明朝时期的福建海澄，有在海上经商的传统。当地的月港，是明朝对外贸易的一个核心港口，也是唯一一个允许中国商人合法出海贸易的地方，东亚海域的海商势力，大多以海澄人为领袖。与此相对应的是，日本平户此时也是德川家康幕府开辟的通商口岸，中日商旅往来频繁，这里到处可见福建的商人与海盗。

颜思齐不仅在平户站稳了脚跟，还结交了许多朋友，加入海商团伙。在明代，海商与海盗是合二为一的，这是那个时代海上贸易的特点。不仅中国海商如此，日本、荷兰、西班牙、葡萄牙等国的海商都是如此，一边以贸易盈利，一边抢劫对手的船只。依靠中、日、菲之间的海上贸易，颜思齐积蓄了大量财富。期间，颜思齐与经常到长崎贸易的泉州晋江船主杨天生结下了深厚的友谊，杨天生有自己的武装。除此之外，颜思齐还结识了一批流寓日本、从事海外冒险的闽南志士。由于颜思齐广结豪杰，遐迩闻名，日本平户当局任命他为管理贸易的"甲螺"（头目），专门向航往日本的各国海商征收过路费。"甲螺"源自日语"头目"的发音，指日本海盗头目。

明朝末年，中国东南沿海地区海盗猖獗，统称为"倭寇"。"倭"本是中国人对日本人的称呼，但是，东南沿海的倭寇不仅有日本人，也包括沿海各省的中国人、琉球人、朝鲜人等。这是一个跨国海商及经济犯罪组织，他们走私贩卖中国的丝绸、茶叶等货物给东洋及西洋各国商人，攻击没有缴纳过路费的中国、日本、琉球、葡萄牙、西班牙、荷兰、英国等国的商船，也劫掠中国沿海各省。万历末年到天启五年（1625 年）间，最著名的倭寇，就是"日本甲螺"颜思齐。

天启四年六月十五日，颜思齐与杨天生、漳州海澄人陈衷纪、郑芝龙、李德、洪升等二十八人结拜为异姓兄弟，立下誓言："生不同日，死必同时。"众推颜思齐为盟主。颜思齐集团在日本活动，由于势力较大，引起日本幕府的疑惧，遂被下逐客令。颜思齐等人因不满日本德川幕府的统治，密谋于八月十五日起事造反，参与日本人民的反抗斗争，推翻德川幕府的统治。

八月十三日事泄，幕府遣兵在平户全城搜捕。第二天，颜思齐率众分乘十三艘船仓皇出逃。颜思齐一伙要想继续在东南海域称霸，必须寻找一个藏匿货物及补给饮水食物的基地。他们驶至九州西海岸的外岛洲仔尾，大家商议往何处去。颜思齐想返回中国，有人想去翁洲（今舟山），有人想去福建。陈衷纪提议说："吾闻疏球为海上荒岛，势控东南，地肥饶可霸，今当先取其地，然后侵略四方，则扶余之业可成也。"最后，大家觉得东番（今台湾）是新土，尚未开发，有利于生聚。据季麒光《蓉州文稿》称："万历间，海寇颜思齐据有其地，始称台湾。"

台湾最早是原住民各族聚居之地，大陆汉人自唐朝就开始迁入，尤其在明清两代，汉人大量移民台湾。日本人伊能嘉矩在《台湾文化志》中说："据荷人记载，荷兰之公私民人约六百，守军约二千，而汉人约有二万五千家。"

八月二十九日，颜思齐率船队抵达海湾，在笨港北岸（今云林县北港镇、水林乡一带）靠岸。这里距离澎湖岛仅有四十余里，隔海相望。颜思齐见台湾岛上地肥水美，大片荒野未辟，决意在此开疆拓土，干一番事业，乃率众伐木辟土，构筑寮寨。这时，原住民以为外敌侵犯，聚族攻击。颜思齐派人加以安抚，商定疆界，互不侵扰。在笨港东南岸的平野（今新港），颜思齐规划建筑了井字型营寨，中间为大高台，使之成为组织指挥垦荒的中枢。与此同时，颜思齐还派杨天生率船队赴漳、泉故里招募移民，前后计三千余众。

颜思齐将垦民分成十寨，发给银两和耕牛、农具等，开始了台湾最早的大规模拓垦活动。垦荒需要资金投入，颜思齐挑选了一批有航海经验的漳、泉人士，以原有的十三艘大船，利用海上交通之便，开展和大陆的海上贸易，同时组织海上捕鱼和岛上捕猎，发展山海经济，以解决移民生产和生活的物质需要。

此外，颜思齐还在海上抢劫，抢来的钱用来购买船只和枪械。明末清初，东南著名的海盗陈衷纪、陈勋、杨六、杨七、刘香等人，都是他的部属，他权倾一时。

同年九月，荷兰人从台湾西南岸登陆，陆续修筑了赤嵌城和热兰遮城，因与颜思齐部为邻，双方曾发生摩擦。早在天启二年（1622年），颜思齐就与荷兰人在海上贸易中产生了矛盾，但是，双方很快各自划定势力范围，以求相安无事，双方还在海外贸易上有合作关系。

天启五年（1625年）九月，台湾粮食大丰收。颜思齐和弟兄们到诸罗山上捕猎，豪饮暴食，不幸染伤寒病。数日后，他竟一病不起，英年早逝，年仅三十七岁。临终，他召众兄弟感叹地说："不佞与公等共事二载，本期创建功业，扬中国声名。今壮志未遂，中道夭折，公等其继起。"颜思齐故后，部众推郑芝龙为盟主，继续拓垦大业。

颜思齐安葬于今台湾省嘉义县水上乡与中埔乡交界处的尖山山巅，其墓犹存。颜思齐短暂而传奇的一生，在台湾发展史上写下了亮丽的一页。他的开台业绩，受到后人世代缅怀。为表达对这位开台英雄的敬仰之情，云林县北港建有"颜思齐先生开拓台湾登陆纪念碑"。嘉义县新港乡妈祖宫前，建有"思齐阁"和"怀笨楼"。高达五层的"思齐阁"，金碧辉煌，游人不绝。妈祖宫内，当年颜思齐建筑营寨的蓝图依然珍存，供人凭吊。

四   郑芝龙

郑芝龙字甲，号飞黄，又号平户老一官。郑芝龙世代居住在福建泉州府南安县石井巡司，太祖父郑达德、祖父郑寿寰、父亲郑绍祖。万历三十二年（1604 年），郑芝龙出生在南安石井村。据日本朝阳善庵郑成功传碑记载，郑寿寰曾做过府掾。郑绍祖字翔宇，为泉州太守蔡善继（《台湾通史》作叶善继）的库吏，妻子黄氏，生有四子：郑芝龙、郑芝虎、郑鸿逵、郑芝豹。郑芝龙自幼喜欢舞枪弄棒，十岁时，投石子玩耍，误中泉州太守蔡善继的额头，太守抓住他，想治一治他的顽皮，见他姿容丽秀，微笑着说："孺子贵而封。"

纵横海峡两岸的著名海商

在家无事可做，郑芝龙去广东香山，投奔经商的母舅黄程。当时，闽粤海商往来于日本、缅甸、暹罗（今泰国）等国经商，郑芝龙在澳门搭乘海商李旦的船只去了日本。郑芝龙娶了平户港河内浦日本姑娘田川氏（中国文献称翁氏）为妻，生下长子郑成功。天启四年（1624 年），郑芝龙与颜思齐、陈衷纪、杨天生等二十八人歃血为盟，结拜为兄弟。八月，颜思齐密谋起兵反抗德川幕府失败，郑芝龙把妻子留下，带着弟弟郑芝虎离开日本，在航海途中听说父亲已经去世，便跟随颜思齐、陈衷纪等一起去了台湾。

郑芝龙多次劫掠暹罗（今泰国）商船，很快就富甲十寨，成为颜思齐集团的第二号人物。据彭孙贻的《靖海志》记载，郑芝龙一次海上抢劫，"劫得四船货物，皆自暹罗来。"

天启五年（1625 年），颜思齐病死，没有继承人。十二月初二日，众头目歃血为盟，以剑插米，一一拜剑，谁跪拜的时候剑动了，谁就是天命所授的首领。郑芝龙是第二个跪拜的，当他跪拜时，宝剑跃动，众人惧伏，共推郑芝龙继任为首领。同时，郑芝龙还迎娶了颜思齐的女儿。十二月十八日，成立水师军。

泉州海商李旦这一年也在日本去世，他在台湾的人员、船只等，都被郑芝龙接收。

据《明史纪事本末》记载："六年春，遂据海岛，截商粟，闽中洊饥，望海米不至，于是求食者，多往投之。"《东南纪事》也记载，"会闽洊饥，芝龙截商民船，多得米粟，求食者竞往投之，众至数万。"天启六年（1626 年）春，当时，福建闹饥荒，郑芝龙在海上拦截商民船，多得米粟，饥民纷纷到台湾投奔他，部下发展至数万人。

郑芝龙率领部下多次劫掠福建、广东沿海城镇，屡次击败明朝军队。天启六年郑芝龙攻打广东海丰嵌头村，船队停泊在漳浦的白镇。巡抚朱一凭派遣都司洪先春率官兵攻打郑芝龙，鏖战终日，相持不下。夜晚出现了海潮，洪先春的官兵船队因漂泊而迷路。郑芝龙则乘机越过前面的山头，绕到官兵的后面。官兵腹背受敌，洪先春身中数刃。郑芝龙希望得到招抚，便放松了对官兵的进攻，放了洪先春一马。郑芝龙率船队从白镇向中左所（今厦门）方向行驶，遭到督师俞咨皋所率官兵的进攻。郑芝龙战败了官兵，俘虏了卢毓英，但仍然放走了俞咨皋。卢毓英回去报告俞咨皋，郑芝龙希望招安，遭到拒绝。中左所的民众开城接纳郑芝龙，泉州太守王猷也派人去招谕他。

因为蔡善继与郑芝龙相熟，朝廷令他写信招抚郑芝龙，郑芝龙感激朝廷的恩德而投降。等到举行投降仪式时，蔡善继坐在持有刀叉剑戟的士兵中间，且下令把郑芝龙兄弟头上涂满泥巴。郑芝龙因与蔡善继熟悉，忍受了这样的侮辱，但其部下愤然离开，郑芝龙只好继续去做海盗。

天启七年（1627 年）六月，郑芝龙进犯铜山、闽山，进占中左所。此时，郑芝龙更加希望得到官府的招抚。他严格要求部下，禁止侵掠。每次战胜，郑芝龙都制止部下继续追击官兵，释放被俘的官兵。

崇祯元年（1628 年）九月，郑芝龙杀死了陈衷纪，毁坏了刘香父亲的坟墓。他接受了明朝招安，离开台湾返回福建。福建巡抚熊文灿授予他海防游击，负责征讨海贼李魁奇、刘香等人。刘香、李魁奇等闽、广海盗，在东南沿海横行。郑芝龙自幼在海上谋生，闽、广海盗或是其熟人或是其门下。接受明廷的招安之后，郑芝龙乘机利用明朝官方的力量，"平广盗、征生黎"，消灭同在闽、粤海面上活动的刘香、钟斌、李魁奇等竞争对手，垄断海上贸易。

同年，福建发生大饥荒，福建巡抚熊文灿与郑芝龙商量救济的办法。郑芝龙建议将福建饥民运往台湾，每人给予三两银子，每三个人分配一头牛，让他们开荒自救。郑芝龙以兵船运送饥民数万人入台，在旧虎尾溪至盐水溪间的平原地带建立起北新庄、大小槺榔庄、洪水港庄、土狮仔庄、鹿仔草庄、龟佛山庄、南势竹庄、大坵田庄、龟仔港庄九个村落，并且以笨港为出入的门户，这里便是台湾著名的"笨港与外九庄"，成为大陆汉人移民垦殖较早的地区之一。

福建饥民至台湾开垦三年之后，丰衣足食，郑芝龙便开始向他们征收租税。自从在台湾有根据地之后，郑芝龙的船队在海峡两岸畅通无阻，所部官兵粮饷自给，不向明廷索取。凡是罪犯逃入大海，郑芝龙都能迅速捉拿归案，福建的海盗都纷纷归属郑芝龙。

崇祯三年（1630 年），郑芝龙因功升任都督。郑鸿逵初以武举从军，因其兄郑芝龙有功而授锦衣卫掌印千户。郑芝龙派人去日本迎接田川氏母子回中国，田川氏以儿子年幼拒绝。

崇祯五年（1632 年）二月，邹维琏代替熊文灿任福建巡抚。九月，正当荷兰人窜扰福建沿海之际，海盗刘香乘机攻掠闽、粤沿海各郡县。十一月，刘香侵扰浙江。在福建巡抚邹维琏的举荐下，明廷任命郑芝龙为游击将军，会同广东兵围剿刘香。荷兰人占据澎湖，要求通商，被赶走后，又去台湾，渐渐地又停泊在厦门。邹维琏多次命令郑芝龙阻止和打击荷兰人，郑芝龙不听。崇祯六年（1633 年）夏，乘郑芝龙在福宁剿贼之机，荷兰军官普特曼斯率荷兰舰队偷袭中左（今厦门），烧杀抢掠，明水师大型战舰全部被击毁。邹维琏从海澄出兵急救，水陆并进。游击将军郑芝龙集合小型战舰一百五十多艘，发动反击，焚毁荷兰船只三艘，明军也伤亡惨重。荷兰人泛舟大洋，转而攻掠青港、荆屿、石湾。十月间，明军在金门料罗湾大破荷兰舰队，生俘荷军一百一十八名，焚烧荷兰巨舰五艘，俘获一艘，击毁小型舰船五十多艘。

崇祯八年（1635 年）四月，郑芝龙再破刘香。在南澳，郑芝龙的船队追到了刘香的船队，双方大战。郑芝虎从桅杆上跳入刘香的船上，把船上的海盗击杀殆尽，刘香抱着铜炮跳海而死，郑芝虎也战死。刘香余部千余人逃往浙江就抚，海盗尽平。

当时出入东南沿海的商船，无论哪一国家的，如无郑芝龙的旗令，根本无法航行经商。海商竞相租买郑氏旗令，大船每艘三千金，小船每艘两千金，因此，郑芝龙每年收入千万金，富可敌国。郑芝龙在距离泉州府城五十里的海边兴建安平镇，在其中修建豪华的住宅，购置苏州、杭州、北京、南京的细软宝物，大兴贩外国货物，驻扎私人武装。安平镇因郑芝龙的建设，人烟繁华，商业兴隆。

崇祯十年（1637 年），明廷削夺郑芝龙的官职。崇祯十三年，郑芝龙任福建参将，累迁至三省总戎大将军，"富拟王者，远交朝贵，近慑抚按，炙手可热"。郑芝龙像诸侯一样任意起用降将，权倾督抚。崇祯十四年，郑鸿逵成武进士，授都指挥使，累迁至总兵。

南明权臣

明朝北京政权灭亡后，江南诸大臣于崇祯十七年（顺治二年，1645 年）五月在南京拥护福王朱由崧即皇帝位，改元弘光（1645 年），宿将都有封赏。弘光皇帝封郑芝龙为南安伯，封郑鸿逵为靖虏伯。不久清军下江南，进入宿迁。五月，清军攻屠扬州之后，进至长江北岸，与驻守京口（今江苏镇江）的总兵郑鸿逵水师和驻江南金山的杨文聪所部明军隔江对峙。清军渡江之后，明军溃散，总兵田雄劫持朱由崧投降，朱由崧被清军挟持北去，杨文聪逃奔苏州。

清军击溃了长江上下游的抗清武装之后，于南明隆武二年（1646 年）正月间即派贝勒博托（有的文献上写为博洛）为征南大将军，率师专征浙、闽。

此时，鲁王朱以海在浙东绍兴监国，身边有张国维、张名振、钱肃乐、张煌言等人辅佐。唐王朱聿键遣使至浙东，以图联合抗清。鲁王派张煌言为使者入闽，联系合作事宜。

清军进入浙江，攻克杭州，郑鸿逵奉唐王朱聿键逃往福建。闰六月，郑芝龙、郑鸿逵与阁部黄道周、张肯堂等人，拥护唐王朱聿键在福州即位，改元隆武（1645 年）。朱聿键以恢复中原为己任，而郑芝龙却想借隆武朝廷的权力来巩固自己独霸福建的地位。为了笼络郑芝龙家族，唐王封郑芝龙为平虏侯，封郑鸿逵为定虏侯，俱加太师，郑芝豹则受封为澄济伯。郑芝龙"开府福州，坐见九卿，入不揖，出不送"。不久，唐王又把郑芝龙从平虏侯晋升为平国公，把郑鸿逵从靖虏侯晋升为定国公，一起掌管军国大事。

为了保护唐王外出，郑芝豹挑选四千名精兵，督练成一支劲旅，名叫"锦衣卫禁军"。分成五营，每营八百，设立正亚营将指挥二员；设千户四员，每员管军二百；百户八员，每员管军一百。八月三十日，确定了锦衣卫军制，设立中、前、后、左、右五所。

但是，南明隆武政权缺乏兵源粮饷，依靠强迫官吏士绅捐助及标价出卖官爵补充军用。唐王多次让郑芝龙出兵江西，扩大地盘，联络赣州明军，扩大声势。郑芝龙都借口缺饷，不肯出兵。

因拥立唐王称帝并非出自本意，郑芝龙日渐与东阁大学士曾樱、黄道周、左都御史何楷等文臣发生摩擦。因黄道周在上朝时与自己争执，郑芝龙就唆使诸生弹劾黄道周。郑芝龙又驱逐何楷，指使强盗在道路上割去了他的耳朵。唐王在郊区祭祀天地时，郑芝龙也不参加，朝士都十分畏惧郑芝龙。

郑芝龙又考虑必不能偏安一隅，心里有投降的意思。当时，负责招抚江南的清廷大臣洪承畴和负责招抚福建的清廷御史黄熙胤，都是晋江人，与郑芝龙为同乡，他们互通书信，叙乡里情，密谋招抚。

明军在两浙失败后，福建各关口洞开，清军转兵福建。唐王另派黄道周招募民兵九千人，进兵江西，沿途招兵买马，增加实力。当年秋在婺源被清军击败，黄道周被捕牺牲。

郑芝龙迫于压力，准备率兵出关抗清，声称有万人，实际上不到一千人。八月，唐王又效法汉高祖拜韩信为大将的做法，在郊外筑坛拜郑鸿逵为御营左先锋，出浙江东部；郑彩为御营右先锋，出江西。十一月十八日，唐王驾出洪山，钱别正先锋郑鸿逵、副先锋郑彩（登坛授钺）。出关之后，郑芝龙上疏，借口缺少军饷，停止不前。唐王下诏严厉斥责，郑芝龙才出关向西行了四五里。

唐王授郑芝龙宗人府印，以示宠幸。根据《明史·职官志》记载："宗人府宗人令一人，左右宗正各一人，洪武初年并以亲王领之；其后以勋戚大臣摄府事，不备官。"

但是，唐王仍发现郑芝龙对自己不忠诚。在江西的明兵部尚书杨廷麟，统领广东云南等地的官兵七万人左右，多次取得抗击清军的胜利，驻守赣州。杨廷麟多次请唐王去江西做主，唐王于隆武元年冬借口亲征，转住建宁（今福建建瓯），企图西连赣州，依靠江西巡抚杨廷麟、万元吉、湖北巡抚何腾蛟等，犹豫未决。隆武二年

(1646 年）二月，唐王决心西往汀州（今福建长汀），再次企图与赣州杨廷麟联结，却被郑芝龙、郑鸿逵劝阻，唐王乃留在延平（今福建南平）。

三月，唐王封郑成功忠孝伯，赐尚方宝剑，挂招讨大将军印。同时，唐王还令郑成功召集郑彩所部的逃兵，迅速去分水关防守，准备恢复江西省。

清军攻占吉安，进围赣州。八月，郑芝龙听说清军将至，认为唐王大势已去，上疏请求航海。不待唐王的答复，又密遣心腹前去接洽投降，传令防守仙霞关的武毅伯施天福撤退，不做防守。郑芝龙又派遣心腹蔡辅至分水关，准备让郑成功也投降。蔡辅刚刚来到，未及发言，郑成功就厉声问道："敌师已迫，而粮不继，空釜司饔，吾将奈之何耶？速请太师急发饷济军，慎勿以封疆付之一掷也！"蔡辅回报郑芝龙，郑芝龙说："痴儿不识天命，固执乃尔，吾不给饷，彼岂能枵腹战哉！"郑成功多次请求运输粮饷，郑芝龙都不应。关兵无粮，大批逃散，郑成功只好率军撤回，向南撤退。

郑芝龙率部退保自己家乡安平镇，军容甚盛，大海上旌旗招展。清军顺利越过仙霞关，由衢州、广信（今江西上饶）两路长驱直入，唐王仓皇逃往汀州。清军轻骑追击，连下建宁、延平。都统努山为前锋，假冒明军旗帜，连续追击七昼夜到达汀州，俘获唐王。八月，唐王在福州被杀，周王、益王、辽王也被杀害。

九月，贝勒王博洛率领的清军和金砺率领的清军击溃了郑芝豹部，攻占了泉州城，郑成功的母亲被杀害，博洛致信招降郑芝龙。因洪承畴、黄熙胤没有来信，郑芝龙还不敢贸然迎接清军。他想自己首先撤退，没有为明朝发一箭表示尽忠，不为明朝君臣所容；两广的部队都是自己的部下，如果招来合伙即可控制闽、粤。泉州士绅郭必昌与郑芝龙关系密切，贝勒王令他去招抚郑芝龙。

郑芝龙说："我非不忠于清，恐以立主为罪耳。"当时，金砺所部清兵逼安平镇，郑芝龙发怒说："既招我，何相逼也？"

贝勒王便令金砺的清兵后撤三十里驻扎，派人送信给郑芝龙说："吾所以重将军者，以将军能立唐藩也。人臣事主，苟有可为，必竭其力；力不胜天，则投明而事，乘时建不世之功，此士之一时也。若将军不辅立，吾何用将军哉！且两粤未平，今铸闽粤提督印以相待。吾所冀将军来者，欲商地方人才故也。"

郑芝龙得到书信后大喜，遂决意投降，招郑成功来商讨。郑成功哭着劝阻说："父教子忠，不闻以贰，且北朝何信之有？"郑芝龙说："丧乱之天，一彼一此，谁能常之。若幼，恶识人事。"安昌王恭枭、吏部尚书张肯堂、侍郎朱永佑、忠威伯贺君尧、武康将军顾乃德，都劝说郑芝龙不要投降。平海将军周崔芝哭泣着对郑芝龙说："诚惜明公二十年威望，一朝堕地。"郑芝龙想让郑成功见博洛，郑鸿逵却暗地里让郑成功入海。

郑芝龙随后就向清军递上了降表，郑芝龙经过泉州时，四处张贴文告，说明自己投奔清廷的功勋，并以贝勒王给自己的书信为炫耀的资本，很多想买官的人，都去与郑芝龙联系和讨价还价。郑芝龙率心腹部将五百人，分乘五艘战船抵达福州投清，会见贝勒王，握手甚欢，折箭为誓，宴会三日三夜，极其欢畅。

贝勒王知道郑成功聪明，希望他来后一起北上，结果不见郑成功的踪影。郑芝龙深恐自己的子弟不肖，在海上为患，感叹着对贝勒说："成功去，清朝其道敝乎！使君忧者，必此子也。"贝勒曰："此与尔无与，亦非吾所虑也。"半夜时分，清军突然行动，班师回朝，带着郑芝龙及其次子郑世忠向北出发。顺治五年，清廷因郑芝龙投诚有功，顺治皇帝下诏，令郑芝龙隶属汉军正黄旗，授予他三等精奇尼哈番（子爵）。

劝降郑成功

郑芝龙已入朝，郑芝豹奉母居安平，而郑成功遂起兵鼓浪屿，郑彩亦扼厦门，郑鸿逵会攻泉州，闽海震动。

南明永历六年（1652年），郑成功攻打漳州失败，退居厦门、金门。乘郑成功受挫的机会，清廷谕令闽浙总督刘清泰："郑若归顺，则赦其罪，赐之官；若执迷不悟，其以时进剿。"

顺治皇帝谕令郑芝龙："父既归顺，而子独不至，此必地方官不体朕意，尔宜以书招之。"郑芝龙致信郑成功、郑鸿逵，许诺赦免他们的罪行并授予官职，允许他们仍然驻防在厦门、金门一带，负责剿除浙江、福建、广东等沿海的海盗，管理外国来华经商的船只。南明永历七年（1653年）正月，郑芝龙派周继武从北京去厦门，告诉郑成功，清廷欲来议和，希望郑成功接受。郑成功派李德带着书信去北京拜见郑芝龙，信中说："儿南下数年，已作方外之人，张学圣无故擅发大难之端，儿不得不应，今骑虎难下，兵集难散。"

因为丢失中左（厦门），郑成功杀郑芝莞泄愤，令曾经庇护过施琅的郑芝豹感到恐惧。乘清廷招抚之机，郑芝豹护送郑芝龙之妻颜氏及其他几个儿子郑世恩、郑世荫、郑世袭、郑世默等人去北京。郑芝龙还上奏请改隶镶红旗汉军，顺治帝下诏答应了他，并授其子郑世恩二等侍卫。

清廷招抚郑家，诏封郑芝龙为同安侯、郑成功为海澄公、郑鸿逵为奉化伯、郑芝豹为左都督。郑芝豹从北京回福建传达圣旨，但郑成功仍然拒不接受招安。

永历七年（1653年）八月，郑成功回中左，郑芝龙派李德、周继武等带着手书来，称清廷欲赐地议和，欲差两位大人奉海澄公印来，以一府地方安插。又是刘清泰保认，先差李德等来探可否，回报后再令诏使赍来。郑成功说："清朝亦欲赙我乎？将计就计，权措粮饷以裕兵食也。"令李德携带书信回京答复郑芝龙。九月，闽浙总督刘清泰致书郑成功劝降，同时致书郑鸿逵，请他也出面劝勉郑成功。

永历八年（1654年）正月，郑芝龙上奏顺治帝，请求派遣儿子郑世忠陪同使者去福建，招抚郑成功。李德奉郑芝龙手书到中左，称清廷将派遣郑、贾二使赍海澄公印来，允许郑成功在兴、泉、漳、潮四府安插人马。郑芝龙在信中要求郑成功忠孝两全，郑成功随即令副中军挂显义军门印常寿宁为正使、典仗所郑奇逢为副使，前往福州迎接。二月初六，郑、贾二使带着海澄公的印，来到了安平，在东山书院与郑成功相见。初七日，二使将印敕交给郑成功，当晚宴饮。初八日，二使要回京复命，请郑成功表明态度。郑成功说："兵马繁多，非数省不足安插。和则高丽、朝鲜有例在焉。"郑成功赠送二使很多外国珍宝。初十日，二使回北京，郑成功回中左。

利用和议时机，郑成功决定抓紧筹备粮饷。三月，郑成功令各提督总镇官兵到福、兴、泉、漳所属各邑征缴粮饷。为让福建巡抚刘清泰不出兵阻止，郑成功致信给他说："以数十万之众，按甲待和，虽议可俟而腹绝不可枵，稍就各郡邑权宜措饷，以济兵粮可也。"五月，郑成功再致信刘清泰，必有三省之地才能议和，刘清泰复信拒绝。郑成功派中提督甘辉、援剿左镇林胜等出师长乐等地，筹措粮饷。七月，京报清廷添设兵马入关，郑成功分遣各提督总镇就漳、泉、福、兴等地方征派助饷。

八月四日，京报清廷又派遣内院学士叶成格、内侍郑、理事官阿山奉敕谕前来议和，敕令可以在兴化、泉州、漳州、潮州四府安插官兵。八月十九日，李德、周继武等到中左，称二大人到省，请先派人迎接。郑成功听说先削发后受诏，不肯差员去迎接，只作小启，令周继武回去邀请。二十四日，叶成格、阿山到了泉州，令周继武前来告诉郑成功："藩不剃头，不接诏；不剃头，亦不必相见。"郑成功大怒，不答复两位清使，清使就在泉州等待答复。

九月初七日，二使又令郑世忠来见。郑世忠见到郑成功，跪下涕泣说："父在京许多斡旋，此番不就，全家难保，乞勉强受诏！"郑成功挥泪告诉弟弟："吾兄弟一在天之南，一在天之北。天乎！何为而至此！尔凡子未知世事！从古易代，待降人者多无结局，唯汉光武不数见。父既误于前，我岂蹈其后？我一日未受诏，父一日在朝荣耀。我若苟且受诏削发，则父子俱难料也！尔勿多言，我岂非人类而忘父耶？个中事未易未易。"十一日，郑成功派郑世忠回泉州，约期到安平相见，而别使甘辉、王秀奇率水师前往，列营数里，以示军威。十七日，叶、阿二使至安平镇，不愿进驻郑成功为他们在报恩寺设立的大帐。郑成功叫二使开诏书，二使则叫郑成功先剃发，相持数日不决，郑成功准备在二十五日与二使见面讨论解决，而二使于二十日突然匆忙离去。郑成功使郑谥追问二使，二使发怒，赶走郑谥而留下郑成功弟弟郑世忠。郑成功对参军说："清廷何信之有！彼甘言重币而为此者，其将以赚吾父者赚吾而已！吾何人宁自坠其陷阱！"

二十一日，郑成功派二弟、林侯持书信和礼物赠送二使，二使不敢接受。二十四日夜，郑世忠、周继武、李德、黄征明等又来见郑成功，涕泣恳求说："二使此番失意而回，大事难矣！我等复命，必无生理，并太师爷亦难！"郑成功说："更活许多，更易许多，我意已决，无多言也！"二十六日，郑成功又派旗鼓史说、郑奇逢等再请二使来安平谈判，二使认为郑成功要留难他们，逐回史说等人。二十九日，二使促使郑世忠、李德、周继武、黄征明、颜太夫人等回京复命，和议失败。

黄征明请求郑成功给郑芝龙回信，郑成功在回信中说：

"儿戊子年差王裕入京问候父亲福履，以致父亲被围，王裕被楄，从此而后，只字不敢相通，不特无差敢往，亦恐贻累也。

壬辰年杪（末），忽然周继武等赍到父信，儿且骇且疑。继而李业师等赍书踵至，疑信参半。乃差李德进京，实前传闻父亲已无其人，试往觇之果在与否，修禀聊述素志，和议实非初心。不然，岂有甘受诏抚而词意如彼？不待明言而可知矣。

不意清朝以海澄公一府之命突至，儿不得已按兵以示信。继而四府之命又至，儿又不得已接诏以示信。至于请益地方，原为安插数十万兵众固围善后至计，何以曰'词语多乖，徽求无厌'？

又不意地方无加增，而四府竟属画饼，欲效前唌吾父故智，不出儿平日之所料。遽然剃发之诏一下，三军为之冲冠。

嗟嗟！自古英雄豪杰，以德服其心，利不得而动之，害亦不得而怵之。清朝之予地方，将以利饵乎？儿之请地方，将以利动乎？在清朝罗人才以巩封疆，当不吝土地；在儿安兵将以绥民生，故必藉土地。今清朝斤斤以剃发为词，天下间岂有未受地而遽称臣者乎？天下间岂有未称臣而轻剃发者乎？天下间岂有彼不以实求而此以实应者乎？天下间岂有不相信以心而期信以发者乎？天下间岂有事体未明而可以糊涂者乎？大丈夫做事，磊磊落落，毫无暧昧。清朝若能信儿言，则为清人，果不信儿言，则为明臣而已。

比八月十九日李德、周继武等自京回至中左，道诏使抵省，渡弟、李德、周继武等与叶、阿各面议，欲照前使郑贾例，俟儿差人去请，然后下来。正欲差官往省敦请，而诏使已于八月廿四日到泉矣。忽闻到泉的确，九月初四日辰时即差李德同差官吕太入泉送礼，渡弟九月初七日来见。九月十一日即回，儿嘱其致意诏使，约期相面。而诏使忽于九月十七日遂到安平，盛设供帐于报恩寺安顿。乃诏使不敢住宿，哨马四出，布帆山坡，举动十分疑忌，以敕书委之草莽，成何体统。且奉敕堂堂正正而来，安用生疑？彼既生疑，儿能无疑乎？九月十九日辰时，儿再差官林候赍书送礼往安平，请诏使订九月二十五日的相见，而诏使遂于九月二十日回泉。忽然而来，忽然而去，不知何解？亦真令人接应不暇矣。九月二十一日，林候不得已赍书同渡弟进城，再送程礼，而诏使回帖回书，卜期未定。九月二十四日夜，渡弟及周继武再到中左来见得悉。九月二十五日巳时，先令周继武回报诏使云：‘欲接诏，欲剃发。先接诏，安在安平署中。其剃发万分大事，非突然苟且之事，须与诏使面议，十分妥当，奉旨命下，然后放心剃发。’犹恐周继武传述失实，故书一稿为据。九月二十六日辰时，渡弟自中左回，又差旗鼓史说、郑奇逢等同渡弟进城，再请诏使来安平议接诏、剃头事。九月二十九日辰时，诏使逐史说等回。又接李德、周继武来禀：‘德等廿九早见二大人，被他兜留，仍差拨杂库催迫起身，不容刻缓。廿九下午，二大人先出西门，立待德等齐行。德等称说夫马未便，限三十早起身。’九月三十日酉时，李春、吴文榜等来报，诏使已于九月廿九日午后回省去矣。

盖叶、阿身为大臣，奉敕入闽，不惟传宣德意，亦将以奠安兆民。今百姓困苦，儿将士如此繁多，在泉月余，目睹帨巾情形，未闻与儿商量官兵如何安插，粮饷如何设处，辄以‘剃发’二字相来逼挟。儿一身剃发，即令诸将剃发乎？即令一日数十万俱剃发乎？未安其心，即落其形，能保不激变乎？叶、阿不为始终之图，仅出轻率之语；不为国家虚心相商，而徒躁气相加。即李德亦儿差也，与诏使一路同来，动辄凌厉。李德何罪？彼非欲挟李德，实欲挟儿也。

夫观人者不于其所勉，而于其所忽。未接诏之前，犹致殷勤；才接诏之后，辄肆逼挟。使臣尚如此，朝廷可知矣，能令人无危乎？能令人无悟乎？况儿名闻华夷，若使苟且从事，不特不见重于清朝，亦贻笑于天下矣。

大抵清朝外以礼貌待吾父，内实以奇货视吾父。今此番之敕书，与诏使之动举，明明欲借父以挟子，一挟则无所不挟，而儿岂可挟之人哉？且吾父往见贝勒之时已入彀中，其得全至今者，亦大幸也。万一吾父不幸，天也！命也！儿只有缟素复仇，以结忠孝之局耳。

又据报督抚行文各府办马料，策应大兵。李德、周继武等来禀，孟兵部领大兵已到关外。此即是前日刘部院与金固山一和一攻，今日乘叶、阿与清兵一剃一挟，前后同一辙也。儿此时惟有抹厉以待，他何言哉？

儿本不敢回禀，缘黄六表痛哭流涕，必欲得儿一字回禀。姑详悉颠末，统惟尊慈垂照！

三十早所对表台之言，两边情理所易行者，已词尽而意决，虽天翻地覆，誓无更改。表台可星速往泉见二诏使，只以侄早所言决之，以破其牢，恐遇渡弟、李德等要来中左，不与之同来。前言已决，余无别言。纵苏、张复生，岂能动摇吾心哉？若诏使决意回京，亦可持此言回奏矣。"[1]

郑芝龙也给郑鸿逵写信，令他劝说郑成功接受清帝的诏书，清廷也想给郑鸿逵授勋。郑鸿逵认为郑成功不会轻易地议和，在回复郑芝龙的信中说：

"自丙戌冬鳌江泪别兄颜，弟与诸将静安岛上，盼望归期，眼几欲穿。不意宿迁讹传，建宁途梗，杳无音信。致各将士怀疑顾虑。弟乃督舟入揭，通商济籴。屈指八载，不敢只字修候者，总为时势使然耳。

辛卯春，本省抚镇道觊大侄屯田于粤，侵掠中左，男女遭惨，不可胜数，宝物黄金，计近百万。各将士闻父母妻孥被祸，愤恨欲绝，星夜班师救岛。泉镇马得功

---

[1]　参见杨英《从征实录》，第 61 页。

贪恋无厌，尚留岛上，被各舟师重围，三战三北，援绝势孤，乃乞命于弟。弟怜沿海百万生灵，纷纷逃窜，不得安生乐业，姑许其请，遂纵舟全渡人马，使得功生还泉郡，弟之力也。乃大侄督师继至，闻得功渡脱，略有见讶。岛上被惨，莫怪其然也。马得功既脱，大侄与将士愤气未消，欲有攻郡取邑之举。在弟则因足疾艰楚，自放马得功之后，择地白沙，粗建茅屋，所有大小战舰，尽为渔商，与地方相安者已三载矣，此人人所耳而目者。

年内新正，连接兄谕，并抄旨谕，及刘部院所赍敕书，有云'原驻地方，不必来京，原系侯伯，今再加级'。盖弟以十余载足疾，日深日甚，非今日始言，凡移寸步，皆用两人扶插，故功名之念久灰。丙戌夏，曾缴印削发辞官矣，天下人所共知，亦兄所深知者。况弟受本朝宠遇，官居上爵，义无悖旧恩而贪新荣。总之，静处白沙，乐天养病，与地方相安而已。开洋事务，容宽图之。爵禄一节，弟断不敢受，亦不能受。至白沙乃海滨斥卤之地，密迩桑梓。弟前阅诏，'凡前朝文武息兵回籍，地方官即与安插'之条，今复读谕旨中'听其原驻地方'之句，弟之措身处地，政相符合。刘部院不日到闽，耳目所能及，地方官所能言也。惟是弟素性迂拙，加以疾病缠楚，不能与地方官往来通候，或因而见讶，致此心迹莫白耳。

至于大侄一事，弟在白沙，侄在中左，相去既远，兼弟病足，艰于寸步，侄行军所居无定，相见尤罕。此番吾兄书到，弟即扶病舣舟，极力言劝。大侄云：'大义灭亲，筹之早而计之决矣。'彼素不听吾兄之言，岂肯听弟之言乎？"[①]

十月，郑芝龙奏曰："臣以圣旨谕成功，成功辞封不受命。"于是，清廷令议政王贝勒王会大臣确议具奏。后来，又颁布谕成功文，虽然在进行和谈，但郑成功仍然日日整军备、修战舰。

南明永历九年（1655 年）正月，左都御史龚朝擎上书弹劾郑芝龙，说他蒙縶养

---

① 参见杨英《从征实录》，第 64 页。

十年反而更加桀骜，家仆往来海上，信息频通；儿子郑成功弄兵海壖，而父亲郑芝龙在京师却高枕无忧，郑芝龙是酿祸之根，请求皇帝早日清除他，而福建巡抚佟国器也把缴获的郑芝龙与郑成功父子之间的通信上交。顺治皇帝下诏，革除郑芝龙的官爵，下狱。八月，郑成功攻陷浙江舟山，听说大批清军南下而撤退。十二月，郑芝龙的家仆尹大器供出郑芝龙父子联系的具体情况。郑芝龙在狱中写信给郑成功说，如果再不投降，清廷就要夷灭郑氏三族了。

南明永历十年（1656 年）十一月，郑芝龙又派遣家丁谢表、小八等去劝郑成功接受清廷的招抚。清廷以郑成功不接受招抚，反而在北征中攻城略地，故逮郑芝龙入狱，逼迫郑成功就抚，郑成功置之不理。永历十一年正月，谢表、小八等跪求郑成功说："表等奉太师命，特来禀请和局一事，到此已久，恐太师度日如年，候回信复命难待耳。"

郑成功令诸参军草拟回信，所拟都不合其意。郑成功于是亲自回复："谢表、小八等至，备述苦情，信疑参半。情能不伤，而势无如何耳。嗟嗟！曾不思贝勒往见之时，许多劝止，竟尔不听，自投虎穴，无怪乎有今日也。吾父祸福存亡，儿料之已熟。清朝待投诚之人，猜忌多端，有始无终，天下谁不共晓？先以礼貌相待，后以鱼肉相视，总之'挟'一字。若一挟，而儿岂可挟之人哉？固已言之于先而决之于早矣。今又以不入耳之言再相劝勉，前言已尽，回之何益？但谢表等日夜啼泣，谓无可回复为忧，故不得不因其前言而明言其详。

盖自古之治天下，惟德可以服人。……殆若清朝则专用诈力矣。"[1]

谢表持书回复，自此和局永绝。

二月，郑成功部将黄梧投降清廷，郑成功发掘其祖坟。黄梧十分怨恨郑成功，对闽浙总督李率泰说："不杀芝龙，凡海上伪将之来投诚者意且不坚，且无以死成功之心。"三月，黄梧再次上书兵部，请求尽早杀掉郑芝龙，以绝郑成功的根。福建总

---

[1]　参见杨英《从政实录》，第 108 页。

督李率泰把黄梧等人的话报告给顺治皇帝，皇帝赞赏他们的说法，下诏把郑芝龙及其家属流放到宁古塔。

由于郑成功坚决抗清并在台湾建立了抗清根据地，1661 年，康熙皇帝即位，十月，清廷下令在柴市处斩郑芝龙以及他的儿子郑世恩、郑世荫、郑世默等十一人。

五　　沈光文：台湾文化初祖

沈光文（1612—1688），字文开，号斯庵，晚年自号宁波野老，出生于浙江鄞县栎社沈光村（今栎社乡星光村），是最早进入台湾的文人。据《栎社沈氏家谱》记载，沈氏初从宋高宗南渡居鄞。他是陆九渊门人沈焕的后裔，布政使沈九畴族曾孙。

沈光文幼承家学，擅词赋。明天启七年（1627年），16岁的沈光文考中秀才，崇祯三年（1630年）又考中浙江乡试副榜。25岁时以明经入南都（今南京）国子监读书，时为崇祯九年。

清顺治二年（1645年）五月，南明弘光政权覆灭，清军攻占南京，浙东义师在明故吏钱肃乐等领导下慷慨北上，守卫钱江。沈光文于此时束装回乡，加入鲁王朱以海的抗清队伍，被授予太常博士，参与钱塘江划江之役。顺治三年，清兵攻陷绍兴，沈光文随鲁王朱以海、张名振等逃到南澳岛（广东澄海东，闽粤交界处），晋升为工部郎中。他奉鲁王之命在金门诸岛部署抗清。期间，他奔波于浙江、福建之间，做鲁王与郑成功之间的联系人，顺治五年任兵部职方郎中。

清兵入粤，福王政权被清军消灭。沈光文得知桂王在广东肇庆一带另立朝廷，乃前往投奔，晋升太仆寺少卿，又奉桂王朱由榔之命，监督郑鸿达之师。

顺治八年（1651年）七月，沈光文前往金门，清福建总督李率泰以高官厚禄相诱，沈虽婉言相拒，但即滞闽未归。顺治九年秋，沈光文经海路移家去泉州，途中遭遇台风，小船竟从围头泽一直漂至台湾宜兰，旋至台南。这条从台北到台东的海上路线，沈光文后来在康熙二十三年（1684 年）提到过："鸡笼城以外无路可行，亦无埯澳可泊船只；惟候夏月风静，用小船沿海墘而行；一日至山朝社，三日至蛤仔难，三日至哆啰满，三日至直脚宣。此外，则人迹不到矣。"

此后，沈光文在台湾生活了三十六年，其生活充满了戏剧性。当时中国正值改朝换代、兵马倥偬，清军席卷中国大部，郑芝龙遗部控制福建沿海；台湾已被荷兰东印度公司控制了二十八年，各区之间消息不通。在这样的情况下，沈光文与内地完全失去了联系。

自沈光文漂流海外，以迄郑成功率明郑军入台的十年间，他在岛上的具体行踪及活动史无明载，只能从他所留诗文里的线索加以推测。荷兰殖民者在西岸南部筑起了赤嵌城，沈光文上岸后，在东山搭茅屋、开田地自谋生路。荷兰殖民者听说来了一位学者，就聘请他为"宾师"，沈光文也应邀而去，但他很快认清了荷兰殖民者的真面目，便辞职归田。他考察台湾地形，暗捎台湾海防舆图与郑成功，策动郑成功收复台湾。顺治十七年（1660 年），恼羞成怒的荷兰殖民者将他和他的儿子关入牢中，在狱中虽屡受折磨，但沈光文父子拒不屈服。出狱后的沈光文生活艰难，但仍坚守气节，以教书行医度日。

顺治十八年（1661 年），郑成功率军进攻台湾作为反清复明的基地，明朝宗室与遗老纷纷入台随郑。第二年初，郑成功率大军收复台湾，同来的还有一批文人如徐孚远、陈士京、卢若腾等。沈光文赋诗以纪其胜："郑王忠勇义旗兴，水陆雄狮震海瀛。炮垒巍峨横夕照，东溟夷丑寂无声。"郑成功得知沈光文在台湾后，以宾礼相见，拨给他住宅、耕田，并按期送来粮食和钱币。自此沈光文衣食无忧，与文友们赋诗作文，闲游林泉。

郑成功去世后，继位的郑经若干施政，例如取消对遗老们的优待措施等，令沈光文不满，曾作《台湾赋》讥讽郑经"僭越称王"，并批评他亲近小人、昏庸无能，

"壬寅年成功物故，郑锦僭王，附会者言多诡媚，逢迎者事尽更张。"年轻气盛的郑经对此极为恼怒，沈光文处境十分艰难，他便到大冈山超峰寺落发为僧，法名超光。身入佛门的沈光文心却在尘世，耐不住青灯黄卷的清冷，不久又还俗回家，隐居于罗汉门山中（"罗汉门"传说是在今高雄市内门区——但"罗汉门"一地究处何地，学者有不同意见），以汉文教授子弟，又悬壶行医济世，治病救人。直至康熙二十年（1681 年），郑经去世，郑氏家族才对沈光文复礼如故，沈光文的日子又好过了，但他仍旧教授生徒，致力于弘扬中华民族文化，一时学馆兴起，台南一带渐以中文代替荷兰文。

但两年后，清兵入台，明郑降清，台湾归属于福建省。沈光文受到了施琅的礼遇，而闽浙总督姚启圣和沈光文是旧交好友，听说沈光文依然健在，不但来信问候，还邀他出山入仕，这与一生抗清的沈光文自是道不同不相为谋，但两人毕竟是知交，姚启圣知道年老的沈光文归乡心切，就答应派人送他回鄞州安度晚年。"姚少保亦与友善，许赠资回籍，姚死，事遂寝"。姚启圣病逝，沈光文就无法返乡了。

康熙二十三年（1684 年），进士出身的无锡人季麒光出任诸罗知县。第二年，沈光文与季麒光等十四人在目加溜湾社组建东吟社，收集笔录汉文的杂记诗集。季麒光崇文尊老，对沈光文非常尊敬，不但按期拨给钱粮，而且每十天一次看望他，这使晚年的沈光文有了优裕的生活环境。他定居于目加溜湾社（今台南市善化区），以教书行医为生，对当地的原住民影响很大，"目加溜湾番社傍教授生徒，兼以医药济人。"①

沈光文以及后来从大陆入台的儒士，例如王忠孝、辜朝荐、郭贞一、李茂春、许吉景、韩文琦、赵行知、华衮、王际慧等人，写下了大量的诗文，在台湾文学史上具有特殊的意义。尤其沈光文本人独自在台流寓多年，留下一些感时怀身和记述当地风土民情的诗文，其中后者尤为可资研究 17 世纪以前岛上情形，是极为珍贵的

---

① 参见蒋毓英《台湾府志》卷9。

第一手文字资料。沈光文流传于世的著作有《文开诗文集》《流寓考》《台湾赋》《草木杂记》《台湾舆图考》等，这些诗文书籍是记录当时台湾风土民情的第一手资料，为台湾留下第一批汉语文献。

沈光文第一个在台湾推行大陆的教育制度，进行汉语教育；他始终倡导爱国精神和民族气节，展现中华文化核心价值，是在台湾传播中华文化的第一人。诸罗知县季麒光说："从来台湾无人也，斯庵来而始有人矣；台湾无文也，斯庵来而始文矣！"连横在《台湾通史》中特在列传中首录沈光文，称他"居台三十余年，自荷兰以至郑氏盛衰，皆目击其事。前此寓公著述，多佚于兵火，惟光文独保天年，以传斯世。海东文献，推为初祖"。

康熙二十七年（1688 年）七月十三，沈光文病逝病于诸罗，葬于目加溜湾社（今善化区坐驾里）。后人纪念沈光文的方式很多，建有纪念碑，入祀庙宇，还有以其为名的道路、桥梁等。道光四年（1824 年），鹿港海防同知郑传安在鹿港的新兴街创建文开书院，里面祭祀着理学宗师朱熹，两旁配祀明末清初在台湾兴学的八位贤人：沈光文、徐孚远、卢若腾、王孝忠、沈佺期、辜朝荐、郭贞一、蓝鼎元。他们对台湾的文教事业都有很大贡献，值得后世敬仰。在台南市善化区有关的纪念名称，有光文里、光文路、斯庵桥、光文楼、沈光文纪念碑、沈公光文教学处遗址纪念碑、沈光文纪念厅；在彰化县鹿港镇，有县定古迹文武庙内的"文开书院"以及后来改名的"文开国小"。1982 年 10 月 1 日，沈光文入祀善化庆安宫与五文昌帝君并列供奉。

六　　郑成功

郑成功，福建南安县石井巡司人，天启四年（1624 年）七月十四日诞生于日本平户港河内浦千里滨，父郑芝龙，母是日本人田川氏。传说郑成功在诞生时，日本岛上万火齐明，令郑芝龙心中十分惊异。因出生在海边的巨石旁，巨石旁又有古松，故母亲田川氏给他起名"福松"。后来，田川氏又生了次子左七卫门。福松在日本长到七岁，父亲已经升任明朝的都督。

崇祯三年（1630 年），父亲郑芝龙派人携带大量金币和其本人的画像去日本平户，迎接妻田川氏与两个儿子回国。田川氏以次子左七卫门年幼为由不愿来中国，而让长子福松回中国。日本人见郑芝龙的画像是军队大帅的形象，心中害怕，乃接受贿赂而放回了福松。郑芝龙很喜欢儿子的相貌，给他改名郑森，字大木。这一年，郑森七岁。

郑芝龙聘请饱学之士教郑森读经史，郑森"风仪整秀，倜傥有大志"，读书颖敏，喜欢读《春秋左传》和《孙子兵法》一类的书，但不喜欢探究经书的细节。十一岁时，郑森曾经作文《当洒扫应对进退》，其文结尾说："汤武之征诛一洒扫，尧舜之揖让一应对进退。"年纪不大，但其慷慨自负如此。

此时，郑芝龙已经别娶颜氏，郑森对后母极其孝顺。然而，由于思念在日本的亲生母亲和弟弟，郑森时常郁郁不乐，常常东向而立，其叔叔和兄弟则讥笑说："而非吾中国人所生，而忘吾中国风。"唯有叔叔郑鸿逵非常器重郑森。

崇祯十一年（1638 年）五月，郑森十五岁，在南安补弟子员。崇祯十五年，郑森去福州参加乡试，但却落榜了。

到南京进入太学学习时，在二十个贵族子弟中，金陵术士只相中了郑森，惊叹着对郑芝龙说："此奇男子，骨相非凡，命世雄才，非科甲者！"

创建浙、闽、粤沿海抗清基地

隆武元年（1645 年）六月，郑森被父亲郑芝龙带去拜见唐王朱聿键时，唐王非常重视他，抚着他的背说："惜无一女配卿，卿当尽忠吾家，无相忘也。"① 郑森被赐姓朱，改名成功，封御营中军都督，宗人府宗正，赐尚方宝剑，仪同驸马都尉。根据《明史·职官志》记载，驸马都尉地位在伯之上，有典兵出镇及职掌府部的权力。郑成功对唐王的知遇之恩，终身不忘。

这一年，还有一件令郑成功高兴的事。郑成功弟弟左七卫门已经十六岁了，郑成功又致信日本，请其母亲田川氏来中国，田川氏乃从长崎来中国与郑成功团聚。

贝勒博洛率领的清军自浙江抵达福建，攻占福州。隆武二年（1646 年）正月，唐王以郑成功为御前营内都督。二月，唐王决心西往汀州（今福建长汀），再次企图与赣州杨廷麟联结，却被郑芝龙、郑鸿逵劝阻，唐王乃留在延平（今福建南平）。三月，郑成功向唐王上条陈说："据险控扼，拣将进取，航船合攻，通洋裕国。"这样的中兴大计，让唐王感叹说："骍角也！"唐王封郑成功忠孝伯，赐尚方宝剑，挂招讨大将军印。同时，唐王还令郑成功召集郑彩所部的逃兵，迅速去分水关防守，准备恢复江西省。当父亲郑芝龙准备降清时，唐王朱聿键非常担心，郑成功也非常悲

① 参见郑亦邹《郑成功传》，第 3 页。

愤。郑成功对唐王说："陛下郁郁不乐，得无以臣父有异志耶？臣受国厚恩，义无反顾，臣以死捍陛下矣！"

清军攻占吉安，进围赣州。八月，郑芝龙听说清军将至，密遣心腹前去接洽投降，传令防守仙霞关的武毅伯施天福撤退，不做防守。郑芝龙又派遣心腹蔡辅至分水关，准备让郑成功也投降。蔡辅刚刚来到，未及发言，郑成功就厉声问道："敌师已迫，而粮不继，空釜司饔，吾将奈之何耶？速请太师急发饷济军，慎勿以封疆付之一掷也！"蔡辅回报郑芝龙。郑芝龙说："痴儿不识天命，固执乃尔，吾不给饷，彼岂能枵腹战哉！"郑成功多次请求运输粮饷，郑芝龙都不应。关兵无粮，大批逃散，郑成功只好率军撤回，向南撤退。

郑芝龙准备投降清军，召郑成功议事，郑成功说："清兵不足患也，闽粤吾所自有，父欲得之，则乘时练兵集饷，号令天下，岂无应者？"郑芝龙不听。郑成功又谏阻说："父教子忠，不闻以贰！且北朝何信之有？倘有不测，儿惟缟素复仇而已！"郑芝龙仍然不听。郑芝龙见清贝勒博洛后，博洛令郑芝龙写家信给郑成功说："清朝厚恩，尔当来归。"起初，清廷以闽浙总督诱惑郑芝龙，又以郑芝龙诱惑郑成功来归，最后失败。

郑成功虽然受到唐王的恩宠，封有爵位，但从未参与过军事，仍然是一介儒生。郑成功力阻父亲投降的努力失败，又因母亲在战乱中自杀，乃悲歌慷慨谋划起兵反清。他把自己所穿戴的儒巾、襕衫送到文庙里焚烧，四拜孔子像之后说："呜呼先师！国家已矣！父谏不听，母死非难，成功之罪，其曷可逭！谨谢儒服，以矢厥忠。呜呼先师！昔为儒子，今为孤臣，向背去留，各有作用。仗先师灵，宏济大难。其济，国民之福；不济，成功之罪。谨谢儒服，唯先师昭鉴之！"[①]

十二月，郑成功竖起招讨大将军的旗帜，得到好友陈辉、张进、施琅、施显、陈霸、洪旭等九十多人的拥护。外地来投奔郑成功者：文臣则有浙江抚臣卢若腾、

---

① 参见郑亦邹《郑成功传》，第 5 页。

进士叶翼云、举人陈鼎，武臣有甘辉、蓝登，显贵有林壮、郑金裕等。郑成功率领他们乘两艘大舰到南澳招兵，得到了几千人。于是，郑成功召集将吏会盟，告天誓师，其誓词曰：

"忠孝伯招讨大将军罪臣朱成功敢以一掬泪、一滴血沥诚竭忠以誓于我三军、我普国国民之前：呜呼！尔祖尔父所日日教告于尔等者何言乎？夫国民之所以能受光荣者，徒以有国在耳。今清兵南下，行且尽收中原。尔等试一转念，尔等累累狂奔，如丧家之犬，如待亡之人。尔土谁践之？尔衣食谁衣食之？呜呼！不有国毋宁死。今将誓师中原，与决生死。尔等有与吾同志愿者，其投鞭来从！军行矣！"

郑成功仍奉隆武二年的年号，对外所发的文告都自称"忠孝伯招讨大将军罪臣国姓"，郑成功令洪政、陈辉、杨才、张正、余宽、郭新分别率领各部兵卒。

1647年，南明桂王朱由榔在肇庆称帝，改元永历，郑成功派遣光禄卿陈士京去拜见永历帝。郑成功遂改为拥护永历帝，并率军离开南澳，引来了更多的旧部。郑成功认为，在广东跟随永历帝的文臣武将能为国牺牲，自己在福建举兵响应，闽粤合势，徐图东方，大事能济。当时，厦门被建国公郑彩占据，浯州（今金门）被郑彩弟弟定远侯郑联据守。郑鸿逵据守白沙，郑成功的船队就停泊在厦门对面的鼓浪屿，他们互为犄角，在沿海郡县招兵征饷。

七月，郑成功与郑彩、郑联一起进攻海澄（今福建龙海），失败而退。八月，郑成功与郑鸿逵合攻泉州，在桃花山打败清军提督赵国佐（祚）率领的数百骑兵，把赵国佐一直追到城下，进围泉州。九月，副将王进自漳州赴援，泉州之围才解，郑成功率部回到厦门岛。郑鸿逵的船队则停泊在泉州港，与清军对峙。这时，郑成功广泛招募文武人才，大批文士相继而来。郑成功每遇重大事件都会征求他们的意见，逐渐形成了一个文官幕僚班子。同时，郑成功还凭借隆武朝廷以及郑芝龙的旧关系网，召集兵将。反清将领、随郑芝龙降清复又懊悔的闽中将领、降清明将前来投奔。

南明永历二年（1648年），南明桂王在桂林，奔南宁，又自浔州奔肇庆。三月，郑成功率部突然进攻同安、泉州。同安民众好斗，与清军守将一起防守店头山。郑成功军斩敌骑兵数人，清军与民众溃散，守将王彪、折光秋、知县张效龄弃城而逃，郑成功军遂占领同安城。郑成功令叶翼云据守同安，自己率队伍继续进攻泉州。五月，辅明侯林察自广东逃回，见到郑成功，向他详述了瞿式耜等人拥立桂王的情况，郑成功以手加额说："吾有君矣！"郑成功当即修表，并派遣原唐王中书舍人江于灿、黄志高二人从海道入广东称贺，并条陈时势，自领大队舟师至铜山（今福建东山岛）候永历帝的圣旨，以便会合。七月，清总督陈锦、佟国器、李率泰三将率领清军援军赶至泉州。郑鸿逵部撤退到潮州，郑成功部则撤退到厦门金门岛上。郑成功部下丘缙、林壮猷据守同安，遭到清军日夜围攻。最后，清军攻破同安，杀丘缙、林壮猷、叶翼云、教谕陈鼎。

此时，南明鲁王令大学士刘中藻略定福宁州，与平夷侯周鹤芝互相为犄角，连续攻克建宁、漳浦各州县，温州、台州等地的义军纷纷起来响应，南明军势一时间大盛。

十月，江于灿、黄志高同太监刘玉奉永历帝的诏书到，晋封郑成功威远侯，招讨大将军如故。

根据沈云《台湾郑氏始末》记载，永历三年（1649年）正月，清军"破南昌，（金）声桓、（王）得仁皆死；三月，克信丰，连下抚州、建昌，（李）成栋溺水死；破湘潭，（何）腾蛟死。永历遣使告急于成功"。此时，郑成功正在铜山一带招兵买马。三月，郑成功便令施琅、杨才、黄廷、柯宸枢、康明、张英等将率兵进攻漳浦，守将王起凤投降。郑成功改漳浦为正兵镇，在这里训练军队，教以骑射。不久，郑成功军又攻下云霄，杀其守将裴国柱，进抵诏安，驻扎在分水关。郑成功传檄浙江、广东、江西，鼓舞南明军的士气。

七月，永历帝派遣的使者来到厦门岛，晋封招讨大将军忠孝伯郑成功为漳国公，希望郑成功率福建之师去保广东。

九月初三，镇守漳浦的清军副将王起俸派义子朱之明来见郑成功，接洽投降事宜，双方约定里应外合攻克漳浦。因为密谋泄露，听说郑成功的船在龟镇港，王起倓于十四日率亲随吴大明、蔡良、李化龙等人逃出漳浦，从龟镇下船到铜山见郑成功。郑成功称赞了王起倓的忠义，授予他都督同知，令他掌管北标将。

十月初六日，郑成功传令官兵在船出征，漳州的清将也调集各地清军援助。明郑军初八日进入海澄港，初九进入云霄港，初十日在白塔登陆，分三路进兵。左先锋施琅、援剿左镇黄廷、前冲镇阮引、正兵营卢爵率军从左路进攻，右先锋杨才、援剿右镇黄山、后冲镇周瑞、左冲镇林义、右冲镇洪习山从右路进攻，郑成功自率统领戎旗中军康明、中冲镇柯宸枢、亲丁镇张进从中路进攻。中午，云霄守备张国柱、千总夏义、柯虎率领一千多马步兵，离城五里，列阵迎战，旗鼓中军姚国泰领兵守城。

左先锋镇遭遇张国柱的兵，遂即交锋。激战了一会儿，右先锋镇杨才等赶到。左先锋副将施显跃马提刀，直冲敌阵。张国柱驰马交迎，被施显一刀斩于马下。清军溃败，尽被杀死，积尸遍野。施琅的亲随洪羽、施显、下哨官黄安，骁勇善战，战功赫赫，他们在这次战斗中的英勇表现，更加引起了郑成功的注意。

郑成功遂挥军攻城，姚国泰督清兵防守，左冲镇林义、中冲镇柯宸枢等督兵从西北角登城，其城遂拔，姚国泰受伤被捕。郑成功召集诸将会商说：暂时驻扎在云霄一带，以逸待劳，伏击前来救援的清军，然后长驱直入，进攻漳浦。如果清军不敢来援，则分兵防守盘陀岭，然后进攻诏安县，与潮州的明军、揭阳的定国公郑鸿逵相互声援，共图进取。诸将都同意。

二十日，侦知漳州的清军不敢来援，郑成功亲率中冲镇柯宸枢、援剿左镇黄廷、右冲镇洪习山、后冲镇周瑞、前冲镇阮引等到盘陀岭，部署他们分驻各隘口，防止清军来援。二十六日，郑成功督师进攻诏安，漳州王之纲、王邦俊等调集海澄守将赫文兴、魏标、谢子连等城邑的援军也在当日来到。二十八日，清军首先分四路攻打盘陀岭，中冲镇柯宸枢的弟弟柯宸梅战死，寡不敌众，明郑军不支。

十一月初一日，郑成功下令撤除诏安的包围，连夜由分水关进入潮州驻扎。此时，潮州土豪割据，自相残杀。黄冈有明挂征南印的黄海如、南洋有许龙、澄海有杨广、海山有朱尧、潮阳有张礼。

武毅伯施天福同黄海如来见，郑成功想让施天福执掌兵权，施天福以年龄太大为由推辞了。郑成功对黄海如说："我举义以来，屡得屡失——今大师至此，欲择一处以为练兵措饷之地，如何而可？"黄海如说："潮属鱼米之地，素称饶沃，近为各处土豪山义所据，赋税多不入官，藩主第收而服之，藉其兵食其饷，训练恢复，可预期也。"郑成功说："我亦思之，但潮邑属明，未忍为也。"参军潘某某说："宜先事入告，然后号召其出师从王，顺者抚之，逆者讨之。藩主奉旨专征，今大师咫尺，南洋许龙不劳师郊迎，声义问罪，谁其不然！"郑成功说："宜再图之，许龙何足云也。"黄海如又说："驻军措饷，莫如潮阳县。盖潮阳饶富甲于各邑，且近海口，有海门所达濠浦可以抛泊海艘，通运粮米，次守近山。土豪数年拥据租粟，负固山寨，邑长不敢问。今驻节邑中，抚顺剿逆，兵饷裕如。但须假道南洋，由鲎澳过达濠浦至邑，恐许龙、张礼梗道也。"郑成功说："自有以处之。"于是，发谕令给许龙，令他开道并备小船以候过师。

许龙果然抗命，并于初八日出兵阻击郑成功，被明郑军一鼓而平，许龙只身逃脱，但是，郑成功本人也遇到敌人的伏击，差点丧命。郑成功驻师南洋，缴获一万多石粮食、军器船只等。郑成功令督饷黄恺把粮食运回中左，交给郑四镇储存。

海阳旧将陈斌来归，郑成功让他掌管后劲镇，澄海都督杨广、南阳唐玉、海山都督朱尧也先后率部归附郑成功。

郑成功进入南洋，发谕令给张礼为明郑军准备船只，张礼拒命。郑成功乃令杨广备船，同时致信郑鸿逵备船。二十九日，郑成功移师鲎澳，过达濠埔。此处有达濠、霞美、青林三个寨子，每寨有海盗一千多人，每年都到海上剽掠。以前，这些寨子曾经攻打过郑鸿逵，这次仍然不遵郑成功的谕令。郑成功亲自观察三寨地形，见三寨互为犄角之势，便决定先攻达濠，围点打援。

十二月初二日，郑成功传令发炮攻达濠寨，张礼果然从青林寨发兵出援。周瑞、阮引、黄山、卢爵率领的伏兵四起，杀败张礼的援兵。达濠寨上看见援兵被消火，一片恐慌。郑成功下令登城，杨才率右先锋镇联合戎旗镇、亲随镇发起猛攻，迅速攻克达濠、霞美二寨。随即，明郑军合力攻打青林。张礼在城上呼降，郑成功令陈斌去见他，准他待罪立功，达濠三寨遂平。

初八日，郑成功遣援剿右镇黄山率领后冲镇周瑞、左冲镇林义、正兵营卢爵往靖海卫，并攻下惠来县。以中军汪汇之治理惠来县，以正兵营卢爵镇守其城。十四日，郑成功移师揭阳，带着张礼去见定国公郑鸿逵。郑鸿逵说："潮镇郝尚久并诛车都督，占据潮郡，每起兵与我为难。"他希望与郑成功合兵攻打郝尚久。郑成功说："彼尚藉明号，岂可自矛盾？俟其踪迹败露，然后声罪，师出有名，侄当任之。"① 揭阳白灰寨李芳等，自恃寨子坚固，不愿意缴纳粮饷。郑成功令左先锋率兵一鼓而破其寨，杀李芳，其他寨子慑服。

南明永历四年（1650年）正月，郑成功去潮阳，知县常翼风率父老到郊外迎接。郑成功亲率兵征讨负固顽抗的乡寨，征收粮米。令三镇洪忠振伯驻扎潮阳，负责征收与转运粮饷军器，让右冲镇洪习山镇守达濠一带，以副将甘辉任右冲镇事。右先锋杨才攻克和平寨，左先锋施琅攻克溪头寨，后劲镇陈斌攻克狮头寨。贼首黄亮采投降，郑成功令他招兵负责当地防守事务。

二月，攻灭洋乌的员山寨、和尚寨，其他寨子闻风归顺。郑成功移师棉湖寨，普宁县纷纷归顺。令监督程应璠掌管普宁，征收正供粮。

郑成功调整军队组织，以统领戎旗亲随中军康明为左冲镇，以正总班吴胜掌管中军。右先锋杨才病死，以亲随正总班林勇为右先锋。林勇在征苏六时阵亡，吴胜退缩，斩首示众，以正总班林胜代吴胜的职务。以右冲镇甘辉管亲丁镇，以正兵卢爵管右冲镇，以援剿左镇黄廷管右先锋镇，以左先锋镇副将施显管援剿左镇。

四月，郑成功率军平定九军，攻破溪头寨，九军首人邱瑞、刘公显等投降，郑成功令监督陈六御征收军粮。以前，九军首先发生叛乱，攻破揭阳县，拒交官租，

① 参见杨英《从征实录》，第7页。

至此追缴正供粮数万石。

郑成功移师揭阳。郑鸿逵说，新墟寨负顽已久，不愿意纳粮，常常与郝家合兵作梗。二十五日，郑成功与郑鸿逵合兵攻打新墟寨，郝尚久则出兵来救援。新墟寨投降，四百庄勇被征当兵，由施显管辖。

郑成功说，郝尚久出兵援助叛逆，现在我出兵灭他，师出有名了。郑成功令亲丁镇甘辉埋伏在石场寨左边，右先锋黄廷埋伏在石场寨右边，自己率诸镇迎战。郝尚久率马步数千人前来，郑成功指挥左先锋施琅、后劲镇陈斌等进攻。双方交战不久，左右伏兵冲出，陈斌提刀跃马冲入阵中砍杀，锐不可当。郝尚久的部队遂崩溃，中军陈禄被擒，郝尚久孤身而逃。

这个月，清军总兵王邦俊率兵攻打铜山所，管理铜山地方事务的陈明登、督饷黄恺逃到郑成功军前，郑成功令忠匡伯张进掌管铜山地方事务。清军围攻铜山，忠匡伯据城死守，忠勇侯陈豹率兵救援，清军才撤走。

五月，郑成功率师驻扎揭阳。六月，因有潮州人黄海如、陈斌帮助，郑成功决定攻打潮州。郑成功对诸将说："尚久不清不明，背顺助逆，径出兵相加，或欲图之，计将安出？"陈斌说："斌，潮人也，颇知潮地利。潮邑东面环溪，只一浮桥通漳大路，惟西、南、北平地可施攻击。必须断其浮桥，以绝援兵，然后移扎西南攻围，内乏粮糈，外无救兵，不降何待？"郑成功认为可行，遂率兵驻扎溪东葫芦山。郝尚久督兵搦战，郑成功令王起俸到山下埋伏，令陈斌等直接迎战。郝尚久的士兵见郑军强壮，又伏兵四起，溃乱而逃。郑成功左先锋施琅断桥，因桥太狭窄，无法展开兵马，敌人据桥持炮死守，对击三日不下。郑成功亲自督战，严明赏罚。左先锋亲随何义、陈法、林椿等十几人冒着炮火冲进，登楼攀连而下，敌人不支，杀伤跳水而死者不计其数，其桥随即烧断，敌人援绝退守。明郑军随即展开四面包围，筑炮攻打，郝尚久也派人去漳州请援兵。

七月二十日，郝文兴率兵来援，许龙以船将清军载入城中，明朝新泰侯郝尚久削发归清。围困三个月不下，天气太热，士兵多病，郑成功乃解围，率兵撤退到潮阳。山寇黄亮采等又背叛郑成功，抗劫饷米，郑成功令亲丁镇甘辉等讨平黄亮采。

郑成功又攻打碣石寨，也不克。粤东碣石卫守将苏利接纳郑成功部，互相援助，与清军对抗。但是，苏利暗地里又接受清军的笼络，以制衡郑成功。

此时，郑成功就想返回中左（厦门）。当时，厦门、金门为郑彩、郑联所部据守，其手下章云飞恣肆不道。八月，郑芝鹏从潮阳去见郑成功，郑成功召集诸将会商出路。郑芝鹏说："吾起兵海上，不得一尺寸土以作根据，不可以守。厦门二郑方耽酒乐，曷图之？"施琅说："联，酒色之子也，吾以船四艘出鼓浪屿，彼必不疑我，又以伪装商船直赴厦门，乘机进取，时不可失！"郑成功以郑联为兄弟，取之不义，态度犹豫。郑芝莞也说："我不取则人取之，曷若我取之？独不闻唐太宗取建成、元吉事乎？"议遂决。最后，郑成功说："两岛吾家卧榻之侧，岂容人酣睡！"

于是，分遣各镇汛守，以忠振伯洪旭总理地方兵民粮饷事务，郑成功自己则率戎旗镇王秀奇、后冲镇周瑞、前冲镇阮引等扈从，自揭阳出发回中左。八月十五日抵达厦门，想见建国公郑彩。但是，几天前郑彩率师北上，郑成功只好先见定远侯郑联。郑成功率甘辉、施琅、洪政、杜辉四将至崖下，郑联正酒醉，出来相见。郑成功派人刺杀郑联，郑联部将陈俸、蓝衍、吴豪等都归附郑成功。郑成功令陈俸为戎旗镇前协、蓝衍为后协、吴豪为副将、黄屿为中冲镇管兵中军，以四镇郑芝莞管理中左地方事务，忠靖伯陈辉为水师一镇。

不久，郑成功与建国公郑彩的关系激化，派兵击败郑彩，郑彩率部逃往南海。九月，郑成功在中左设坛请兵部万年英宣敕行礼祭祀太夫人，同时派遣洪政去请郑彩回师中左，共图恢复明朝大业。郑彩说："吾年老气衰，观诸子弟能有为者，大木而已，吾愿以全师付成功。"郑彩部下杨朝栋、王胜、杨权、蔡新等率全队水师投奔郑成功，而郑彩本人仍不敢回厦门。郑成功以杨朝栋为义武营，以王胜等人管理水师。

至此，闽安、铜山、南澳诸岛都归郑成功所有。郑成功以辅明侯林察为左军，以闽安侯周瑞为右军，以定西侯张名振为前军，以平彝侯周鹤芝为后军，而自率中军为元帅，拥有海上人马四万多人，战舰一百多艘。郑成功日益发展的势力，引起了清廷的极大关注。

郑成功在厦门经营的时候，粤东根据地却出现了问题。九月二十八日，苏六集合山寇攻陷惠来县，明郑军守将汪汇之、卢爵被杀。潮阳的山贼也重新猖狂，当地不再缴纳军粮。十月，忠振伯派人来报告粤东乱局，郑成功准备亲自去潮阳，对留守的郑芝莞等人说："前建国（郑彩）等在中左，虏不敢犯，今建国南下，定远水师已归于我，我欲往潮，虏若来犯，尔等何守？尔敢任否？"①

郑芝莞说："藩若设水陆官兵数镇付莞提调防守，虏众来犯有失，愿依军令。"郑成功说："可。"以前冲镇阮引、红冲镇何德为水师，以远剿后镇蓝登为陆师，由郑芝莞率领，防守中左，留太夫人董氏和世子郑经监守中左。郑成功留下族叔郑芝莞防守厦门，自己率主力南下南澳，准备再次攻打潮州。

十一月初二日，郑成功率师到达潮阳。

此时，永历帝在南宁，南明的军队在广州、琼州。永历帝派提塘黄文自行在去潮阳见郑成功，报告说："有旨请藩入援。伪平、靖二王率满骑数万寇广州，复之，宁藩望我大师南下会剿甚切。今二伪王兵马来至广东，先遣满将克服潮惠，与我师为难。"郑成功传令各镇催运各寨的饷米，交给忠振伯洪旭转运中左储存。

永历四年（1650 年）闰十一月，郑成功在潮阳传令各镇官兵上船待命，准备南下勤王，陈斌因与施琅兄弟有矛盾而率部逃走。十二月，郑成功抵达揭阳，对定国公郑鸿逵说："有报自行在来，二酉已下广州，即到广省，先复惠、潮矣。又郝孽归清，此处终非久居，叔父暂回中左居守，侄统兵南下勤王，诚为两利。"郑鸿逵赞同郑成功的计划，愿意回厦门协助郑芝莞防守。于是，郑鸿逵率部自揭阳赶回厦门，郑成功留知县常翼风据守揭阳、后劲镇陈斌留守潮阳。二十一日，郑成功自达濠出发。

---

① 参见杨英《从征实录》，第 12 页。

第二年（1651年）正月初四日，郑成功抵达南澳。镇守南澳的忠勇侯陈豹拜见郑成功说："藩主统师勤王，先帝在天之灵，实鉴眈之。但闻二酋已破广州，杜永和入琼南矣，此去或恐不遇，而中左根本，亦难舍也，不如将此南澳地方听藩主驻节，居中调度，豹愿前驱，督同各镇南下，诣会王师，候有信请藩亲行未晚也。"郑成功说："尔固效忠，但我家世受先帝厚恩，捐躯难报，今有诏吊（调）师，虽越山逾海，义当趋赴，岂暇谋及身家？尔当暂固地方，中左有急，驰赴援防可也。"陈豹知道郑成功主意已定，只好服从。

左先锋施琅也来对郑成功说："勤王臣子职分，但郎昨夜一梦，似大不利，乞藩主思之。"郑成功知道了施琅的来意，心里虽然赞同，但却派副将苏茂接管了施琅的左先锋印和所属官兵，施琅的后营万礼所部，也被改调入戎旗亲随镇。

郑鸿逵将愿意效忠勤王的镇将萧拱辰、沈奇等送给郑成功，郑成功以萧拱辰为中冲镇，沈奇为护卫右镇，监督张英为正中军。

正月二十七日，郑成功自南澳出发，定国公郑鸿逵、忠振伯洪旭、施琅带领陈壎、郑文星等回中左。

二月，郑成功至白沙湖，二十五日在盐州港遇到大风暴。三月初十日，郑成功至大星所，下令攻打所城。左援剿镇施显从水路夺取港口的几十只乌尾船，其他官兵则从陆路攻打。协将万礼率部在偏僻处设伏，阻击从惠州来的援兵。十五日，黄山等率兵攻城，顺利攻克，户科杨英分派船只搬运城中粮食。

也就是在三月，在泉州的福建巡抚张学圣侦知郑成功南下，乘机调泉州总兵马得功、漳州王邦俊合师进攻中左，令郑芝豹拨船渡载。郑芝豹因为郑芝龙在北京，只好照办。

侦骑飞来向郑芝莞报告说："已侦清福建巡抚张学圣与黄澍等乘主帅南发，将乘间来取厦门，已命总兵官马得功统骑卒自五通来渡，吾水师镇阮引不战而溃，敌且至，将军将何图？"郑芝莞不知所措，搜集珍宝钱财准备弃寨逃跑，厦门岛顿时混乱起来。

十四日，清军攻打中左（今厦门），前冲镇阮引、后冲镇何德等水师战败，退至梧洲（金门）。太夫人董氏与郑经抛弃辎重，只带祖宗神牌登舟。清军在中左夺取了明郑军的黄金九十多万两，珠宝数百镒，米粟几十万斛，另外，清军抢劫的军民私人财物，不计其数。郑芝龙、郑成功两代人经营海外贸易积累下来的巨额财富，全部丧失。

几天后，郑鸿逵、杨抒素、吴渤赶到，围攻厦门。施琅、陈壎、郑文星率水师也赶到，施琅率几十人与清军激战，击败清军，追至城下。

马得功被包围在海上，陷于困境，便致信郑鸿逵说："昔得功以微身隶属于将军，时日间隔，今乃以兵戎相见，得功死此，亦固其所。虽然，旧恩不可忘也，得功今死，此岛中人民其能大安乎？且将军妻子皆在安平，将军杀得功，吾主姚帅、黄二将军必杀将军家。得功为将军计，亦复不值，将军其有意乎？"郑鸿逵因顾虑自己的家眷仍然在安平，乃偷偷地给马得功几艘渔船，让他逃走。

三月二十二日，郑鸿逵派遣的都督郑德、援剿后镇中军翼将周全斌来到了大星所，他们报告郑成功说："三月十四日，伪部院张学圣，令泉房将马得光（功）、漳房将王邦俊袭破中左，水师前冲镇阮引、后冲镇何德等退敌不支，俱出梧洲，百姓望救。定国公特差斌等抛海前来，请藩主班师。"

郑成功说："奉旨勤王，今中左既破，顾之何益？且咫尺天颜，岂可半途而废？国难未报，遑顾家为？"但是，三军听到这个消息，哭声遍野，诸镇也来劝郑成功回师，深恐发生兵变。郑成功无奈，向南跪拜说："臣冒涉波涛，翼近天颜，以佐恢复，不意中左失守，将士思归，脱巾难禁，非臣不忠，势使然也。"郑成功挥泪痛哭，三军哀恸！郑成功下令就近筹足军粮，然后班师。

二十五日，南风大作，郑成功下令班师开驾。四月初一，郑成功抵达中左，停泊在五屿，清军已经在数日前撤退。郑成功听说郑鸿逵放走马得功，非常生气，传令郑芝莞、郑鸿逵不能与郑氏亲戚相见。郑成功惨痛地说："渡房来者澄济叔，渡房去者定国叔，弃城与房者芝莞叔，家门为难，与房何干！"郑鸿逵致信郑成功，请他入城。郑成功对差员说："定国公与虏通好，请我似无好意；回报定国，谓不杀虏无相见期也。"郑鸿逵移屯白沙，再致信郑成功说："马虏之归，盖以吾兄在于清，重以母命故耳；不然，我亦何意何心也。伧有疑吾之言，不亦错乎？"

郑成功遂决心整顿军纪，首先下令修筑防卫工事，督民夫修造炮台五座，令别将郑擎柱守之。四月初十日，郑成功进入厦门港，驻扎澳仔，召集文武官员开会，讨论防守厦门诸将的功罪。在大殿里设置隆武帝的御座，郑成功先拜，然后令大小文武将吏一一叩拜。

首先按功赏施琅花红银二百两，加官二级，赏陈壎等人各一百两。施琅以中左已失，清军又逃回，不愿受赏。郑成功说："虏先渡海，水陆失守，该镇假回闲员，目击虏氛，身率数十人与虏对敌，追逼城下，使蓝登水陆诸人如是，虏无只还矣。功而不赏，罚将何施？"

然后，郑成功责问郑芝莞说："吾南下时，未敢以地方城池付汝，是汝自请水陆拨镇付汝提调，有失依军令。今有何说？"郑芝莞把罪过推给阮引，郑成功说："水师未败，而汝先搬物，身已在船矣。"诸将跪求赦免郑芝莞。郑成功拿出隆武帝所赐的宝剑，在军门斩逃将郑芝莞。

郑成功还谕令全军："呜呼！我三军其肃听！自思帝弃社稷，我明室已亡二君矣。永历蒙尘海南，讯问又不时达。吾以国族故，故与我三军同心勠力，以争此一尺寸土也。今芝莞丧师失律，几失要地。天不亡我，援师遂达。虽然，不敢私也，芝莞者，吾之从叔父而国之仇也，吾私之，吾不啻亦为国仇，其何以谢三军哉！故已命将斩讫。呜呼！我三军进行时有后敌者，吾誓以先帝所赐剑以加于亡我汉族者之颈！"

第二天，又将阮引枭首示众，处罚何德一百二十军棍，杀副将杨升，蓝登免罪。

郑鸿逵已经率所部移驻金门，听说郑成功斩郑芝莞，乃将自己所属的官兵全部交给郑成功，郑成功提拔万礼为前冲镇将军、陈朝为后冲镇将军。郑成功下令：忠振伯洪旭据守中左（厦门），郑泰防守金门，郑芝豹、施天福防守同安，张进防守铜山，陈霸防守南澳。郑成功的军队此时已经发展到六万多人，兵势复振。

郑成功移师后埔，扎营操练。施琅不从，请启削发为僧。先前，施琅在南澳，假不勤王请兵，任苏茂代将，意班回之日必复归管也。现在郑成功却不归还其兵权，又提拔施琅的副将万礼为镇，令施琅闲住。施琅心中已经不满，请求削发为僧，以观察郑成功的态度。郑成功令施琅再去募兵，许诺授予他先锋镇。施琅没有回应郑成功，竟然去削发，郑成功心中怀恨。一天，施琅的家丁与右先锋黄廷的士卒因小事打架，施琅率几个健壮的警卫至黄廷的行营辱骂，并打毁家具。黄廷容忍了下来，但却密报郑成功，郑成功令黄山、黄恺去训诫施琅。施琅有个亲兵名叫曾德，到郑成功处请求做亲随，郑成功答应了他。施琅听说后，出令箭将曾德拿回，立即处死。郑成功心中怀恨，仍隐忍不发，让弟弟施显转告施琅说："藩无能做伤恩事也。"

因缺乏粮食，郑成功决定在海边各地筹集。五月初四日，郑成功督兵掠永宁、崇武二城，所获颇多。二十日，郑成功下令抓捕施显、施琅，以及施琅父亲施大宣和其他亲属。施琅逃跑后，郑成功杀施大宣、施显及其他亲属。二十二日，郑成功指挥军队驻扎在海澄磁灶，漳州总兵王邦俊也率马步兵数千人于二十六日过来驻扎，与明郑军对垒。郑成功对诸将说："欲图进取，先从漳起手，此番杀他一阵，则漳虏慑服，集兵裕饷，恢复有基矣。尔等勉之！"诸将深表赞同。二十七日，王邦俊由社前大路而来，左先锋苏茂、援剿左镇林胜迎战，清军攻势稍挫。亲丁镇甘辉、前冲镇万礼等伏兵四起，清军溃败。

六月，郑成功初设五营：升戎旗前协陈俸为礼武营，后协蓝衍为智武营，右先锋镇副将陈泽为信武营，援剿左下副将吴豪为仁武营，北将杨朝栋为义武营。八月，郑成功再设五营：升中权镇左营黄梧为英兵营，旧将吴世珍为游兵营，戎旗正总班杨姐为奇兵营，赐名祖，林文灿为殿兵营，陈壎为正兵营。郑成功委派陈启设局，督造军器、藤牌、战被、火箭、火筒、火罐等。

九月，郑成功率师驻扎漳浦地方，王邦俊、陈尚智调集马兵数千、步兵数千驻扎钱山，与郑军对垒。郑成功研究作战计划时，对诸镇说："俱各贾勇齐击，杀其片甲不回，胜此一着，则漳虏胆破，攫守不暇，浦、诏、和等邑可指掌而定矣。"诸将精神振奋地说："此番我等尽欲得功，虏必无生回矣。"二十五日，清军列大队直进，逼近明郑军营垒，郑成功挥师迎击。戎旗镇王秀奇、援剿左镇林胜、苏茂击其前锋，亲丁镇、前冲镇、远剿右镇等进攻清军后部。清军大败而逃，明郑军追击至龙井，缴获大量马匹、军器、衣甲等，王邦俊、陈尚智孤身逃回漳州。郑成功派人去漳州招降，城门紧闭。

十月，郑成功撤回中左，按照赏格奖赏作战有功人员。

十一月，漳州王邦俊再次被明郑军杀败，驰报福建巡抚求援，福建巡抚派提督杨名高率马步数千来援。郑成功召集诸将说："名高未知我手段，必然轻敌，我须略地取粮，诱其来战。先须占据险处迎杀，尔等此番用力歼击，胜此一着，则援虏计穷，漳、泉不攻自下矣。"郑成功率师在九都登岸，进驻小盈岭待敌，同诸将相度地利，分派四支兵马埋伏。当日，杨名高指挥清军分成三股进攻。戎旗镇、援剿左镇迎击中股清军，援剿右镇等迎击左股清军，左先锋镇等迎击右股清军，郑成功在阵中奔驰督战，诸将奋勇，清军大败。从山后来袭的清军，击败中冲镇、游兵营。奇兵营杨祖率兵增援，挡住了清军的进攻。杨祖身中数箭，仍杀死敌将一员。亲丁镇甘辉又来增援，清军遂溃散。清军被追至马厝巷，杨名高仅以身免。郑成功率军撤回中左，大赏有功官兵。

与清将杨世德协守漳浦的陈尧策，原来就是郑成功旧将，派人来见郑成功，约定献城投降。十二月十五日，郑成功率军至旧镇港登岸，迅速包围漳浦城。陈尧策献城投降，杨世德自杀被救后也投降。郑成功仍然令陈尧策镇守漳浦，郑成功派右先锋黄廷率护卫左右镇等攻克诏安县、中权镇黄兴率英兵营黄梧攻克平和县。十二月二十四日，郑成功率军从陆路回中左，整顿队伍，短暂休整。二十九日，海澄（今龙海南）守将郝文兴密派中军胡安然叩见郑成功，约定开城纳降。

闽浙总督陈锦指挥清军攻克了翁洲（今舟山），浙东抗清明军丢失了抗清基地，定西侯张名振、张煌言等文官武将奉鲁王向南奔逃。第二年（1652 年）正月，郑成功派人迎接鲁王到金门居住。平夷侯周崔之、英义伯阮骏等，都来投奔郑成功，张名振、张煌言等都希望与郑成功保持良好的关系，张名振去拜见郑成功，展示自己背部上所刺的"赤心报国"四字，"成功见之愕然"。郑成功令张名振掌管水师前军，周崔之掌管水师后军，阮骏为水师前镇。

南明永历六年（1652 年）正月初二，郑成功率军扬帆进入海澄港，潮水大涨，顺利地逼近城垣。守将郝文兴开城，率将士至郑成功军前投降。郑成功赏赐投降的官兵银一万两，授予郝文兴前锋镇、挂破虏将军印。郑成功派中军都督张英镇守海澄，参军黄维璟任海澄知县。

正月初十，郑成功率军进入江东，派遣各镇进攻长泰县。清廷传令潮州、汀州两路马兵出援，又调集水师出援。正月十七，清军副将王进率清军马步数千人从漳州来援，行至溪西地方，与亲丁镇甘辉所率礼武营陈俸等遭遇，随即展开激战，明郑军因人少而挫败，甘辉、陈俸都中箭。大督阵王孔岩督官兵奋勇前进，退却即斩。亲丁镇副将欧斌奋勇冲击，杀死两名清军马将。双方激战四五个小时，清军遂崩溃。正月二十三，清军数千人再至，被戎旗镇王秀奇击败，清军退守长泰。

郑成功率兵驻扎长泰东门石高山，制造云梯，令各镇包围长泰城，城坚不易攻克。二月初二日，郑成功严令攻城，游兵营吴世珍登城被炮击而死。郑成功遂决定用计巧取，派戎旗镇转移到北门高埠处，挖地道通城，再令神器营何明用地雷开凿地道。

总督陈锦见长泰吃紧，于三月初四亲率马步兵数万人前来增援，驻扎同安。郑成功下令引爆地雷，如能炸开城墙，立即攻城；如不能炸开城墙，则转移到江东桥大路迎战陈锦。三月初七早晨，地雷爆炸，却没有炸倒城墙。

郑成功遂率军移师江东山，进行战役部署。郑成功派遣护卫左右镇沈明、沈奇等驻扎诏安，阻击来自潮州的清军；派遣总督中权镇黄兴率护卫前镇陈尧策、英兵营黄梧等驻扎南靖、平和，阻击从汀州来的清军；派援剿前镇黄大振、平夷侯、闽安侯等负责阻击从泉州港来的章云飞水师，派北镇陈六御、信武营陈泽防守海澄。

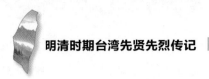

三月初八，郑成功率各镇将领到江东桥北勘察地形，部署各镇兵力埋伏之地。三月十三中午，陈锦率马步兵从东南山埠而来。郑成功令举火发号，各营蜂拥而出。清军分路迎战，未分胜负。郑成功指挥戎旗镇出击，清军退却。礼武镇陈俸，亲丁镇甘辉，右先锋黄廷与苏茂、林胜等事先埋伏在首尾的军队，前后夹击，郝文兴率马步兵直击清军中部。清军遂溃败撤退，明郑军追至牛蹄山老营，各镇齐集，遍野追杀，陈锦尽弃衣甲辎重，奔命而走。

陈锦部清军大败，退屯灌口。陈锦率残兵败将不敢进入同安，在城外凤凰山驻扎，被家丁李进宗等刺死，清军残部逃回泉州。

长泰守将和知县听说清军战败，弃城而逃。郑成功委任参军冯举人为长泰知县，令护卫右镇沈奇驻守。至此，漳州属下各城镇俱被明郑军攻占，下一个目标就是漳州。

四月，郑成功督师进攻漳州城。为了攻打漳州，兵众云集，郑成功开设二十八宿营：角宿戴捷，亢宿林德，氐宿郑荣，房宿周全斌，心宿周腾，尾宿杨正，箕宿郑文星，斗宿林功，牛宿谢对，女宿蔡科，虚宿洪承宠，危宿赖策，室宿廉彪，壁宿唐邦杰，奎宿华章，昂宿杜辉，柳宿姚国泰，井宿林习山。

郑成功命令：仁武营吴豪、义武营杨朝栋驻扎西门营盘负责堵截，前冲镇万礼、礼武镇陈俸、尾宿营杨正为应援，戎旗镇王秀奇提调兼应援，西门有失则王秀奇负责。护卫左镇沈明、正兵营陈壎、亲丁镇欧斌驻扎北门营盘堵御，左冲镇杨琦、右冲镇柯鹏、亢宿营林德为应援，黄廷为提调兼应援，北门有失则黄廷负责。护卫前镇陈尧策、角宿营戴捷驻扎东门营盘堵御，援剿左镇林胜、中冲镇萧拱辰、后冲镇陈朝、心宿营周腾为应援，黄山提调兼应援，东门有失则黄山负责。南门营盘，以游兵营黄元驻扎新桥头，后劲镇陈魁驻扎旧桥头，信武营陈泽、智武营蓝衍为应援，陈六御提调兼应援，南门有失则陈六御负责。氐宿营郑荣、柳宿营姚国泰驻扎八角楼堵御，英兵营黄梧为应援，定西侯张名振为提调，八角楼有失则张名振负责。奇兵镇杨祖、援剿后镇蓝登、房宿营周全斌驻扎东岳一带大路，负责堵御援兵，以中权镇黄兴提调兼应援，大路有失则黄兴负责。另拨亲随营李长、提督前黄廷、提督中甘辉、铁骑镇刘有才、昂宿营杜辉兼各处应援游兵，郑成功驻扎南院指挥，其余各镇分守漳浦、海澄、诏安、长泰、平和、南靖等县。

漳州城被围，清军守将王邦俊撄城固守，上下请援。五月，金衢总兵马逢知率兵四千来援。甘辉对郑成功说："今若与清将野战，吾伤必多，不如困之于漳城。"于是，明郑军让开万松关至漳州城龙江一线。马逢知率骑兵一千、步兵三千顺利进入漳州城，马逢知入城与王邦俊会合。数日之后，马逢知率兵从东门出城寻战。郑成功派房宿营周全斌、援剿后镇蓝登埋伏在东岳左边，牛宿营谢对、援剿右镇余新埋伏在右边，主力驻扎在市尾两边待敌。清军分队而进，郑成功令戎旗镇亲随营黄昌、前提督、中提督等出击，而房宿、井宿两边冲击。清军失败溃逃，副将金凤被擒。守将王邦俊出城助战，也被击败。清军退守城中，不敢复出。

郑成功传令各营修筑营盘驻扎，准备长期围困漳州。北将王有才建议在漳州周围修筑木栅、河沟、短墙，郑成功传令各营照办。郑成功、前军定西侯张名振商议，下令在镇门修坝蓄溪水，准备于八月用溪水灌漳州城。因需要大量工料，水流太急，最后放弃。

两次援助失败之后，福建巡抚宜永贵派兵船二百袭击中左（厦门），攻击明郑军所必救，企图解除漳州之围。郑成功令一镇陈辉为总督率右军闽安侯、后军周崔之、左军辅明侯、前镇阮骏、后镇施举等水师船百余只，前往迎敌。两军在崇武相遇，清军在上游，顺流冲击，明郑军受挫。等到风转流退，陈辉下令出击，周瑞、施举所乘两艘船冲入清军船队中奋击，清军不敢挡，一阵混战后，清军失败后退走，从崇武登陆逃跑，丢弃大船十多艘。六月，郑成功到浯洲青屿澳，赏罚水师官兵，赏右军周瑞、后镇施举首功，传令照旧防守从泉州港来的清军船只。

七月，漳州城严重缺粮，至食人肉，百姓多饿死。王邦俊派满骑冲出抢粮，被明郑军伏击杀死，从此后，清军不敢再出。八月，郑成功下令从东、南两面攻城，撤走西、北两面的防守，让清军逃出后半路截杀。清军侦知后，不敢出逃，只能

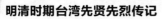

坚守。

明郑军久顿坚城，师老粮匮。九月十八日，郑成功得到情报，都统金砺率满汉骑兵上万，自浙江赶至，在泉州驻扎，与闽浙总督刘清泰、提督杨名高会合。郑成功召集诸将说："攻城未下，援兵已至，暂且解围，军于江东以待之，如杀陈锦一样，则漳城亦如长泰，不攻自下矣。"诸将说："可。"金砺侦知，鉴于江东覆辙，不敢直进，从长泰小路进逼漳州城。郑成功遂于九月二十六日解围，退住古县，据险等待。金砺进城休整后，率援军与守军万余骑前来寻战。

十月初一，清军在明郑军前扎营，见明郑军部署甚密，未敢轻进。至十月初三早，西北风刮起，清军占据上风，遂分路进攻。先一股冲击明郑军左边，中提督甘辉率亲丁镇郭廷、左援剿后镇、前冲镇、中冲镇等部士兵接战，战至数合，胜负未分。事先埋伏在松柏林的士兵杀出，前后夹击清军。清军被逼，直冲明郑军右边。部署在右边的右提督黄山，挥兵接战。明郑军施放火箭、火炮，一时烟火四起，猛烈的西风把烟火吹回明郑军阵上，清军乘机猛攻，明郑军溃散而逃。郑成功见右边溃败，亲率戎旗镇等前去救援，但已经来不及了。清军乘胜遍野追击，明郑军且战且退。郑成功率残军退至海澄，当晚查点人数，发现右提督黄山、礼武镇陈俸、右先锋廖敬、亲丁镇郭廷、护卫右镇洪承宠等将领已在阵中战死。郑成功召集诸将开会，欲治丧师之罪。甘辉说："此番非人力不齐、将士不用命，乃反风所误，天时不顺，地利失据，以致败回，亦天未厌乱也。"郑成功沉默良久说："尔言固是，但我见阵中旗帜未接即退者。此等不儆，将何以治兵？"于是，定亢宿营林德先退，枭首示众，右冲锋镇柯鹏削职。另外，议定优恤阵亡将领家属，阵亡将领入祀忠臣庙。

郑成功准备回厦门，派遣将领据守海澄。前锋镇郝文兴提调房宿营周全斌、智武营蓝衍防守东门，义武营杨朝栋提调北镇中协唐邦杰、柳宿营姚国泰、氐宿营郑荣防守南门兼应援，又以援剿后镇蓝登、中权镇黄兴协守西北门，以副将蒋勤同谢子连协守西门、小水门。城内部署严密，又令都督王明驾驶铳船为首程，提督中镇为二程，防守乌礁水师；援剿左镇林胜、亲随营黄昌为二程，援剿前镇为三程，仁武营吴豪为四程，防守中洲水师。派拨已定，郑成功遂回中左，指挥南北的军队与清军作战。

因为海澄是潮州的咽喉，与厦门金门互为表里，地位十分重要，郑成功下令工部冯澄世修筑海澄城。当地每户出民夫一名，用灰石砌成两丈多高的海澄城城墙，把原有的五都土城全部围起来。修筑短墙，安装大小铳枪三千多。海澄城周围环以港水，外通舟楫，内积大量米谷军器。

十一月，南明秦王孙可望移檄郑成功，要求会师。安西王李定国恢复广西，杀清将孔有德，也派使者来见郑成功。郑成功派效用官李景去广西，约定会师的日期。

金砺既解除了漳州之围，便想一鼓作气平定厦、漳、泉一带。南明永历七年（1653年）正月，漳州的清军进攻石码镇，被明郑军击退。

郑芝龙派周继武从北京来中左，希望郑成功接受清廷的招安。郑成功派李德奉书回复郑芝龙，拒绝接受清廷的议和。

定西侯张名振向郑成功借兵北伐，他说："名振生长江南，将兵数十年，今虏各处兵将，多系旧属。兹金酋既并力于闽，势必空虚浙、直，我以百艘，乘此长风破浪，直入长江，号召旧时手足，攻城略野，因时制宜，捣其心腹，虏无暇南顾，藩主得以恢复闽省，会师浙、直，指日可待也。"郑成功认为此计可行，给兵两万，供粮三个月。三月，郑成功派张名振、忠靖伯陈辉、中权镇黄兴、护卫右镇沈奇、礼武镇林顺、智武营蓝衍、后镇施举等率水师北上，准备进入长江，恢复浙江、南直隶。

四月，金砺调集军队进攻中左、海澄，同时令刘清泰以水师出福州、兴化（今福建莆田）二港，对明郑军实行两面夹击。

郑成功令左军辅明侯林察、右军周瑞、后军周崔之、前镇阮骏、援剿前镇黄大振率兵前往海坛，阻击清军水师。中途遭遇到飓风，林察所率的船队漂入兴化港，被清军打败，林察被捕入狱。

四月十八，金砺率数万清军出城，向海澄出发。十县的民夫二万多人，为清军抬运攻城器械、物资。

郑成功侦知金砺将于四月二十八日率全军进驻祖山头，遂在五月一日自率大队人马去海澄。郑成功下令：正中军张英催督守城民夫器械，北镇陈六御率义武营、仁武营、智武营防守县内，援剿左镇林胜防御南门外桥头，左先锋镇防御东门外岳庙前，护卫左镇沈明防守中权关，正兵镇、奇兵镇防守土城、九都城，戎旗镇王秀奇、前锋镇郝文兴、护卫前镇陈尧策等将领防守镇远寨，前冲镇万礼在镇远寨外防守，中提督甘辉、前提督黄廷等防守关帝庙前的木栅，连接镇远寨。而郑成功自己则在天姬宫筑观战台，亲自督战，又令水师杨权、蔡新等驾船侧击清军。清军移炮轰击，杨权被击毙。

五月初四，金砺率数万清军携数百门火炮来到，在天姬宫前扎营，距离郑军军营仅有半里地。郑成功下令出击，清军数百支大小铳炮向明郑军轰击，郑军死伤惨重。五月初五中午，后劲镇陈魁、后冲镇叶章率数百骁勇出营，迎着清军炮火发起进攻。叶章战死，陈魁右腿被击折。甘辉急开寨抢夺陈魁，而以杨正代统后劲镇。郑成功急令收军而退，只得固守。

清军连续轰击两昼夜后，明郑军死伤甚重，营垒又多被击坏，失去了坚守的信心。五月初六早晨，郑成功见官兵面露惊惧，令旗鼓官张光启到各营传令，张光启不敢前往，又叫宣令廖达进说："可往遍传大小将领官兵，此城不守，尚图恢复？再迟早晚，本藩有计杀虏，令其片甲不回。如有不敢守者，即报名来，听其回去。本藩于此土，生死以之，决无抽回之理也。"参军冯举人说："虽死无可去之理，恐将领未喻藩意耳。"郑成功又对冯参军说："尔为我持此招讨之印，遍谕军中。朝廷以此畀我，我惟有效死勿去而已。诸将中有能率众得功者，愿以此题让。"于是，参军持印传谕军中，无不感奋。诸将齐到天姬宫听令，都表示愿意死守。郑成功与诸将酯饮，然后登观战台观察清军。清军发现后，集中炮击观战台。郑成功在甘辉等人保护下离开观战台，刚刚离开，郑成功的座位就被击碎。

清军又炮击镇远寨，击碎篷篌、木栅等防御设施。郑成功令官兵掘地坑藏身，然后传令诸将："虏调许多精锐，只攻此木栅篷篰，数日夜用过烦炮不知几千遍。今虽如此，平地未敢逼战者，一则知我手段，二则意我必退回中左。昨侦探来报，虏营中火药钱粮不继，尽在早晚一决。我谅今晚必大击一番，明早黎明，必并力来决一战。如不胜，必退走矣。……尔等须谕将领，明早来临营。彼若欲过河时，必用空炮助其声势，愚我耳目，断无自击之理。尔等须蹲队站立，各执大刀大斧，如坝上劈去，不准追逐。侯虏齐过河墘蹲定时，用火攻齐发，一尽焚去，方准并力杀出。"诸将回营依计而行。半夜时分，戎旗神器镇何明率洪善等，将火药埋藏在河沟边。

五月初六晚，清军先是连续进行炮击，五鼓时全营出击，前面是民夫、汉兵，后面是满兵。明郑军用刀斧砍杀，三进三退，双方死伤相当。后面的满兵全部过河沟来助战，明郑军点燃埋藏地下的火药地雷，清军烧死甚多。未过河的清军退回，金砺令民夫运炮撤退，且战且走。清军死伤殆尽，金砺仅以身免，逃回漳州。

五月十二日，郑成功返回中左，大赏有功诸将领，升赏中提督甘辉、前提督黄廷、前锋镇郝文兴、前冲镇万礼、戎旗镇王秀奇等为首勋，拟题伯爵。参军冯举人运筹决胜，题授监军御史。其他将领各有赏赐升迁。

晋王李定国、蜀王文秀等都致信郑成功，希望会师。

听说金砺奉旨班师，郑成功召集诸将说："金酉杀败班回，必有一番说话，虏不足虑矣。我欲兴问罪之师于潮、揭，一则使郝尚久不敢据郡归清，二则鸥汀逆寨屡截粮米，应当扫平也。"诸将俱说："可。"使中提督甘辉率义武等营镇镇守海澄，使后冲镇周全斌率水师守乌礁；使忠振伯洪旭守中左，负责策应战守粮饷事宜；派水师右后军前后镇堵御泉州港方向来的清军。

六月，郑成功率师南下，先攻鸥汀逆寨。逆寨筑在田中，四周泥泞，只一路可行。明郑军难以施展，只好先去揭阳。郑成功致信郝尚久，令其固守城池，不可悖叛归清，郝尚久没有回复。

八月，郑成功回中左。郑芝龙派李德、周继武等带着手书来，称清廷欲赐地议和，欲差两位大人奉海澄公印来，以一府地方安插。又是刘清泰保认，先差李德等来探可否，回报后再令诏使赍来。郑成功说："清朝亦欲贻我乎？将计就计，权措粮饷以裕兵食也。"令李德携带书信回京答复郑芝龙。闰八月，利用和议的时机，郑成功令各镇到漳州、泉州等地征缴粮饷。九月，闽浙总督刘清泰致书郑成功劝降，同时致书郑鸿逵请他出来一起劝降。

南明永历八年（1654年）二月初六，清廷所派郑、贾两位使者在安平东山书院与郑成功相见。二月初八日，郑成功提出了议和条件："兵马繁多，非数省不足安插，和则高丽、朝鲜有例在焉。"利用和议时机，郑成功抓紧筹备粮饷。三月，郑成功令各提督总镇官兵到福、兴、泉、漳所属各邑征缴粮饷。为让福建巡抚刘清泰不出兵阻止，郑成功致信给他说："以数十万之众，按甲待和，虽议可俟而腹决不可枵，稍就各郡邑权宜措饷，以济兵粮可也。"郑成功亲自巡游南安、镇东海口、海坛等地，观察民情顺逆，督促征缴。四月，郑成功派遣前提督黄廷、前冲镇万礼率兵进入永定，措饷养兵。汀州守将王进功率兵数千阻击，在雷胡被黄廷击败。

五月，郑成功再致信刘清泰，必有三省之地才能议和，刘清泰复信拒绝。郑成功派中提督甘辉、援剿左镇林胜等出师长乐等地，筹措粮饷。七月，京报清廷添设兵马入关，郑成功分遣各提督总镇就漳、泉、福、兴等地方征派助饷。

南明将军李定国在广西、广东向清军发起猛烈进攻。永历八年七月（1654年，从征说是永历七年五月），永历帝派兵部万年英奉敕来中左，册封郑成功延平王，希望郑成功率师勤王，到广州与李定国会师，共同北伐，中兴明王朝。

其封延平王册文说："克叙彝伦，首重君臣之义，有功世道，在夷夏之防，盖天地之常经，实邦家之良翰。尔漳国公赐姓，忠猷恺挚，壮略沉雄，方闽浙之飞尘，痛长汀之鸣镝，登舟沥泣，联袍泽以同仇，啮臂盟心，谢晨昏于异域。而乃戈船浪泊，转战十年，蜡表兴元，间行万里，绝燕山之伪疑，覆虎穴之名酋，作砥柱于东南，繁遗民以弁冕，弘勋有奕，苦节弥贞。惟移忠以作孝，斯为大孝，盖忘家而许国，乃克承家，铭具金石之诚，式重河山之誓，是用锡以册封为延平王。其矢志股肱，砥修茅戟，不建犁庭之业，永承胙土之床，尚敬之哉！"郑成功拜表辞不敢受。另遣监督张自新同万年英从水路去行在回奏，请赐各镇勋爵。在挥师东进新会（今广东新会）之际，李定国致信郑成功，希望他出兵协助，东西夹击。

八月四日，京报清廷又派遣内院学士叶成格、理事官阿山奉敕谕前来议和，敕令可以在兴化、泉州、漳州、潮州四府安插官兵。九月，郑成功拒绝议和。

为了南下与李定国等会师勤王，郑成功准备南征。十月，郑成功派忠振伯洪旭去铜山，准备船只、军器、粮食。令左军辅明侯林察为水陆总督，提调军中一切机宜。右军闽安侯周瑞为水师统领，戎旗勋镇王秀奇为陆师左统领，左先锋镇苏茂为陆师右统领，督率殿兵营林文灿、游兵营黄元、正兵镇陈壎、护卫左镇杜辉、后劲镇杨正、信武营陈泽等官兵数万，战舰百余艘，克日南征，从海道经广东去广西行在，派遣效用官林云璠奉勤王表去行在，并持书信见西宁王李定国等人。但是，林察、周瑞故意迁延不进，不久，李定国败走。

郑成功下令把阵亡忠臣的后代录入育胄馆，柯平、洪荫、林鸿猷等被录取；设立储贤馆，吸收洪初辟、杨京、陈昌言等人。

漳州协守刘国轩想投奔郑成功，派母舅江振曦、江振晖等人秘密来见，双方约好郑成功的军队兵临城下时，刘国轩献城投降。十一月初一夜里，明郑军用云梯登上南门城，刘国轩派人接应入城，总镇张世耀、朴世用、魏标，知府房星灿，知县周琼、李奇生、范进等人第二天早晨都出来投降。初四日，郑成功到达漳州城，授予刘国轩都督佥事，管护卫后镇事，江振曦大监督，以援剿前镇戴捷镇守漳州城，漳州所属十邑陆续归顺郑成功。这一年，郑成功计派漳属各邑饷银一百零八万。

郑成功乘胜进略泉州各属邑。十二月，郑成功在中左派前锋镇郝文兴袭破同安县，守将杨其志、知县于元镇投降。援剿左镇林胜等袭破南安县，中提督同北镇陈六御等袭破惠安县。至此，安溪、永春、德化各县闻风归降，但是，泉州清军守将韩尚亮坚守城池，这一年计派泉州各属邑军饷七十五万多两。

正中军张英、北镇陈六御、援剿左镇林胜等围攻仙游县很久，无法攻克。郑成功下令治他们的玩寇之罪。林胜遂用地道和火攻破城，死伤甚重。第二年（1655 年）正月初五日，仙游城被攻克，杀掠殆尽。

二月，宦官刘玉奉南明帝朱由榔的诏令，来到安隆。郑成功询问永历帝行在的情况，刘玉说帝圣明，而骄将孙可望、李定国可怕。郑成功叹息说："今宗国若此，诸将犹傲慢争兵，恢复何望！"根据永历帝诏令，郑成功可以按照明朝体制，自行封拜文武职官：武职许至一品，文职许设六部主事。朱由榔又赐诏，允许郑成功在军前所设六部主事秩比行在侍郎、都事秩比郎中。

郑成功令南安县知县周琼送信给军门佟国器，陈述以战为和之意，信上说："自去岁议和之后，不佞遂按兵不动。即江淮截运之师，亦暂调回；遣进浙西之旅，亦戒安辑；孙、李请援之兵，亦停未举。此示信于清朝，不可为不昭矣。但以数十万之兵众，嗷嗷待哺，议可俟而腹不可枵，故措食民间，亦权宜之至计，实所以坚明信而姑为此委屈也。

"乃不佞以信相期，而清朝以诈相待。虚崇名爵，不定安插，一不可信也。空靡兵众，不谋支给，二不可信也。既未成议，而调补兵将叠叠踵至，三不可信也。

"最可异者，叶、阿奉使而来，动辄厉气相加，至猜忌多端，去来不测，此何为耶？又叶、阿未到之先，白巴至省三日而回，此何为耶？叶、阿将到之时，声言大兵入关，各府催迫粮料，急如星火；又各府县修城浚河，拨兵守垛，树旗祭铳，此何为耶？叶、阿才到之后，旋推补泉镇，而以前日马得功任之，此何为耶？马得功亦请围随二百，此何为耶？是清朝明明欲爽其信，欲衅其端，能令天下豪杰不自寒心哉？"

佟国器复信驳斥郑成功的种种说法，把议和失败的责任推到郑成功身上，其信说："若乃拥乌合之众，奋螳臂之势，九重之上，赫然一怒，大师南指，岂尚有逆我颜行者乎？"

郑成功又给泉州参将韩尚亮书信说："——特在今日，不得不以战为和。自常人观之，必以战则和不成，不知战则和益速而信益坚，战和自不相妨。清朝到底必来就和，此可为智者道耳。近马得功将来镇泉，今又停留候旨，清朝必和之意亦大略可见矣。

"漳泉土地皆我土地，人民皆我人民。不佞此举，不过略施指拨，使清朝稍知痛痒。凡投诚之地，兵不血刃。漳州各官，文则依旧任事，武则从重擢用，仍与以原辖兵马，另行优赏，此推心置腹所可肝胆相照者也。"

韩尚亮复信说："本月十四日，捧读檄谕，良为痛切，只字片言，可服可佩。"

郑成功再次致信韩尚亮劝降，遭到拒绝。

至此，清廷与郑成功的议和结束，顺治帝诏令郑亲王世子济度为定远大将军，而令多罗贝勒巴尔楚浑率领满汉兵入闽讨伐郑成功。

因和议不成，必定会东征西讨，事务繁忙，郑成功决定根据明朝的体制设立六官、司务、察言、承宣、审理等官吏，管理庶事。早在隆武时期，隆武帝以总统命郑成功，允许郑成功任命武职一品文职至六部主事（六品）的官员。郑成功又上疏说，六部主事品级太低，难以弹压。明帝又下诏，允许他在军前所设六部主事，秩比行在侍郎，都事秩比郎中，都吏秩比员外。根据各官的举荐，郑成功令参军举人潘庚钟（昌）管吏官事，张玉为吏官左司务，忠振伯洪旭管户官事，贡生林调鼎为户官左司务，参将吴慎为右司务，杨英阵中出征加衔司务。举人陈宝钥为礼官，参军举人郑擎柱管礼官事，吕纯为礼官左司务。指挥都督张光启任兵官事，黄璋为兵官左司务，李胤为右司务。都督程应璠管刑官事，杨秉枢为刑官左司务，蔡政加衔司务，张义为刑知事。参军举人冯澄世任工官事，举人李赞元为工官左司务，范斌、谢维俱是司务。后因张名振上书指出不宜僭越设立司务，遂改司务为都事。挂印常寿宁为察言司，举人邓愈为承宣司，叶亨为承宣知事，举人邓会、恩生张一彬为正副审理，参军举人林其昌代替冯澄世任海澄知县。

分所部为七十二镇，建立储贤馆、储材馆、察言司、宾客司，设印局、军器局等。奉监国鲁王、卢溪王、宁靖王居金门，凡是明朝宗室，都给钱粮赡养。礼遇明朝遗臣王忠孝、卢若腾、沈佺期、郭贞一、华若荐、辜朝荐、徐孚远、纪许国等人，凡遇到军国大事，都向他们请教。

三月，六察官周素、叶茂时等提出，中左所是兴王之地，不宜因循旧址，应改名为思明州。郑成功答应了他们的请求，以邓会为知州。四月，剿抚伯周金汤、太监刘国柱自行在至思明州，颁发勋爵。晋封郑成功为潮王，忠振伯加少师，晋封甘辉为崇明伯，王秀奇为庆都伯，郝文兴为祥符伯，万礼建安伯，黄廷永安伯，参军冯举人监军御史。郑成功下令其他人接受封爵，而自己不接受潮王封号。

五月，总督辅明侯林察、闽安侯周瑞、戎旗镇王秀奇、左先锋苏茂等率领的入粤勤王师返回思明州。西宁王李定国因没有等到林察等所率领的军队，结果被清军击败，撤退到梧州。郑成功大怒，认为林察、王秀奇等将领逗留观望而延误了两军会师的时机，下令按军法处置。

清军增兵入关，在福建各地阻断明郑军的粮道，郑成功下令福、泉、兴三地的军队集中到漳州，六月到漳州检阅，明郑军在漳州崖亭埔集体操练三天。

为打破清军的围困，郑成功于六月派遣前提督黄廷率戎旗、左右先锋等十二镇，由漳浦、诏安去潮州，驻兵征饷。八月，黄廷率部围困揭阳县，清将刘伯禄率马步数千增援，驻扎在排浦埔。八月十三日，明郑军列阵交战，清军迎战，才一交手，清军即败走，被杀七百多人。二十四日，刘伯禄又召集惠州程乡来援兵马一万多，在莺爪花埔列阵。林胜率戎旗镇冲锋在前，其他各镇也奋勇冲杀，清军又败，损失千余人，揭阳县知县与守将逃跑，黄廷率兵进驻揭阳。

安排南征军出发之后，郑成功又于七月在思明州召集文武官员开会说："和局不就，宜分兵与定西侯并忠靖伯等会师进入长江，捣其心腹，使彼不得并力南顾。"遂令右军忠振伯洪旭为总督北征水师，掌管水军事务、征战事宜。升原北镇陈六御为总制五军戎政，总制六师。以中提督为陆师正总督，右提督王秀奇为陆师副总督，征战机宜与忠振伯、陈总制商议而定。北伐军由后冲镇周全斌、中冲镇萧拱辰、援剿前镇戴捷等十二镇组成，九月，因遇到大风缺粮，北上的明郑军到温州、台州筹粮，洪旭招降清军台州镇总兵马信、宁波镇总兵张宏德。十月十五日进至舟山。十月十七日，从岑江口登岸，分二路而进，泊舟山城。二十八日，清军守将巴臣兴同张魁等开城投降，甘辉率明郑军进城，秋毫无犯。张名振出长江，与甘辉相见。张名振进攻崇明岛，准备沿着长江进攻。郑成功嫉妒他，以正在议和为由，召他回来，不久，张名振被毒死。

九月，听说济度统领清军将至，郑成功令郑泰把安平镇的物资运输到金门，迁泉州士民到金门、厦门，郑成功还下令拆毁漳州、惠安、同安的城墙。

十月，世子、定远大将军济度率满汉兵三万到福州，并调本省兵马，准备一起进攻思明州。郑成功早已率军返回厦门，下令坚守各岛，不与清军陆军相持。这时，留在思明州的明郑军只有后提督奇兵镇、左冲镇等数镇兵力。郑成功想用诸葛亮的空城计退敌，下令官民都从思明州撤退，民众搬移渡海，官兵家眷则搬迁到金门、浯州、镇海等处。

世子济度至泉州，发布檄文，要求郑成功投降。一面调集船只准备进攻，一面致信郑成功。郑成功不回信，世子济度又令郑学士到白沙镇见郑鸿逵。

郑成功令北征军队中的戎旗镇回思明州防守。十月十五日，戎旗镇官兵回到思明，世子再次致信郑成功，再次劝降："……公之愆，犹较之二人（指清朝叛臣祖大受、洪承畴）有所迥异，而漳泉之役，与闽省文武意不相投语言矛盾所致耳。虽则如此，予审思之，公罪不大。若是投诚，自益加慰，皇上有何所不容尚念及尔此等事耶？公勿疑焉。若即剃发投诚，予必保奏，免尔诸罪。……"

郑成功回信说："本图自匡汉鼎，岂意以甘言相饴，旋则二三其令。……今王世子亲举征鞍，辱于水浒，试凫泛而观之，又冰听而思之，则可以相知矣。……且国家大事，非笔翰所能尽与细人所能详。郑内院固经凤晤者，其使之面相通如何？前承教，语似谑戏，因未遑报答，并祈台亮！"

顺治帝又令郑芝龙自狱中致信郑成功，如不降将被灭族，郑成功终不应。

十二月十三日，甘辉等率北征的大军返回思明州，郑成功大喜。十四日，右军忠振伯洪旭同台州降将马信全师返回思明州。

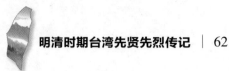

南明永历十年（1656年）正月，济度率清军攻略沿海，清廷严禁沿海民众接济郑成功军粮。

在广东，清将刘伯禄于正月调集潮州、惠州援兵一万多人，进驻揭阳西关外，随时准备进攻揭阳。前提督黄廷下令，左先锋苏茂、前冲镇黄梧、护卫左镇杜辉、殿兵镇林文灿、援剿右镇黄胜率兵从正面冲击，前提督自己率领后劲镇杨正等背后包抄。不料，苏茂轻敌，黎明即率本镇兵出营，中清军埋伏，被分割为两截。幸亏黄廷带兵前来救援，苏茂才逃脱，但左先锋镇将黄胜、林文灿战死，明郑军损失了四五千人。二月，郑成功下令，左先锋苏茂、前冲镇黄梧、护卫左镇杜辉等回思明，黄廷率戎旗等镇放弃揭阳，南下广东。三月，黄廷所部至盐州、海州、大星所等，夺获乌尾船百余只，但是，永历帝此时已经逃往高琼，声援难通。

四月，世子济度令韩尚亮为先锋，统领水师船只，自泉州港出发攻思明；自己则率领陆师驻扎石井，进攻白沙城。清军水师分三支进犯：一支攻白沙寨，一支攻金门、浯州，一支攻思明。郑成功侦知，便令林察七镇以大船十四艘停泊在围头，使陈魁等四镇以大船十二艘停泊在辽罗，使万礼、黄安等五镇以十艘船、十只快哨巡游高崎、浔尾及圭屿沿海一带，使陈霸防守南澳，使张进在铜山据守，使翁天佑、王秀奇等在厦门周围巡逻。

十六日，清军水师从泉州港来犯，水师左右军并援剿左镇黄昌、信武营陈泽、水师内司镇左右协统率领船队出围头外迎敌。清军前队被左协王明铳船击沉一艘，清军遂撤退，信武营等镇营乘胜追击。忽然，大海上出现了狂风，波涛壁立，历时两天。北方来的军士不习惯于波涛，或卧倒在船，或呕吐不止，溃不成军。清军船只被狂风吹散，有漂至青屿、金门、外洋、广海者，大批清军被淹死、杀死或俘获，韩尚亮本人也被沉溺。金门白沙寨是明郑军屯聚物资之处，郑成功亲自率主力舰队迎击，清军大败。明郑军缴获清军大船十只，大获全胜。世子济度也感到渡海很难，收兵回泉州，清军从此数年不敢进攻厦门。

北伐南京

南明永历十年（1656 年）五月，苏茂失败而还。郑成功立即召集文武官员，议处"揭阳丧师"之罪，郑成功坚持要斩杀苏茂以及援救不及时的黄梧、杜辉。由于众将领反复求情，才改判为斩杀苏茂，重罚黄、杜。苏茂之死，还因以前放走了施琅。处死苏茂之后，郑成功余怒未消，派黄梧和苏茂的族弟苏明戴罪立功，防守海澄要塞。海澄"阻山临海，两城对峙，夙称天险"，是郑成功在大陆建立的唯一前进基地，清军曾多次力攻该堡都失败了。

闰五月，郑成功传令各镇，备办出征，候南下师班师回思明，同往北征，给出征船只各船发船牌照票，以防混冒，不算南征的船只，总共有一千一百只船。六月，前提督戎旗镇等南征的军队返回思明。郑成功传令配船，候令出征。郑成功在海澄留下大量粮食和军械，令黄梧防守东南门，苏明防守北门，角宿镇康濙防守西门，其余金武镇、木武镇、土武镇等分布在城外，随后，郑成功率领军队从海上北伐。

黄梧因看到苏茂被杀，心中恐惧很久，暗地里投降了清廷。六月二十二日，黄梧与苏明一起杀死总兵华栋，献城投降清军。清廷下诏封黄梧为海澄公，驻防漳州，封苏明为子舜（时称哆李几昂邦内大臣）。

听说黄梧、苏明投降之后，郑成功派中提督甘辉、左戎旗林胜、右军忠振伯洪旭率各镇前往攻复。但是，清军已经进入海澄，来不及了。据守海澄土堡的林明与黄梧对抗。甘辉率军援助林明，搬运土堡里的军器粮食。海澄县城内储存着粮食二十五万石，军器、衣甲、铳器无数，还有将领们个人的积蓄无数。郑成功感叹地说："吾意海澄城为关中河内，故诸凡尽积之，岂料黄梧、王元士如此悖负？后将如何用人也！"

贝勒巴尔楚浑、济度、闽浙总督李率泰率重兵驻在漳州，郑成功决定乘虚攻取福建省城福州，派遣军队北上。七月，郑成功令甘辉率中提督、左戎旗、左右先锋等十五镇官兵、大炮船四十艘、快哨船二十艘为前锋，开始北征。初四日，至料罗湾，直入闽安镇（福州东），逼近福州南台城下扎营。世子济度派别将阿格商率清军星夜驰援福州，再令犯罪在狱中的王进出来指挥防守福州，并且以重兵进攻铜山。铜山是明郑军的重镇，明郑军所必救。明郑军并不攻打福州城，只是掠取粮饷宝物，回到闽安镇罗星塔等一带驻扎，等候郑成功的命令。世子济度把清军都调往福州，郑成功唯恐北征军轻敌。郑成功令前提督在思明负责水陆防守，以邓会负责思明州地方事务。八月十八日，郑成功率右戎旗镇林明所部官兵，作为北征主力，离开思明北上。

八月二十六日，大将军伊尔德率清军水师大小五百多艘舰船进犯舟山，陈六御、阮英义等率五十多艘战舰迎战，从上风冲击，大败清军。二十七日，清军舟师又来诱敌，且战且走，明郑军追击至定关口，水流涌急，遭到清军包围。陈六御、英义伯阮英义所乘两艘战舰率先冲破敌阵，被清军合力齐攻，铳矢如雨。陈六御跳海而死，阮英义自焚其舟而死，其他船只逃散。清军遂攻克舟山，迁移其民，拆毁其城。

九月初三日，郑成功抵达闽安镇，令工官冯澄世调集民夫增筑土堡城寨。到了罗星塔，郑成功再令增筑土城，增兵把守。到了闽清永福港、萧家渡，派水师扼守。令左戎旗林胜镇守罗星塔，总督水陆防守。派后提督万礼镇守闽安镇，总督水陆防守。部署已定，郑成功出驻壶江、定海、凤埔等处。中权镇马信自北师回，至壶江向郑成功报告陈六御阵亡之事。听说舟山被清军偷袭，郑成功悲愤交集，急围福州。郑成功令左冲镇洪善、右冲镇杨朝栋袭取连江县。

十月初六，世子济度发兵袭击铜山，由诏安四都大矿渡载过江，被后冲镇华栋、护卫右镇黄元等击败。郑成功听说铜山危急，遂自福州回救，阿格商（有的文献写作阿克商、阿克衰）尾追郑成功。十一月，太师郑芝龙又派遣家丁谢表、小八等来见郑成功，劝接受清廷的招抚。

十二月，郑成功率兵进取罗源、宁德等城邑。舟师在梅溪登岸，翻越飞鸾白鹤岭至罗源。梅勒章京阿格商巴都、柯如良等率满族马步兵数千人，尾随牵制。郑成功与中提督甘辉、左先锋周全斌、援剿后镇陈魁等决定，诱敌到险要处歼灭之。十二月二十九日，郑成功率军到了护国岭，甘辉令左先锋埋伏在左边，援剿后镇埋伏在右边，甘辉自己率部首先迎敌。阿格商促兵逐战，矢如雨下，双方激战，死伤相当。左右伏兵四处，清军后退。阿格商令清军下马死战，甘辉、周全斌随即决定用早已操练娴熟的阵法对付清军。清军三次进攻，明郑军就三次后退。身披战甲的清军，筋疲力尽，明郑军乘机齐力追杀，阿格商被陈魁、陈蟒合力杀死，清军溃逃。明郑军围攻宁德城，清军不敢出战。郑成功下令官兵四处征徵粮饷，然后退驻三都。

南明永历十一年（1657 年）正月，郑成功复信父亲郑芝龙，拒绝了清廷的诱降。下令全军取料造船，准备北征，所有造船事务，都由右军忠振伯洪旭料理。二十五日，郑成功派总制行军司马兼水师前军张英总督北征水师，总督后提督万礼率左右先锋镇、前锋镇，前往温州、福宁州、牙城、涟寨等地方运输粮饷。二月初七，张英、万礼等师至温州金乡卫，准备攻城，清军游击翟永寿、守备王虎、卫官于起麟献城投降。城内粮食甚多，且有客商湖丝三百多担，都被明郑军运走。三月，郑成功率主力北上，在镇下澳遇到大风，返回思明州。

四月，郑成功大会诸将，商议中兴明朝的大事，出现了北伐和反对北伐的两派意见。潘庚钟、冯澄世、陈永华等人认为，明郑军坐困漳、泉之间，不足以号召天下豪杰；地方太小，也非当地民众之福，只能招来清军镇压；不如派军队直犯瓜洲，攻取南京，闽、粤、浙、楚势必响应，这样，中兴大业可行。这是主张进取。

甘辉等人则认为，江浙土地广大，非征召几十万军队不能控制。现在如果率大军进攻，贝勒等尚在漳州，如果用兵袭击金门、厦门，则明郑军根本动摇。不如慢慢地等待时机，以退为进，然后联兵两粤，徐图中原，天下不足平也。

郑成功认为，不冒险不足以成大事，最后支持积极进取，决定北伐。当月，郑成功派杨廷才、刘九皋自龙门间道去见永历帝，而别使水师后镇施举往浙江松门招渔舟为向导。

六月，台湾荷兰酋长揆一派通事何廷斌至思明报告郑成功，愿意每年纳贡和通

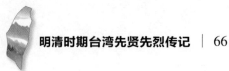

商，并赠送了一些外国宝物，郑成功答应了撰一的要求。以前，荷兰人在台湾经常留难外国来华的商船，郑成功传令各港澳与外国一些州府，不许到台湾经商。台湾对外通商因此禁绝了两年，船只不通，货物昂贵，荷兰人多生病。至此，荷兰人才令何廷斌来请求通商，每年输饷五千两，箭杯十万支，硫黄千担。

七月，郑成功兴师北征，令忠振伯洪旭率援剿前镇、援剿左镇、援剿右镇等据守思明。自率舟师北上，七月十日至兴化，七月十三日至浪琦，八月十二日进驻海门港（浙江临海东南90里海门镇）。八月十三日，使黄廷等率兵自海门登陆，海门卫西岸守将张捷、前所守将刘崇贤都发铳打击，没有伤及明郑军船只，明郑军船只乘风进入黄岩县内港。十四日，登岸进攻黄岩县，清军守将王戎率马步数百迎战，左戎旗镇将清军击溃，王戎退守县城。明郑军包围县城，王戎出城投降。十八日，移师进攻台州府（今浙江临海县），台州总镇李必见明郑军势大，又知道前台州守将马信投诚后得到重用，犹疑不定。郑成功派马信前去招降，李必果然投降，知府齐维藩、临海县知县黎岳詹也投降。

九月初一，台州下属太平县守将高绵祖到台州向郑成功投诚。九月初七，天台县守将韩文盛献城投降，仙居县也闻风而下，守将逃走。初八日，郑成功派提督万礼率兵攻下海门卫所一城，这是台州门户。九月初十，郑成功令监督宋维宁进海门卫城招降，守将张捷、刘崇贤等投降，天台诸邑悉降，而永春县林永也起义响应。

林忠率部袭破永福县，清军守将、县官全部战死。李率泰令黄梧前去救援，黄梧不去。乘明郑军主力北征，李率泰调集兵力恢复闽安镇，连续攻击四日夜。郑成功唯恐闽安镇有失，率兵从台州府县撤退回援。九月二十一日，郑成功至浪琦，闽安镇已经丢失，防守顶寨的前提督右镇余程战死，防守罗星塔的护卫前镇陈斌、神器镇卢谦俱被俘虏杀害，陈斌所部五百人在福州城中被诱歼。林铭、杜辉放弃防守，率部南撤。郑成功令协理五军陈尧策驻守浪琦一带，九月二十六日自己率大军回到思明。

为了解除北征的后顾之忧，郑成功决定先南下扫除妨碍征缴粮饷的城镇。十月二十八日，郑成功率大军南下，十一月初一至南澳。少师忠勇侯陈豹请见，郑成功询问了潮州清军与鸥汀等寨不服从的情况。陈豹向郑成功进言说："王师退处，久无声息，潮惠破败之地，处在下方，得其地不足长驱，何如进捣浙直，攻心为上也？至若鸥汀小寨，用遣数镇靴尖踢倒耳，何劳藩驾亲临耶？"左戎旗林胜等也这样认为，自愿率兵攻克鸥汀不服从的寨子。郑成功接受了他们的建议，下令各提督、统领、左右戎镇等分散到潮州、揭阳、鸥汀等地征缴粮饷，并决定自己于初八日返回思明。十一月二十二日，明郑军攻破鸥汀坝不服从的寨子。这个寨子海盗聚集，多次在海上阻断明郑军的粮道，郑成功一直想拔除它。南明永历三年（1649 年）七月，明郑军从潮州北上时，曾经遭到该寨海盗袭击，忠勇侯左镇吕未被杀。永历七年六月，明郑军攻打时，因寨子周围泥深难攻而撤回。这次被攻破后，郑成功下令再去攻打拒不服从的许龙，以解除后顾之忧。

郑成功的北伐和忠孝，感动了永历帝朱由榔，他感叹说："俞哉！惟成功身执大义，僻在海隅，岁贡问不绝。今将率大军进图中原，其不可无封。"永历十二年（1658 年），南明永历帝派遣漳平伯周金汤航海至梧州，晋封郑成功为延平郡王，甘辉为崇明伯，万礼为建安伯，黄廷为永安伯，郝文兴为庆都伯，王秀奇为祥符伯，陈辉为忠靖伯，洪旭为忠振伯，马信为建威伯，郑泰为少傅，张煌言为兵部左侍郎，其余各将领都有封赏。

永历十二年（1658 年）二月，郑成功下令各提督统领班师回思明练兵，准备北征。阿格商所率的清军全身披挂都是铁制的，郑成功也想抽调强健者组建这样的部队，于是，工部官员冯澄世督造披挂铁面。

四月初十日，郑成功与左武卫林胜密议："先取许龙，牵其船只，破其巢穴，免其出没海上，使我师北征有南顾之虑。"明郑军攻破许龙巢穴，许龙只身率众逃跑。郑成功又下令攻打海澄县，守将刘进忠、副将高进威等率兵千余献城投降。

郑成功和诸将领商讨进攻金陵。五月初六日，郑成功传令，各提督、统领整备船只、器械、粮食，以便听令北征。以前提督黄廷总督防守思明州军机事务，与总兵官忠振伯洪旭、户官郑泰计议而行。工官冯澄世随师北征，调左军辅明侯林察为居守工官，负责防守海门、新城、泉港等处。

北伐前军主将是中提督甘辉，有从将八人、铁人五千、兵一万人、大船二十艘、快哨十只。右军主将是右提督马信，有从将八人、兵二万、战船三十艘、船十艘、快哨十只。后军主将是后提督万礼，从将、士兵、船只与右军相等。郑成功自己率领中军，有从将三十二人、兵四万、船舶一百二十艘。甲士十七万、习流五万、习马五千、铁人八千，号称八十万；戈船八千，漂洋北上。所谓"铁人"就是身披涂画的铁衣仅留两眼的大力士，站在阵前专门负责砍敌骑的马足。

五月初七日，郑成功重新颁布出军严禁条令十条，主要内容是严禁奸淫、焚毁、掳掠、宰杀耕牛等。五月十三日，下令开驾北征。六月初七日，大师进至平阳县，六月十一日守将车任遄献城投降。六月十三日，瑞安县艾诚祥献城投降。六月十六日，郑成功率兵进围温州，清军坚守，明郑军撤围而去。攻克温州时，兵部侍郎张煌言来见郑成功。

七月初二日，郑成功率军进驻舟山，操练士兵。八月初九日，郑成功率师自舟山至羊山（今上海东南海中），七月初十中午，遭遇风暴，漂没八千多人。中军有六艘船只被漂没，船中有二百四十多人，其中包括郑成功的六个嫔妃和第二、第三、第五三个儿子，七月十四日又回到舟山。九月初十日，明郑军至象山县征缴粮食。十月初二日，郑成功督师至台州港。后冲镇刘进忠进入台州投奔清军，在海门所登陆，明郑军连续攻破海门卫城、盘石卫城、乐清县。十一月十二日，郑成功派各提督就汛养兵、派饷、造船、制器。左武卫、右虎卫驻扎盘石卫、永嘉场一带，右武卫、左虎卫驻扎沙园所一带地方，前锋镇统领左冲镇黄安、中冲镇萧拱辰驻扎平阳一带，左先锋杨祖统领右冲镇万禄、后冲镇黄昭、援剿右镇姚国泰驻扎寨屿、水澳、敛城等地方，左提督翁天祐督奇兵镇黄应、正兵镇韩英驻扎亍石地方，后提督、右提督、五军等驻扎台、温一带。诸镇各归汛地后，郑成功率宣毅左镇万义驻扎在盘石卫所。

南明永历十三年（1659 年）二月二十日，郑成功在盘石卫下令，各提督、统领、总镇速办船只，完成粮饷征缴，限三月内齐到盘石卫听令。另外，下令各提督、统领，允许官兵搬眷随征。三月二十五日，各提督、统领都会集到盘石卫港。四月十五日，郑成功召集诸将商议说："大师进取南都，定关尚有房船百只，万一出没，阻我往来船只，或拥集尾后，使我长虑却顾，亦非全胜之道。我欲先取定关，牵其船只，用藉配兵，资其粮饷，赖以饱腾。起手制胜，先声夺人。一则雪陈总制前日战没之恨，二则定房必求援于浙直之兵。待其援到，然后扬帆直取金陵，使房疲于奔命，以逸待劳，百战百胜之道也。但定关有二炮城，船只俱泊在炮城内。又有滚江龙（横江锁链）横江为限，须夺其城，斩断滚江龙，扬帆直抵宁波城兜，牵尽船只，然后攻其城池。"诸将赞同。

四月二十八日，郑成功首先率兵从梅山港登岸，二十九日，定关炮城守兵三百名投降，明郑军水师割断滚江龙，进入宁波港，焚毁船只。当日夜，明郑军五十多人逃奔清军后，清军知道了明郑军要攻宁波，请求浙直军队来援。郑成功又召集诸将说："直浙之兵既至，与之相持无益，既夺炮台，断滚江龙，又焚其船，可无后患，不如抽回下船，乘势进入长江，攻其无备，到处唾手可得也。"

五月初四日，郑成功船至舟山烈港，再次申明纪律："本藩亲统大师，不惮数千里，长驱远涉，进入长江，刻期恢复，上报国恩，下救苍生。此行我师一举一动，四方瞻仰，天下见闻，关系匪细。各提督统镇十余年，栉沐辛勤，功名事业，亦在此一举。当从恢复起见，同心一德，共襄大业。进入京都之时，凡江中船只货物，准其插坐，但要和衷，不准争竞。其岸上地方百姓，严禁秋毫无犯。已有颁刻禁条，炳若日星，总以收拾民心，上为国家大计，须体此意，谆谆严饬所辖，登岸之时，不准动人一草一木，有犯连罪。"

五月十七日，郑成功、甘辉等率军到羊山，十八日到崇明新兴沙，移住芦竹洲，张煌言再次来会。诸将请求先取崇明岛作为根据地，郑成功不听。十九日进泊吴淞港口，二十三日，明郑军到永胜洲会集，再次申明纪律。二十七日，官兵乏粮，到顺江洲，在泰兴等县征缴粮食，官兵按照纪律执行，不乱杀乱烧。

六月初一，郑成功的水师进至吴江港口、永胜州、江阴县。清军摆开阵势，坚守江阴要塞。攻与不攻，明郑军上下关于进退的争论又起。文官认为，江阴抗清群众基础较好，一旦拿下要塞，进可以就近获取江南富庶地的粮饷，退可以重登战舰，发挥郑军水战特长。而郑成功看到江阴要塞易守难攻，担心消耗掉进攻南京的军力，就接受了武将的建议，"以县小不攻"，继续溯流而上。

六月十四日至焦山塔，逼近镇江、瓜州。十五日进驻瓜州北岸，传令进师，刑官程应璠催督右提督前锋镇等各水师船，攻取瓜州谭家洲大炮，令材官张亮督兵泅水斩断滚江龙。兵部左侍郎张煌言率水师、罗蕴章率兵，等滚江龙被斩断后，冲到瓜州上流，焚夺满洲木浮营（置兵设炮的江上木栅）。此浮营用大杉木板钉围，有五百名士兵，大炮四十门，火药火罐无数，可以在江中把船只焚毁炸碎。郑成功对程应璠说："此谓大敌，功名富贵，在此起手。委尔此行代予亲督，尔速严谕，倘有退缩，日后委尔用刑，自无辩诉也。尔若逗留，罪加一等。当看本藩陆师进围之时，即指挥督押前进可也。"郑成功又对诸将说："此番孤军侵入重地，当于死中求生，胜此一阵，直克其城，则破竹之势成，功名富贵近之矣。进生退死，本藩当身先陷阵，以身率尔，尔等其勉之！"遂传令十六日五鼓造饭，辰时进攻。

当天，清军守将朱衣佐、游击左云龙率满汉兵数千，在瓜州城外迎战。郑成功令后提督绕到瓜州之后，埋伏在瓜州至扬州大道旁，以阻击来自扬州的援军，并收拾瓜州逃跑的清兵。两军中间隔着一小港，铳矢交击。这时，明郑水军斩断滚江龙，郑成功在陆上挥师前进，清军败退入城，而城已被正兵镇韩英、左先锋杨祖等攻占，清军溃败，瓜州遂被攻占。

郑成功驻恒河庵，召集诸将开会，商议镇守瓜州与攻取镇江事宜。以援剿镇刘猷镇守瓜州，监纪柯平督理江防地方，并与刘猷参议官兵城守机宜。兵部左侍郎张煌言说："瓜州陆兵虽败，尚有水师退入芜湖。彼若侦我师登岸扎营，顺流冲下，未免牵挂。当速整水师，直捣芜湖，一则牵杀虏船，二则声取南都，以分其势，使不敢来援。然后陆师可无却顾，进取镇城必矣。"

郑成功接受了这个建议，派张煌言、杨戎政总督水师前镇、罗蕴章、袁起震等大小船只进入芜湖，扼住长江上游门户，又令各镇派拨船只，由总监营郑德督押前往，以壮声势。

六月十九日，郑成功率舟师进泊镇江南岸七里港。二十日登岸扎营未定，管效忠所率领的清军援军一万五千人从南京分路前来。清军在银山一带大路驻扎，明郑军在银山对面山上驻扎，中间只隔着一港。郑成功见银山靠近镇江府，地势重要，上面只有数百清军，遂指挥军队于二十二日进围银山，打败管效忠所率的清军后，一举拿下镇江府城。

占领瓜洲、镇江之后，南京就近在咫尺了。关于进退的内部争论又起，一派主张积极攻取金陵，一派主张坐镇瓜洲，郑成功决定继续进取。

郑成功令张煌言、杨朝栋招抚江南，袁起震、徐长春招抚江北。张煌言在芜湖，传檄所至，庐州、凤阳、宁、徽、池、太各府县都与他联系。于是，常州、徽州、池州、太平、滁州、和州、六合等沿江南北四府三州二十四县纷纷响应，欲归附郑成功，芜湖县官、守兵全部逃跑。见此情景，张煌言快速致信郑成功，希望郑成功应赶快收复金陵附近的郡县，以切断援敌入南京的线路，从陆地上急攻金陵，夺回明朝留都，振奋江南民心。

随后，郑成功率军登舟，进攻江宁，传檄四方："六月兴师，敢云趋利，十年养锐，正欲待时。"

此时，金陵城内兵力严重不足，郑成功只需亲率主力登陆，顺陆路直驱南京城下，以迅雷不及掩耳之势火速攻城，定能一战而功成，瓜洲溃军只用一两天就逃回金陵，明郑军也可以走同样的路线逼近金陵城下。可惜的是，郑成功竟然决定由水路进军金陵。水战虽是明郑军所长，但由于海船形体巨大，逆水而上，需要靠纤夫拉进，速度缓慢。

七月，郑成功至焦山，对诸将说："瓜镇为金陵门户，须先破之。"清军将领朱衣祚、左云龙率领满、汉骑兵一万多人迎战，结果，清军大败，左云龙被杀，朱衣祚被俘后脱逃，镇江守将高谦及知府戴可进等出城投降。

七月九日，明郑军到达金陵，明郑军的船只抵达观音门，以黄安总督水师防守三叉河口。

郑成功从仪凤门登岸，驻扎在狮子山，招诸将登阅江楼，共眺金陵王气。郑成功率文武官穿吉服祭祀明太祖，以缟素祭祀崇祯皇帝。大呼："高皇吁我！高皇吁我！赖先帝灵，臣长征矣！"

郑成功亲自率领十余将领骑马到城下，侦察地形。随后，郑成功下令军队分布在汉西门、观音山第二大桥头诸山驻扎，自己率亲军驻扎岳庙山，留下前锋镇、中冲镇驻扎狮子山。提督甘辉向郑成功建议，敌众我寡，要尽快发动进攻才是上策，郑成功不听。

清军守将为了等待援军，使出缓兵之计，派人送信给郑成功，约定三十日后献城投降。郑成功接到归降信，许诺以一个月为期限。郑成功想"围城待降"，不战而取南京，保存自己的兵力。

在此期间，城内的清兵积极做好防守准备，并且，数千从贵州凯旋的八旗兵也从荆州顺流而下，打败了明郑军的前锋部队，抢先占据了有利地形，明郑军错失迅速攻下南京的良机。

清军千骑逼近前锋营，被总统余新击败。余新遂轻敌，纵兵捕鱼。郑成功听说后，派张英去制止余（郑）新，但余新依然如故。有军士投奔清军，报告了郑成功前锋军的虚实。

从崇明赶来增援的总兵梁化凤，是清军的骁将，窥伺狮子山的明郑军比较孤立，率兵突然袭击，余新仓皇迎战，难以招架，士卒都游江而逃，副将董延中、萧拱柱战死，萧拱辰逃跑，余新被擒。郑成功听到仪凤门有炮声，派遣翁天祐驰援已经来不及了。清军既破前锋营，江宁总管喀喀木尽出骑兵列于城下。清军数千步兵从观音山门出击郑成功驻扎地，郑成功率领亲军右虎卫陈鹏、右冲锋万禄迎击。清军数万从山后攻击明郑军后路，逼近左先锋营，反复冲杀，三次包围明郑军又三次被击退。后劲镇杨正、援剿右镇姚国泰战败逃跑，前冲锋镇蓝衍、行军司马张英死于峻崖之下。清军从山上向下攻击，左武卫林胜及陈魁与清军在山下激战，最后战败。铁人因铁衣太重而无法战斗，乃抛弃铁衣。后提督万礼率所部在大桥头与清军激战，最后全军覆没。万礼、林胜、陈魁、副将魏标、朴世用、洪复、督理户官潘赓昌、钟仪卫等，全部战死，只有左右提督、右虎卫、右冲锋、援剿后镇军完整地保留了下来。郑成功下令撤退，各军争舟而渡，只有提督甘辉率部且战且走，最后被俘不屈而死。

郑成功收拾数万余众，撤退到镇江，与诸将商议，准备撤回厦门、金门岛。郑成功令马信、韩英率舟师堵守江口，周全斌、黄昭、吴豪为后殿，其他人马依次登舟撤退，不久抵达吴淞港。九月初，明郑军进攻崇明岛，江苏巡抚蒋国柱派兵赴援，梁化凤也回师防御。崇明岛上的游击刘国玉，也率所部清军激烈抵抗，正兵镇大监督王起凤中炮火而死，明郑军失败而退，张煌言从小道逃脱。郑成功令陈辉、阮美、罗蕴章等人据守舟山，刘猷率部在温州与清军激战，大败而死。

十月初，郑成功返回厦门岛，到忠臣庙祭祀牺牲的将士，以甘辉为第一忠臣。他悲哀地说："吾早从甘辉之言，不及此！"郑成功派李明世赴行在，向永历帝谢罪，出师江南无功，自贬王爵，纳还招讨大将军印。

第二年（南明永历十四年，1660年），清顺治帝乃令将军达素率满汉兵至福州，会合闽浙总督李率泰，调集苏、浙、闽、粤水军，一起进攻金门、厦门。清军分兵两路，一路出漳州，一路出同安，规复厦门，但是，由于战舰未修，清军暂停进攻。

清军来攻时，侦骑已到厦门报告。郑成功与诸将议论说："敌整船来攻，必以五月。五月南风强，不能行兵，其来必以粤东。"乃传檄文给南澳总兵陈霸，令他准备船只应战；传檄文给张进，让他从铜山出兵船援助南澳。二月，令工官冯澄世大力修造战舰。

四月，顺治帝令靖南王耿继茂由广东移镇福建，都统宗室罗讬为安南将军，负责指挥进攻明郑军。五月，顺治帝又令两广总督李棲凤及碣石总兵苏利、南洋总兵许龙、饶平总兵吴大奇会攻郑成功。达素召集诸将会攻两岛，五月十日从泉州出发，命黄梧出海门（海澄港口东）接应。清军大船从漳州出发，小船从同安出发。

郑成功令林察为水师提督，黄安等人守金门城，周瑞等守南山。王秀奇守高崎，陈鹏守五通，阻击从同安来的清军；令族叔郑泰从浯州出发，阻击从广东来的清军。郑成功亲自率陈尧策、洪天祐驻军鼓浪屿，防守海门。郑成功传令军中："凡未得将令而备战迎敌者，死。"

乘大船从漳州来的黄梧舟师，顺风快速，首先抵达海门。郑军仓促迎战，防守南山的闽安侯周瑞，急切不待命，率众奋战，大败战死。五府陈辉接着加入战斗，又大败。郑成功听说周瑞、陈辉已经失败，问左右："流平乎？"大家回答说："平。"郑成功说："流平则潮转，潮转则风随之，吾当以风战。"遂发炮约各镇出师。中午时，东风起于海上，潮头蜿蜒南来如游龙，明郑军处于上流，乘势出击。郑成功亲自挥旗指挥，指导巨舰横击清军。郑泰自浯屿出击，与马信、洪旭一起夹攻黄梧。风吼涛立，一海皆动，黄梧军处于下流，军大溃。

陈鹏，是郑成功的虎将，已经暗地里和清军联系。从同安乘船来的清军逼近高崎，恃陈鹏为内应，船未靠岸即争先渡水。陈鹏率军赴高崎，其部下陈蟒不知陈鹏准备投降的阴谋，仍然发炮打击清军，率兵出击。后殿兵镇陈璋在清军前面进攻，吴豪在后面夹击。清军身披铠甲，败退至泥沼中，死伤十之七八，满兵一千六百多人被杀死。郑成功下令处死陈鹏，以陈蟒取代他的位置。两日后，苏利率军才赶至，听说各路清军都已失败，乃撤退到太武山驻扎。

结果，郑成功全军而退，清将达素、总兵施琅仅以身免。至福州，达素遂自杀。从此，直到郑成功去世，清军不敢再犯金门、厦门二岛。

收复和经营台湾

荷兰殖民主义者乘中国内乱时，于明天启四年（1624 年）派兵侵占了台湾。

他们在一鲲身（今台南西安平镇）修筑王城，并在隔台江相对的赤嵌修筑了城堡。其入海口叫鹿耳门。荷兰人认为，鹿耳门水浅，船不能靠岸，故不设防。岛内人民的多次反抗，都被镇压。至南明永历十五年（1661年），岛上的荷兰军队已达两千多人。

永历十四年（1660年）春，在台湾为荷兰做通事的何斌（福建泉州南安人），因与荷兰人发生债务纠纷而逃到思明，劝郑成功攻取台湾说："台湾沃野数千里，实霸王之区。若得此地，可以雄其国；使人耕种，可以足其食。上至鸡笼、淡水，硝磺有焉。且横绝大海，肆通外国，置船兴贩，桅舵铜铁不忧乏用。移诸镇兵士眷口其间，十年生聚，十年教养，而国可富，兵可强，进攻退守，真足与中国抗衡也。"同时献上台湾地图，讲解原住民形势，以及水路变化与攻取台湾的途径。郑成功非常心动，但当时明郑军正准备抵御清将达素的进攻，攻台之议被搁置。

永历十五年（1661年），在清军追击之下，南明永历帝朱由榔逃亡到缅甸，郑成功失去了政治上的声援。清廷接受黄梧的建议，发布谕令，要求福建广东等沿海居民内迁，增兵守界，断绝明郑军的粮饷来源。在抗清不利的情况下，郑成功地蹙军孤，便与诸将开会，商议攻取在荷兰人控制之下的台湾，作为立足之地。

正月，郑成功驻扎在思明州（今厦门），下令大修船只，听令出征。他召集诸将开会说："天未厌乱，闰位犹在，使我南都之势，顿成瓦解之形。去年虽胜鞑虏一阵，伪朝未必遽肯悔战，则我之南北征驰，眷属未免劳顿。前年何廷斌所进台湾一图，田园万顷，沃野千里，饷税数十万，造船制器，吾民麟集，所优为者。近为红夷占据，城中夷夥，不上千人，攻之可唾手得者。我欲平克台湾，以为根本之地，安顿将领家眷，然后东征西讨，无内顾之忧，并可生聚教训也。"诸将领都以险远为难，但不敢有异议，只是脸露难色，唯独曾到过台湾的宣毅后镇吴豪说："风水不可，水土多病……港浅大船难进。"郑成功心中不悦，认为他的言行影响了军心。前提督黄廷也附和吴豪的看法，马信提议先派一支部队前往探望，如果可取则大军立即跟进，若荷兰人防御坚固，则再讨论，陈永华也同意马信的意见。只有协理中军戎政杨朝栋发言支持攻台，得到了郑成功的赞赏，收复台湾后被任命为府尹。①

郑成功使陈霸据守南澳，郭义、蔡禄驻守铜山以防御南边来的清军；使郑泰驻守金门以防御北边来的清军，以长子郑经为监国驻防厦门，使洪旭、黄廷、王秀奇、林习山辅助他，遂祭祀天地决定征台湾。

永历十五年二月，郑成功准备出征台湾，驻金门等候船只。由于修葺船只的时间太长，郑成功安排首程、第二程先行。三月初一日，郑成功祭海兴师，亲自率领首程航行，包括文武亲军右武卫、左右虎卫提督骁骑镇、左先锋、中冲镇、后冲镇、宣毅前后镇、礼武镇、援剿后镇等部。

三月初十，郑成功率军进驻料罗湾，等候顺风起航。大部分官兵都害怕过洋，逃跑的很多，郑成功遂令英兵镇陈瑞捉拿逃兵。三月二十三日，天气晴好，风平浪静，郑成功率战舰一百二十艘、官兵二万五千人，从料罗湾放洋，以镇守澎湖的游击洪暄作为前导带路。三月二十四日，明郑军各船都抵达澎湖，分在各屿驻扎。郑成功的船只停靠在屿内屿，候风开驾。三月二十七日，明郑军开驾，至柑桔屿遇到大风，被迫又回到澎湖屿内屿。当时官兵几乎都没带行粮，因为何廷斌曾说数日即到台湾，此时因风阻而缺粮了，郑成功令澎湖三十六屿居民供应粮食。澎湖各澳长搜索二日，回来报告说："各屿并无田园可种禾粟，惟番薯、大麦、黍稷，升斗凑解，合有百余石，不足当大师一餐之用。"郑成功惊于军队缺粮，又害怕北风无期，遂于三月三十晚上下令开驾。当时风暴未息，四处风雨阴雾。管中军船蔡翼与陈广等人，跪下来恳求说："暂候风雨开驾。"郑成功回答说："冰坚可渡，天意有在。天意若付我平定台湾，今晚开驾后，自然风恬浪静矣。不然，官兵岂堪坐困断岛受饿也？"当天夜里一更后，传令开驾，风雨减弱了，但波浪未息，航行十分惊险。等到三更以后，云收雨散，天气明朗，大军船只顺风行驶。

---

① 参见杨英《从征实录》，第184页。

四月初一黎明，郑成功所乘的船只抵达台湾外沙线，大小战舰随后鱼贯而入。天亮时，郑军就到达鹿耳门线外。荷兰人大惊，以为郑成功的队伍自天而降。郑成功以手加额说："此天所以哀孤而不委之壑也！天赦孤臣，必有宁宇矣。"① 郑成功转乘小船，由鹿耳门登岸，踏勘营地。午后，明郑军的大船齐集鹿耳门，官兵顺利登陆。当天晚上，明郑军船只才全部到齐，停泊在禾寮港。明郑军登岸后，在街坊附近扎营。

当天晚上，驻守普罗民遮城（今台南市赤崁楼）的荷兰军首领描难实叮，发炮袭击明郑军营盘，烧毁了明郑军的马厩粮库。赤崁街上的民居都是草屋，郑成功害怕它们遭到抢劫烧毁后，大军无粮，便令户都事杨英、杨戎政、援剿后镇张志率兵保护，不许官兵抢粮，也防止荷兰人烧毁。

四月初三，宣毅前镇陈泽的官兵进驻北线尾。荷兰首领揆一在城上望见北线尾的郑军，令将领贝德尔上尉（又名拔鬼仔）率鸟铳兵二百五十名前去冲杀。宣毅前镇官兵奋勇迎战，杀死荷兰将领贝德尔以下荷兰官兵一百一十八名。描难实叮的弟弟与妻子外出，被郑军捉拿押解到郑成功处。郑成功安慰了他们，好好招待之后送回赤崁城。第二天，赤崁城荷兰头目描难实叮以孤城援绝，城中乏水，准备投降。郑成功派遣翻译吴迈、李仲同、杨戎政去见描难实叮，告诉他绝无杀害荷兰人的意思，描难实叮便到郑成功处投降。郑成功允许他仍住在城中，并赠送他大量中国货物。郑成功令描难实叮前往台湾城，招揆一过来投降。

四月初五日，揆一派遣一名荷兰人跟随翻译胡兴拜见郑成功，请求和平，郑成功要求揆一自己前来见面。翌日，揆一又派一名荷兰头目与描难实叮一起拜见郑成功，郑成功安排盛宴热情招待他们，并让何廷斌问他们："揆一何日出降？"他们回答说："揆一无降，若藩主兵将抽回……愿送劳师银十万两。"除此之外，荷兰人还愿意每年向郑成功贡献赋税、土产货物等，数量由郑成功确定。郑成功拒绝了，令

①　参见郑亦邹《郑成功传》，第21页。

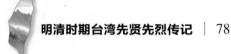

他们回去。

明郑军来到之后，新善、开感等附近社里的原住民头目都来欢迎。郑成功设盛宴招待他们，并赐给他们官袍帽靴。自此之后，南北路的原住民、汉人纷纷来归，郑成功照例宴请他们。

此时，荷兰水师的军舰停泊在港口，对明郑军构成严重的威胁。郑成功见荷兰人不降，乃下令宣毅前镇、侍卫镇陈广、左虎协陈冲等率兵攻打。明郑军击沉荷兰舰一艘、烧毁一艘，荷兰舰逃回一艘，停泊在台湾城下。

初七日，郑成功令军队进驻崑身山，准备进攻台湾城。十二日，郑成功亲临蚊港，观察地形，并调查附近的原住民的态度。郑成功的车驾经过时，汉人、原住民纷纷聚集在路边欢迎。郑成功热情地向他们致意，下令赏赐他们酒食，非常高兴。

二十二日，尚未攻打台湾城，明郑军已经缺粮。郑成功派遣杨戎政、户都事杨英、通事何廷斌到各乡社查看，他们发现了荷兰人储存的粟、麦、糖等物资，报告郑成功。郑成功下令运作军粮，计粟六千石，糖三千多石。

郑成功认为，攻打台湾城会造成不必要的伤亡，既然台湾城孤立无援，围困一久，荷兰人自然会投降。他遂于二十四日下令各镇官兵分散到各地屯垦，令提督马信率一部分军队继续围困台湾城。礼武镇林福被荷兰铳打伤，郑成功调协将洪羽接管礼武镇。

五月初二日，郑成功在台湾城会合文武各官，会审搜刮台湾百姓财物粮食的罪犯，宣毅后镇吴豪伏罪被杀，以右武卫右协魏国接管宣毅后镇。虎卫右镇陈蟒也有罪，革除职务。二程的官兵左冲、前冲、智武、英兵、游兵、殿兵等镇抵达台湾，郑成功以冲镇黄安管虎卫右镇，以左卫镇黄安接管虎卫右镇，以提督骁骑亲随营蔡文接管左卫镇。

郑成功改全台湾为东都，台湾城为安平镇，赤嵌城为东都明京。在台湾设一府二县，即承天府、天兴县、万年县。承天府下设北路的天兴与南路的万年两个县，天兴县区域在今新港溪以北北部一部分，万年县管辖今新港溪以南南部的一部分。

杨戎政为承天府府尹，庄文烈为天兴县县令，祝敬为万年县知县。承天府负责调查台湾的田亩、编造册籍、征收赋税。

五月十八日，郑成功颁发谕令："东都明京，开国立家，可为万世不拔基业。本藩已手辟草昧，与尔文武各官及各镇大小将领官兵家眷聿来胥宇，总必创建田宅等项，以遗子孙计。但一劳永逸，当以己力经营，不准混侵土民及百姓现耕物业。兹将条款开列于后，咸使遵依。如有违越，法在必究。着户官刻板颁行。特谕！

承天府安平镇，本藩暂建都于此，文武各官及总镇大小将领家眷暂住于此。随人多少圈地，永为世业，以佃以渔及经商取一时之利，但不许混圈土民及百姓现耕田地。

各处地方，或田或地，文武各官随意选择创置庄屋，尽其力量，永为世业，但不许纷争及混圈土民及百姓现耕田地。

本藩阅览形胜，建都之处，文武各官及总镇大小将领，设立衙门，亦准圈地创置庄屋，永为世业，但不许混圈土民及百姓现耕田地。

文武各官圈地之处，所有山林及陂池，具图来献，本藩簿定赋税，便属其人掌管；须自照管爱惜，不可斧斤不时，竭泽而渔，庶后来永享无疆之利。

各镇大小将领官兵派拨汛地，准就彼处择地起盖房屋，开辟田地，尽其力量，永为世业，以佃以渔及经商；但不许混圈土民及百姓现耕田地。

各镇及大小将领派拨汛地，其处有山林陂池，具启报闻，本藩即行给赏；须自照管爱惜，不可斧斤不时，竭泽而渔，庶后来永享无疆之利。

沿海各澳，除现在有网位、罟位、本藩委官征税外，其余分与文武各官及总镇大小将领前去照管，不许混取，候定赋税。

文武各官开垦田地，必先赴本藩报明亩数而后开垦。至于百姓必开亩数报明承天府，方准开垦。如有先垦而后报，及少报而垦多者，察出定将田地没官，仍行从重究处。"[1]

---

① 参见杨英《从征实录》，第190页。

明郑军缺粮，从大陆来的户官运粮船不至。六月，郑成功到承天府，给文武官员提前发放六个月的俸禄银，派发各镇官兵分别到各自的汛地。左先锋镇驻扎北路新港仔、竹堑（今新竹县竹北市），接着，又派援剿后镇、后冲镇、智武镇、英兵镇、虎卫右镇去屯垦，以中冲、义武、左冲、前冲、游兵等镇去南路凤山、观音山驻扎屯垦。到了七月，援剿后镇、后冲镇官兵在开垦过程中，激起了大肚社一带原住民的反抗，将领高凌被杀。原住民进攻左先锋镇营，杨祖迎战而受重伤。围攻援剿后镇张志营、右虎卫、英兵镇、智武镇的原住民被击败，战火遍及大肚社等附近村社。郑成功派遣兵都事李胤监督管理各镇，不许各镇搅扰老百姓和原住民，调后冲镇等转移到南社开垦。

六月十六日，宣毅左镇万义（清史稿作郭义）、右冲镇万禄（清史稿作蔡禄）在他们所据守的铜山，挟持忠匡伯张进一起赴漳州投降。张进不从，自焚身亡，清军遂进至铜山。忠振伯令留守兵将忠勇侯陈霸统领水师夺回铜山，万义、万禄跟随清军逃走。郑成功令总理监营翁天祐镇守铜山，并令忠匡伯张进入祀忠臣庙，位列第一，优恤其家。

八月，户官运粮船仍然不见踪影，明郑官兵严重缺粮，到了以野果充饥的地步。郑成功日夜担心会发生兵变，在座前书写"户失先定罪"。派遣承天府尹杨朝栋与户都事杨英去鹿耳门守候，来台湾的船只无论官私，都要把带来的粮食卖给军队。而此时荷兰的甲板船再次来犯，郑成功令宣毅前镇陈泽、戎旗左右协水师陈继美、朱尧、罗蕴章等率兵迎战。明郑军击败荷兰军，缴获甲板二只、小艇三只，但宣毅前镇副将林进绅战死。从此之后，荷兰的甲板船再也不敢来侵犯了。

二十二日，郑成功派户部都事杨英押送米船前往二林、南社，并调查官兵心理状况回报。杨英回报，粮食缺乏，官兵一日只两餐，多有病没，兵心嗷嗷。郑成功又令杨英携带十锭银子，同杨戎政去原住民各社购买粮食，共得十日之用。

为了平定东南沿海的抗清活动，特别是郑成功的抗清，断绝沿海居民对明郑官兵的接济，清廷于十月下达了"迁界令"，厉行海禁，严令沿海各省海边居民向内地迁移，寸板不许下海，货物不许越界。粤东碣石卫守将苏利拒不服从，杀清军防将，连续攻下滨海数县，直到康熙二年才被清军讨平。郑成功听说清廷下迁界令之后，叹息说："使吾狗诸将意，不自断东征，得一块土，英雄无用武之地矣。沿海幅员上下数万里尽委而弃之，使田庐丘墟坟墓无主，寡妇孤儿望哭天末，惟吾之故。以今虽披猖，亦复何用。但收拾余烬，销锋灌燧，息兵休农，待天下之清未晚也。"① 清廷的"迁界令"促使郑成功努力建设台湾。

十二月初六，郑成功指挥明郑军攻打荷兰王城热兰遮城（今台南市安平古堡），明郑军从北、东、南三面炮轰乌特勒支碉堡（今安平第一公墓）和热兰遮城。明郑军顺风纵火，烧毁荷兰夹板船，但揆一终不肯投降。郑成功派遣使者告诉他说："此地……乃前太师练兵之所，今藩主前来，是复其故土。""珍宝不急之物，悉听而归，地归我，兵始罢。"不收回土地，郑成功绝不收兵，此役彻底瓦解了热兰遮城内守军的士气。

十二月十三日，热兰遮城堡已被围困九个月之久，揆一被迫与郑成功达成投降协议。九天后，荷兰殖民当局及其士兵举着降旗离开台湾，撤往巴达维亚（今印尼雅加达）。

郑成功使郑省英为东都府府尹，自率何斌、马信等巡历各地。推行兵农合一之制，把土地分给各镇兵，责令开垦三年，定上、中、下三则课赋，以其七给士兵，以其三为国用。改法制，兴学校，计丁庸，养老幼，台民大集。

郑成功收复台湾后，大陆对台湾的移民以军队为主体。郑成功带有将士约两万五千人，加上眷属大约有三万人。郑成功把台湾作为抗清的根据地，下令将在大陆的官兵眷属迁到台湾。南明永历十六年（1662 年），"赐姓严谕搬眷"②，接着又"檄黄旭、黄廷同兄泰等，陆续载诸眷口过台"。但是，很多官兵不想迁往台湾，郑泰、

① 参见郑亦邹《郑成功传》，第 22 页。
② 参见阮旻锡《海上见闻录》卷 2，厦门大学出版社 2011 年版。

洪旭、黄廷等重要将领都抗命不往。周全斌传言，镇守南澳岛的陈豹不愿送家眷入台，试图降清。郑成功未经核实，就派周全斌率大军去平叛。陈豹无以自明，只好率部进入广州降清。紧接着，金门守军又联合抗拒"搬眷入台"命令，金门从此不发一船至台湾。郑成功接到塘报，气得吐血，但也无能为力。此后数月，他天天登上炮台，眺望澎湖方向，期盼着金门、厦门船队的到来，可是就连一艘小船都没有盼到。

沿海尤其是漳州、泉州、惠州、潮州四府人民为反抗清廷的迁界而逃往台湾，也是带着家属的。对此，郑成功没有阻止，因此，在中国历史上出现了第一次大陆移民台湾的高潮。

明郑时期，大陆汉人移民主要居住在台南地区。虽然郑氏的军队已驻扎半线地方，但在此以北的大肚溪、大甲溪的汉人较少，而鸡笼、淡水一带仍是所谓"蛮烟瘴地"，是明郑政权流放罪犯的地方。

郑成功在台湾推行乡保甲里制度，制鄙为三十四里，置总理。里有社。十户为牌，牌有长。十牌为甲，甲有首。十甲为保，设保长，理户籍之事，凡人民的迁徙、职业、婚嫁、生死，均报于总理。仲春之月，总理汇报于官，考其善恶，信其赏罚。

南明永历十六年（1662年）正月，父亲和兄弟等全家被杀的凶讯传至台湾，郑成功顿足哭涌，往北恸哭说："吾父果听儿言，何有今日？"自此之后，郑成功常常忧愤形于色。二月，黄梧又发掘郑氏祖坟，令郑成功切齿痛恨，准备治兵西渡报仇。

四月，永历帝在云南被吴三桂弑杀。当初，孙可望、李定国争政，孙可望投降清军，从臣多叛去。永历帝逃往缅甸，缅甸以槛车送永历帝给吴三桂。兵部司务林英削发为僧，自云南逃到台湾，将永历帝被害的经过告诉了郑成功。马信等人请郑成功舍弃明朝正朔，郑成功不同意，说："闽滇相越辽远，顷林英自云南来，或亦传闻，吾誓不信此伪说。如卿等言，圣驾若在，将如何？且吾崎岖十余年，将以为故国也。敢有言此者，以故国叛臣论！"诸臣遂默然。所以，永历帝被害后，台湾仍奉永历为正朔。

五月八日，明延平郡王招讨大将军郑成功因患伤寒病逝于台湾，享年三十九岁。郑成功起兵，从南明隆武元年始到永历十六年总共十七年，异军突起，支撑东南半壁，传其子孙，延续明祚三十多年。

康熙三十八年（1699 年），诏令迁郑成功灵柩归葬故里南安郑氏祖茔，并建祠祀之。祠堂柱子上镌历朝题赞楹联，中有康熙诏赐郑成功父子迁葬时所撰联对，文曰："诸王无寸土，两岛屯师，敢向东南争半壁；四镇多二心，一隅抗志，方知海外有孤忠。"

同治十三年（1874 年），因牡丹社事件，清廷派福建船政钦差大臣沈葆桢来台。沈葆桢来台后，接受台湾府进士杨士芳、台湾道夏献纶与台湾知府周懋琦等人的禀请，与闽浙总督李鹤年、福建巡抚王凯泰与福建将军文煜等人一同上疏追谥郑成功、建立专祠与编入祀典中。光绪元年（1875 年）正月初十，清廷准奏，下诏曰："前明故藩朱成功曾于康熙年间，奉旨准在南安地方建祠。该故藩仗节守义，忠烈昭然。遇有水旱祈祷辄应，尤属有功台郡。着照所请于台湾府城建立专祠并与追谥，以顺舆情，钦此。"朝廷批准后，工程在同年三月动工，秋八月完工。

七　　郑　　经

郑经（1642—1681），一名锦，字元之、贤之，号式天，昵称"锦舍"，是郑成功的嫡长子，母亲董氏，下有九个弟弟。

争夺王位

郑成功率军进攻台湾时，让弟弟郑成赐、长子郑经留守思明州（今厦门），让部将陈豹据守南澳。后来，郑经与其幼弟的乳母昭娘私通生子。郑经夫人唐氏祖父唐显悦将这件丑事报告郑成功。郑成功大怒。南明永历十六年（1662年）春，郑成功派遣刑部都事洪旭、礼部都事黄副去处死郑经及郑经之母董氏，又令总兵周全斌杀掉留守厦门的将领。于是，洪旭等留守厦门的将领拥立郑经为平国公，杀死洪旭、黄副，囚禁了刚从南澳前来的周全斌。诸将抗命之事随后传回东都，闽海两岸内部陷入紧张对立的局面。

五月，郑成功病逝后，郑成功弟郑袭为其治丧，并通知思明州的王世子郑经。郑袭的心腹蔡云、桂应菁、曹从龙、张骥四人借口"世子乱伦，情急于势，党众拒父"，拥立郑袭。黄昭、萧拱宸等驻台将领，也同意拥郑袭为护理、招讨大将军，安抚东都民心。他们暗地里准备拒绝郑经回台湾，同时，准备与清廷议和。在台湾的各部明郑军队，态度也不明朗。但是，赏勋司蔡政却将先王郑成功的翼善冠以及绯色衮龙袍送到了思明州。

洪旭、黄廷、王秀奇等文武官员请王世子郑经于思明州宣布登基嗣位，号"世藩"。郑经作《谕东都群臣》，劝说在台湾的诸将拥护自己，其词曰："皇明祖训：王薨世子嗣位，亲郡王至侯伯罔不皆然，三百年来未有变易废长子而以弟继者也。先王不幸薨背，世子当立，想尔群工必明斯义。而叔袭矫作遗言，迷误朝野，以乱大伦，以逞逆志。孤以至亲之故，未即进讨，屡陈训告，冀其改过，而凶志未离，又几旬矣。而文武等为所诱胁，孤悉知之。早日归诚，咸与维新，爵赏无替；若执迷不悟，自有国法在，孤亦不敢私也！此谕。"①

这时，靖南王耿继茂、闽浙总督李率泰乘郑成功去世之机，派人去思明招抚郑经，郑经所部也出现了议和的声音。郑泰、洪旭、黄廷、蔡鸣雷商议说："先藩连年用兵，徒苦父老。东行之时，犹令权宜通好。今日当为桑梓计，即不能成，尚未可知。"郑经也害怕清廷"指日加兵，内外受困"，因此，阳奉阴违，虚与应付。

郑泰等请示郑经，郑经说："吾将东，诸君善图之。"临行前，郑经谕令忠振伯洪旭，让他在思明"其训饬将士，严为防范勿怠，俾孤无北顾之忧"②。

因忠明伯周全斌跟随郑成功征讨多年，熟悉东都（台湾）的地理形势，所以，郑经令周全斌为五军都督，率领军队赴台。另以陈永华为咨议参军、冯锡范为侍卫，协助周全斌。

郑经率军先至澎湖，派人与黄昭、萧拱宸等人协商，没有结果。十月，郑经率军从鹿耳门登陆，驻军东都的右虎卫黄安率军前来迎接他，郑经所部军队一部分驻扎在寮港。郑经大力争取台湾军民的支持，他给承天府知府郑省英谕令，让他安抚

---

① 参见台湾银行经济研究室编《郑成功传》，第 133 页。
② 同上。

台湾民众，欢迎自己所率领的队伍。郑经又给兵都事张宸下谕令："叔袭巽懦逆乱之谋，皆起黄昭、萧拱辰二贼，今之所诛，二人而已，毋伤叔袭，尔张宸其以孤言布告军士人等知悉。此谕。"

十一月，黄昭会合各部人马攻打郑经。因大雾，只有黄昭率所部先至，破营入。郑经几乎被抓，周全斌率数十人全力防御。黄昭被射死后，其部属溃散，最后投降，郑经遂进入安平王城（台南西）。为保性命，郑袭将责任全部推到几位心腹身上，随后，蔡云自缢，萧拱宸、张骥、桂应菁以及曹从龙等人于承天府遭斩首示众，族人流放，郑袭遭禁锢于厦门。第二年，郑袭半夜率领官吏二百二十四人、士卒一百二十人及银钱、船只、枪械等物，投奔清军。

台湾的内乱平定后，郑经改东都为东宁，改县为州，有天兴、万年两州，之后，郑经又回到了思明。郑泰曾经与台湾诸将暗地里通信，被郑经在台湾发现了。郑经假装要去海澄，经过金门，置酒邀请伯父郑泰，当场下令勒死郑泰。郑泰有家产上百万，但却十分吝啬，又暗地里与黄昭勾结。郑泰被杀后，其子永城伯郑缵绪、郑子赓，其弟同安伯郑鸣骏等人都逃奔泉州，投降了清军，郑鸣骏被授予遵义侯，郑缵绪被授予慕恩伯，郑子赓被授予左都督。蔡鸣雷、蔡协吉、蔡原、忠靖伯陈辉、武卫杨富、虎卫何义等先后投降清军，都被授予一定的官爵，郑经的势力大大地减弱了。

保卫厦门、金门

南明永历皇帝被吴三桂杀害的消息传来后，郑经北向恸哭，称永历十七年（1663 年），发誓恢复大明国土，继承先业。他得到清将的招降书，拒绝了他们的招降。在回复耿继茂的书信中，郑经说：

"日在鹭、铜，多荷指教。读'诚来诚往，延揽英雄'之语，虽不能从，然心异之。阁下中国名豪，天下合征，金戈铁马之雄，固自有在。顷承惠书，辱赐教诲，而谆谆所言，尚袭游说之后谈。岂犹是不相知者之论乎？东宁偏隅，远在海外，与版图渺不相涉。虽夷落部曲，日与为邻，正如张仲坚远绝扶余，以中土让太原公子，阁下亦曾知其意乎？所云贵朝宽仁无比，远者不弃，以耳目所闻见论之，如方国安、孙可望，岂非竭诚贵朝者，今皆何在？往事可鉴，足为寒心。阁下倘能以延揽英豪休兵息民为念，即静饬部曲，慰安边陲。羊陆故事，敢不勉承。若夫疆场之事，一彼一此，胜负之数，自有天在，得失难易，阁下自知，亦无容赘也。""请如琉球、朝鲜例，不登岸，不剃发易衣冠"。郑经派遣杨来嘉入奏清廷待命，清廷不同意郑经的请求，杨来嘉只好返回思明，双方仍成对峙局面。

至此，康熙皇帝开始锐意南征，六月，遣人入海，联合荷兰水师一起攻打厦门、金门二岛。荷兰水师将领名叫扑德，居住在印度勃达匹亚地，派战舰十六、水兵一千三百八十六、陆兵一千二百三十四前来协助清军。

十月十九日，清军分三路攻厦门、金门等地。耿继茂、李率泰、满洲郎赛率领投诚的明郑军队，联合荷兰夹板船船队从泉州出发；提督马得功从同安出发，黄梧、提督施琅从漳州出发，分道向金门、厦门疾进。

郑经身边的死士，令忠明伯周全斌率军防御。两军在浯州乌沙港相遇，波涛汹涌，巍峨如山；十四艘荷兰夹板船不停地发炮，马得功率三百艘船从泉州而来，箕张而下。周全斌以二十艘艨艟往来奋击，剽疾如马，荷兰炮击不中，清军战船披靡，投诚清军的明郑军队不敢进攻。马得功殿后，被周全斌亲手杀死。然而同安、海澄二道的清军却取得了很大的胜利，直逼厦门。耿继茂、李率泰各率军增援，黄梧、施琅也从海澄赶至。施琅率水师与荷兰船队一起进攻，斩明郑军千余人，乘胜进攻金门及浯屿。清军攻克厦门，明郑军溃败，清军处于绝对优势，郑经、周全斌只好率明郑军退守铜山（今福建东山岛），丢掉了金门、浯屿两个岛屿。

不久，明郑军向南进犯云霄镇，被清总兵王进功击退。清廷知道，无法很快消灭明郑军，于是，清军毁坏金门、厦门两岛上的城市，收集钱财货物妇女撤退。

南明永历十八年（1664年）正月，都督杜辉自南澳入广东投降清军，被清廷授予左都督。铜山粮食快要用光了，郑经、永安侯黄廷等率兵据守铜山。三月，耿继茂、李率泰下令清军进攻，黄梧、施琅先后调兵进攻八尺门，黄廷、翁求多、林顺等率明郑军三万人投降清廷。清军攻克铜山后，焚毁住房，缴获战舰甲仗无数，郑军自承天府南北总督周全斌、前提督黄廷、水师统帅忠靖伯陈辉以下数十员镇将、总兵、都督共文武官员三千九百八十五人降清。郑军损失兵力十余万人，大小战船九百余艘，宿将精锐十去七八。

清军势大，明郑军大批投降，呈瓦解之势，郑经只得放弃沿海岛屿，退出厦门，率陈永华、冯锡范、洪旭等人从铜山返回台湾。郑经带回大陆官兵眷属六七千人，这是继郑成功之后继续实行搬眷入台的政策，"国轩得家属诸邑，分其将镇守，势稍弱，遂启经调乡勇充任，并移乡勇之眷口过台安插，庶无逃脱之流弊。缓急可用，亦寓兵于农之意。经允其请"①。至此，海上诸岛，悉被清军平定。

七月，康熙帝授福建提督水师总兵官施琅为靖海将军，以承恩伯周全斌、降将左都督杨富为副将，进攻台湾，因海上风浪巨大而作罢。

十一月，郑经改东都为东宁，以台南为全台行政中心，设置六官，升天兴、万年二县为州，疆域仍旧。在南路、北路、澎湖设置安抚司三个，大小庶事，全部委托给陈永华处理。陈永华处事儒雅，与民休息，分给诸将土地，修筑桥路，恢复生产。

南明永历二十年（1666年），郑经派军队进攻盘踞在鸡笼的荷兰军队。虽然明郑军并未攻陷，但荷军认为鸡笼难以防守，于永历二十二年（1668年）弃守，荷兰从此放弃抢夺台湾。

与清廷议和

在清军几次进攻台湾不成之后，清廷重新进行招抚。但郑经并不想接受招抚，

___

① 参见（清）江日昇《台湾外纪》卷22。

他曾写信给其舅董班说，台湾"幅员数千里，粮食数十年，四夷效顺，百货流通，生聚教训，足以自强。又何慕于藩封？何羡于中土哉？"永历二十一年（1667年），康熙帝派福建招抚总兵官孔元章先后两次渡海招抚郑经。郑经声称，台湾"非属版图之中"、"东连日本，南蹴吕宋，人民辐辏，商贾流通。王侯之贵，固吾所自有，万世之基已立于不拔"，郑经坚持所谓"朝鲜例"，招抚未成。

南明永历二十二年（1668年）初，康熙帝拒绝了施琅近期就攻打台湾的建议。第二年（1669年）春，贝勒、刑部尚书明珠奉旨入福建，主持和议。明珠、李率泰、蔡毓荣等去漳州，派遣兴化知府慕天颜护送康熙帝诏书去台湾，招谕郑经投降。清廷做了重大让步，允许郑氏封藩，世守台湾。郑经提出："苟能照朝鲜事例，不薙发，称臣纳贡，尊事大之意，则可矣。"① 康熙帝认为台湾不能与藩属朝鲜相提并论，答复："若郑经留恋台湾，不思抛弃，亦可任从其便。至于比朝鲜不剃发，愿进贡投诚之说，不便允从。朝鲜系从未所有之外国，郑经乃中国之人。"② 双方书信往来频繁。郑经在给李率泰的书信中说：

"盖闻佳兵不祥之器，其事好还。是以祸福无常倚，强弱无常势，恃德者兴，恃力者亡。囊岁思明之役，不佞深悯生民疾苦暴露，兵革连年不休，故遂全师而退，远绝大海，建国东宁，于版图疆域之外，别立乾坤。自以为休兵息民，可相安于无事矣。不谓阁下犹有意督过之，欲驱我叛将，再启兵端。岂未闻陈轸蛇足之喻与养由基善息之说乎？夫苻坚寇晋，力非不强也；隋杨征辽，志非不勇也：此二事，阁下之所明知也。况我之叛将逃卒，为先王抚养者二十余年，今其归清者，非必尽忘旧恩而慕新荣也，不过惮波涛恋乡土，为偷安计耳。阁下所以驱之东侵而不顾者，亦非必以才能为足恃、心迹为可信也；不过以若辈叵测，姑使前死，胜负无深论耳。今阁下待之之意，若辈亦习知之矣；而况大洋之中，昼夜无期，风雷变态，波浪不

---

① 参见（清）江日昇《台湾外记》卷22。
② 参见《明清史料丁编》第三本。

测。阁下两载以来，三举征帆，其劳费得失，既已自知，岂非天意之昭昭者哉？所云夷齐、田横等语，夷齐千古高义，未易齿冷；即如田横，不过三齐一匹夫耳，犹知守义不屈，而况不佞世受国恩恭承先训者乎！倘以东宁不受羁縻，则海外列国如日本、琉球、吕宋、广南，近接浙、粤，岂尽服属？倘以敝哨出没为虞，实缘贵旅临江，不得不遣舟侦逻。若夫休兵息民，以免生灵涂炭，仁人之言，敢不佩服。至于厚爵重禄，永世袭封，海外孤臣，无心及此。"①

郑经在回复明珠的书信中说："盖闻麟凤之姿，非藩樊之所能囿；英雄之规，非游说所能或。但属生民之主辅，宜以覆载为心，使跂行喙息咸润其泽，匹夫匹妇有不安其生者，君子耻之。顷自迁界以来，四省流离，万里丘墟，是以不谷不惮远隐，建国东宁，庶几寝兵息民，相安无事。而贵朝尚未忘情于我，以致海滨之民流亡失所，心窃憾之！阁下衔命远来，欲为生灵造福，流亡复业，海宇奠安，为德建善；又陪使所传，有不削发登岸及置贸衣冠等语，言颇有绪。而台谕传未详悉，唯谆谆以迎敕为辞。事必前定，而后可以寡悔；言必前定，而后可以践迹。丈夫相信于心，披腹见瞻，磊磊落落，何必游移其说？特遣刑官柯平等面商妥当。不谷恭承先训，恪守丕基，必不弃先人之业，以图一时之利。惟是生民涂炭，恻焉在念。倘贵朝果以爱民为心，不谷不难降心相从，遵事大之礼。至通好之后，巡逻兵哨自当调回。若夫沿海地方，俱属执事抚绥，非不谷所与焉。不尽之言，俱存敝使口中，惟阁下教之，俾实稽以闻。"②

议照朝鲜事例，郑经派遣柯平、叶亨入奏待命，清廷仍然不答应郑经的条件，但是，清廷与郑经双方的关系得以暂时缓和，此后数年，海峡两岸双方停止了战争。郑经令宣毅前镇江胜等为游缴，往来于海峡两岸，踞步头互市，与大陆沿海居民进行贸易，获利颇丰，沿海居民对台湾颇有接济。

---

① 参见台湾省经济研究室编《郑成功传》，第 25 页。
② 参见台湾省经济研究室编《郑成功传》，第 26 页。

反攻闽粤沿海地区

可是，好景不长，南明永历二十七年（1673年）十一月，平西王吴三桂据云南、四川、贵州举兵反清，声称恢复明朝，派遣使者请求靖南王耿精忠、平南王尚可喜起兵响应。第二年三月十六日，靖南王耿精忠也在福建响应吴三桂抗清，囚禁福建总督范承谟，杀建宁同知喻三畏，传檄全闽，并派遣使者黄镛去台湾请求郑经出兵援助自己，许以漳、泉二府，并提供战船。四月，郑经传檄天下，派遣礼官柯平去福州，回报黄镛之聘。

五月，郑经以陈永华为留守总制，辅助长子克壄据守台湾，率侍卫冯锡范、兵官陈绳武、吏官洪磊等，奉永历二十八年为正朔，渡海而西，明郑军顺利入思明。郑经以郑省英知思明，郑省英是郑芝莞之子。

郑经所率领的队伍，船不满百，人不满万，兵器破旧，受到耿精忠的轻视。耿精忠调动海澄总兵赵得胜的队伍，赵得胜不从，但是，赵得胜却投靠了郑经，郑经授予赵得胜兴明伯、左都督。耿精忠在海澄邀请右武卫刘国轩、左虎卫何祐见面，商议尊奉郑经为主，希望联合明郑军的力量。郑经派人去问耿精忠，想在漳、泉二府招募兵员，意在要求耿精忠兑现自己的诺言，却遭到了耿精忠的刁难。郑经、耿精忠因此交恶，双方遂发生了争夺地盘的战争。

郑经与冯锡范议取同安，守将张学尧投降，授予荡虏伯、左先锋，耿精忠因此开始恐惧，以都尉王进据守泉州。王进功的儿子王藩锡诱杀泉州城守赖玉，驱逐了王进，向郑经投降。郑经遂进入泉州，授予王藩锡指挥使。不久，王进功也投降了郑经，耿精忠则以断绝和郑经贸易作为报复。

清廷得到郑经、耿精忠内讧的情报后，康熙皇帝给总督郎廷佐下谕令，要区别对待耿精忠与郑经，对耿精忠要剿灭，对郑经要招抚。

七月，耿精忠派兵围攻潮州，郑经派遣援剿左镇金汉臣率舟师驰援潮州。潮州清军总兵刘进忠投降郑经，郑经以刘进忠为定虏伯、前提督，派赵得胜进入潮州，击败耿精忠兵。

泉州、漳州、潮州陆续投靠郑经，声势逐渐高涨。耿精忠与郑经交涉，希望他将泉州交还，遭到郑经拒绝，耿精忠决定用武力夺回泉州。九月，耿精忠以漳浦的刘炎为犄角，令王进取泉州。刘国轩及右虎卫许耀在堑岭（今泉港区涂岭镇）打败王进，跟踪追击到兴化，在城下结盟而返。

十月，吴三桂派遣礼曹周文骥来拜见郑经，调和他与耿精忠之间的矛盾。十一月，赵得胜、冯锡范、何祐等率兵进攻漳浦，刘炎投降，接着进援潮州。潮州的刘进忠被清军包围时，前去救援的金汉臣所部被歼。刘进忠竭力防御，附近被封锁半年之久。刘炎投降之后，明郑军队南援，在黄冈打败清军，潮州的包围才最终解除，赵得胜返回海澄。

十二月，郑经以六官筹丁钱，向富民索饷。郑经更定军制，让冯锡范、参军陈绳武帮助处理各项政务，刘国轩、薛进思、何祐、许辉、施福、艾祯祥分领各军，郑省英为宣慰使，催督各郡钱粮。令人月输银五分，叫"毛丁"；船计丈尺输税，叫"梁头"。盐司分管盐场。盐石值二钱，征饷四钱，饷司科杂税给军队。复开互市，英圭黎、暹罗、安南各国的船只都来经商。厦门市面繁荣，几乎和承平时一样。

郑经、耿精忠双方，在吴三桂的调停下，以强敌未灭，内争非谋，各议罢兵。南明永历二十九年（1675 年）正月，耿精忠派遣张文韬到郑经处恭贺新年兼议和，郑经也派使者回礼。耿精忠履行以前的约定，提供五艘战船给郑经。双方和好，以枫亭（今仙游县枫亭镇）为界，北方属耿精忠、南方属郑经。二月，续顺公沈瑞屯饶平，刘进忠攻之，何祐击破援兵，俘虏沈瑞及其家属而回，郑经授予沈瑞怀安侯。三月，郑经把洪承畴的祠堂改为黄石齐道周、蔡江门道宪，下令把洪承畴及杨明琅的眷属百余口运到鸡笼城。

郑经虽于之前两次击退广东的清军，仍然有潮州府的辖县不肯服从。与耿精忠和解之后，郑经打算南征潮州，他先派刘国轩前去，自己率军抵达海澄。五月，刘国轩去潮州，与何祐、刘进忠率兵数千人征服潮州属下各邑，平南王尚可喜的几十万大军来攻。双方相持很久，刘国轩部队的粮食用尽，准备退守潮州。尚可喜指挥带弓箭的骑兵，清晨袭击何祐部，在鲎母山下大战。何祐身先士卒，直奔清军骁骑，左右夹击，刘国轩所部紧随其后，大败清军，追击四十多里，斩首两万多，俘虏七千多人，死尸遍山谷，何祐、刘国轩威名震于南粤。

海澄公黄梧去世，其子黄芳度据守漳州。当郑经刚到厦门岛时，就授予黄芳度德化公、前提督。黄芳度念清廷的厚恩，必无与郑经相见之理，然而他力量不够，只能表面上接受郑经的封号，暗地里仍与清廷相通。郑经怀疑他的忠诚，要他出城见面或派兵一同进攻，这两项命令黄芳度都不服从，并于六月举兵反抗，于是，耿精忠联合郑经围攻漳州。郑经亲自率军自海澄去万松关，前去包围漳州。何祐也从潮州攻平和，守将赖升投降。

清廷急令平南王尚可喜发兵救援漳州，黄芳度的计谋败露之后，耿精忠围城更急。黄芳度令其弟芳泰突围去广东求援，自己坚守。双方攻防二十多天，明郑军快破城时，黄芳度兄黄芳世率军从广东赶来增援，郑经只好准备撤退，但是，广东的援军最后却没来。十月初六黎明，总兵吴淑及其弟弟偷偷打开城门，迎接明郑军。黄芳度登上北门附近的山上，指挥家丁与士兵巷战，力尽赴开元寺东井而死。郑经进入漳州，授予吴淑平虏将军、后提督，潜戎旗二镇，捕杀黄芳度亲族，剖开黄梧的棺材戮尸斩首，以报当年之仇。十一月，郑经令礼葬清巡海道陈启泰于漳东之阪。

永历三十年（1676 年）二月，吴三桂兵至肇庆、韶州，碣石总兵苗之秀、东莞守将张国勋向刘国轩投降。清平南王尚之信挟持其父尚可喜投降吴三桂，吴三桂传檄郑经，把惠州让给他。于是，刘国轩进入惠州，与吴、尚划界而守。这时郑经已经拥有漳州、泉州、潮州、惠州四座首府，但附近都是盟友，没有清廷的领土让他夺取，因此容易因争夺领土和盟友起冲突。

五月，耿精忠打算会合吴三桂进攻江南，征召部将汀州总兵刘应麟出师，刘应麟不愿派兵。刘应麟驻汀州，攻克江西瑞金、石城二县，暗地里与郑经联络，被授予奉明伯、前提督，郑经首先破坏了与耿精忠的联盟。七月，郑经调潮州的刘进忠入闽，不至，痛恨他又和耿精忠联络。

耿精忠面临着明郑军、清军的包围。八月，耿精忠出兵仙霞岭，其将士大半投归郑经。九月，和硕康亲王杰书率清军入闽，招降耿精忠，耿精忠遂向他投降，攻克泉州。耿精忠开始反叛清廷时，准备与郑经联合起来，但很快就产生了矛盾。清军在耿精忠封地外进攻，郑经的明郑军在其封地之内攻击，最终导致耿精忠的失败。

耿精忠投降后，郑经必须直接对抗清军主力，他先派三万人进攻福州。耿精忠的部将马成龙把兴化（今莆田）献给郑经，被郑经封为珍虏伯、援剿左镇。郑经令总统许耀率两万大军进驻兴化，进逼福州，在乌龙江沿岸连营。十月，和硕康亲王令都统喇哈达等率清军进攻，许耀率军在乌龙江沿岸阻击。由于过分轻敌，许耀让清军渡江列成队形之后才下令出击，结果大败，丢弃军资铁仗无数，清军乘胜追击明郑军四十多里，郑经急调赵得胜、何祐代替许耀。在福州取得大胜之后，清军分兵进逼兴化、泉州、汀州、漳州四郡。十一月，耿精忠的邵武守将杨德投降郑经，被郑经授予后劲镇，吴淑进入邵武防守。十二月，清军来攻，吴淑率兵迎战于邵武城下，地势险峻，天气寒冷，明郑军大败，吴淑败逃回厦门岛。

为了攻占兴化城，清军使用反间计，令何祐生疑，不信任赵得胜。赵得胜拔剑对天发誓，何祐仍然不敢信任他。永历三十一年（1677 年）正月，清军逼近兴化城，赵得胜率军首先出战，而何祐在城中按兵不动。很快，赵得胜的部队溃散，何祐仍不出援。激战到最后，赵得胜悲愤地战死，何祐也蓬发弃城而逃，数日之后才逃到泉州。

兴化被清军攻占后，喇哈达等率清军逼近泉州、漳州。这两个地方的明郑军在二月溃散，许耀在泉州被清军杀死，郑经弃泉州逃回厦门岛。逃跑之前，郑经大赏逃亡诸将，让他们分散到水、陆各地驻防。三月，和硕康亲王派遣金事朱麟臧入岛招抚郑经。接着，他又派遣兴化知府卞永誉、泉州知府张仲举、乡绅黄志美、吴公鸿等再申前议，郑经全部拒绝。四月，郑经调诸将入台，刘炎逃奔清军，被押送到北京处死。

这一年，副都统穆赫林等率清军攻克泰宁、建宁、宁化、长汀、清流、归化、连城、上杭、武平、永定十县，喇哈达等率清军进逼泉州。刘国轩放弃惠州返回厦门岛，明郑军所据守的七府，一时间全部崩溃。郑经授刘国轩中提督，把国事全部委托给他。

清军因吴三桂叛乱尚未平息，无力渡海，所以仍采取招降政策，这样，清军与郑经仍成对峙局面，清廷派康亲王杰书、福建总督姚启圣继续招抚郑经。永历三十二年（1678 年）春，康亲王派遣知府张仲举招谕郑经，郑经拒绝。康熙帝认为，明郑军长期占据厦门等地，勾结山贼，煽惑地方，严重地影响清王朝在当地的统治秩序，主要是受到了沿海民众的接济，下诏重新推行顺治十八年的迁界守边政策。清廷在福建沿海强迫居民内迁十里或二十里，遍筑界墙守望，断绝内外交通，对明郑军实行全面封锁。

二月，刘国轩率兵从海澄进攻玉洲、三叉河、福河、下浒镇门、湾腰树、马洲、丹洲等地，在碧湖筑壁垒，与清军在赤岭大战，阻断了清军的饷道和江东桥，漳州、泉州又告急。这时，总督郎廷相、海澄公黄芳世、都统胡兔按兵漳上，提督段应举自泉州、宁海将军喇哈达、都统穆黑林自福州、平南将军赖塔自潮州先后来援。刘国轩及吴淑等将领所率的士兵仅数千人，飘骤驰突，模仿郑成功的战法，所到之处，清军不敢对抗。

总兵林耀、林英率明郑军进犯泉州，在日湖被清军提督段应举击败，林耀等人被俘。吴淑率水师从石码登陆，海澄公黄芳世与都统孟安率清军赶至，分兵截击，大败吴淑，夜取石码，凿沉明郑军的船只，清军副将汪国祥则在庙岭打败了郑克塽。

刘国轩率明郑军主力攻海澄（今龙海南）。闰三月，穆赫林、黄芳世在湾腰树会师，抵御刘国轩的进攻，结果大败，退守海澄。胡兔及副将朱志麟、赵得寿战于镇北山，又大败。姚公子、李阿哥援助他们，也遭到了失败。提督段应举战于祖山头，又败，逃入海澄，刘国轩率明郑军遂取平和、漳平，进围海澄。六月，康熙帝派按察吴兴祚为福建巡抚，逮捕郎廷相，以随征的布政使姚启圣为福建总督，督促各路清军援助海澄。刘国轩纵清军援军入城，以耗城中粮食，然后督师环攻。清军攻打葛布山三次，隔着带水，高垒完备，相望而已。不久，城中食尽，城破。提督段应举自杀，总兵黄蓝巷战，死于乱兵，穆赫林等大批满汉官员自缢而死，清军死亡失踪者总共三万多人，战马一万多匹。郑经大封爵位官职：刘国轩为武平伯、征北将军，吴淑为定西伯、平北将军，何祐为左武卫，林升为右武卫，江胜为左虎卫。

明郑军一时间声势大振，总人数达到五万人左右，乘胜攻取长泰、同安。七月，刘国轩率军围攻泉州，断万安、江东二桥，扼守长泰、同安诸要隘，喇哈达所率援军被阻于晋江。刘国轩以民为兵，很快攻克南安、永春、安溪、德化等县。

清廷下令各路清军迅速赶赴泉州会剿，将军喇哈达、赖塔，总督姚启圣从安溪出同安，巡抚吴兴祚从仙游出永春，提督杨捷从福州督兵由兴化下惠安，总兵林贤、黄镐、林子威率舟师由闽安出定海，克期援助泉州。清侍读学士李光地在籍守制，引导喇哈达一路清军自漳平、安溪小道通过，其叔率乡勇过石珠岭架设浮桥以济清军，李光地又令其弟率乡兵千余过白鹤岭到永兴迎接吴兴祚这路清军。刘国轩以三千人在陈山坝阻击清军，被杨捷部游击李琏等所败。

林贤等将领率清军舟师在定海打败楼船中镇萧琛水军，然后南下。八月，吴三桂去世，其孙吴世璠立，清军得以专门对付攻打泉州的明郑军。

清军各路援军到达，配合水师，分道会攻明郑军，清军很快恢复平和、漳平、惠安等县。刘国轩撤除泉州的包围，转向漳州，占据龙虎、蜈蚣二山。姚启圣、赖塔率清军追击刘国轩到长泰，郑经令宣毅后镇陈谅在海山防御。刘国轩率二十八镇返回漳州，修筑十九个寨子。九月癸卯，吴淑、何祐、杨德、吴潜、陈昌等十一镇两万人，驻扎在浦南。刘国轩率十七镇两万人，驻扎在溪西。刘国轩率二十一镇在龙虎山与清军决战。清军以耿精忠部为左翼，平南将军赖塔率军为右翼，总督姚启圣在前，胡都统又在姚启圣的前面。胡都统率骑兵两万首先与明郑军接战，姚启圣率五千精兵紧随其后。最后，这一路清军战败后撤。耿精忠十分仇视郑经，亲自督战，手刃退缩士卒三人，大呼冲锋。平南将军赖塔紧随其后，杀死明郑将领郑英、吴正玺等人，攻破明郑军大营十六座，斩首四千，俘获一千二百多人，加上逃跑溺死的，总数达一万以上，刘国轩退守海澄。清军乘胜服长泰，进克同安，斩郑将林钦，赉塔又破明郑军于万松关。姚启圣、杨捷、副都统吉勒塔布追击刘国轩，又在江东桥、潮沟等地打败明郑军。副都统瑚图在石街击败吴淑，尽焚其舟。

因为屡败，郑经被迫收拢军队退保思明（厦门）、金门、海澄等地。永历三十三年（1679 年）二月，郑经以陈谅为援剿左镇，在定海打败清军。

为了攻取金门、厦门二岛。康熙帝于四月以万正色为福建水师提督，调集湖南、江浙战船二百艘由海道来闽，万正色曾在洞庭湖大破吴三桂有功。福建新造战船三百艘，配兵三万加强训练。姚启圣收降的明郑官兵，降官四百余员、降兵一万四千多人，也编入水师训练。

姚启圣派遣中书张雄入岛招抚，郑经拒绝。姚启圣上疏说："郑经以台湾为穴，必不降，招抚无益。其伪武平侯刘国轩为贼渠魁，请赦罪，许授公爵；并赦伪将军吴淑罪，许授侯爵。若二人解体投诚，则经势孤，海寇可立灭。"得到了清廷的批准。

十月，清军攻打萧井寨，不克而退，明郑将领吴淑在萧井寨去世。十一月，姚启圣大力进行招抚，在漳州设立"修来馆"，派遣郑军降将黄性震主持，以高官厚禄招降郑经部属。他不吝官爵、银币、袍服，凡是过来投奔者，无论真假都收留予以赏赐。他令投降者衣着华丽，驾车在漳州、泉州之郊炫耀，引起了当地人的关注和议论，当地人由此认为姚启圣能够招致海上的大商人。

转战数年，吴三桂失败，郑经孤军难支。永历三十四年（1680 年）正月，万正色及总兵陈龙、林贤、黄镐、杨嘉瑞训练舟师，准备攻击金门、厦门岛。万正色与吴兴祚商议攻打岛屿的计划说："子沿海与之上下，击其湾澳，吾张水师，以诸将之锐，方船以进，逼海坛。子攻其陆，吾薄其水，破之必矣。"① 吴兴祚赴同安，与姚

———————————

① 　参见《郑成功传》，第 34 页。

启圣等率陆路兵攻取厦门。

郑经令左武卫林升为督，率领援剿左镇陈谅、左虎卫江胜、楼船左镇朱天贵进行防御。万正色分前锋兵为六队，进逼海坛，自己率巨舰紧随其后，又以轻舟绕出左右并力攻，以巨炮击破明郑军船十六只，溺死三千多人，朱天贵率残部逃往南日、湄州据守。见清军人多势众，明郑军向后撤退，放弃了海坛。明郑军无处补给淡水，林升派遣几艘船到寮逻取水。明郑军的戈舡望风溃逃，万正色追击至平海澳（莆田东南），与吴兴祚会师。朱天贵与林升防守崇武澳（莆田东南），万正色乘风自平海南下，明郑军迎战。万正色率清军掩击，斩明郑军总兵吴丙、副将林勋，连续攻占湄洲、南日、平海、崇武诸澳（均在莆田东南）。明郑军水师著名将领朱天贵也率官员六百余人、士兵两万余名、舰船三百余艘，献出铜山降清，被授予总兵。

副都统沃申在大定、小定连续击败明郑军林英、张志所部，水陆并进逼近玉洲。刘国轩于二月逃回厦门岛内，明郑军总兵苏堪在海澄投降。姚启圣派遣总兵赵得寿、黄大来随赖塔，乘虚攻克陈洲、马洲、湾腰山、观音山、黄旗（均在厦门附近）等明郑军十九寨，明郑军海上诸镇投降的很多。吴兴祚同喇哈达等率清军从同安追击至浔尾（同安东南）。二十四日，万正色等各路清军攻克厦门、金门两岛。郑经在大陆的最后一块地盘失守，于三月十二日仅率领冯锡范、陈绳武诸将以下千余人逃回台湾，沿海岛屿悉为清军占领。

八月，清廷令留下部分军队防守厦门、金门，康亲王杰书还京。

晚年消沉

回到台湾岛内，郑经母亲董氏召他来说："冯陈之业衰矣，犹有先君黄洪之刃，其庸可赦乎？若辈不才，徒累维桑，则如勿往！"从此，郑经沉湎于酒色，不问政事，令长子郑克塑为监国主政。永历三十五年（1681 年）正月，郑经在台湾病逝，嗣位十九年，奉永历正朔，佩招讨大将军印，称世子。

二月，郑克塽的岳父、权臣冯锡范与郑经弟郑聪等共谋，杀死郑经长子郑克𡒉，拥立年仅十二岁的郑经次子郑克塽嗣位。实际上，权力全掌握在冯锡范手中，形成"文武解体，主幼国疑"的混乱局面。

这时，姚启圣、吴兴祚上疏，请求展界，使沿海居民恢复旧业，获得清廷批准。

康熙三十九年（1700 年），康熙皇帝念郑成功是明室遗臣，不是清朝的乱臣贼子，特赐郑成功及其子郑经归葬南安，如田横故事。五月二十二日卯时，郑成功及其子郑经两柩下葬于南安县。

八　　陈永华："东宁卧龙"

陈永华（1634—1680），字复甫，谥文正，福建省漳州府龙溪人。父亲陈鼎是天启七年（1627 年）的举人，明亡之后回乡种田。唐王在闽建号，复为同安县教谕。

辅佐郑成功

南明隆武二年（1646 年），陈永华通过科举，取得龙溪生员的资格。他少好奇谋，常以管仲、乐毅自许。听说福州被清军攻陷后，陈永华感叹说："大明历数三百年，今得二百八十年，后绵之者非我其谁耶？"世人窃笑，把他看成狂生。南明永历二年（1648 年），郑成功部下丘缙、林壮猷据守同安，遭到清军日夜围攻。最后，清军攻破同安，杀丘缙、林壮猷、叶翼云等，教谕陈鼎自缢于明伦堂。陈永华听说父亲去世，奉母入城寻找父尸，负归殓葬。陈永华逃出同安城，到中左所（今厦门）投奔郑成功。当时，郑成功刚刚起兵抗清，图谋恢复明朝江山，正四处延揽天下士子。陈永华进入储贤馆攻读，其才华被兵部侍郎王忠孝发现。南明永历十年，通过王忠孝的推荐，陈永华得到了郑成功的召见。

陈永华对郑成功说："国姓欲伸大义于天下，兵须资粮，而囊无一文，不足集士众。若以百人起，是身投虎口，危可立待。"郑成功说："吾雪耻耳，岂惜身命哉！"
陈永华又说："轻生赴之，无益也。事贵有济，且需之以乘机。"接着，陈永华又讲
了一些具体的对策，得到了郑成功的赞赏。

不久，陈永华看见海口停泊着三艘装满货物的外国人制造的商船，这是郑芝龙
用来运货到日本的商船。陈永华对郑成功说："搬取这几船的洋货，可以用来招兵买
马，就能够成就像齐桓公、周文王那样的霸业。"郑成功下令到商船上搬取货物，负
责管理商船的人不给。郑成功便与陈永华谋划一番，郑成功召来管理商船者饮酒，
在酒席间逮捕了他。郑成功下令搬取商船上的货物分发给老百姓，当场征收兵员，
数日得万余人，遂顺利攻克海澄附近诸岛。郑成功大喜说："永华今之卧龙也！"任
用陈永华为参军。郑成功夜多不寐，如果有要事需要谋划，就邀请陈永华过来，常
常通宵达旦商谈。

连横《台湾通史》这样记载："永华闻父丧，即弃儒生业，究心天下事。时成功
延揽天下士，接见后，与谈时事，终日不倦。大喜曰：'复甫今之卧龙也。'授参军，
待以宾礼。"郑成功还让陈永华做儿子郑经的老师，日后便成为郑家麾下的谋将。

陈永华为人渊冲静穆，不善言谈，但如议论时局，却慷慨纵横，悉中肯要。遇
事果断有见识力，定计决疑，了如指掌，不为群议所动。与人交往，诚字为先。平
时布衣蔬饭，随意淡如。郑成功立法甚严，陈永华以宽持之。

为了商议中兴明朝的大事，郑成功于永历十一年（1657 年）四月召集谋士武将
开会，会上出现了北伐和反对北伐的两派意见。陈永华与潘庚钟、冯澄世等文士认
为，明郑军坐困漳、泉之间，不足以号召天下豪杰；地方太小，也非当地民众之福，
只能招来清军镇压；不如派军队直犯瓜洲，攻取南京，闽、粤、浙、楚势必响应，
这样，中兴大业可行。陈永华认为："要想复兴明朝，仅仅在福建争战是不可能的。"
他赞成夺取南京以号召天下。

甘辉等武将则认为，江浙土地广大，非征召几十万军队不能控制。现在如果率
大军进攻，贝勒等人率领的重兵仍留在漳州，如果用兵袭击金门、厦门，则明郑军

根本动摇。不如慢慢地等待时机，以退为进，然后联兵两粤，徐图中原，天下不足平也。

郑成功认为，不冒险不足以成大事，最后支持积极进取，决定北伐。

南明永历十三年（1659 年），郑成功再次召集会议商讨北伐。因害怕丢失厦门、金门，有的将领反对北伐。陈永华说："攻取南直隶（今江苏安徽上海等地）之后，厦门、金门两岛自然就安全了。留在闽南一带消磨时间，队伍会疲沓，不是好办法！"

北征临行时，郑成功让长子郑经留守思明，并留下陈永华辅佐他。郑成功对郑经说："陈先生是当今名士，我留下他辅佐你，你应当以老师之礼待他。"

永历十五年（1661 年），郑成功欲取台湾作为"进战退守"的根据地，诸将意见亦不一。郑成功自南京归，何斌献取台湾策。郑成功意未决，陈永华与杨朝栋竭力支持何斌的建议。陈永华说："台地肥饶，红夷强而兵少，若我众临之，可得地屯田积粟，足食十万兵。"陈永华认为，夺取台湾虽有困难，但"凡事必先尽之人，而后听之天"，请郑成功自裁之。郑成功最后听取了他们的建议，后来顺利攻取台湾。

三月，郑成功调度部署，自领右武卫周全斌、左虎卫何义、右虎卫陈蟒、提督骁骑镇建威伯马信等为出征队，同时以户官郑泰守金门，以户官忠振伯洪旭、前提督黄廷、参军陈永华等辅佐郑经留守厦门。遇到军国大事，郑经必询问陈永华。

辅佐郑经

郑经私通其幼弟乳母之事泄露，郑成功欲杀郑经，使黄昱从东宁返回思明。因郑成功病重，黄昱暂时没敢执行命令杀郑经。郑经也怀疑黄昱，听说父亲郑成功病笃，郑经乃与陈永华密谋抓捕黄昱。

南明永历十六年（1662 年）五月，郑成功病逝，在台诸将拥护郑成功五弟郑袭护理国政；黄昭、萧拱宸等人伪造"成功遗言"，拥郑袭为东都主。郑经闻报，即在思明继位发丧，授陈永华为咨议参军，调集舟师准备过台。同年十月初七日，郑经率师抵澎湖，准备立即扬帆进攻台湾。陈永华对郑经说："此事必先以礼，然后加兵，则师出有名。当藩主（郑成功）新丧时，国家无主，诸将请王弟护理军民，亦未为非。今须先通知他们，让王弟退位并迎接我们，看各官如何举动，方可进兵，做藩主不能没有原则。"

郑经采纳其言，乃命令郑斌先去台湾，告诉岛内世藩很快就到。郑斌到达台湾后，诸将无言。黄昭、萧拱辰不听从郑经的命令，假借郑成功的遗命回复郑经。周全斌说："形已成矣，师出有名。"郑经乃以兵定台。

郑经从东宁回到思明后，发现郑泰之前和黄昭有私下联系，对他产生疑心，想要逮捕他。陈永华向郑经献策，要郑经假装前往东宁，刻金厦总制的官印给郑泰，宣称把金门、厦门的防务交给他。郑泰收下印章，前来厦门答谢，郑经就将他禁锢。

南明永历十八年（1664 年），在金门、厦门的明郑军被清军击败，退往铜山岛。这时人心不稳，投降清朝的人很多，就连郑经身边也有人力劝降清。在此患难之际，陈永华与洪旭精心筹划，事无大小，郑经都要咨询他们之后才实行。陈永华和洪旭劝郑经不能投降，投降的人很多都是奴仆、商人之类，谎报是明郑的官员，才得到清朝优厚的赏赐。郑经于是放弃了投降的念头，退往台湾。

南明永历十九年（1665 年）八月，授陈永华兼任勇卫，并加监军御史之职。陈永华从此"职兼将相"，处理所有的军政大事，更加忠心不二，全力辅助郑经。

陈永华不辞劳苦，亲自巡视台湾南、北两路各社，了解开垦情况。他颁布屯田制，劝说各镇官兵自己开垦田园，征租均役，插竹为篱，斩茅为屋，以艺五谷。刚开垦的田地，一年就有三熟，戍守之兵，因而衣食丰足。陈永华又采纳侍卫洪旭的建议，令各镇官兵于农闲时习武练兵，加强武备，使官兵智勇双全，知道先公后私。

郑经刚到，东宁初建，制度简陋，陈永华帮他一一建立起来，下令在府城筑围栅，建衙署。他教工匠烧瓦伐木，大量建造民舍，让民众安居乐业。

陈永华把府城分为东安、西定、宁南、镇北四坊，各坊设置签首，掌理事务。

把府城之外的地方分为三十四里。里下设有社，每社设置一名乡长。十户为一牌，每牌设置一名牌首。每十牌为一保，保设有保首。每十保为一甲，每甲设有一名甲长。这些地方官吏负责整理户籍，劝民种田织布，严禁淫乐赌博，严究盗贼，于是，各地再也没有游手好闲的人了。原住民所占有的土地日渐开垦，良田一天一天多起来。

地势高且炎热的地方，陈永华教民众种植甘蔗以制造蔗糖，贩运外国谋利，每年能获利数十万两银子。

因为煎盐苦涩，陈永华令在濑口修建丘埕，泼海水为泸，暴晒为盐，这既增加了府库的税收又丰富了民食。这段时间，闽、粤逐利之民，纷纷来到东宁，每年有数万人。

在安顿好农业生产之后，陈永华便开始转向最重要的文教了。永历十九年（1665年）十二月，陈永华向郑经提出了"建圣庙，立学校"的建议，郑经却认为"荒服新创，不但地方局促，而且人民稀少，姑暂待之将来"。陈永华引经据典，力陈教育之重要。

"昔日成汤以百里之土地就可称王，周文王以七十里地而兴起，这难道与地方狭阔有关系吗？这实在是因为这些国君求贤若渴，因人才的相助才成就了事业。现在台湾沃野数千里，悬居海外，而且民风淳朴，如国君能广收人才以助，那么十年生长，十年教养，十年成聚，只要三十年就可以与中原相比。……如果人民只是安逸地生活而不受教育，与禽兽又有何异？所以必须择地建立圣庙，设立学校，以收人才。国有贤士，邦本自固，而世运日昌矣。"

郑经接受了陈永华的建议，在承天府宁南坊桂仔埔（今台南市南门路）建立圣庙。永历二十年（1666年）正月，大成殿建成，郑经率文武百官行施大礼。

三月，又建设明伦堂作为讲学之用。各社设立学校，以礼官叶亨为国子助教，延请从大陆来的文士教东宁的青少年读书，让东宁的孩子"八岁入小学，课以经史文章"。为鼓励原住民青少年读书，"就乡塾读书者，蠲其徭役"。陈永华自己兼任督学御史，确定以科举考试选取人才，"照科、岁例开试儒童"。在天兴、万年两个州举行考试，三年两试。参加州考有名的送到府学，参加府试有名的送到学院，参加学院考试取中的话，就可以进入太学学习，但仍然月月参加考试。三年一考，考中的可以补任六官内都事。在陈永华等人的努力下，"台湾文学始日进"，"后秀子弟亦乐弦诵"，原住民地区也有"……能句读……能通漳、泉语者"，台湾民众从此开始重视学习。陈永华是在台湾推行大陆教育科举制度的第一人，其对台湾文教事业的开创之功，永载史册。

八月，吕宋的使者来东宁，要求建立学院教育东宁子弟。陈永华请郑经拒绝了这个要求，但应允可以与吕宋通商。

陈永华既教民造士，又遇到丰收之年，仍然担心财物不足国用。他向郑经建议，派一支部队到思明屯垦。这支部队"勿扰沿边百姓，善与内地边将交欢"，要与当地的清军将领搞好关系，互相通商，以博贸易之利，他推荐江胜去负责这件重要的事情。之后，思明与东宁之间财货流通，洋贩益兴，使东宁物价稳定，民心安宁。

南明永历二十八年（1674 年）春，郑经奉南明永历为正朔，率军攻厦门，升陈永华为东宁总制使，与五军施福、銮仪艾祯祥辅佐元子克𡒉留守。郑克𡒉是陈永华的闺女婿也，事无大小，皆听之，陈永华全权处理东宁军国事务。

陈永华为政儒雅，收藏兵器，安抚百姓；向前线运输粮饷，让军队军需充足。陈永华尤其爱惜文士，推荐倪俊明、李其蔚为参军。明郑军收复漳、泉、惠、潮等州府后，陈永华又推荐许赞、王仕云分任督学副使，在上述各州府中劝学取士。在漳、泉等州府用考试招取的武秀才，再通过考试授予军职，随军作战。

陈永华为政综核名实，执法严明。他就任以后，即使艰难险阻的地方也都开辟道路，让偏远地区的物产都能运出利用，家家殷实，夜不闭户，足食足兵，东宁已是大治，海峡两岸的文人名士称赞陈永华为"江南宿学、岭表名臣"。

郑经的几个弟弟横暴恣肆，恃势占夺民田，陈永华屡禁不止，只好于南明永历三十三年（1679 年）请准由郑经长子郑克𡒉监国。郑克𡒉年方十六，但明敏果断，从此郑经诸弟不敢专横，东宁老百姓"喜有天日"。

永历三十四年（1680 年）六月，郑经反攻大陆数年无成后返回东宁，意志消沉，从此沉溺于酒色，无复西意。见监国郑克塽处分国事妥当，郑经愈加放心，自此军国事务皆交郑克塽裁决，唯偶取公文批阅而已；并给予精兵三千，由沈诚、毛兴统之为护军。郑氏宗族更加忌惮郑克塽，而含恨愈深。

而冯锡范、刘国轩也逐渐忌惮陈永华。陈永华手握重权，勇于任事而又品行端正，且又经常委婉地批评冯锡范。冯锡范心中忌恨，表面上仍若无其事，暗地里与刘国轩商讨办法，刘国轩教冯锡范想办法解除陈永华的兵权。永历三十四年（1680 年）三月的一天，冯锡范到办公场所去见陈永华，冯锡范说："自愧扈驾西征，寸功俱无，归来仍居其位，殊觉赧颜！诸凡检点明白，当即启辞，杜门优游，以终余年。"

陈永华信以为真，回家就撰写辞职报告呈送给郑经，郑经不允。陈永华再次详细陈述自己辞职的理由，郑经仍然犹豫不决。冯锡范乘机对郑经说："复甫勤劳数载，形色已焦！今欲乞休静摄，情出于真，宜俯从之！但其所部将士，可交武平伯为是。"郑经答应了冯锡范的建议，允许陈永华辞职，并将陈永华所管辖的勇卫军交给刘国轩。刘国轩向郑经推辞了两次，第三次才接受郑经的命令，接管了陈永华的部队，而冯锡范仍然担任侍卫。

陈永华这才领悟，自己被冯锡范欺骗，后悔不及，心大悒怏。陈永华又见郑经没有恢复大陆的志向，诸将皆宴安相处，心情更加抑郁，就在龙湖岩（今台南市六甲区赤山龙湖岩）修建房屋，与郑德潇种碧莲自娱。陈永华曾经抚苍桧，临龙潭，眺远峰，感叹："吾开此绝境，可称幽僻矣。嗟乎，吾乃以此终老耶！"

七月的一天，陈永华沐浴之后，入室拜祷，愿以身代民命。身边人劝解说："君秉国钧，民之望也。"陈永华哀叹说："郑氏之祚不永矣！"

数日后，陈永华去世，郑经亲临吊丧，追谥"文正"，赠资政大夫正治上卿。东宁百姓听说陈永华去世后，莫不痛哭，纷纷到他家吊丧。

当初，郑经知道陈永华家贫，赠送海舶给他，可以用来贩卖货物，每年可获利数千两银子。陈永华没有接受海舶，而自己招募民众开垦田地，每年收获数千石粮食。等到收获时，陈永华把粮食赠送给那些贫穷的亲戚朋友部属，最后所剩，仅供自己一家一年的口粮而已。陈永华的妻子洪氏，小字端舍，赋质幽闲，善属文。每天早晨起床，盥沐之后，夫妇衣冠整洁之后才说话，相敬如宾，家庭治理得非常好。

陈永华葬于天兴州赤山堡大潭山（今台南市柳营区果毅村），清翰林学士李光地听说陈永华病逝，向康熙帝上疏祝贺说："台湾长久以来没有被收复，主要是由于陈永华经营有方。现在上天已经厌弃战乱了，故让他殒命，从此台湾的收复将指日可待。"由此可见清廷对陈永华的器重。果不其然，没过三年，台湾即被清政府收复。之后，陈永华的骸骨大部分被移葬福建同安老家，遗留一小部分在原位。

陈永华之子陈梦纬、陈梦球留在台湾生活，到日据时期，陈家已经繁衍发展成为台南的一个大家族了。

郑成功收复台湾之后，带来一波汉人移民潮。郑成功虽然去世很早，但郑经、郑克塽持续统治台湾二十余年。在他们的支持下，陈永华引进明制的宫室、庙宇和各种典章制度，奠定了台湾在日后成为一个以汉民族文化为主的社会，而不仅仅是另一个海外华埠，因此有学者形容此役"决定台湾尔后四百年命运"。

后世民众感念陈永华的德泽，设庙祭拜，就是今日台南前路上的"永华宫"、"永华路"也是为了纪念他。

台湾著名的史学家连横评价陈永华说："汉相诸葛武侯，抱王佐之才，逢世季之乱，君臣比德，建宅蜀都，以保存汉祚，奕世称之。永华器识功业与武侯等，而不能辅英主以光复明室，彷徨于绝海之上，天也！然而开物成务，体仁长人，至今犹受其赐，泽深哉！"

在日本人川崎繁树与野上矫介合著的《台湾史》中，称陈永华"有经世之才，长于时务。郑经经营的台湾政策，泰半出于陈永华的方寸之间"。

九 施 琅

施琅，字尊候，号琢公，天启元年（1621 年）出生于泉州府晋江县衙口（今晋江市龙湖镇衙口南浔村）一个贫苦农民家庭之中，自幼习武，"习距阵击刺诸技，于兵法无不兼精，遂智勇为万人敌"，卒于康熙三十五年（1696 年）。

跟随郑成功抗清

崇祯十年（1637 年），十七岁的施琅便加入郑芝龙的军伍，任千夫长。后剿捕泉州山贼有功，明廷特授游击将军，曾跟随黄道周出关抗清。顺治三年（1646 年），在福建的南明王朝被清军打垮，郑芝龙降清，施琅也随之降清。

郑成功树起招讨大将军的旗帜后，施琅与陈辉、张进、施显、陈霸、洪旭等九十多人起来拥护。他们乘两艘大舰到南澳招兵，得到了几千人。施琅深受郑成功的器重，任左先锋职，为郑成功部下最为年少善战的得力骁将。郑成功对施琅礼遇甚渥，军储卒伍及机密大事都让他参与。施琅也全力为郑成功效劳，郑军自楼舰、旗帜、伍阵相应之法，均是施琅传授的。

顺治六年（1649 年）三月，施琅、杨才、黄廷、柯宸枢、康明、张英等奉郑成功之命率兵攻下漳浦，守将王起凤投降。郑成功改漳浦为正兵镇，在这里训练军队，教以骑射。不久，施琅等所率的明郑军又攻下云霄，杀其守将裴国柱，进抵诏安，驻扎在分水关。

顺治七年（1650 年）九月，施琅迫使诏安义将万礼归顺郑成功，进驻诏安。清军攻占广州，南明永历政权危在旦夕。施琅主张不救，郑成功不听施琅劝告执意南下救援。闰十一月，郑成功在潮阳传令各镇官兵上船待命，准备南下勤王。当时，施琅兄弟兵权在握，常有跋扈之状，动不动就倚兵凌人，各镇俱受下风，唯后劲镇陈斌常常与他们对抗说："彼恃兵力，吾兵足与敌，若彼手段，虽兄弟，吾用只手蹂躏之！"施琅知道后，也责备陈斌。但是，双方每次诉至郑成功面前时，陈斌都有戒心。到了现在，陈斌率兵而逃，并留给郑成功一封密函，报告逃跑的缘由，郑成功从此对施琅有了戒心。

第二年（1651 年）正月初四日，郑成功抵达南澳，准备南下。左先锋施琅看到厦门兵力薄弱，恐有危险，希望郑成功有所顾忌。他对郑成功说："勤王臣子职份，但郎昨夜一梦，似大不利，乞藩主思之。"郑成功知道了施琅的来意，心里虽然赞同，但却派副将苏茂接管了施琅的左先锋印和所属官兵，施琅的后营万礼所部，也被改调入戎旗亲随镇。施琅被安排参与防守中左，但只给他留下极少的船只和人马。正月二十七日，郑成功自南澳出发，定国公郑鸿逵、忠振伯洪旭、施琅带领陈壎、郑文星等回中左（今厦门）。

三月，在泉州的福建巡抚张学圣侦知郑成功南下，乘机调泉州总兵马得功、漳州王邦俊合师进攻中左。前冲镇阮引、后冲镇何德等水师战败，退至浯洲（今金门），清军夺取了郑成功的军资。几天后，施琅、陈壎、郑文星率少量水师赶到。施琅率几十人与清军激战，击败清军，追至城下。四月初十日，郑成功进入厦门港，驻扎澳仔，召集文武官员开会，讨论防守中左诸将的功罪。首先按功赏施琅花红银二百两，加官二级。一心想恢复左先锋职务的施琅，借口"中左已失，清军又逃回"，不愿受赏。郑成功说："功而不赏，罚将何施？"

郑成功移师后埔，扎营操练。施琅不从，请求削发为僧。先前，因施琅在南澳不愿意南下勤王，郑成功乃下令由苏茂接管施琅的部队。施琅以为部队从广东班师回来之日，兵权必定会归还给自己。现在，郑成功却不归还其兵权，又提拔施琅的副将万礼为镇将，令施琅闲住。施琅心中已经不满，故请求削发为僧，以观察郑成功的态度。郑成功令施琅再去募兵，许诺授予他先锋镇。施琅没有回应郑成功，竟然去削发，郑成功心中怀恨。

一天，施琅的家丁与右先锋黄廷的士卒因小事打架，施琅率几个健壮的警卫至黄廷的行营辱骂，并打毁家具。黄廷当面容忍了，但却私下密报郑成功，郑成功令黄山、黄恺去训诫施琅。

施琅有个标兵名叫曾德，原是郑成功的部下，因犯罪而逃奔郑成功处，请求做亲随，郑成功答应了他。本已对郑成功赏罚不公不满的施琅，出令箭派人将曾德拿回。郑成功闻讯，驰令勿杀。而施琅悍然不顾，促令杀之。郑成功心中怀恨，仍隐忍不发，让施琅弟弟施显转告施琅说："藩无能作伤恩事也。"五月初，施琅、施显兄弟怨声更多，行为更加无忌。五月二十日，郑成功令黄山提调援剿左镇施显。黄山令宣令廖达持令箭催施显赴提调商榷出军机宜，施显至船，黄山传令奉旨捆缚，关闭在船舱中。又令右先锋黄廷率兵包围施琅的房子，令亲随黄昌包围擒拿施琅父亲施大宣和其他亲属。林习山把施琅羁押在船中，令副将吴芳看守。一日，有人执公文声称郑成功要提审施琅，吴芳不疑，即与施琅登岸。到了偏僻处，吴芳与看押的人被打倒，施琅逃到苏茂家藏匿，第二天渡海逃跑。郑成功派兵四处搜索施琅未获，欲杀林习山未果，杀吴芳妻与孩子五人。第二天，杀施大宣于市，杀施显于曾厝垵。施琅出逃后，"去安平投施天福依芝豹，求为排解。"[①] 郑成功非但不接受调解，还派吴丰秘密去刺杀他，因施琅先已获得情报，吴丰刺杀失败。

施琅逃离，郑成功要负主要的责任。顺治八年（1651 年），郑成功率师至南头，

---

① 参见江日昇《台湾外纪》。

明郑军严重缺乏粮饷，基本上依靠掳掠，其对象说是土豪，但实际上包括老百姓。对此，施琅曾表示反对，多次劝阻郑成功。郑成功起兵抗清以来，常以杀立威，其中有些是冤案、错案。杀害施琅的父、弟，是郑成功一生中最大的错杀案。

攻台首战失利

施琅逃奔清军，开始与郑成功对抗。

顺治十三年（1656 年）正月，济度率清军攻略沿海，清廷严禁沿海民众接济郑成功军粮。三月，清军自泉州出攻两岛，为暴风飘坏，分兵攻白沙，失败而还。五月，郑成功令苏茂率领前冲镇黄梧等官兵进攻揭阳，失败而还。郑成功认为苏茂违反了军纪，加上以前放走施琅的罪行，处死了他。六月，郑成功在海澄留下大量军资，令黄梧、苏明等将领驻守。随后，郑成功率领军队从海上北伐。

顺治十四年（1657 年），施琅随清军进攻闽安镇等地。六月，施琅致信镇守连江港的左冲镇洪善劝降。洪善原是施琅部下，将书信藏匿不上报。右营翁升知道此事后，报告郑成功。郑成功欲斩洪善，被诸将劝免，提拔副将林灿管理左冲镇。

黄梧暗地里投降了清军，并于顺治十四年二月向清廷推荐施琅，希望与他一起对付郑成功。在条陈平海策中，黄梧说："郑氏有五大商，在京师、苏、杭、山东等处，经营财货，以济其用，当察出没收。"于是，清廷提拔施琅为副将，统兵驻扎同安。随后，被荐举为同安总兵。

康熙元年（1662 年）五月，郑成功去世，明郑统治集团遂发生分裂。清廷认为有机可乘，曾多次派员到厦门招抚郑经。郑经遂派人与清廷谈判，交出南明皇帝赐给的敕书、印玺，做出归顺清廷的姿态，清廷则要求台湾人众迁回内地，剃发易服。七月二十七日，清廷升任施琅为福建水师提督，率领官兵一万多人。施琅上任后，自同安出发，视察沿海防务情况，同时上疏朝廷，准备着手收复厦门。

康熙二年（1663 年）四月，施琅率快艇二十多艘，从海门突袭明郑军，打死打伤二百余人，活捉参将黄九等二十余人。六月，台湾岛内内变平息后，郑经便回师金、厦，率众窥视福建，拒绝履行和谈条件。施琅认为，郑经不肯接受招抚，就应用武力平台。康熙帝遣人入海，联合荷兰人一起攻打厦门、金门二岛。十月，靖南王耿继茂、福建总督李率泰、满洲郎赛率领投诚的明郑军队，联合荷兰夹板船船队从泉州港出发，向金门厦门进攻；提督马得功、郑鸣骏从同安出发，也进攻金门；黄梧、提督施琅从漳州海澄港出发，向厦门疾进。清军进驻厦门，明郑军溃败。施琅率水师与荷兰船队一起进攻，斩明郑军千余人，乘胜进攻金门及浯屿。忠明伯周全斌率军防御，两军在浯州乌沙港相遇。荷兰船只十多艘，巍峨如山；从泉州港来的三百艘船，箕张而下。周全斌以二十艨艟往来奋击，剽疾如马，荷兰炮击不中，投诚清军的明郑军队不敢进攻。马得功殿后，被周全斌所杀。耿继茂、李率泰各率军增援，黄梧、施琅也赶至。明郑军数量少，清军处于绝对优势，周全斌只好率明郑军退守铜山（今福建东山岛）。

康熙三年（1664年），郑经、黄廷等率兵据守铜山。三月，耿继茂、李率泰下令清军进攻，黄梧、施琅先后调兵进攻八尺门，黄廷、翁求多、林顺等率明郑军三万人投降清廷。清军攻克铜山后，焚毁住房，缴获战舰甲仗无数，郑经只得放弃厦门，率残部逃往台湾。

六月，施琅上疏提议，要乘金、厦新胜，一鼓作气收复台湾，"郑经遁台湾，若不早为扑灭，使其生聚教训，而两岛必复为窃据。当乘其民心未固，军情尚虚，进攻澎湖，直捣台湾。庶四海归一，边民无患。"因为施琅熟悉海上军务，得到了康熙帝的赏识。七月十八日，康熙帝特授他为右都督、靖海将军，以承恩伯周全斌、降将左都督杨富为副将，督原明郑军水师部队进剿台湾。十一月间，是冬天偏北风的季节，施琅首次率领舟师起航攻打台湾，不料，船队在外洋面上遇到大风浪，无法继续航行，只得返回，连敌人的面也没有见到。

康熙四年（1665年）三月，施琅第二次发兵台湾，自铜山启航。史料记载："乃于本月二十六日会同众伯、总兵官等，率领所有舟师开驾，驶入外洋。时因风轻浪平，驶行三昼夜，尚难于前行。二十八日，暂且依山泊船汲水。二十九日，再行开驾，又通东风迎面扑来，迫于无奈，返回菲罗。"这次出航的前三天虽然没有碰到风浪，但是风力太小或无风，致使以风帆为动力的舰队行进速度缓慢，进展很不顺利，只得找地方抛锚休息及补充淡水。第四天船队开拔后，遇到了偏东迎面的逆风无法行进，只得折回。到了四月中旬，施琅率领船队又启程了，驶向澎湖。施琅在奏折中称："本月十六日，天时晴究，臣又会同众伯、总兵官等，率领舟师开驾，进发台湾。十七日午时，臣等驶入澎湖口，骤遇狂风大作，暴雨倾注，波涛汹涌，白雾茫茫，眼前一片迷漫。""我舟师不及撤回，皆被巨浪凌空拍击，人仰船倾，悲号之声，犹如水中发出，情势十分危急。"所幸飓风只把船队吹散了，有少数小船被风浪掀翻，失踪人员不多。施琅的指挥船也被吹到了南边的潮州地界，直到二十六日才返回厦门。

前后数次率兵征台未果，虽然损失了一些兵丁，但使施琅对台湾海峡的地理环境、天文风候更加熟悉了，这为后来清军的胜利创造了有利条件。

康熙六年（1667年），清廷派总兵官孔元章先后两次渡海招抚郑经，但郑经仍顽固地坚持所谓"朝鲜例"，招抚未成。施琅多次向康熙帝建议攻取台湾，上《边患宜靖疏》。

康熙七年（1668年）初，康熙帝诏令施琅来京师，商讨进兵台湾的大计。施琅又写《尽陈所见疏》，强调"从来顺抚逆剿，大关国体"，不能容许郑经等人顽抗，盘踞台湾，而把五省边海地方划为界外，使"赋税缺减，民困日蹙"；必须速讨平台湾，以裁防兵，益广地方，增加赋税，俾"民生得宁，边疆永安"。他分析双方的力量，指出台湾"兵计不满二万之众，船兵大小不上二百号"，他们之所以能占据台湾，实赖汪洋大海为之禁锢。而福建"水师官兵共有一万有奇，经制陆师及投诚官兵为数不少"，只要从中挑选劲旅二万，足平台湾。他主张剿抚兼施，从速出兵征台，以免"养痈为患"。施琅反对清政府的迁界禁海政策，指出这一政策不合于"天下一统"，又影响财政收入，应尽快"讨平台湾"，"百姓得享升平，国家获增饷税"。

康熙帝下诏部议，大臣们以"海洋险远，风涛莫测，驰驱制胜，计难万全"，必须停止行动，调施琅和周全斌回北京。

四月，因为"渡海进剿台湾逆贼，关系重大，不便遥定"，康熙帝召施琅"从速来京，面行奏明所见，以使定夺"。施琅到京后，康熙撤掉施琅的福建水师提督职务，任他为内大臣，并撤福建水师，不再议武力征台之事。

清廷调集投诚的明郑军官兵分驻沿海各省，防守海疆。因"三藩"未除，经济不稳，清廷无力用兵海上，暂时放下攻台事宜。而台湾土地初辟，人口甚少，生产落后，急需大陆的粮食和物资，郑经也无力对大陆用兵。郑部大多是福建人，思恋乡土，私下渡海来归者络绎不绝，海峡两岸相安数年，滨海居民逐渐复业。施琅留京做从一品的内大臣，长达十三年，但他仍然矢志收复台湾。在北京时，施琅"尝于朝退休闲，翻阅历代二十一史，鉴古今成败及名臣言行可法者，一一具志诸胸中"。他注视福建沿海动向，"日夜磨心熟筹"，总结两次出征台湾未果的教训。他还四处拜访在京任职的闽籍官员，争取他们对统一台湾的理解和支持。

康熙八年（1669 年）春，康熙帝令李率泰、满洲贝勒明珠、蔡毓荣等去漳州，以兴化知府慕天颜招谕台湾，清廷与郑经双方的关系得以暂时缓和。此后十年，双方停止了战争。

澎湖之战

好景不长，康熙十二年（1673 年）十一月，平西王吴三桂据云南、四川、贵州发动叛乱，派遣使者请求靖南王耿精忠、平南王尚之信起兵响应。

康熙十三年（1674 年）三月，靖南王耿精忠也在福建发动叛乱，囚禁福建总督范承谟，杀建宁同知喻三畏，传檄全闽，并派遣使者黄镛去台湾请求郑经出兵援助自己，郑经于是率师渡海而西。

康熙十七年（1678年）春，康亲王派遣知府张仲举招谕郑经，郑经拒绝。康熙帝令姚启圣等遴选福建水师提督，条件"非才略优长，谙练军事不可"，姚启圣就力荐施琅。

郑经率残余军队逃回台湾后，清军大将赖塔致信郑经说："以台湾为箕子之朝鲜、为徐市之日本，于世无患，于人无争，而沿海生灵，永息涂炭。惟足下图之！"郑经同意赖塔的主张，但要求以海澄为双方通商互市之地。

为了防止郑军窜扰大陆，康熙帝在福建沿海重行"迁界"，强迫居民内迁十里或二十里，遍筑界墙守望，断绝内外交通，对郑军实行全面封锁。与此同时，任命曾在洞庭湖大破吴三桂有功的万正色为福建水师提督，加紧建造战船，编练水师，准备进攻金、厦。

康熙十九年（1680年）正月，万正色与吴兴祚商议攻打岛屿的计划说："子沿海与之上下，击其湾澳，吾张水师，以诸将之锐，方船以进，逼海坛。子攻其陆，吾薄其水，破之必矣。"① 吴兴祚赴同安，与姚启圣等率陆路兵攻取厦门。

清廷对明郑军的招降活动也从未停止，而且规模更大，条件更加优厚，如对投诚的官员保留原职或按原衔补官，士兵赏银20～50两。由于清朝的封锁和诱降，明郑军土地日蹙，财源枯竭，士气低落，人心涣散，先后又有五个陆镇、五个水镇官兵，共十余万人降清。姚启圣于康熙十八年（1679年）在漳州设"修来馆"，派遣郑军降将黄性震主持，以高官厚禄招降郑经部属，先后有陈士恺、郑奇烈、朱天贵等名将携所属官兵近五万人投诚。康熙十八年初，郑经的五镇大将廖琠、黄靖、赖祖、金福、廖兴及副总兵何逊等各带所部官兵来归，其中文武官员三百七十四员，士兵一万两千一百多人名。万正色等各路清军攻克厦门、金门两岛，郑经率领冯锡范、陈绳武等诸将逃回台湾，沿海岛屿悉为清军占领。

康熙二十年（1681年）正月，姚启圣、吴兴祚上疏，请求展界，使沿海居民恢

---

① 参见郑亦邹《郑成功传》，第34页。

复旧业。郑经在东宁府病逝，侍卫冯锡范等奉郑经次子郑克塽为延平王，长子郑克
㙷被缢死。郑克塽幼弱，大小事务都由冯锡范等人处理。与台湾明郑政权形成鲜明
对比的是，清廷在这一年却最后平定了"三藩之乱"。

内阁学士李光地向康熙帝启奏：郑经已死，其子年幼，部下争权。康熙帝还得
到了姚启圣关于台湾内部情况的密报，攻取台湾时机已经成熟。

在是否武力统一台湾问题上，清廷内部有争议。清廷内部反对武力攻取台湾的
人很多，兵部侍郎温代、刑部尚书介山、户部尚书梁清标等大臣认为，天下初定，
"凡事不宜开端，当以清静为主"①，"咸谓海洋险远，风涛莫测，长驱制胜，难计万
全"②。一部分朝廷大臣还对康熙帝重用施琅不满，认为如果派施琅出征，"去必
叛"。康熙采纳大学士明珠的意见，决定先招抚，招抚不成，再用武力。

在康熙帝考虑福建水师提督人选时，内阁大学士李光地、福建总督姚启圣等极
力保荐施琅，认为"他是海上（指郑氏）世仇，其心可保，又熟习海上情形。其人
还有谋略，为海上所畏"，"计量起来还是施琅"③。经过李光地和姚启圣的力荐，康
熙皇帝于七月二十六日亲自召见施琅，叫施琅阐述自己的平台策略。施琅的平台
方案深得康熙皇帝的赞赏，当即加封施琅为太子少保，任命其复出担任福建水师
提督。

康熙皇帝于七月二十八日亲自设宴为施琅送行，下诏说："今诸路逆贼俱已歼
除，应以现在舟师破灭海贼。原任右都督施琅系海上投诚，且曾任福建水师提督，
熟悉彼处地形、海寇情形，可仍以右都督充福建水师提督总兵官，加太子少保，前
往福建。到日即与将军、总督、巡抚、提督商酌，克期统领舟师进取澎湖、台湾。"
"海氛一日不靖，则民生一日不宁，尔当相机进取，以副朕委任之至意。""太平待诏

---

① 参见中研院史语所《明清史料戊编》，中华书局1987年版，卷116。
② 参见《清圣祖实录》卷112。
③ 参见《清圣祖实录》卷96。

归来日，朕与将军解战袍。"①

福建总督姚启圣、巡抚吴兴祚俱决意出兵。姚启圣虽力主收取台湾，但战略部署以及战术配置，如发兵的时间、地点，多和施琅有分歧，而吴兴祚对海事并不熟悉。施琅与姚启圣商讨起兵的日期，意见不统一。姚启圣要利用北风从围头出发进军台湾，而施琅则要利用南风从铜山出发。因此，康熙二十一年（1682 年）一月，施琅一到厦门，立即上疏要求专征台湾，即军事指挥由他独自决策。施琅上《密陈专征疏》，向清廷请求精选水师二万、战舰三百，单独负责进攻台湾。施琅提出在南风盛发的五六月出兵，首先攻取澎湖的作战方案。"春夏之交，东北风为多，我船尽是顶风顶流，断难遵进……莫如就夏至南风成信，连旬盛发，从铜山开驾，顺风坐浪，船得联综齐行，兵无晕眩之患，深有得于天时、地利、人和之全备。"施琅说："不破澎湖，台湾断无取理；臣请先取澎湖，督臣留厦门济饷。"康熙皇帝答应了他的请求。

但朝廷内部不断有人上疏反对说："天下太平，凡事不宜开端，当以静为主。"施琅八月再次上书，力主出兵。康熙帝把施琅的意见交大臣讨论。大学士明珠赞成施琅的意见，认为"若以一人领兵进剿，可得行其志，两人同往则未免彼此掣肘"，主张"着施琅一人进兵似乎可行"。十月，康熙帝乃下令"施琅相机自行进剿"，福建总督姚启圣只管后勤供应，与施琅和衷共济。施琅大受鼓舞，"日以继夜，废寐忘食，一面整船，一面练兵，兼工制造器械，躬亲挑选整搠"，历时数月，使水师"船坚兵练，事事全备"。

施琅修改了分两路进攻澎湖和上淡水的作战方案，决定集中兵力进剿澎湖，而后下台湾。因为"澎湖是台湾四达的咽喉，外卫之藩屏，先取澎湖，胜势已居其半"②；郑军的主力集中在澎湖，又是由郑军中威望最高的大将刘国轩指挥，如果将

①　参见《清圣祖实录》卷 96。
②　参见施琅《边患宜靖疏》。

其全歼，则"台湾可不战而下"①。

十二月，福建总督姚启圣派人赴台谈判。郑经致书姚启圣，再次要求："请照琉球、高丽外国之例，称臣纳贡。"姚启圣上奏康熙帝，康熙帝震怒，令施琅"相机进攻"。十二月二十三日，清军战舰出洋，驶往澎湖。不料遇大风，被迫返回。

康熙二十二年（1683 年）六月十四日晨，在姚启圣准备了充足饷需的支持下，施琅在福建铜山誓师。施琅跪拜天祀神："今施琅奉旨出征，收抚澎台，求国家之一统，图江山之永固，泯两岸之恩仇，得骨肉之团聚。"

随后，施琅率领大型战船三百余艘、中小战船二百三十余艘，以提标署右营游击蓝理为先锋，在夏至前后的西南风风轻浪平时出发，二万多水师分三路前进，在八罩屿会合，等待南潮来临，进窥澎湖。

六月十五日，清军到了澎湖的第二大岛西屿（今渔翁岛）的西南边的猫屿、花屿和草屿等岛屿，夜泊澎湖南大门八罩岛。在海上巡逻的郑军哨船发现后，即报知刘国轩，刘国轩闻讯，急命镇守狮屿头、风柜尾、鸡笼山、四角山、内堑、外堑、东屿、牛心湾等各要点之将领，把大炮移到海岸，以防清军寄泊，传令各水师将领驾驶大帆船、鸟船、赶缯船，环泊于娘妈宫前和内堑、外堑、东屿、西屿各要口，准备迎战。宣毅左镇请求乘清军远航疲惫，立足未稳之机主动出击，遭到拒绝。刘国轩认为炮城严密，清船无处可泊，只待风暴突起，将不战而溃。时值天晚，清军战船湾泊八罩以西的水坟澳，邱辉又欲进攻，刘国轩仍按兵不动。十六日晨，施琅直取澎湖本岛，两军在澎湖海面初战。清先锋蓝理率七船冲阵，击沉和焚毁郑船数艘。标右营千总邓高匀等驾船五艘，又击沉郑船三艘。时值南潮初发，清军数船争先，未能保持好战斗队形，互相冲撞，不成行列。有几艘船被潮水冲近炮城，郑军乘机齐出包围，右武卫林升率船队奋勇冲杀，清军稍却。施琅亲督诸船冲入敌阵，与兴化镇吴英前后夹攻，救出数船，力战得脱，"琅乘楼船突入贼阵，流矢伤目，血

---

① 参见李光地《施将军逸事》。

溢于帕，督战不少却"①。因天色将晚，清军水师收拢后，在西屿头洋中锚泊。邱辉又建议乘胜连夜出击，刘国轩寄希望于台风，坐失战机，不敢乘胜追击。经一天激战，郑军损失兵将两千余、船只十六艘，清军损失小于郑军，施琅右眼负伤。当晚，施琅率舟师泊于西屿头。十七日晨，施琅率舟师驶回八罩水垵澳湾泊，严申军令，查定功罪，赏罚官兵；并议每镇督大鸟船六只，各配精兵，于十九日再战。十八日，施琅率师出战，总兵吴英进取虎井、桶盘二屿。

十九日，施琅以战袍裹头，召集诸将重新申明军令：自总兵以下的将官，都脱衣捆绑，将按照失律罪行斩。诸将匍匐在地，请求戴罪立功。清军士气复振，顺利攻取虎井屿。施琅率罗士珍、张胜、何应元、刘沛、曾成等坐小赶缯船，深入郑军腹地内堑、外堑侦察。

二十日，施琅亲自驾小船偷偷去明郑军各寨侦察，回来后下令诸军掘地取泉。泉水甘甜，清军士气大振。施琅遣使招降刘国轩，被拒绝。二十日、二十一日，用赶缯、双帆艍船分作两股，佯攻内堑、外堑，以分敌势，麻痹郑军。

二十二日，施琅举行誓师大会，分全军为八队，每队有船七艘，施琅亲自率领一队，居中调度。为了解官兵进展情况，做到赏罚分明，施琅下令在大小战舰的风帆上书写将领的姓名。以八十多艘船只为后援，五十艘船从东畔掩护后路，五十艘船从西畔牛心湾、内外堑作为疑兵牵制敌人。二十四日天亮时，微风徐徐，钲鼓喧闹，清军将与明郑军的战斗即将发生。施琅令蓝理、曾诚、吴启爵、张胜、许英、阮钦为、赵邦试七只战船首先冲入明郑军船队中，顿时烧杀之声四起。此时，南潮正发，作为前锋的几艘战船被激流冲散。刘国轩率领的明郑军集中起来，同时向清军两翼发起进攻，给清军重大杀伤。施琅望见前锋蓝理的船帆，看到被围的清军无法突围，亲自驾船突围赴援，烧毁明郑军赶缯船二艘、鸟船一艘。蓝理中炮火受伤，率船队返回，施琅也收拢船只，夜晚集中到八罩屿。将要开战时，西北风刮起，有

---

① 参见《清史稿·施琅传》。

利于清军，施琅对清军大呼："这是老天和上皇帝之灵在帮助！"于是，清军奋勇攻击。刘国轩下令发射火箭与喷筒，火焰四射。清军乘锐气两面包抄明郑军，清总兵朱天贵战死。激战自晨至中午，明郑军伤亡惨重，将领林升、丘辉、江胜、陈起明、吴潜、王隆等也被清军歼灭，大小战舰二百多艘被烧毁沉没，余众投降。刘国轩见清军势大，乘走舸从吼门逃走，清军遂得澎湖。

这次战役，施琅消灭明郑军将领一百六十五人、卒四千八百五十三人、战舰二百余艘，明郑兵尽力竭，不能再战了。

澎湖既破，施琅整船治军，拟于八月或十月，乘北风进军台湾。台湾岛内人心惶惶，兵无斗志，施琅乘机实行攻心战法。一些部众劝施琅："公与郑氏三世仇，今郑氏釜中鱼、笼中鸟也，何不急扑灭之以雪前冤？"施琅却说："吾此行上为国、下为民耳。若其衔璧来归，当即赦之，毋苦我父老子弟幸矣！何私之与有？"

施琅主动探望被俘和投降的明郑军官兵，并宣布：我率兵出征，乃为朝廷收复所失之地，非为图报私仇也。杀我父弟的仇人郑成功早已死去，我施琅断不会报复。我不仅不会杀台湾人，如果郑氏肯投降，我也不杀，而且要保奏他们继续为官……各自决定去留，绝不为难；愿意留在清军中效力的，表示欢迎，并与清军士兵同等的饷粮；不愿投军的，即发给银米，派船送走。他给投降的明郑军官兵发放袍服鞋帽，给投降的四千多人发放粮食。受伤的六百多人，也给予医治，送还台湾。这些人说："此所谓生死而肉骨之也！"回台湾后，他们互相传说施琅和清军的宽大，台湾人为此十分震惊，"台湾民众莫不解体，惟恐王师之不早来"①。

对于曾经杀害自己子侄的刘国轩，施琅也极力招抚。施琅在俘虏中找到刘国轩的亲信，对他说："我绝不与为仇，他肯降，吾必保奏而之公侯。前此各为其主，忠臣也。彼故无罪，吾必与之结姻亲，以其为好汉也。"刘国轩掌握明郑军权，施琅因此不计个人家仇，倾心招抚刘国轩。后来，郑氏降清，刘国轩的确起

---

① 参见（明）阮旻锡《海上见闻录》，福建人民出版社 1982 年版。

了重要作用。

刘国轩、冯锡范、何祐、洪磊等准备奉郑克塽投降，郑克塽派郑平英等向施琅乞降。施琅上奏，请求康熙帝颁发招抚的诏令，赦免郑克塽等明郑高官的罪行，针对郑克塽、刘国轩、冯锡范等人，康熙帝颁下谕令说：

“帝王抚御寰区，仁覆无外，即海隅日出之邦，无不欲其咸登衽席，共乐升平。尔祖父自明季以来，出没海洋，盘踞岛屿。本朝定闽，尔祖郑成功窃据海隅，甘外王化，以及尔父郑锦（经）勾引奸徒，窥伺内地，屡经剿抚，顽梗怙终。尔方童稚，妄思效尔前人窜伏台湾，恃为窟穴，倚险负固，飘突靡常，以致沿海居民，时遭兵灾。朕念中外兵民皆吾赤子，何忍听其久罹水火，故特命提督施琅选将练兵，出洋进剿。旋奏报澎湖已克，台湾指日荡平。总督姚启圣以尔等降疏奏闻，又据来使呈乞恩赦；朕体上天好生之德，特颁赦旨，前往开谕。尔等果能悔罪投诚，率所属伪官军民人等悉行登岸，将前罪尽行赦免，仍加恩安插，务令得所。尔等其审图顺逆，善计保全，以副朕宥罪施仁至意。”

郑克塽得到康熙帝赦免的谕令后，于七月五日，派遣刘国昌、冯锡珪、陈梦炜、郑平英等带着延平王金印一颗、招讨大将军金印一颗、公侯伯将军银印五颗，登记土地、府库、军实的簿册，到施琅军门前投降，驻守上淡水的虎卫镇何义也向施琅投降。

施琅驰奏清廷，康熙帝召集百官商议，有大臣建议诛灭郑氏九族，以报郑成功举兵抗清之仇。康熙帝斥责道：“君子以德报怨，不可耿耿于怀于旧隙。台湾兵民同为炎黄子孙，理应共乐升平。”传旨施琅，准许郑克塽投降：“澎湖已克，台湾荡平似秋风之扫落叶。如能诚心归降，则既往不咎，可将前罪尽行赦免，仍加恩安插，务令所得。”康熙帝并欣然赋诗：“万里扶桑早挂弓，水犀军指岛门空。来庭岂为修文德，柔远殊非黩武功。牙帐受降秋色外，羽林奏捷月明中。海隅久念苍生困，耕凿从今九壤同。”后来又特地写了一首诗来表彰施琅收复台湾的伟业：“岛屿全军入，沧溟一战收。降帆来蜃市，露布彻龙楼。上将能宣力，奇功本伐谋……”

七月十九日，施琅令侍卫吴启爵持榜示巡游台湾，让台湾军民剃发，但不许惊扰百姓，因此，市面十分平静。

八月初，施琅率舟军至鹿耳门（今台南市西北），水浅不得入，停泊十二天，海潮突然长高丈余。八月十三日，在刘国轩所派船只的引导下，施琅所率清军舟师平稳地靠上了台湾岛，郑克塽、刘国轩、冯锡范在鹿耳门龙亭迎接。围观的民众都说，今天潮水的情景与当年郑成功登陆时很像，各乡社百姓亦沿途"壶浆迎师"。

八月十八日，举行受降仪式，郑克塽、刘国轩、冯锡范率文武官员投降，交出延平郡王印信，明郑政权灭亡。这时，郑克塽年十五，才嗣位两年。

康熙帝认为，施琅为清廷"扫数十年不庭之巨寇，扩数千里未辟之遐封"。他称赞施琅"矢心报国，大展壮猷，筹划周详，布置允当，建兹伟伐，宜沛殊恩"。

经营台湾

八月二十二日，施琅到郑成功庙里祭祀郑成功，其祭祀词说："自同安侯入台，台地始有居民。逮赐姓启土，世为岩疆，莫可谁何。今琅赖天子威灵将帅之力，克有兹土，不辞灭国之诛，所以忠朝廷而报父兄之职分也。独琅起卒伍，于赐姓有鱼水之欢，中间微嫌，酿成大戾。琅于赐姓，剪为仇敌，情犹臣主；芦中穷士，义所不为。公义私恩，如是则以。"语毕涕下。施琅高度评价了郑氏父子开辟台湾的功绩，自称克台是为国为民尽职，对郑成功毫无怨仇。听说这件事的士人感叹说："父仇一也，郧公辛贤于伍员矣！"

八月二十三日，施琅率总兵吴英、刘国轩等踏勘台湾南北两路。

攻取台湾之后，施琅就上疏康熙帝，请求经略台湾，礼遇投降的郑克塽及其他将领。十月初六，施琅派船遣送郑克塽、冯锡范、刘国轩等并眷属由台湾至泉州，并把他们送往北京。十一月二十二日，清军班师至澎湖，二十七日返抵厦门。

十二月，庆祝统一台湾，康熙皇帝下诏优待郑氏和赐封功臣，称："尔等从前抗违之罪，全行赦免。仍从优叙录。"① 在康亲王杰书宣读的诏书中，敕封福建水师提督施琅为靖海侯，延平王郑克塽为正黄旗汉军公，刘国轩为天津卫左都督总兵、封爵伯，冯锡范为正白旗汉军伯，何祐为梧州副将。

清廷统一台湾之后，并不十分重视台湾，有人"以其地险远，欲墟其地"。在福建，清廷特派大臣苏拜所召开的台湾善后会议中，也有人主张"宜迁其人，弃其地"。康熙皇帝也认为台湾是弹丸之地，"得之无所加，不得无所损"。朝廷和闽浙地方的不少官员主张放弃台湾，守澎湖，唯有留心海防的施琅，力排众议，坚决反对放弃台湾。在《恭陈台湾弃留疏》中，施琅深刻地论述了台湾地位的重要性和台澎之间唇齿相依的密切关系，"弃之必酿成大祸，留之诚永固海疆。"他认为，在国防上，台湾是"江、浙、闽、粤四省之左护"，"台湾一地，虽属外岛，实关四省之要害。"西方殖民主义者"窃窥边场，逼近门庭，乃种祸后来，沿海诸省断难晏然"，遗患后世。施琅认为，台湾"野沃土膏，物产利溥"，不会增加朝廷的财政负担；台湾"即为不毛荒壤，必借内地挽转运输，亦断断乎其不可弃"。施琅恳切陈辞，阐述利害，得到大学士李蔚、工部侍郎苏拜、都察院左御史赵麟等人支持，于是康熙帝始决定坚守台湾。

康熙二十三年（1684 年）四月，清廷在台湾设台湾府，下辖台湾、诸罗、凤山三县，分南北二路，设兵防守，隶属福建省，台湾、厦门合派一道官管辖，并派兵八千人驻防，设总兵一员，副将二员，澎湖亦派副将一员统兵两千人驻防。这样，台湾重新统一于清王朝中央政府的管辖。

这年，康熙皇帝下旨解除海禁，允许"百姓制造装载五百担以下船只，往海上捕鱼"。自顺治十二年（1655 年）开始的海禁暂告结束，任商渔渡台采捕。施琅赶紧上《论开海禁疏》，提出不同意见："迩来贸易船只，丛杂无统，积年贫穷游手罔

---

① 参见《清圣祖实录》卷111。

作者，实繁有徒，乘此开海，公行出入汛口；若严于盘查，则以抗旨难阻之罪相加；如此行走，不由向问；恐至海外诱结党类，蓄毒酿祸。臣以为展禁开，固以恤民裕课；尤须审弊立规，以垂永久。如今贩洋贸易，船只无分大小，络绎而发，只数繁多，赀本有限，多载人民，深有可虑。"最后，清廷采施琅等人的建议，订颁《渡台禁令》，限制大陆船舶载人渡海去台，防止台湾成为盗贼渊薮。在鹿港设立水师汛，《诸罗县志》载："鹿仔港分防左营把总一员，目兵一百名，哨船二只。内分笨港四十名、哨船一只。猴树港十名。"

施琅在台湾开垦土地，兴修水利；开展贸易，举办教育，减轻赋税，"十年生聚，十年教诲，市井乡都诗书振响，少习长成，甲科辈出；而武职戎功。又指不胜屈"。正如安然在《施琅大将军——平定台湾传奇》所说：施琅兵不血刃进据台湾，不仅节省了大量物力和财力，而且使台湾民众免于兵火的蹂躏，广大百姓的生命财产免受损害，有利于清政府对台湾的治理及台湾的经济发展。

清朝统治时期，大陆移民台湾进入了一个新阶段，至嘉庆十六年（1811年），在台汉人已经有二百多万人，是开发台湾的主力。

十　蒋毓英：清朝台湾首任知府

蒋毓英，字集公，祖籍奉天（今辽宁）锦州，出生于浙江诸暨蕺里（今诸暨店口镇七里村），官生出身。康熙二十三年（1684年），蒋毓英出任台湾知府，供职五年，于康熙二十八（1689年）年离任，调任江西按察使司。

根据历史文献上记载，蒋毓英在台湾"任内兴建义学，著台湾府志。台湾固有学宫，制度未宏，康熙二十四年与巡道周昌拓而大之。又设义学，教子弟，勖以孝悌力田之道，一时称良吏焉"。

"安抚土番，招集流亡，咨询疾苦，振兴文教，捐俸创立义学，台湾因得生聚教训，百姓升平过日。""经理三县疆域，集流亡，勤抚字，相土定赋，以兴稼穑。"

蒋毓英任台湾知府时，非常重视在台湾开设学校进行儒学教育。首任诸罗县令季麒光在《条陈台湾事宜文》中有六条建议，其中一条是"崇建学校之宜议也"。蒋毓英非常赞同这一建议，提出："台湾府与台、凤、诸三县，应各设一儒学。府学应设教授一员，训导一员，各县各学应设教谕一员，训导一员。内地撮尔小邑，教职俱经全设，车书一统，应无异同。"

重修泉州、 台湾文庙

康熙十八年（1679 年），蒋毓英出任福建泉州府知府，他非常重视泉州府文庙的建设，曾经捐出自己的俸禄，置民田作为泉州府文庙的学田。他还在泉州府学旁边题匾"海滨邹鲁"，寄托对泉州儒学教育兴旺发达的期待。他在泉州担任知府六年，直到临卸任前才完成重修泉州府文庙这件大事。他虽然十分关心泉州文教，一直想重修文庙，但迫于清初沿海一带动荡不安的时局，有心无力，也就只好把此事往后推迟。到康熙二十二年（1683 年）冬天，台湾已统一，东南沿海也重归平静，蒋毓英才有精力开始谋划重新修建文庙事宜。而在这时，又刚好有朝廷命官到泉州视察，看到府文庙萧条景象时大发感慨，发誓要重整泉州学宫，并捐出自己的俸禄购买材料，将重建府文庙的事项托付给蒋毓英，任命蒋毓英监督整个重修工程。在这样的良好时机下，府文庙修建工作进展顺利，府文庙很快焕然一新，重现勃勃生机，蒋毓英亲自题写了《重修泉郡学宫记》。

康熙二十二年施琅攻克台湾，清廷决定在台湾设一府三县，即台湾府与下辖的台湾、凤山、诸罗三县，统隶于福建省台厦道。福建总督和巡抚都向朝廷推荐蒋毓英，蒋毓英遂由泉州知府转调台湾知府。康熙二十三年，蒋毓英修葺泉州府文庙之后，就由泉州知府调任台湾知府。

清朝时，台湾的教育得到了相当规模的发展。自郑成功在台南建立第一座孔庙后，台湾一些经济文化发达地区均建有孔庙，借以颂扬孔子和宣扬四书五经。清代开办的官办最高学府——"儒学"，就设在各府、州的孔庙内。蒋毓英重视儒学、重视教育的思想一以贯之。到台湾之后，蒋毓英也注意到台湾文庙需要重建以振兴士气、鼓励文教。康熙二十四年（1685 年），蒋毓英和他的顶头上司分巡台厦道周仓一道，精心筹划改建郑成功时候所建的孔庙。他们主持改建孔庙为台湾府学，并改称"先师庙"，俗称"文庙"。台湾文庙的建筑格式与泉州文庙十分相近，中间为大成殿，东西两边走廊配祀地方先贤，前面为戟门、棂星门、泮池，后面为崇圣祠。蒋毓英借鉴泉州府文庙修葺时的经验，使得两地文庙具有相同的气质。

蒋毓英带头捐款创办私立的社学、义学。康熙二十三年（1684 年），蒋毓英捐俸在台南府城东安坊、高雄左营等地建立社学三所，"延请师儒，教诲穷民子弟。"① 康熙二十五年，诸罗知县在新港社、目加溜湾社、麻豆社、萧垄社设立四所社学，教育原住民幼童。至康熙四十八年，诸罗的社学已经发展到八所，凤山也纷纷建立社学。这些社学既是官办学校，也是文人结社集会的场所。

主持编纂首部 《台湾府志》

台湾纳入中国统一版图的时间比较晚，明郑时期，郑成功祖孙三代虽曾在台湾建立比较完备的制度，但没有编纂过台湾方志。康熙二十三年（1684 年），台湾置府设县，随即也开始了地方志书的纂修。台湾方志之编纂，始于清康熙二十四年蒋毓英的《台湾府志》。据有关资料记载，其时，蒋毓英在康熙二十三年出任台湾首任知府，恰逢清廷颁令全国各地纂修地方志书，以备一统志采辑，他便与凤山知县杨芳生、诸罗知县季麒光合修《台湾府志》，于康熙二十四年写成初稿，后又不断增补，但未能及时刊刻。李秉乾主编的《台湾省方志论》中提到："《蒋志》保存了许多原始史料，其内容多为《高志》所沿袭和《诸罗县志》引用。因此，《蒋志》弥足珍贵，是台湾府志之嚆矢。"

四年后蒋毓英升迁离台，以致在台湾绝少有人知道这部志书，而把高拱乾修的《台湾府志》列为台湾最早的府志。其实，上海图书馆藏所收藏的蒋毓英编纂的《台湾府志》的康熙刻本，才是台湾府的第一部志书。康熙刻本"蒋志"封面镌"府，台湾府志，本府藏板"字样。1985 年，大陆出版了蒋毓英《台湾府志》的存世孤

---

① 蒋毓英《台湾府志》卷6。

本，终于使这部长期被埋没的台湾第一部方志重见天日。从方志体例上来说，蒋毓英所修的《台湾府志》为纲目体。此体是将全书的内容分为若干目，一般称卷，再分大门类。

《台湾府志》以征信为基本出发点，充分体现了传统方志存史、资治、教化的三大功能，在保存史料、弘扬儒术以及倡导风气、树立规制等方面，对台湾日后方志的修纂产生了很大的影响。《台湾府志》保存了大量清初台湾移民情况的原始材料，史学价值很高。

康熙二十八年（1689 年）蒋毓英升江西按察使，他在台政绩备受称道，连横《台湾通史》评价他为良吏。在蒋毓英即将离台之际，台湾士民挽留不已，朝廷不许。在蒋毓英离台之后，台湾民众建专祠祭祀他，台南现在仍有"台湾郡侯蒋公去思碑记"的石碑古迹留存。

十一　　　陈瑸：清廉卓绝的知府

陈瑸（1665—1718），字文焕，号眉川，广东海康（今属海南雷州市）人。陈瑸自幼志向远大，"矢志不在温饱"，而要"志于道"、"志于仁"，"学儒者之学，行浮屠之行"。"儒者之学"的核心是仁爱，"浮屠之行"的根本是仁慈。

康熙三十三年（1694年）考中进士，任翰林院编修，授任福建古田知县。上疏议论时政，建议"废加耗、惩贪官、禁滥刑、置社仓、枭积谷、崇节俭、兴书院、饬武备等"。

福建古田县因史胥太多，"盘踞衙门，最为民害"、"素称难治"。"吏"，即负责抄写的文秘，"胥"即捕快等跑腿办事的人员，官员都是三年一任（清代平均不足两年），吏胥却是长期不变。吏胥的职责是代替官员催征赋税、摊粮派款。清初，古田料理六房公务正式书办只有14名，朝廷按册发饷。到陈瑸上任时，古田吏胥竟然膨胀到158名之多。陈瑸在《古田县条陈八事》中写道："差役下乡，分路搜索如捕大狱，宁不骚扰！况由乡至县、由县至省，儿啼妇哭，保无因饥寒困窘而颠踬于道路者乎？此其大害在民财，兼在民命。""一正差俱带白役数人为爪牙，并轿夫随丁至十数人不等，通共有数百辈。分乡分路，四处骚扰，所过鸡豚一空。"

陈瑸上任后，首先裁汰冗员，改革人事制度，清除古田头号积弊。据史书记载，他举行了一场招聘吏胥的考试,"考验通晓文移及写字端楷者,留存七八十名,开造姓名年貌,都图住址,详请批夺存案,永绝后弊。余则尽数汰裁,令其归农当差"。接着,他清积欠、清丁田、均差徭、建义学。从康熙三十九年三月到康熙四十年九月,仅仅一年半的时间,陈瑸就把积弊丛生的古田治理得井井有条。史载:古田"邑中五彩云现"。陈瑸赢得了古田百姓的衷心爱戴。

康熙四十一年(1702年)陈瑸调任台湾知县。公家粮库的粮食因仓鼠糟蹋而有所亏欠,古田百姓争相把自己的粮食送来补足。陈瑸走后,古田百姓为他建立了生祠,每年杀猪屠羊祷祀,成为当地的传统。

在台湾任官,陈瑸廉洁自守,工作刻苦,爱民如子,常以"取一钱与取百万金无异"为戒,深受百姓拥戴。在治台策略上,陈瑸"一禁加耗以苏民困,一禁酷刑以重民命,一禁馈送以肃官箴,一集积谷以济民食,一置社仓以从民便,一崇节俭以惜民财,一先起运以清钱粮,一饬武备以实营伍,一隆书院以兴文教",同时对原住民实行优抚政策,"革官庄,除酷吏,恤番民……"

陈瑸一到台湾,立即深入民间,明查暗访,把前任错误扣押的300名囚犯释放回家。知府不同意他的做法,上书揭参。皇帝听说所释放之囚乃造反之辈,派钦差大臣到台湾查办,点犯之日不缺一个。钦差大臣大惑不解,经仔细讯问,才知犯人都是自觉回监听点,表明陈瑸平反冤狱做得对,知府揭参错了。

公务之余,陈瑸经常召集学生询问学习四书五经的情况,与他们谈论如何树立高尚的品行。夜晚时分,陈瑸则亲自到城乡巡逻,常常会到老百姓家中走访,询问父老疾苦。如果听到哪家有织布或读书的声音,就叩门请求拜访,给予织布者或读书者一定的奖赏;如果遇到那些酗酒大喊大叫或高声唱歌的人,陈瑸则会严厉地禁止他们喧哗。遇到灾害之年,陈瑸便开官仓分发粮食赈济灾民,穷苦的老百姓都十分感激他。

康熙四十二年(1703年),陈瑸调回北京,出任刑部主事,不久又升任刑部郎中。离任时,台湾百姓万人夹道,挥泪道别,频呼"青天"。

台湾政局渐趋稳定。大学士李光地欣赏陈瑸在台湾的政绩，交章保奏，康熙帝也很欣赏。康熙四十八年（1709年），陈瑸充当会试分校，很快又升任四川提学道。

翌年（1710年），台湾再次发生民变，官兵久战不能平。福建巡抚张伯行向朝廷推荐陈瑸出任分巡台厦兵备道，他在奏章里称赞陈瑸说："为四川学政觅人易，为台湾道得人难。"康熙帝下谕令，陈瑸由四川提督学政改为补授福建台厦兵备道，陈瑸率兵回台。台湾士民听说他又要来台湾做官，争相到海边欢迎他，台湾局势因此得以稳定。

在任台湾道期间，陈瑸"未尝延幕僚，案牍胥自任，仆从一二人"①。机构精简，效率很高，将节省下的办公费三万余两全部用来营造炮台，加强台湾海防。他上奏朝廷，请求废除官庄。当初施琅攻下台湾以后，认为台湾土地肥沃，且地广人稀，因此奏请设立官庄，以便能招徕人民开垦，并将其所得收入以发给官员月银。

陈瑸施政的重点是"兴化易俗，作育人材，文风丕振"。他开始修建万寿宫，并重修文庙、明伦堂、朱子祠，设立十六所学斋招收青少年读书，同时设立学田收税作为教育经费。上述所有兴建的建筑，陈瑸都要亲自过问，终日不倦。官庄每年所收到的税收有三万两，全部归公。陈瑸一分一厘也不取，十分廉洁耿直。

陈瑸在台湾任官五年，施政得体，民心向化，使大乱之后动荡不安的局面逐渐安定下来。

康熙五十三年（1714年）春，陈瑸被朝廷提拔为湖南巡抚，单骑赴任。一切文移，尽出己手。当年十二月，陈瑸改调福建巡抚，陈瑸到北京朝见康熙皇帝。第二天，已经了解到陈瑸居官清廉，布衣素食，康熙皇帝感叹地对其他大臣说："此苦行老僧也！"并说："朕昨日召见陈瑸，细察其举动言行，确系清官。以海滨务农之人，非世家大族，又无门生旧故，而天下之人，莫不知其清，非有实行，岂能如此！国家得此等人，实为祥瑞。"

---

① 参见苏瑛《陈瑸公传》。

临去福建任职前，康熙帝询问："福建有加耗否？"陈璸回答："台湾三县无之"。康熙帝说："从前各州县有留存银两，公费尚有所出。后议尽归户部，州县无以办公。若将火耗分毫尽禁，恐不能行；别生弊端，反为民厉。故为吏须清，然当清而不刻，方能官民相安"。

陈璸在《康熙五十四年十月疏》中，批评了当时官员的腐败："一人入仕途，于饮食、衣服、器，皆备极华侈。多所费必多所取，方面取之有司，有司取之小民，朘削无已。"

康熙五十五年（1716年）闽浙总督满保去北京朝见皇帝，陈璸兼署闽浙总督。第二年，陈璸奉命巡海考察海防，他从台南北巡上淡水，自带行粮，摒绝沿途供顿，游遍"诸番社"，北至鸡笼而返。他把所属公费一万五千两，拨充公饷，用于地方事业。七月，陈璸上奏康熙帝说：

"防海之法与防山异，山贼之啸聚有所，而海寇之出没靡常；而台湾、金、厦之海防，又与沿海不同。何也？沿海之患，在于突犯内地；而台、厦之患，在于剽掠洋中。欲防台、厦，必定会哨之期、申护送之令、取连环之保。今提标水师五营、澎湖水师二营、台协水师三营，各有哨船。宜大书某营字样于旗帜，每月会哨一次。彼此交旗为验，呈送提督查核；若无交旗，即察取其营官职名；若有失事，即察取巡哨官职名，则会哨之法行矣。商船不宜零星放行，无论厦去台来，须候风信，齐放二三十艘出港，台厦两汛各拨哨船三四号，护送至澎交代。各取无事之结，月送督抚查核。如无印结，即以官船职名申报，则护送之法行矣。商船二三十艘同时出港，官为点明，各取连环保结，遇贼相救；否以通贼论，则连环保之法行矣。"

康熙帝诏令部议，朝廷的大臣们认为陈璸的办法烦琐难行，但是，康熙帝却很赞同，要求按照陈璸所提的建议做。

当时，海南雷州城之东，有洋田万顷，堤岸逼近大海，遭受咸潮年年冲击，逐渐崩毁。时刻关心家乡的陈璸，虽远处福建，仍然上奏，请皇帝饬令广东拨给专款修筑雷州东西洋堤围。他担心上面拨下的款项五千三百余两不够费用，便于康熙五十七年（1718）把自己勤俭积累下来的俸银五千两，送到海康，协助修堤。

当年（1718 年）十月，陈瑸在闽浙总督任上去世，临终前他上疏，请求将任内所应得廉俸一万三千四百余两上交国库。康熙帝笃念贤劳，下旨轸悼，追赠礼部尚书，赐祭葬，因清廉卓绝而谥清端。有清一代，大臣获谥号"清端"者仅有六人。

雍正八年（1730 年），朝廷下诏，陈瑸入祀福建贤良祠。陈瑸治台有惠政，台湾民众十分感念他，在文昌阁为他塑像。在陈瑸诞生日那天，民众张灯鼓乐以祝。在陈瑸去世那天，民众则痛哭悼念他，陈瑸入祀台湾名宦祠。

陈瑸一生清正廉洁，勤政爱民，平日节衣缩食，"官厨惟进瓜蔬"，俸禄都用在民生疾苦上。他因此与于成龙、施世纶等同为当朝名臣，跟海瑞、丘浚合称岭南三大清官，著有《清端集》。

十二　　施世榜：　修建八堡圳

　　施世榜（1670—1743），字文标，号澹亭，原籍福建泉州晋江县南浔（今龙湖镇衙口村）。其父施启秉，随堂兄施琅出征澎湖，平复台湾立下军功，初任把总，驻镇古陵（今磁灶五陵），复移安海，后升授左都督，调任台湾凤山兵马司指挥，诰封明威将军，开垦大量土地，巨富，乐善好施。

　　施世榜与父亲施启秉约在康熙三十二年（1693年）时去台湾，最初居住凤山，并在台湾府城置有门邸，此外施家在凤山县下淡水西港东上里置有田产，于凤山县经营糖业与稻米业。康熙三十六年，施世榜成为凤山县拔贡生。

　　施世榜随着父亲住在台湾，史籍记载施世榜"性嗜古，善楷书"。康熙三十六年（1697年），以凤山县拔贡的身份选授广东海澄县教谕，后调任福建寿宁县教谕，署漳州府教授。

　　使施世榜名载史册的不是他的文功武绩，而是他在台湾垦拓和兴建水利的业绩。台湾在康熙年间收入版图，尚是地广人稀，大片荒地未经开垦，当时福建、广东沿海特别是漳、泉、惠、潮等地有许多农民东渡台湾开垦荒地，而一些富户也投入资金，雇工垦拓，并修建水利，使大片田地得到灌溉，促进了台湾农业的发展。

　　其父施启秉约在康熙四十年（1701年）左右曾招募人手到半线（今彰化）开

垦，在康熙四十六年前后，施世榜已占垦力社所属港东上里大片草埔。康熙四十八年施启秉去世，施世榜承袭其兵马司副指挥的官职，开垦事业由施世榜接手，垦户名号为"施长龄"。施世榜向官府申请垦发彰化半线番社、东螺平原的一大片埔地，每年缴纳一定的番饷，换来土地开发权，召集佃户开垦耕种。为了使开垦的土地得到灌溉，变旱地为水田，施世榜计划仿效家乡历来修建水利的方法，在浊水溪的中游筑陂岸提高水位，开圳分流灌田。康熙四十八年，施世榜兴筑八堡圳（在今彰化县员林镇），费时十年竣工，此工程由鼻子头引浊水向西北至鹿港附近出海，从而奠定了开垦彰化平原的基础。

这项工程需要大量资金，施家原来在晋江安海有不少房产出租，施世榜就将安海的房产"听由租户赎买"，筹集数万资金投入台地的水利建设。施世榜有九个儿子：施士安、施士爕、施士秦、施士龄、施士膺、施士谅、施士举、施士姜、施士盛，本来都建有大厝在安海安居，后来也大多往台湾协力经营。相传当陂岸筑成后，水流却不能按事先规划的那样流往田里。施世榜为此费了不少心思，最后只好悬赏千金，出榜招贤。果然有一位林先生登门求见，指示开凿之法："某也丘高宜平之，某也坡低宜浮之，某也流急宜道之，某也沟狭宜疏之。"

施世榜按林先生指示的方法开渠分流，果然水流畅通无阻。彰化一县十三堡（堡，相当现在的乡）半的田地，此圳足可灌溉八堡，因此称为"八堡圳"，又因系施家所建，也称"施厝圳"。康熙五十八年（1719年），工程落成之日，施世榜摆宴庆功，奉送千金给林先生，林先生却辞谢不收，飘然而去。施世榜及佃户因感念林先生的功德，在鼻仔头（今彰化县二水乡）为他塑像立庙，奉祀为神。

施世榜设置圳长、埤甲、埤匠、巡圳等职来管理水圳事务，并将田园分给八子三弟，并沿圳设十二租馆（海口水尾四馆，水头八馆）来管理收租与圳务。八堡圳灌溉的地区包括东螺东堡、东螺西堡、武东何、武西堡、燕雾下、马芝堡、线东堡八个堡一百零三个村庄，耕地一万九千甲，折合二十二万多亩，这其中施家的田地就有五千甲。这些土地每甲每年要交水租两石，施家一年单从水利的收入就有四万多石，如果算上其拥有田地的收入，一年可达十八万石租谷，故"施氏子孙累世富厚，食其泽"。一直到 20 世纪 30 年代，每年还从台湾雇船运租谷到安海分给施氏各户。

康熙六十年（1721 年），朱一贵起事时，施世榜人在晋江安海，闽浙总督觉罗满保命令他去台湾参与军事。六月，他与三弟施世骠，跟随福建水师提督施世骠、南澳镇总兵蓝廷珍渡海赴台。到台湾之后，施世榜自备行粮募集壮丁前往琅峤（今恒春）搜捕刘国基、颜廷、张赛、李法、蔡承祖等参与起事的人，而后又与游击林秀前往阿猿林（今高雄大树区）继续搜捕，此外他也召集难民两千多人安抚复业。因此，施世榜获授"都司金书（武职四品）"。

施世榜深受官员们的信任。雍正元年（1723 年），他向巡台御史黄叔璥报告台湾南路前、后山及卑南觅等原住民村社的概况，黄叔璥记录下来，报告朝廷。

施世榜家业富厚而好行善事，据连横的《台湾通史》记载："宗姻戚党多周恤。后居郡中，建敬圣楼，又捐金二百，以修凤邑学宫，置田千亩，为海东书院膏火，士多赖之。"康熙六十年，施世榜献地重建天后宫。施家捐田千亩给海东书院，则发生在乾隆五年（1740 年）。

根据《浔海施氏族谱》记载，施世榜有五个儿子学有所成。长子施士安是诸罗县学的贡生，三儿子施士秦是台湾岁贡生，四子施士龄曾出任山东登州府宁海州牧。五子施士膺亦拔贡，授古田教谕，曾经遵从父亲的嘱咐，捐社仓谷千石，《台湾县志》称其义行。

《晋江县志》也记载，施世榜"乐善好施，于族姻闾里之贫者，周恤不倦，尝建敬圣亭于南门外，以拾字纸……其在晋江修理文庙及桥梁、道路，百凡兴作，亦多襄助"。敬圣亭或敬圣楼，在台湾府城大南门外。

乾隆八年（1743 年）正月初二，施世榜去世，其后裔除七房及四房部分留居安海外，其余诸房均于清乾嘉年间迁徙台湾，多居今彰化鹿港，为当地望族。在鹿港建有施世榜祠，至今香火不断。

十三　　　周钟瑄：多惠政的诸罗县令

周钟瑄（1671—1729），字宣子，贵州贵筑（今贵阳市）人。康熙三十五年（1696 年）考中举人，后出任福建邵武知县，在邵武修建文庙，修葺李纲祠，崇礼重教。

康熙五十三年（1714 年），出任诸罗知县，性慈惠，为政识大体顾大局。当时，诸罗县治新辟，土旷人稀，遗利尚巨。周钟瑄乃留心调查研究，劝民凿圳，灌溉田地，诸罗县治周围数百里的沟渠，都是他规划的。他捐出自己的俸银二十两，帮助汉人与平埔族原住民共同修筑西螺（今云林西螺镇）的引庄陂。他捐出粮食五十石，帮助庄民共同修筑鹿场陂。康熙五十六年，周钟瑄又捐助拣东下堡庄民合筑马龙潭陂。总之，从康熙五十三年到康熙五十六年间，周钟瑄领导县民在诸罗县修建埤圳共三十二处。其中，马稠后圳、三间厝圳在白河镇（今台南县白河镇）内，这些地方的农业生产，因此兴旺发达起来。

周钟瑄还特别注意诸罗县文教事业的发展，康熙五十四年（1715 年），增修诸罗县儒学东西庑、戟门、明伦堂及名宦、乡贤、文昌三祠。根据周钟瑄的《诸罗县志》记载，当时诸罗县辖区内设有九十五个番社。周钟瑄非常重视这些原住民的教育，在诸罗山社、打狸社、哆啰啯社、大武垅社建立四所社学，教育原住民的青少年。

当时，诸罗以北，远至鸡笼，土地荒秽，规制未备。周钟瑄亲自去走访，召集民众在那里开垦田园建设城乡。在险要之处，周钟瑄则安排驻兵设防。在任内，他还兴建了府治茅港尾公馆。

康熙五十四年，周钟瑄亲自到半线至竹堑的一些"熟番"村社进行调查，发现汉人侵占原住民土地的情况严重，加上通事、社商的剥削，致使汉人与原住民的矛盾日益尖锐。社棍、通事任意剥削和压迫原住民，"向有社商头家，包揽货物，代番纳饷，名曰'赎社'。番终岁所捕之鹿与畜产布缕，皆为社商所有，削不堪。今社商已行禁革，而传译输纳非通事不办，县官每岁佥立通事，换牌之时有花红规礼，自数十金至六七百金。重利称贷，夤缘必得，而取偿于番，酷虐较社商更甚。"周钟瑄对上述通事、社商的盘剥行为进行严厉禁止。原住民承受政府的各种差役和摊派很多，"较台民十倍"，周钟瑄设法加以减轻。

康熙五十五，周钟瑄设诸罗义冢，在淡水修建仓廒两处，贮存淡水及南崁（今桃园县芦竹乡）驻兵的军粮。岸里社土目阿穆（莫）请求开垦猫雾捒之野（今台中县大肚乡、神冈乡），诸罗县知县周钟瑄许之，晓谕岸里社将"东至大山，西至沙辘地界大山，南至大姑婆，北至大甲溪，东南至阿里史，西南至捒加头地一带平原地"准阿穆等开垦，这是开辟台中大平原的起步，周钟瑄的善政让原住民十分感动。根据闽浙总督觉罗满保于康熙五十五年上奏朝廷的《生番归化疏》记载："台湾北路生番岸里等五社土官阿穆（莫）等，共四百二十二户，男妇老幼计三千三百六十八名口，俱各倾心向化，愿同熟番一体内附。"

周钟瑄于康熙五十五年延请福建漳浦的陈梦林纂修《诸罗县志》。康熙五十六年二月，《诸罗县志》十二卷初稿写成，但还未刊印，周钟瑄就被提拔离开台湾了。后来修改《诸罗县志》的人，大多采纳了周钟瑄的说法。

总之，周钟瑄在诸罗建学馆，修城隍，摒陋规，并教民耕作，发给耕牛、农具、种籽，辟阡陌，广田畴，开沟渠，筑塘堰，促进了农业发展，使老百姓得利。诸罗县民十分想念他，在龙湖岩刻画他的图像。

康熙五十九年（1720 年），周钟瑄调任山东高唐知州。随后，爆发了朱一贵起义。清廷镇压起义之后，周钟瑄于康熙六十一年再次被派到台湾任职，以员外郎身份管理台湾。

期间，他分别在半线（今彰化）、淡水修建粮仓两座，劝士民捐献粮食银两，用来平粜救济。他还开埤圳多条，灌溉农田。雍正二年（1724 年），巡台御史禅济布参劾他加征耗谷。雍正四年（1726 年），调离台湾。雍正七年，工部左侍郎兼钦差史贻直以私赃入己，判处周钟瑄绞刑，雍正帝加恩豁免。

乾隆七年（1742 年），澎湖出现灾荒，周钟瑄运米赈济澎湖，周钟瑄累官至江宁知府。

著有《读史摘要》、《劝惩录》、《退云斋诗集》、《诸罗县志》、《生番归化记》、《松亭诗集》等。

十四　　黄叔璥：首位巡台汉御史

　　黄叔璥（1680—1758），字玉圃，号笃斋，顺天大兴金墩人（北京市境内孙公园金墩万卷楼）。康熙四十八年（1709年），黄叔璥与其兄黄叔琬（字象圃）同登殿试金榜，被赐乙丑科进士出身，分别为第二甲第十二名、第二十七名，加之其长兄黄叔琳（字昆圃）早在康熙三十年就考中辛未科进士为第一甲第三名（探花），大兴金墩黄氏家族被誉为"一门三进士"。

　　黄叔璥考中进士后，一直在京城做官。康熙五十四年（1715年），黄叔璥擢升御史，曾任巡城御史，专职巡视京城东城。御史一职自秦代即有，属监察性质，位不高但权很重。清代初期明定监察御史职责为"查纠百司官邪、天子耳目风纪"，职位定在三品，顺治十六年改为七品，康熙六年升到四品，而不久后的康熙九年复降为七品，雍正七年起据任职资格不同而分别定为正五品或正六品，乾隆十七年又定为从五品。

　　康熙六十年（1721年），朱一贵民变结束，第二年清廷开始设立巡视台湾御史满汉各一员，廷议以黄叔璥廉明，与满族正红旗人吴达礼同膺是命。

　　当年五月，黄叔璥抵台后，"既至，安集流亡，博采舆论，多所建设。"他除了致力于与朱一贵残余作战外，也经常巡行各地，考察攻守险隘、海道风信，著有

《台海使槎录》八卷，分为《赤嵌笔谈》、《番俗六考》、《番俗杂记》三篇。其中蕃俗六考，详细记录台湾的山川地势、风土民俗，尤其对台湾原住民的样貌，更是观察入微，详细介绍。他说，"番"俗虽然特殊，但其饮食与汉人无异，其中也有知书达礼者。因此，该书为近现代考证平埔族历史之根基。

黄叔璥与在台文人蓝鼎元等人多有交往，他们深入研究台湾的实际情况，提出很多有价值的建议。蓝鼎元赠黄叔璥诗云："台俗弊豪奢，乱后风犹昨。宴会中产人，衣裘贵戚愕。农懒士弗勤，逐末趋骄恶。嚣陵多健讼，空际见楼阁。无贱复无贵，相将事樗博。所当禁制严，威信同锋锷。勿谓我言迂，中心细忖度。为火莫为水，救时之良药。"雍正元年，蓝鼎元上书黄叔璥，要求恢复官庄制度。蓝鼎元的意思大概是：台湾原有官庄，是为了文武官员养廉之用；现在官庄全部收归公家，在台各官员无法糊口了。让在台湾这样的遐荒绝域的官员为公事献身，而让其妻子不得温饱，这违背了人情。

对于闽粤械斗的调查。台湾的汉人大多来自闽粤两地。康熙中期以来，随着移民增加，土地争夺愈演愈烈，械斗屡起，严重地影响了台湾社会的安宁。清朝统一台湾之初，以为惠、潮素为海盗渊薮，故一度严禁粤中、惠、潮等地的民众渡台。后来，禁令逐渐松弛，惠、潮民人渡台人数越来越多。黄叔璥在《台海使槎录》中说："南路淡水三十三庄，皆粤民耕种。辛丑变后，客民与闽人不相和协，再功加外委，数至盈千。奸民莫辨，习拳勇，喜格斗，倚恃护符，以武断于乡曲。保正里长，非粤人不得承充，而庇恶掩非，率徇隐不报。"

康熙六十一年（1722年），黄叔璥巡视台湾期间，实地考察钓鱼岛列岛后曾记载："山后大洋，北有山名钓鱼台，可泊大船十余，崇爻之薛坡兰，可进舢板。""薛坡兰"指今天的钓鱼岛附属岛屿南小岛和北小岛等。《台海使槎录》一书还详细记载了清廷水师营在钓鱼岛海域巡航的情况，其中称，巡哨船因岛屿"沿海暗沙险礁"而难以驾驶，需等涨潮水平时才能进港，否则会搁浅或遇到风暴而无处泊船，改乘几艘轻盈平底的舢板随波漂浮，也比较容易巡防，还可随处停泊。

黄叔璥、吴达礼到台湾北路的平埔番地区巡视，并到达沙辘社（今台中县沙鹿镇），他们上奏，严禁台米出洋，以免接济海盗。

在台期间，黄叔璥、吴达礼除了考察台湾政风民情之外，也向清廷上奏，请求增设彰化县与淡水厅（厅治设于新竹），此为清朝设于台湾北部的首座官署。

自康熙末年朱一贵抗清事件之后，经闽浙总督觉罗满保建议，应划虎尾溪以北另设一县，驻半线。雍正元年（1723年），巡台御史吴达礼、黄叔璥奏请分设知县以治诸罗县北部半线之地，蓝鼎元亦建议在半线置县，这年，彰化县开始设立。

同年，巡台御史黄叔璥在台东向下淡水大垦户施世榜调查台湾南路前、后山及卑南觅等原住民村社的概况。第二年，黄叔璥在葛玛兰（今宜兰县），将在台湾两年的所见所闻，撰写成《台海使槎录》。在《番俗六考》中，他记录了蛤仔难三十六社的社名。

十五　　蓝鼎元

　　蓝鼎元，字玉霖，别字任庵，号鹿州。康熙十九年（1680 年）八月二十七日出生于福建漳浦县赤岭乡山坪村一个书香世家，少孤家贫，刻意读书。"以程朱为的，以第一等人物为期"，"其志存乎世道人心，其心系乎生民社稷"。十七岁时，蓝鼎元到厦门观海，乘船游遍了全福建的大小岛屿，并且到浙江、广东游历，大大地开拓了他的眼界，蓝鼎元考入官办的鳌峰书院读书。

蓝廷珍平定朱一贵起事的谋士

　　后来，他回到家乡定居，但仍关心国事。在与族兄蓝廷珍的通信中，显示了他非凡的才华和抱负。蓝廷珍，字荆璞，福建漳浦湖西人，生于康熙二年（1663 年），比蓝鼎元大十七岁，但在家族世系中属于同一班辈，是蓝鼎元族兄。蓝廷珍青年时投奔浙江定海总兵蓝理，蓝理是赤岭人，是蓝廷珍本族的爷爷。在蓝理的提携下，蓝廷珍于康熙二十四年升任定海营把总，四年后再升为盘石守备，又过六年升为温州镇右营游击。康熙五十六年起升迁为澎湖副将，当年夏秋之际，又授南澳总兵，监管碣石、潮州二镇军务。

康熙五十八年（1719 年），蓝鼎元给蓝廷珍的书信《与荆璞家兄论镇守南澳事宜书》称："南澳一镇，为天南第一重地，是闽粤两省门户。""用兵之道，安民为先，弭盗之源，抚民为本。""虽在海外，不废诗书，虽有戈第，必兴礼乐——则知教化之兴，亦武备根本也。"才华非凡。康熙六十年，蓝鼎元在《与荆璞家兄论舟中起雷书》中说："读来札，知吾兄巡哨南洋，舟中起雷，从大桅焚烧而上，毙兵一人，伤一人，心甚不怿，疑以为非吉兆……鄙意雷者震也，震，东方也。震动震叠，皆非安静。恐东方有兵事，将劳吾兄，是故舟中起雷，乃威震东方，声闻四海之象，兄其建勋业于台湾乎。台帅独当一面，专制水陆数千里，必于内地慎选威望镇臣，弹压海疆，或兄今岁调台，即此是矣。"① 根据阴阳八卦，蓝鼎元把舟中起雷的怪事解释为中国东方有警，这是蓝廷珍在台湾建立勋业的先兆。②

巧合的是，一个月后，台湾果然爆发了大规模的朱一贵起义，这让蓝廷珍感到蓝鼎元学识非凡。蓝鼎元再作《与荆璞家兄论台变书》，劝告蓝廷珍宜早选兵配船，以待出师，"晨兴出门，闻市人偶语，台湾有变，贼首姓朱名一贵，已戕命官踞台郡，此异事也。早料海疆宜急绸缪——实兄建功立业之秋也。屈指浙闽诸将帅可属大事如兄者，羽书征调，当在旦晚，宜亟整甲帐，具脯精锻戈矛，选兵配舰，以待出师。——制府满公，智深勇沉，可与共事。但省会隔远，鞭长不及，兄宜指陈事势，请其移住厦门，就近督师，面商调度。内有制府弹压指挥，兄可一意前驱，无呼应不灵之患；外有吾兄统兵杀贼，制府可高枕无忧，缮飞报大捷之疏矣。"③

清代闽台地区军队的基本情况是：第一，福州将军。这是旗兵最高长官，实际地位高于闽浙总督，驻地在福州，管辖军标所属八旗士兵，节制陆路各镇、协。第二，闽浙总督，也驻福州，管辖督标中、左、右三营、督标水师营及浙江海防营，节制福建水师、陆路二提督、浙江提督，以及福建金门、海坛、台湾、南澳、福宁、

① 参见蓝鼎元《鹿洲初集》卷 2。
② 参见蒋炳钊《蓝鼎元传》，第 36 页。
③ 参见蓝鼎元《鹿洲初集》卷 2。

建宁、汀州、漳州八镇，浙江定海、黄岩、温州、处州、衢州五镇。第三，福建巡抚，驻地也在福州，管辖抚标左、右二营。第四，福建水师提督，驻地在厦门，管辖中、左、右、前、后五营，节制金门、海坛、南澳、福建、台湾、福宁等镇。第五，福建陆路提督，驻在泉州府，管辖中、左、右、前、后等营，节制福宁、建宁、汀州、漳州四镇。第六，台湾总兵，驻扎府城台湾（今台南市），辖三个副将，节制兵丁一万人。

朱一贵起事后，福建水师提督施世骠见难民船到了厦门，方才知道。五月八日又接到申报，得知全台具被义军攻占。施世骠随即报告闽浙总督觉罗满保，总督立即上奏康熙皇帝，并提议自南澳铜山等营调兵一千二百人，令备船二十只交付南澳总兵蓝廷珍，乘风东去台湾，取打狗港，由此登陆，恢复南路营；调将军属下绿旗兵三百名，兴化等营兵九百名，备船二十只，交付兴化副将朱玠，直驱台湾，以救援北路营。提督施世骠所属兵二百五十名，各水师营兵三千名，由施世骠率领，由鹿耳门收复台湾本府，俱约期并进，本人赶赴厦门察看形势再做定夺。六月三日，康熙皇帝下谕，宜先宣抚台湾民众，招降为要，兵分三路，约期齐进，总督坐镇厦门弹压。清廷这三点决策，基本上是同意总督觉罗满保的意见。

康熙皇帝谕旨尚未到达之前，满保已发三山，并督促提督施世骠刻期出师，檄南澳总兵官蓝廷珍星夜赴厦门。蓝廷珍闻台湾警讯，已先向总督条陈进兵事宜，首请总督驻厦门督师。满保五月十二日抵达惠安涂岭时，接到了蓝廷珍的禀函，蓝廷珍提出拟速出师平定，以绝后患，其文说："台湾僻处海外，狃于治安久矣。朱一贵突尔跳梁，戕害官兵，窃据郡县，虽曰猖獗之极，其实不难平也。无赖子弟，偶尔乌合，尚未知战守纪律为何事，当即命将出师，星夜进讨，如捄焚拯溺，勿容稍缓。彼不意官军猝至，必将手足忙乱，仓皇散走，渠魁大憝，自可聚而歼旃，此迅雷不及掩耳之道也。若俟奏报请旨而后发兵，动逾数月，贼胆必大，规模渐立，谋士渐出，羽翼渐成，则燎原之火，正须大费扑灭耳。控制台湾，惟厦门为最扼吭，形胜所在，便于指挥。执事在省隔远，莫如疾驱南下，驻扎厦门，督师进剿，筹划粮饷。

诸凡机宜，呼应便捷。"①

觉罗满保接到蓝廷珍的信以后，认为蓝廷珍的看法符合自己的主张，"吾调此君，平台得人矣!"五月十五日，满保至厦门，提督施世骠已经出港两日。五月二十七日，南澳总兵蓝廷珍单骑到厦门，所部舟师继至。觉罗满保与蓝廷珍拟定平台方略后，蓝廷珍奉命率领征台将弁八十多人、目兵丁壮八千多名，营哨商船舢板等船只四百多艘、舵工水手四千多人，到澎湖与提督施世骠会师，刻期进剿。

蓝廷珍原来的幕僚陈少林，被制府觉罗满保招聘，军中缺乏谋士，接受平台重任后，蓝廷珍便聘请族弟蓝鼎元为军中幕僚。蓝鼎元欣然应允，"遂参戎幕，多所筹划，文移书札皆出其手。著《东征集》三卷。其讨论机宜，经理善后，尤中肯要"。蓝廷珍也在《东征集·序》中赞扬蓝鼎元说"自是军中谋画，独予弟玉霖一人"，"予胸中每有算画，玉霖奋笔疾书，能达吾意——风沙腥秽，兄弟相对，竟日念念地方，不自其苦也"。

六月一日，东征楼船出厦门港。六月十日，蓝廷珍率水陆大军到达澎湖，与提督施世骠会师。六月十三日，施、蓝率领军队东渡，以林亮为前队先锋，率舟师五百七十人自澎湖进发。六月十六日，官兵抵达鹿耳门，林亮与董方奋勇争先，以六舰并进，击败苏天威，夺取鹿耳门炮台后，乘胜攻下安平镇。蓝廷珍随军进入安平，出告示安民。当天晚上，施世骠船到鹿耳门。六月十七日，乘大潮进入安平，朱一贵派遣杨来、颜子京、张阿山、翁飞虎率八千人反攻安平。蓝廷珍临阵指挥，又派将领驾驶小船沿岸夹击，枪炮齐鸣，弹如雨下，朱一贵兵大败，官兵乘胜追击至七鲲身。六月十八日，魏天锡、魏大猷率领载满硝黄等物的轻舟，进击焚烧涂击埕、水仔尾等处，毁坏朱一贵义军巨舰四艘。六月十九日，朱一贵又派遣李勇、吴外等人率众数万，驾牛车，列盾为阵，反攻安平。翁飞虎所部乌龙旗在二鲲身与清军对阵，蓝廷珍亲自指挥大炮，连环齐发，击倒乌龙旗，击破牛车阵。林亮等人各乘小

---

① 参见蓝鼎元《东征集》卷1，《上满制府论台湾寇变书》。

舟架大炮，夹岸攻击，朱一贵军又大败，掉到水中淹死千余人。

六月十九日，下淡水客庄农民侯观德、李直三等人，树起大清义民旗，联络乡勇抗击朱一贵军，朱一贵派遣陈福寿、刘国基等率数万人攻打客庄。侯观德等人在淡水溪迎战，陈福寿部败退，逼入水死者上万人。六月二十日，西港仔士民，送羊酒到安平镇，引官兵在西港仔登陆，施世骠等人率军夜往西港仔。六月二十一日，蓝廷珍获悉施世骠登陆西港仔的消息，亲率大军后援登陆西港仔，会攻府治。六月二十二日，蓝廷珍率军登陆竿寮乡，迎战苏厝甲，两翼设奇兵，击败林曹、江国论、黄殿等部，夜暮追击至犁头店。蓝廷珍料敌必夜往劫营，传令撤帐房掩旗帜，露刃伏芒蔗间，夜半，敌兵果至。官兵突出，义军大败溃散，自此胆寒不复有战心。施世骠传令水陆官兵并进，从七鲲身陆路至濑口，攻府治之南，并派遣将领分坐小船于盐埕、涂击埕、大井头攻府治西南。朱一贵领兵拒战，官兵争先夺取涂击埕，毁营寨，晚上又出击南教场。游击刘得紫逃脱投奔官兵，受到施世骠、蓝廷珍的嘉奖。刘得紫召集丁壮一百五十人，自请杀敌。六月二十三日，蓝廷珍督军南下，在木栅仔大败朱一贵部，追至乌松溪，直捣台郡。朱一贵率数万人出城，蓝廷珍率兵入城，收复府治。蓝廷珍驻扎万寿亭，出榜安民。不久，施世骠也来府治。

收复府治后，蓝廷珍派人飞船向厦门的总督报捷。六月二十五日，康熙皇帝谕台湾众民谕文至福建，总督觉罗满保令兴泉道陶范亲自护送谕旨赴台，并署理台厦道事，调汀州知府高铎知台湾府，分别委任建宁通判孙鲁往署台湾府同知，兼摄理台湾知县事，海澄知县刘光泗往署凤山知县，漳浦知县汪绅文往署诸罗，俱随大军安辑流亡，慰抚各庄社民番。六月二十六日，北路营千总陈徽率民兵收复诸罗县城。六月二十八日，清军在大穆降大败朱部，降者溃逃者十分之九，朱一贵率千多人逃奔湾里溪，清兵追至，又逃到下茄苳。闰六月初一，捷报到达厦门，总督觉罗满保檄蓝廷珍署理镇总兵官。闰六月初七，朱一贵、王玉全、翁飞虎、张阿山四人被捕，清军继续剿抚朱一贵余党。九月十五日，提督施世骠兵卒于军中，蓝廷珍奉檄署理提督印务。剿抚朱一贵余党一直到雍正元年四月十五日，千总何勉在南路凤山林捉获王忠、刘富生、陈郡等人后才算完成。

清军经过七日苦战，便控制了台湾局势，这是与清军征台策略的正确分不开的。清军的策略主要有两条：一是军事上选定突破口，从中路直趋鹿耳门，鹿耳门一收复，则安平镇唾手可得。二是在政治上争取人民群众的支持，瓦解朱一贵的队伍。清军入台后，"只歼巨魁数人……可不血刃也"。

蓝廷珍率师由厦门登舟至澎湖与施世骠会合后，研究进军路线，当时总督觉罗满保的意见是从南路打狗（今高雄）攻入台湾。蓝廷珍、蓝鼎元等人则认为，应集中兵力直攻中路的鹿耳门。《东征集·与制府论进兵中路书》中说："伏承宪檄，今某统兵向南路打狗港攻入台湾，当即缮治舟师，刻期进发。缘打狗港水浅滩淤，战舰缯艍概无所用，须尽易舢板头彭子小船，乃可入也。登岸旱田百余里，夹道蔗林，处处可容伏兵，非焚烧铲平，未便轻进。台民以蔗为生，糖货之利上资江浙，一旦火成焦炭，半岁勤动，不得以养其家口，于心窃有未安……鄙见以为宜聚兵中路，直攻鹿耳门。鹿耳一收，则安平唾手可得。贼失所恃，郡治无城，岂能长守，不过三五日间可剿灭耳。用兵之道，知己知彼，与能军者战，则宜攻其瑕。讨罪捕贼，如逐鸟兽，宜堂堂正正，直捣中坚。譬诸击蛇，先碎厥首，其他复何能为乎？鹿耳门暗礁天险，昔立六竿标旗，指示途径。南标红旗，北标皂旗，贼已尽收标旗，屯兵炮台，扼守港道，意我军不能飞越。正可于此出奇制胜，仍令善水者以长木没入海中，插标而行，击败炮台屯兵，即可长驱直入。"后来，总督府批准了他们进攻台湾的方案。

在《与施提军论止杀书》、《檄台湾民人》二文中，提出了争取台湾人民支持的策略。《与施提军论止杀书》中说："贼众至三十万，此曹可胜诛哉！勿论挺而拒敌，即使安坐偃卧，引颈受戮，我军万六千人，以一人斩二十级，亦不胜其烦也。彼亦天地父母之所生，不幸与贼共处此土耳，畏死胁从，知非本愿，或挂名贼党，以保身家，其心岂不愿见太平，重为朝廷之赤子？一旦大军登岸，涣散归农，箪壶迎师，皆所必至。惟虑昆冈炎火，不容悔罪归诚，此则出于万不得已者矣。多杀生灵，其实无益，谅示仁人君子之所不忍闻矣！以某愚见，止歼巨魁数人，余反侧皆令自新，勿有所问，则人人有生之乐，无死之心，可不血刃平也。某已大书文告，先散其党，惟执事许之勿疑。"让百姓各寻生路，减少对抗，于用兵最有利。

《檄台湾人民》一文，号召台湾人民不要听信谣言，明确指出，大军到达时，只歼灭朱一贵同党要犯，百姓不必害怕："……大兵登岸之日，家家户外书大清良民者，即为良民，一概不许妄杀。有能纠集乡壮，杀贼来归，即为义民，将旌其功，以示鼓励。废弁旧兵，有立功破贼，率众来迎，并略前愆，叙绩超擢，凡擒朱一贵者，受上赏，擒贼目者次之。献郡邑者受上赏，献营垒者次之，惟拒敌者杀无赦。倒戈退避，革面为农皆许之……"这篇檄文在瓦解朱一贵队伍方面发挥了很大的作用。

此外，清军纪律较好，诸军将士勇猛作战。

平台、 治台对策

在《东征集》、《平台纪略》中，对于平定朱一贵起事及事后台湾的治理，蓝廷珍、蓝鼎元提出了具体有效的建议。

《东征集》是蓝廷珍、蓝鼎元入台平定朱一贵事件过程中所作，也是出军以来公檄、书禀的辑录。雍正十年（1732 年）成书，总共六卷，卷一有政论三篇，檄文、露布六篇。卷二有十篇，都是向将士发布的檄文；卷三到卷五是关于台湾善后措施的文件；卷三有八篇，卷四有十一篇，卷五有十二篇，卷六有十篇，其他三篇，全书共有六十篇。

蓝廷珍在该书序言中说："予胸中每有算画，玉霖奋笔疾书，能达吾意。又深谙全台地理情况，调遣指挥，并中要害，决胜擒贼，手到成功。当羽檄交驰，案牍山积，裁决如流，倚马立办。犹且篝火，连宵不寐，而筹民瘼。"

雍正元年（1723 年），平定朱一贵事件已经取得决定性胜利，台湾地方宁靖，蓝鼎元乃返回福建老家。在家作《平台纪略》编年体，记事自康熙六十年四月迄雍正元年四月十五日，述朱一贵起事始末，全书一万六千多字。

台湾府治收复后，蓝廷珍、蓝鼎元、陈梦林等人日夜筹谋，安抚整顿，一面继续派人清剿朱一贵余党，一面考虑下一步如何治理台湾。

治理台湾的政策方面，根据《平台纪略》记载，蓝鼎元认为："台湾海外天险，较内地更不可缓；而此日之台湾，较十年、二十年以前，又更不可缓。……即使内贼不生，野番不出，又恐祸自外来，将有日本、荷兰之患，不可不早为绸缪者也。"

接着，他提出了治台具体措施："欲为谋善后之策，非添兵设官，经营措置不可也。以愚管见，划诸罗县地而两之，于半线以上，另设一县，管辖六百里。虽钱粮无多，而合之番饷，岁征银九千余两。草莱一辟，贡赋日增，数年间巍然大邑也。半线县治，设守备一营，兵五百。淡水、八里岔设巡检一员，佐半线县令之所不及。罗汉门素为贼薮，于内门设千总一员，兵三百。下淡水新园设守备一员，兵五百。郎娇极南僻远，为逸盗窜伏之区，亦设千总一员，兵三百，驻扎其地，使千余里幅员声息相通，又择实心任事之员，为台民培元气。寇乱、风灾、大兵、大疫而后，民之憔悴极矣。然土沃而出产多，但勿加之刻剥，二三年可复其故，惟化导整齐之。均赋役、平狱讼、设义学、兴教化，奖孝弟力田之彦、行保甲民兵之法、听开垦以尽地力、建城池以资守御，此亦寻常设施耳。而以实心行实政，自觉月异而岁不同。一年而民气可静，二年而疆域可固，三年而礼让可兴。而生番化为熟番，熟番化为人民；而全台不久安长治，吾不信也。"

这些措施，需要得到闽浙总督与朝廷的批准才能施行。

康熙六十年十月，即平定朱一贵事件后四个月，蓝廷珍接到闽浙总督觉罗满保下达关于治理台湾的条文，先是八条，后来又加了四条，主要内容是：迁民划界、台镇移澎、添防之制宜速议定、营伍操练宜勤、虚冒旧弊宜除、塘汛分防且变通、除奸务尽，应将党恶创惩，黥其左面同家属押逐原籍，拘管稽查，要口设备议建鹿耳门炮城，水陆分守等。檄文中要求蓝廷珍立即按此办理，不得延误。

　　闽浙总督下达的治台政策中，"迁民划界"和"台镇移澎"两点，与蓝廷珍、蓝鼎元等人的设想相反，不利于台湾的长治久安。蓝廷珍、蓝鼎元等人商议后，连续写下《覆制军台疆经理书》、《覆制军迁民划界书》、《论台镇不可移澎书》等文书，要求总督重新考虑治台政策。清廷和总督终于终止了"迁民划界"、"台镇移澎"的主张，使台湾人民避免了再次的劫难，为台湾的发展奠定了基础。①

　　"迁民划界"是不可行的。清廷制定的"迁民划界"条文，规定将罗汉门、黄殿庄等朱一贵起事的地方，将居民全部驱逐，房舍全部拆毁，不许往来耕种。阿猴林宽长三四十里，在这里抽藤、伐木、烧炭、耕种的人很多，也都要驱逐。槟榔林是杜君英起事之处，郎娇（今恒春）为极边藏奸之所，房屋、人民皆当烧毁、驱逐，不许再种田园，砍柴往来。

　　蓝廷珍等人认为，此事是行不通的。《覆制军台疆经理书》一文，提出"迁民划界"难以施行，"职等再四思维，一人谋逆，九族皆诛，乱贼所居之地，虽墟其里可也。惟是起贼非止数处，数处人民不下数百家，则亦微有可虑者。人情安土重迁，既有田畴、庐舍、家室、妇子，环聚耕凿，一旦驱逐搬移，不能遍给以资生之藉，则无屋可住，无田可耕，失业流离，必为盗贼，一可虑也。

　　"其地既广且饶，宜田宜宅，可以容民畜众，而置之空虚，无人镇压，则是弃为贼巢，使奸宄便于出没，二可虑也。

　　"前此台地，何人非贼，国公、将军而外，伪镇不止千余，今诛之不可胜诛，俱仍安居乐业；而独于附近贼里之人，田宅尽倾，驱村众而流离之，邻贼之罪重于作贼，三可虑也。

　　"台寇虽起山间，在郡十居其九，若欲因贼弃地，则府治先不可言。况郎娇并无起贼，虽处极边，广饶十倍于罗汉，现在耕凿数百人，番黎相安，已成乐土。今无故欲荡其居，尽绝人迹往来，则官兵断不肯履险涉远，而巡入百余里无人之地；脱

---

　　①　参见蒋炳钊《蓝鼎元传》，第43—47页。

有匪类聚众出没，更无他人可以报信，四可虑也。

"锯板、抽藤，贫民衣食所系，兼以采取木料，修理战船，为军务所必需；而砍柴烧炭，尤人生日用所不可少，暂时清山则可，若欲永永禁绝，则流离失业之众，又将不下千百家，势必违误船工，而全台且有不火食之患，五可虑也。

"疆土既开，有日辟，无日蹙。台地宋元以前，并无人知，至明中叶，太监王三保舟下西洋，遭风至此，始知有此一地。未几海寇林道乾据之，颜思齐、郑芝龙与倭据之，荷兰据之，郑成功又据之。国家初设郡县，管辖不过百里，距今未四十年，而开垦流移之众，延袤二千余里，糖谷之利甲天下。过此再四五十年，连内山山后野番不到之境，皆将为良田美宅，万万不可遏抑。今乃欲令现成村社废为坵墟，厉禁不能，六可虑也。"

蓝廷珍、蓝鼎元等人提出的这六点可虑之处，实际上否定了清廷所制定的"迁民划界"办法，蓝廷珍、蓝鼎元正面提出了"添兵设防，广听开垦"的治理措施。

当这篇《覆制军台疆经理书》还未送到闽浙总督觉罗满保处时，满保又下了一道命令："台、凤、诸三县山中居民尽行驱逐，房舍尽行拆毁，各山口俱用巨木塞断，不许人出入。山外以十里为界，凡附山十里内民家，俱令迁移他处，田地俱置荒芜。自北路起，至南路至，筑土墙高五六尺，深挖壕堑，永为定界，越界者以盗贼论。如此则奸民无窝顿之处，而野番不能出为害民矣！"这是一种消极的治台政策。

面对这一道命令，蓝廷珍、蓝鼎元等人还是坚持自己的正确主张，再撰写一疏《覆制军迁民划界书》，说明如果划界迁民，把南北1500里土地上数万户的居民迁走，在1500里地上筑墙挖沟，需要四五百里的土地和五六万两银子安置被迁走的民众，而朝廷又拿不出那么多土地和金钱；如果强行向台湾人民征收，强制台湾人民服劳役，必然会再次激起民变。他们用这样具体的事实，有力地说明了觉罗满保的命令脱离了实际。

由于蓝廷珍、蓝鼎元等人的说明和坚持，清廷和觉罗满保最后放弃了"迁民划界"的命令。

"台镇移澎"。在平定朱一贵事变后,康熙六十一年（1722 年）"廷议改设台澎总兵官于澎湖,台湾府治设陆路副将,调蓝廷珍赴澎镇守"。不久,朝廷下令台镇移澎,蓝廷珍、蓝鼎元等人是反对这样做的,在《覆制军台疆经理书》、《与制军再论筑城书》、《论台镇不可移澎书》等文中,论述台湾地位的重要,竭力说服朝廷与觉罗满保,"台湾海外天险,治乱安危,关系国家东南甚巨","若果台镇移澎,则海疆危如累卵"。

正当蓝廷珍遵照朝廷的命令,准备移镇澎湖时,台湾民乱又起,"南路下淡水,北路八掌溪,奸民相继为乱,复发兵剿抚,并遣诸将分道搜山,先后获林亨、颜烟、李庆、黄替等二十一人"。闽浙总督觉罗满保、提督姚堂据以入奏,巡台御史黄叔璥也进言,故朝廷重新审议,移镇之事乃终止,总兵官仍驻台湾。

添兵设官与调整防务。平定朱一贵事变后,台湾的驻军分布仍然如旧。总兵驻扎在台湾,水陆兵总共有五千多人,主要分布在中南部地区,北部地区仍然防务空虚。在《东征集》、《平台纪略》、《与吴观察论治台湾事宜书》,上疏雍正皇帝的《经理台湾》、《台湾水陆防务》以及《上郝制府论台湾事宜书》等书籍、文章中,蓝鼎元始终坚持:台湾"患在地广兵少","欲为谋善后之策,非添兵设官、经营措置不可也"。理台首要任务是增强台湾防务力量,因为没有兵防以固海疆,便无法开发和建设台湾。许多地方官绅都赞同蓝鼎元的这个看法,认为台湾之弊在于官少民多,应多设县治。

建议在诸罗县半线以北增设新县。康熙六十一年,蓝鼎元在《论复设营汛书》中提出:"但某愚见,尚以台北地方千里,防汛空虚。半线、鹿子港诸处,提军并未筹及,半线乃宜设县、安顿游击之区。"大陆移民大量移入台湾,纷纷向台湾的北部、东部拓展。台湾政治中心与兵力主要集中在西南一带,无法有效地管理控制北部。面对台湾经济社会已经由南部向北部发展的趋势,蓝鼎元建议在诸罗县（今嘉义县）以北另设一县。诸罗地方辽阔,应划虎尾溪以上另设一县,驻扎半线,治理自虎尾溪以上至淡水大鸡笼山后七八百里的地方。

这个建议被首任巡台御史吴达礼认可，并上报朝廷，"巡视台湾御史吴达礼奏言：诸罗县北，半线地方、民番杂处，请分设知县一员、典史一员，其淡水，系海岸要口，形势辽阔，并增设捕盗同知一员，均应如所请"①。

雍正元年（1723年），得到雍正皇帝的批准，以诸罗县虎尾溪以北，建立新县，欲以表彰王化，故名彰化。彰化县南至虎尾溪，北至大甲溪，包括现在的台中都在其管辖范围之内。在溪北至鸡笼设淡水厅，驻竹堑（今新竹县），管辖大甲溪以北的广大区域。这正是蓝鼎元的建议：台湾北路有官吏、有兵防，无地广兵单之患。

赏罚严明，整饬吏治。朱一贵起义迅速取得胜利，控制全台，充分暴露了台湾驻军、吏治的腐败。蓝鼎元根据儒家的"忠君爱民"、"清正严明"思想，评价了朱一贵起义之前的台湾吏治。《平台纪略》一书指出："其地方数千里，其民几数百万，其守土之官，则文有道、有府、有县令、大小佐贰杂职若干员，武有总兵、副将、游击、守备、大小弁目若干员，其额兵七千有奇，粮储器甲舟车足备。"有这样的势力，台湾官兵不该失败的，"太平日久，文恬武嬉。兵有名而无人，民逸居而无教，官吏孳孳以为利薮，沉湎樗蒲，连宵达曙。本实先拨，贼未至而众心已离，虽欲无败，弗可得已。"他多次建议"择实心任事之员，为台民培元气"。

建筑城池，保官卫民。在平定朱一贵起义时，蓝廷珍、蓝鼎元认识到城池的重要。蓝鼎元在《与吴观察论治台湾事宜》一文中说："台地未有城池，缓急无以自固。""筑城凿壕，台中第一急务，当星速举行者也。"但是，康熙皇帝却不主张在台湾建筑城池，看法与他们完全相反。首任台湾御史黄叔璥说："圣祖谕示：'台湾断不可建城，去年朱一贵无险可凭，故大兵一入鹿耳门，登岸奋击，彼即窜逃。设婴城自固，岂能克期奏捷。'"② 后来闽浙总督则提出建筑城池之议，但建怎样的城，与

---

① 参见陈文达《彰化县建置》，《台湾文献》第35卷第3期。
② 参见黄叔璥《台海使槎录》卷1，《赤嵌笔谈》。

蓝鼎元的设想根本不同。总督想建的府城仅仅能够包围衙署仓库而已，"但住官兵，不用议及民居"，"用挖壕之土，不灰不砖，而成五尺厚，丈二高之墙"，"内外两重植立，以沙土实其中，复用厚板盖顶"①。蓝廷珍、蓝鼎元认为，建筑城池是为地方创万世之基业，自不容苟且涂饰，谋事必出万全，不能建这样的土城。在《复制军论筑城书》中，蓝鼎元对总督的建城方案提出异议，并提出了自己的建议，"万寿亭宽旷处所，用灰砌砖，筑一不大不小之城，将文武衙署、仓库、监房俱包在内，深凿壕堑，密布桩签，方为长久之计。凤山、诸罗营县，一例仿此行之。"不久，他又在《与制军再论筑城书》进一步阐明筑城如不包括民居在内，有很多不妥之处："夫设兵本以卫民，而兵在城内，民在城外，彼蚩蚩者不知居重驭轻之意。谓出力筑城卫兵，而置室家妇子于外，以当蹂躏，夜半贼来，呼城门而求救，无及矣，论理宜包罗居民为是。北从总兵大营后围起，环台湾县署而东，跨沟为水门，遂包东岳庙、台湾县学、凤山公馆；南包郡庠、防厂、台厦道公署；西包天后宫、番子楼；而北环左营、游击营署，计一周不过十里。惟截出中营、万寿亭、春牛埔、土凿埕、渡头在外，其余文武衙署、学宫、城隍、仓库、牢狱，包括靡遗，尚未及兴化、漳州郡城之大。其形势则北跨高坡临海，东北当北路要冲，东南控扼南中二路，南瞰鬼子山、土凿埕，西俯海岸。鲲身、安平、鹿耳门为捍门，方得建郡形胜。"

重视保甲制度。保甲制度首先由郑成功在台湾推行，清朝沿袭，但后来逐渐废弛。蓝廷珍、蓝鼎元认为应认真落实保甲制度，以保障社会治安。在《东征集》卷四《请行保甲责成乡长书》中说："但今保甲之法，久已视为具文，虚应故事，莫肯实心料理。"他上书总督觉罗满保，建议推行保甲良法，实心实行保甲之实政，可兴善戢奸。

鼓励垦田并教化原住民。平定朱一贵起义的战争加上风灾，导致台湾人民憔悴不堪，急需粮食救济。《东征集·论台中时事书》："台中时事，有大可虑者三：米贵

---

① 参见蓝鼎元《东征集》卷3，《复制军论筑城书》。

兵单、各官穷蹙、政务懈散，而又将有移镇澎湖之举，是合之而四矣。"当时，台湾"斗米卖钱三百"，人民缺粮，人心惶惶。蓝廷珍上书道府："借动仓谷三万石，减价平粜"，"并檄诸罗令开仓，劝庄户出陈易新，严禁囤积及商船透越诸弊。"①

台湾土地广阔，应鼓励垦田，谁开垦谁就是业主。具体地办法：第一，恢复官庄，实行军垦，以补官兵养廉之资。第二，在原住民地区，先令原住民自己开垦，一年之内必须垦成田园；如果原住民不开垦，则让汉人开垦。第三，鼓励移居台湾的汉民尽力开垦，新开垦的田地，"万万不可加赋"。

在汉族和原住民的关系上，清廷采取所谓汉"番"隔离政策：立石为界，划定地区，不许汉人到"番"界开垦，入"番"界者要杖责一百；到"番"界行猎，处三年徒刑；入"番"界开垦种植的，除依法查办之外，还要归还田地给原住民。设立通事、社商处理"番"汉事宜，严禁汉人娶原住民妇女为妻。

在蓝鼎元赠巡台御史黄叔璥的诗歌中，表达了自己处理台湾汉人与原住民问题的意见。他理番措施主要有两点：一是以杀止杀，以番和番，化生番为熟番，二是鼓励移民开垦。

放宽家眷来台禁令。清廷限制大陆人民在台长久居住，也不许大陆家属去台，明确规定渡台者不得携眷。朱一贵起事后，清廷又进一步严申："嗣后台属文武大小官员，不许携带家眷。"官吏家属入台郡都被严禁，老百姓家属入台也是被禁止。结果，在台汉族人口性别比例失调，男多女少的问题十分严重。蓝鼎元在《东征集》《纪十八重溪示诸将弁》一文，记载了他亲历十八重溪的情况："十八重溪在哆啰啯之东，去诸罗邑治五十里，乃一溪曲折绕道、跋涉十八里，间有一二支流附入，非十八条溪水横流而过也。其中为大埔庄，土颇宽旷，旁附以溪背、员潭、崁下、北势、枫树冈等小村落。未乱时，人烟差盛，今居民七十九家，计二百五十七人，多潮籍，无土著，或有漳泉人杂其间，犹未及十分之一也。中有女眷者一人，年六十

_____

① 参见蒋炳钊《蓝鼎元传》，第 66 页。

以上者六人，十六岁以下者无一人。皆丁壮力农，无妻室，无老耄幼稚。其田共三十二甲，视内地三百六十余亩。"蓝鼎元已看出这个社会问题的严重性，如不及时解决，恐为地方之害。雍正三年，他在致巡台御史吴达礼的《论治台湾事宜书》，雍正五年上皇帝书《经理台湾疏》也论述了这个问题，但未得到清廷的采纳。①

蓝鼎元还认为，治理台湾，要严禁台民中存在的讼师、恶棍、豪侈、吸毒、赌博、械斗等人和现象的存在。

儒学教育是经营台湾的头等大事，蓝鼎元在《东征集》中《复制军台疆经理书》一文中，深刻地指出："而台湾之患，又不在富而在教。兴学校，重师儒……斯又今日之急务也。"

上述蓝鼎元、蓝廷珍所提出的平台、治台政策，得到了史家的高度评价："其后，增设彰化县及淡防厅，升澎湖通判为海防同知，添兵分戍，皆如其言。……鼎元著书多关台事，其后宦台者多取资焉。"

雍正三年（1725年），蓝鼎元参与撰写《大清一统志》。雍正六年，蓝鼎元授广东普宁知县，有惠政，因与上司意见不合而被免职。闽浙总督鄂尔准很了解蓝鼎元的才华，招聘他为幕僚。当时，台湾原住民起事，蓝鼎元上治台十策。

雍正十年（1732年）冬，鄂尔准替他申辩被诬陷的前因后果，蓝鼎元受到了朝廷的召见，被任命为署理广州知府，但不久就去世了，享年五十四。

---

① 参见蒋炳钊《蓝鼎元传》，第71页。

十六　　朱一贵

朱一贵（1689—1721），福建漳州长泰县人，康熙五十二年（1713年），赴台谋生，曾做过台湾道辕役（一说郑成功部将）。被革职后，居罗汉内门（今高雄县内门乡）母顶草地，饲鸭为生。该地远离凤山，政令难达。朱一贵交往甚广，与他往来的大多是明朝遗民、草莽壮士、僧侣侠客等。

由于清廷采取消极的治台政策，在台湾的官吏有不少人昏庸无能，贪赃枉法，不断引起人民的反抗。康熙三十五年（1696年）七月，吴球率领新港人民起义。吴球是诸罗新港人，痛恨清廷暴政与官吏残虐，推举朱佑龙为首，谋复明，招募民众准备起事，不幸泄密，台湾府郡吏檄北路参将陈贵率兵前往镇压，吴球被捕身亡。康熙三十八年，吞霄、澹水等地原住民又起事。康熙四十年十二月初七，刘却在嘉义起事，攻下茄苳营、袭击茅港尾，进入诸罗市中。北路参将白通隆率军和义军激战于急水溪，刘却战败，退入山中。

康熙五十九年（1720年），天寒地震，民众多流离失业。第二年三月，凤山县令出缺，台湾知府王珍摄县篆，委托次子摄县篆，他们不但不减少赋敛，反而"征税苛刻，县民怨之"。

李勇、吴外、郑定瑞等到朱一贵家，共同策划起义，认为当前地方长官贪渎，政乱刑繁，兵民瓦解，是起义的好时机。朱一贵说"我姓朱，若以明朝后裔光复旧物，以号召乡里，则归者必众"，大家都赞同他的意见。四月十九日，李勇、吴外、郑定瑞、王玉全、陈印等五十二人，到黄殿家奉朱一贵为主，焚表结盟，椎牛飨士，至者一千数百人，树立红旗，上书大元帅朱，命士兵百姓蓄发，恢复明朝制度。当天夜里，吴外、翁飞虎在距离府治仅仅三十里的冈山（今高雄县冈山镇）打着朱一贵的旗号，攻克冈山汛，抢夺武器。队伍迅速扩大。四月二十一日，台湾总兵欧阳凯闻讯商议出兵，中营游击刘得紫请行，不许，令右营游击周应龙率兵四百前往，又报告台湾道府，派台湾县丞冯迪调新港、目加溜湾、萧壠、麻豆四社的原住民随行。周应龙"玩寇殃民"，两天仅前进二十里，"社番""贪赏肆虐"，乱杀乱烧，引起民众不满，纷纷加入朱一贵的起义队伍。朱一贵率兵出击槺榔林，打败把总张文学，缴获大量军械。周应龙军仅一水之隔不敢救援，朱一贵乘胜攻占大湖。

居住在凤山县下淡水的广东移民杜君英，听说朱一贵起义，派杨来、颜子京率百人至朱一贵处。他们告诉朱一贵，杜君英在下淡水槟榔林召集粤东种地佣工客民，与陈福寿、刘国基密议，准备共同攻掠台湾府库。此外，还有郭国正、翁义起于草潭，载穆、江国论起于下坪头（今高雄县凤山市），林曹、林骞、林璉起于新园（今屏东县新园乡），王忠起于小琉球，都愿意跟随杜君英攻打台湾府，约朱一贵共事。于是，朱一贵移屯冈山之麓，与周应龙部激战，退居袁交友庄，周应龙悬赏招募原住民参战。四月二十七日，杜君英率两千广东移民攻破下淡水（今屏东南）汛兵，南路营参将苗景龙请援，周应龙也到了赤山（今高雄县凤山市东南）。朱一贵、杜君英合击他们，清军大乱，千总陈元战死，吴益重伤，李硕负伤败走，周应龙逃归府治，朱一贵率众随之。杜君英偕同陈福寿等攻下凤山县，南路营把总林富战死，守备马定国战败自杀，参将苗景龙逃到万丹港，被郭国正派人杀死。

郡中闻赤山大败，文武官员携眷逃离，先后驾舟出鹿耳门，士民也相率逃匿。台湾总兵欧阳凯率千余士卒出驻春牛埔（今台南市东区），水师副将许云也率兵五百来会，合力进攻起义军。朱一贵稍挫，退到竿津林。五月一日，朱一贵复至，杜君英也率数万人来。双方在春牛埔激战。清军未战而溃，把总杨泰响应义军，刺杀总兵欧阳凯。守备胡忠义、千总蒋子龙、把总林彦、石琳都战死，游击刘得紫、守备张成被俘，副将许云力战，与游击游崇功、千总林文煌、赵奇奉、把总李茂吉全部阵亡。台协水师中营游击张彦贤、右营游击王鼎、守备万奏平、凌进、杨进，以及千把总朱明、刘清、郑耀等率兵千余人、战船四十多艘，逃出澎湖。右营游击周应龙、中营把总王丑，附商船逃回内地，直走泉州，把总李硕、陈福、尹成、道标守备王国祥、千总许自重都逃澎湖，台厦道梁文煊、知府王珍、同知王礼、台湾知县吴观域、县丞冯迪、典史王定国、诸罗知县朱夔、典史张清远，都先后逃往澎湖。

当日，朱一贵义军攻占台湾府城（今台南市）。杜君英入住总兵官署，朱一贵入驻台厦道署，开府库，收货币，出榜安民，禁止杀掠。打开赤嵌楼，这是明郑时期储存军火的仓库，得到大炮、刀枪、硝黄弹药甚多。五月三日，北路义军攻下诸罗，诸罗县人赖池、张岳、郑惟晃、赖元改、万和尚、林泰、萧春等起兵响应，攻占诸罗（今嘉义），北路营参将罗万春战死。七日之内，义军发展至三十万人，除清军守备陈策仍然坚守淡水（新竹）外，全台被义军攻占。朱一贵被公推为中兴王，朱一贵斗戴通天冠、身穿黄袍玉带，筑坛受贺，祭天地列祖列宗及延平郡王，改元永和，建立政权，大封诸将，以王玉全为国师，王君彩、洪陈为太师，杜君英、陈福寿、李勇、王忠等皆位国公，其余文武部科总兵以下，不计其数。

上淡水营守备陈策遣队目郑明、蔡武赴厦门请援，清廷闻变后，极为震惊。总督觉罗满保进驻厦门，令金门守备李燕、北路营守备刘钧、千总李郡，星夜来援；并下令练义勇，分守台湾中北部要害，朱一贵义军北上之锋乃受挫，陈策并于六月收复南崁、竹堑、中港、吞霄、大甲、大肚等番社村落。

福建水师提督施世骠率水师出港赴台，满保又令南澳总兵蓝廷珍率水陆军一万两千多人、舰船四百艘赴澎湖与施世骠会师。施世骠、蓝廷珍等在澎湖商议进兵台湾，决心直捣鹿耳门，进攻义军要害。施世骠首先派游击张骥率兵增援淡水陈策，六月十日，施世骠令澎湖守备林亮率水兵五百七十人为前锋，自率战舰六百艘、水陆军两万殿后，从澎湖出发，直趋鹿耳门。义军首领苏天威据炮台阻击，但炮台火药库被清军炮火击中，炮台失守。清军战舰四百多艘，在林亮部的掩护下，直抵一鲲身，迅速登陆。义军退守安平（今台南西），被蓝廷珍率部攻破。次日，在七鲲身海战中，义军战败，退守府城。

施世骠令林亮率两千人、蓝廷珍率五千五百人，分别乘舰连夜进至西港仔，拂晓登陆，袭击义军侧背；令游击朱文率部越七鲲身，自盐埕、大井头分道进攻府城，义军伤亡惨重。十九日，清军攻占府城，施世骠同日抵达府城。

六月二十八日，朱一贵、翁飞虎等败退，由台湾府治夜遁至下茄苳，又逃往月眉潭，最后至笨港与外九庄地区之内的诸罗县沟尾庄（今嘉义县太保乡太保村），住在当地豪门大户杨旭家中。杨旭暗通清军，诱缚朱一贵，以牛车送到八掌溪水师提督施世骠处，朱一贵后被送去北京处死。

十七　　郁永河：首次到台湾开采硫黄的秀才

郁永河，字沧浪，浙江仁和的秀才。康熙三十年（1691 年）开始，在福州府衙门同知王仲千手下做幕宾，喜爱旅游，曾经游遍了福建的山水。康熙三十五年冬，福州府里的火药局发生了火灾，毁火药五十余万斤，典守王仲千应负责偿还。制造火药的硫黄，在福建没有产地，听说台湾的淡水有硫黄可以煮药，福州府欲派官吏前往采办。而当时淡水的土地尚未开辟，险阻多，水土恶，是明郑政权用来流放罪人的地方，无人敢去那里，郁永河慨然请行。

康熙三十六年（1697 年）正月，郁永河启程，到厦门乘舟，二月抵达了台湾郡府（今台南）。四月初七日，郁永河率领着五十五名随行工人，开始向北出发。他乘着犊车经过大洲溪、新港社、嘉溜湾社和麻豆社，夜宿佳里兴，他见识了府城附近原住民聚落的状态。四月十一日，他由半线（今彰化）社到大肚社住宿，接着，他又过沙辘社、牛骂头社，渡过大甲溪，到达宛里社。这段路程让他印象深刻，他记道："经过番社皆空室，求一勺水不可得；得见一人，辄喜。自此以北，大概略同。"从竹堑社到南崁社的路途中，郁永河一行吃尽了苦头，沿路未见一人一屋，感到当地"非人类所宜至也"。

自斗六门以北皆荒芜，森林蔽天，麋鹿成群，原住民都很驯良，不杀汉人。郁永河所到之处，原住民主动向他提供食品，并背着弓箭跟随左右保卫他。当时，汉人很少到这里，更没做过任何开发，原住民仍一如既往地生活，所以，原住民对汉人没有任何仇恨之心。

到了淡水（今新竹）以后，郁永河让通事张大先赴北投修筑房屋。五月初二日，郁永河率仆役乘舟而入。两山夹峙，中辟一河，为甘答门（今关渡），水道十分狭隘，进入水门之后，水面豁然开阔，像一个大湖，一眼望不到边。又行走了十里左右，郁永河才到达目的地，而工人夫役、粮糒、锅碗瓢盆等，也从海道赶来。五月初五日，张大先召集麻少翁等二十三社的原住民首领饮酒，告诉他们要在这里采集硫黄，原住民运送一筐硫黄可以换取七尺布匹。原住民十分高兴，纷纷跑来运送硫黄，郁永河、张大先命令工人开始煮硫黄。

出产硫黄的地方是内北社，郁永河亲自前往探密。他进入深林之中，忽遇大溪，溪水热气腾腾，像开锅一样，石头则是蓝靛色，热气熏蒸，白烟缕缕，向上升到山麓，这里就是出产硫黄的源头，土质松软，一触即倒。

不久，大多数工人生了痢疾，做饭的厨师也生病，无人做饭，工人、厨师躺在小屋里呻吟。对此，郁永河并没有气馁，用船把生病的人送回，只剩下了一半的人员。八月，福建省中新派的六十名工人又来到，他们居住的地方，有很多硕大的蚊子咬人，还有毒蛇经常出没，见人就咬。这一带还十分炎热，新到来的人不久也生病。郁永河一行人居住在这里不久，风雨骤至，房屋被毁。郁永河亲自持斧头砍伐木头，用来支撑房屋。然而，不久又有山洪暴发，房屋被彻底毁坏了。郁永河涉水行三四里，至岩下原住民的家里。天黑了，郁永河等人没有任何食物，郁永河只好脱下衣服，换取原住民的鸡，渡过了难关。大水消退之后，郁永河又召集工人，修筑屋屋，继续煮硫黄。最后，郁永河顺利完成了煮硫黄的任务。

八月，郁永河仍驾驭原来的牛车，返麻豆社，经哆啰咽北上到诸罗山。

十月初七日，郁永河便从八里坌海口出发，四天后在闽江口外的官塘山登陆，到省衙门复命。郁永河只在台湾半年时间，却著有《稗海纪游》、《番境补遗》、《海上纪略》，为后人留下了宝贵的资料。

郁永河以日记形式写成《采硫日记》，该日记又称《裨海纪游》，是研究台湾历史地理的重要文献。在《裨海纪游》里，郁永河记录了北台湾防务的空疏和社商对原住民的残酷剥削。他认为，清廷的汉人与原住民互相隔离的政策不会持久，主张以杀止杀，以原住民来安抚原住民，鼓励汉人开垦。积极安抚原住民，树以兵威，让原住民归顺，然后移民开垦。

十八　　陈梦林：编纂《诸罗县志》的奇男子

陈梦林（1664—1739），字少林，是漳浦的诸生，清初与蓝鼎元、庄亨阳齐名的漳州知名学者，时人称其"漳之奇男子"。

他曾与很多名士大夫交往，游历过楚、越、滇、黔等地，戎马江湖，俯视一世。康熙二十五年（1686年），陈梦林游学于黔中，在生员考试中名列第一。黔州知州黄虞庵以其才学出众，援例荐入太学。康熙五十年，黄虞庵任福建巡抚，招陈梦林入署为幕僚。

康熙五十五年（1716年），诸罗知县周钟瑄开始首次纂修《诸罗县志》，招聘陈梦林为主编。带着对台湾时局的高度关注和治史的严谨态度，陈梦林投入了《诸罗县志》的纂修。志书修成后，被大家称赞为善本。这时，清廷初得台湾，不事经理，文恬武嬉，偷安旦夕，对此，陈梦林非常担忧，就在《诸罗县志》中议论说：

"天下有宏远深切之谋，流俗或以为难而不肯为，或以为迂而不必为。其始为之甚易而不为，其后乃以为不可不为而为之，劳费已什百千万矣。明初，漳潮间有南澳，泉属有澎湖，尔时皆迁其民而墟之，且塞南澳之口，使舟不得入，虑岛屿险远，劳师而匮饷也。及嘉靖间倭人入澳，澳人复通巨寇，吴光、许朝光、曾一本先后踞之，两省疲敝，乃设副总兵以守之，至今巍然一巨镇矣。澎湖亦为林道乾、曾一本、林凤之巢穴，万历二十年，倭有侵鸡笼、淡水之耗，当事以澎湖密迩，不宜坐失，乃设游击以戍之，至今巍然重镇矣。向使设险拒守，则南澳不怠闽粤之师，澎湖不为蛇豕之窟，倭不得深入，寇不得窃踞，漳泉诸郡未必罹祸之酷如往昔所云也。今半线至淡水，水泉沃衍，诸港四达，犹玉之在璞也；流移开垦，舟楫往来，亦既知其为玉也已；而鸡笼为全台北门之锁钥，淡水为鸡笼以南之咽喉，大甲、后垄、竹堑皆有险可据。乃狃于目前之便安，不规久远之计，为之增置县邑防守，使山海之险，弛而无备，将必俟亡羊而始补牢乎？则南澳、澎湖之往事可睹矣。"陈梦林以史为鉴，呼吁清廷重视台湾的设防治理。

康熙五十六年（1717 年）春，《诸罗县志》纂修完成。陈梦林纵论淡北政事，谓自半线（今彰化县）以北，至淡水山后，应另外设置一座县邑，任民自垦，严保甲之法，以驱盗贼，增鸡笼水师，以固北疆。他的这个在半线以上别为一县的建议，后来得到同乡好友蓝鼎元的赞同。陈梦林关于抚番的观点与郁永河等人一致，清廷后来在鸡笼、淡水先后设置防务。

陈梦林辗转于台湾沿海、山地和平原，为《诸罗县志》搜集资料。当时，诸罗县建置仅三十余年，规制未备。他对"岛屿、汉港之出入险易，战艨民船之大小坚脆"，都做了周详调查，对县内可以垦田建市、驻兵设险者，尤予以重视和考订。

《诸罗县志》全书共十五万字，有志十二，即封城志、规制志、秩官志、祀典志、学校志、赋役志、兵防志、风俗志、人物志、物产志、艺文志和杂托志，以及形胜、海道、水陆防汛、汉俗、番俗等四十七目。它所记录的极其丰富宝贵的台湾历史、文化、语言、宗教、民恪等方面的信息，二百年来一直是人们了解和研究台湾的重要参考文献。

闽浙总督觉满罗保听说了陈梦林的才华，招他进入自己的幕府。康熙六十年（1721 年），朱一贵在台湾起事时，南澳镇总兵蓝廷珍奉命出师前去镇压。觉满罗保命令陈梦林跟随蓝廷珍做谋士，参与军事计划的制订。陈梦林与蓝鼎元日夜筹划，不辞劳瘁。半夜闻警，就在盾牌上书写命令，顷刻之间能完成上千字。陈梦林对剿灭朱一贵军事的贡献，并不亚于蓝鼎元。

朱一贵事件平定后，陈梦林又留在台湾五个月，然后回到家乡。他婉谢总督满保引荐做官的好意，闲居在家。雍正元年（1723 年），陈梦林又去台湾游历，数月后离开。陈梦林著有《台湾后游草》，蓝鼎元作序，其著作还有《游台诗》、《他斋诗文集》、《漳州府志》等。

十九 沈起元：作诗、从政都独树一帜的台湾知府

沈起元（1685—1763），字子大，号敬亭，江苏太仓人，自幼勉励自己要有廉耻之心。康熙六十年（1721年）考中进士，选庶吉士，授吏部主事，后被提升为员外郎。雍正五年（1727年），以知府分发福建使用。在福建，他先后署理福州府、兴化府、闽海关、泉州府等职，均有建树。沈起元为政清明干练，勇于负责。

沈起元在兴化知府任上时，雍正皇帝听说福建仓谷亏空，派遣广东巡抚杨文乾等前去调查，被劾的人很多，受到冤枉的人要求严厉处罚，而沈起元独自保持着一个平和的态度。

莆田百姓因为官司互相争斗，闽浙总督高其倬害怕造成祸乱，命沈起元逮捕他们并治罪。沈起元只责罚了两个人，上报说："罪责在主家身上，其他人不用问罪。"在管理福建海关时，沈起元敢于得罪权贵。福建巡抚常安的家奴在海关，索要杂费使商船受困。沈起元听说后，立刻督促按照既定额度收取税金，让商船通行，并告诉常安让他管好家奴。

在福建省府县官员政绩考核中，沈起元都被评为"优等第一名"，因此，他受到了闽浙总督高其倬的赏识。

为了防止台湾成为乱源，康熙皇帝不许闽台地方官大量招引民人赴台开垦，康熙末年，朱一贵事件更加深了清廷对台湾的顾虑。清廷"禁官府之携家，禁民户之搬眷，禁内民之渡台，汰道标之守兵"，严重地限制了台湾的开发。雍正皇帝大体延续康熙皇帝以来的限制开发政策。对于康熙晚年以来的治台政策，闽台的地方官员意见纷纭，许多闽台官员都认为，应该积极开发台湾。高其倬出任闽浙总督之始，便受命考察台湾情实，就携眷渡台等问题"详慎酌量定议具奏"。在闽浙总督任上，高其倬提出了不少较切合实际情况的治台措施。

雍正七年（1729 年）二月，闽浙总督高其倬传檄派遣沈起元去台湾，兼任台湾知府。一开始，沈起元致信推辞，高其倬在他的书信上批语："不得已借才干济绸缪海疆，必悉此怀，定能叱驭。"沈起元才去台湾任职。这次台湾之行，高其倬对沈起元"非常期许，寄以耳目腹心之托，俾过东宁，绸缪海邑"。就是说，沈起元到台湾做知府，负有筹划海疆的使命，即主要是为总督做调查研究，以便制定关于福建海疆的重大政策。

在沈起元赴台之前，高其倬当面要求他赴台就"台郡报升定额"与"审定番界"两件大事，提出解决办法。沈起元作为高其倬的得力助手，在台湾特别留意考察治台棘手问题。

沈起元抵台后，巡视考察、"悉心访究"田亩科则诸事。台民闻讯，事关切身利益，"环集公庭"，与之商讨。台湾赋税有三个标准：最高的一甲收谷八石，中等的收六石，最低的收四石，这样的标准比大陆内地高好几倍。然而，台湾民众多隐瞒土地数量，故赋税虽高却不是很困顿。高其倬想让台湾的赋税按照内地的最低标准征收，但又害怕征收的额度不满。沈起元建议，让登记在册的土地仍然按照以前的额度收取赋税，新丈量出来的土地再按照最低标准来征收。等到隐瞒的土地清理完毕，再全部按照最低标准征收，这样，百姓的负担没有增加。

当年四月，雍正皇帝下谕令，召高其倬晋京陛见，以吏部左侍郎史贻直署理福建总督。沈起元在台湾听到这个消息后，立即撰写了《条陈台湾事宜上督院高公》。

在条陈中，沈起元向高其倬建议，让他借此"千载一时之会"，向雍正皇帝详细报告他们以前详细讨论过的治台大政方针的得失，以立"万年不易之准"。然而，高其倬离开福建后不久，沈起元便受人参劾，"部议降调"。据《世宗实录》记载，雍正皇帝询问高其倬："闽省官贤否？"高其倬首先推荐了沈起元。雍正皇帝却认为，高其倬是"妄荐阿私"，偏袒沈起元。

雍正时期，虽没有发生大规模的民变事件，但随着大陆移民的大量涌入，民变、械斗、汉"番"冲突等频发。如蓝鼎元所言："此日之台湾较十年、二十年以前，又更不可缓。"既有的治台政策已难以适应，变革势在必行。雍正帝将台湾视为闽省"第一要地"，朱一贵事件虽已平定，但台湾仍"如安置一物尚未稳妥"，他要求闽台官员"加意料理"，确立稳妥的治台方略。

沈起元任台湾知府仅仅五个月，就撰写了《条陈台湾事宜上督院高公》、《议征台地新首亩地科则上署督院史公》两篇文稿。离开台湾后的第二年，他又撰写了《离任后复台湾地亩科则生番界址事宜上督院高公》。这三篇文章，都是沈起元写给前后两个闽浙总督高其倬和史贻直的禀陈。第四篇文稿《治台私议》，则是沈起元与朋友私下议论治理台湾的通信。在这四篇文稿中，沈起元提出了许多深刻的治台主张。

沈起元在他所撰的《治台私议》中，更加真实、系统地说明了自己的治台理念。他认为，台湾现状"正如洪荒初辟，章程制度，草草未立"，台湾今非昔比，清廷的治台政策应与时俱进："经理台郡者，可不随时度势绸缪整顿，为万年不拔之计哉？"

对此，沈起元提出了六条十分重要的建议："台湾之治宜防山不宜防海"、"台郡荒埔之宜垦不宜弃"、"归化生番之宜结其心"、"搬眷之禁尤亟宜变通"、"调任之新令太骤"、"本道之权宜专重"。

关于"台湾之治宜防山不宜防海"。所谓"防海"，就是加强对台湾主要港口的布防。所谓"防山"，就是加强对台湾北部山区的布防，雍正帝坚持"防海"重于"防山"。沈起元认为，台湾的情势已与明郑时代迥异，台湾海峡成了"内沼"，南面外岛吕宋等地也不足为患，主要的威胁是来自内山的"生番"与藏匿其间的"汉匪"。

关于"台郡荒埔之宜垦不宜弃"与"归化生番之宜结其心"，这两条紧密相连。台湾南北两路的荒地，实际都是原住民的"鹿场"，并非无主之地。开发荒地就会触及原住民的利益，这是困扰台地官民的大难题。康熙年间，陈瑸既提出保护原住民的产业，又强调要大力开垦荒地。但是，何者属于应保护的原住民产业？何者属于可以开发的土地？

沈起元认为，在平定朱一贵起事之后应用恩抚政策来治理原住民："对归化之生番，宜采恩抚政策，以结其心，如抚的得当，不但不为民害，且可供调度，以弥补官兵之不足。应仿云贵土司一例，奏请发给该官以管带俸食，令其治理番民，当可令彼等诚悦归化。至于国家俸禄之需，岁杂甚微，收效不为少。"他的主张就是，仿照云南贵州土司制度来"以番制番"。

关于"搬眷之禁尤亟宜变通"。沈起元认为，清廷采取的禁止女眷渡台措施是："因噎废食之计，以为是可以久安长治矣，何其远欤？"台湾致乱的根源在于官吏的腐败，而非台民的可畏。闽台地方大员隐瞒实情，"未敢以致乱之由，据实陈告"。

关于"调任之新令太骤"和"本道之权宜专重"。沈起元提出，要求朝廷赋予台湾道以刑名钱粮各项定案之权，不必远隔重洋请示藩臬衙门，并要留任有治台经验的官员，以保障对台地的良好治理。这样，"可以化流民为土著，化熟番为汉人，化生番为熟番，均其赋役，正其疆界，治其城邑，以保障滨海一带之内地"。

雍正十三年（1735 年），沈起元由台湾府知府护理福建分巡台湾道。沈起元在福州因处理冤狱时得罪按察使潘体丰，被潘体丰以其他事指控，降职四级，遂辞官归家。乾隆帝即位后，沈起元被起用为江西驿盐道副使。

乾隆二年（1737 年），沈起元被拔擢为河南按察使。当时，河南四十多个县遭受了水灾，饥民四处逃难。有人竟然建议，禁止饥民四处迁移。沈起元说："百姓都快要饿死了，怎么能禁止他们往别处迁移呢？"他下令把灾区的饥民安置在没有受灾的府县，并发给粮食。巡抚雅尔图下令让各府县都修建书院，由沈起元负责，他亲自给世人讲学，探讨省身克己的学问。

乾隆七年（1742年），沈起元迁任直隶布政使。直隶发生大旱，官员商议赈灾。直隶总督高斌想十一月再开始行动，沈起元坚持首先普遍地赈济一个月，等到户口查完了，再分别每户人口的多少增减赈济。有人提议，赈灾应该按户不按人口，沈起元说："一户人家数口人，只是赈济一两个人，这将要杀掉剩下的七八个人呀！"户部尚书海望上奏，请求清理直隶的旗人土地。直隶各府县很久没有清理完毕，超过了朝廷规定的期限。朝廷下旨斥责，要求查办。直隶总督高斌准备弹劾数州县的官吏，来应付朝廷的命令。沈起元认为不可，他说："旗人的土地不是一朝一夕就能清理的，州县官吏正忙于赈灾，哪有时间顾及这些？只弹劾我沈起元一个人好了！"于是，高斌就没有弹劾任何人。

乾隆九年，沈起元入京任光禄寺卿。乾隆十三年（1748年）因病离任回原籍。沈起元晚年闭门阅读圣贤大儒的典籍，临去世前，他说："平生学无真得，年来静中自检，仰不愧，俯不怍，或庶几焉！"沈起元著有《敬亭文稿》、《诗草》、《桂轩诗草》，另著有《周易礼义集说》、《周易洗心》、《四库全书》著录。

二十　甘国宝：传奇英雄

　　甘国宝，字继赵，号和庵，福建古田县二十六都（今屏南县小梨洋村）人，康熙四十八年（1709 年）出生。其曾祖甘文亮，祖父甘元桂，父亲甘亨贵，母亲王氏。甘国宝兄弟三人，国宝居长，国阅、国臣次之。康熙五十四年（1715 年），甘国宝随家迁往古田县长岭村。雍正四年（1726 年），全家又迁居福州文儒坊。

　　甘国宝自幼聪颖好学，少时拜张姓秀才为师，学习四书五经，十四岁起参加文童县试，名屡列全县第一。邻村恶少因嫉妒而时常欺侮甘国宝，他愤而拜武举人林殿魁为师习武。他习武具有天生禀赋，又能勤学苦练，武艺很快精进。十八岁时，已长得身材魁梧，不但文采书画俱佳，而且武艺出众，箭法超群。

　　雍正五年（1727 年），甘国宝兼应武童考试入泮。雍正七年，考中乙酉科武举人；雍正十一年，到北京参加会试，考中武进士第三名。参加殿试，考中殿试二甲八名，选授御前三等侍卫。

　　甘国宝自任三等侍卫起，因恪尽职守，常获嘉勉。乾隆三年（1738）领侍卫内大臣，旋外放，以其"才干优长，识见明澈"，特授广东右翼镇标中营游击。乾隆五年，署南雄副将。乾隆七年，调任督标（总督）后营将，兼任督标水师参将，甚得上司赏识和器重。乾隆八年，经兵部引荐，乾隆帝以其"才干优异"赐蟒服，列名卓异注册。甘国宝任期届满，本应升调异地任职，但两广总督庆复认为甘国宝才干与操守俱佳，特上疏奏请将其留任肇庆水师参将。

乾隆十年（1745年），两广总督策楞委派甘国宝为虎门香山副将，并署理春江水师副将。乾隆十三年，他又得到乾隆皇帝的召见嘉勉。乾隆十六年，甘国宝调任湖广洞庭水师副将。乾隆二十年，湖广总督以甘国宝带兵统御有方，治饷得力，先后上疏力荐，升授贵州威宁镇总兵。乾隆二十一年，因母逝世回乡服丧，期未满即提前赴署理事，移孝作忠，得到嘉许。乾隆二十二年六月，朝廷谕旨，调甘国宝出任山东兖州镇，尚未抵任，复补授江南苏松镇总兵，九月又调任浙江温州镇总兵。乾隆二十三年，再调闽粤南澳镇总兵。乾隆二十四年八月，又调任福建海坛镇总兵。任南澳总兵时，值岁歉收，甘国宝捐献俸薪购粮以济军民。

乾隆二十四年（1759年）十月，乾隆皇帝授甘国宝台湾总兵。甘国宝于第二年正月到任后，上折谢恩，乾隆皇帝御批云："此系第一要任，不同他处，非才干优良、见识明彻者不能任之。"表明朝廷非常器重甘国宝。

甘国宝在台湾府城总镇署亲书"益求堂"，用以加强教练，惕励士卒。他还深入民间，熟悉风土民情，并教民"明礼义，务耕耘"。期间，有一社民杀了一家九命，嫁祸到原住民头上，甘国宝通过明察暗访，辨明案情，将真凶绳之以法，既维护了社会安定稳定，又保护了少数民族。为避免原住民和汉人的冲突，他采取"严疆界、谨斥堠"的治理措施，加强巡查，严禁汉人侵入原住民居住地区，维护原住民与汉人的和睦关系。他把祖国大陆的先进文化和农耕技术传播到群众中去，主动配合当地政府开办"义学"，提高台湾居民的文化素质。甘国宝严守海疆，时常亲率小船在海上巡逻。

在甘国宝和台湾地方官的努力下，台湾"兵安其伍，民安其业"，清廷对台湾的统治得到了巩固。

乾隆二十六年（1761年）正月，甘国宝升任福建水师提督，遗缺由湖南辰溪人游金辂（行伍出身）任之。上任后，甘国宝借鉴治理台湾的经验，以海防为重，常常告诫僚属说："防陆者，不可处于家，防海者，不可处于陆。"他以身作则，经常坐楼船、率小艇沿海巡逻，保障商船和渔民安全，保卫海疆的安宁，海防得以巩固。

乾隆二十八年（1763年），甘父逝世，甘国宝回乡丁忧。次年因厦门陋规案，兵部奏议，欲将甘国宝发往新疆鄯善效力，但乾隆帝认为"陋规沿习已久，与婪赃败检不同"，不予重处，还召见甘国宝，谕旨让其移孝作忠，降任云南开化镇总兵。时逢缅甸欲摆脱中国属国地位，云贵总督刘藻奏请让甘国宝镇守永宁，加以制止，缅甸因惧国宝威名，一时未敢轻举妄动。

海南黎民起事，杀掠琼崖安定、崖州二县。乾隆三十年（1765年），甘国宝奉令调任广东雷琼镇总兵，前去平定黎民起事。他身先士卒，率轻骑直捣黎族人聚居区，不损一兵一卒，擒获黎首，平息了事态。

第二年，甘国宝因军功卓著，谕旨加级，复调台湾任挂印总兵，台湾百姓闻讯，箪食壶浆，夹道欢迎。时逢台湾六斗门盗匪董六为患，到处奸杀掳掠，危害乡民。甘国宝即调派中军游击一员及步战士兵两百名，并亲自坐镇六斗门营汛。查知附匪者大多迫于生计，因而采用剿抚并施之策，并广布线民，重赏检举者。通过攻心战术，瓦解匪帮，擒获匪首董六，很快就肃清了六斗门之乱。为使地方不再有匪类为患，乃召集地方乡绅，建立总巡、分巡、轮巡、会哨等巡查自卫制度，防止匪盗侵害，使台湾"盗敛迹、民居无警，兵民安揖"，海岛一度安定。甘国宝除操心军务之外，还关心民瘼，经常深入民间察访民情，关注民生。乾隆三十二年，他上奏折说："入秋以来，雨水沾足，晚稻成熟，查据各属具报淡防壹厅彰化、诸罗、凤山、台湾肆县，晚稻收成自捌分以上至玖分不等。通台匀算将及玖分，实为丰稔之年，至各属所种地瓜、花生、芒蔗杂粮均皆丰盛。现在市米价值上米每官石卖纹银壹两叁钱至壹两伍钱不等，地方宁谧，民、番乐利，奴才惟有时刻黾勉督察巡防。"甘国宝一共在台湾驻防了四年多，倭寇慑于他的声威，竟不敢来犯。

乾隆三十二年（1767年），甘国宝升任广东提督，离台到广东赴任之日，台湾百姓送"万民伞"、"万民旗"，扶老携幼，同舟送行至鹿耳门，不忍分手，挥泪而别。

在广东提督任内，忠于职守，对绥靖地方贡献甚多。惠州遭水灾，米价昂贵，甘国宝设厂施粥，并劝导富户开仓平粜，赈济饥民。次年，乾隆帝再次召见，三次问对，并细询家事，御赐亲手书"福"字及其他珍贵物品，并谕旨晋级，甘国宝返回广东任所后，因染痼疾，乃奏请卸任。乾隆帝御批表示关切并予以慰留，同时还恩准其回故里省亲养病。甘国宝病体恢复后倍加勤勉，尽职尽责。

乾隆三十四年（1769 年），甘国宝任福建陆路提督兼闽阅操大臣。年逾花甲的甘国宝不顾年事已高，经常深入各地视察军事防备，了解民生民情。泉州干旱，虔诚祈祷，天降甘霖，地方士绅作诗歌记其事，并在古田倡修汤寿桥、朝天桥，在厦门倡建天后宫，在泉州倡建玄妙观。此外，施棺舍药，埋葬无嗣士兵，送外地士兵遗骸回乡归葬。同时刊文劝善，所到之处，无不尽心尽力。泉漳水患及治理情况，在乾隆三十五年六月二十四日上报给朝廷的折奏中，甘国宝有很具体的报告。

乾隆三十六年三月，王添送在漳、泉交界的福鼎（覆鼻）山为乱，甘国宝立即调兵遣将，亲往督阵平乱，很快就将王添送及其党羽擒获，无一漏网，而后，他在四月十三日给乾隆帝的奏折中详细奏报了此事。同年十月廿四日，甘国宝在巡阅上游营汛之后，把诸营汛的情况具折申报朝廷。

乾隆四十一年（1776 年），甘国宝已六十八岁，自感年老体衰，奏请陛见，要求准予解甲归里养老，乾隆帝召见并加封赐食。甘国宝回福建后，奉命出巡福建八府，途经泉州时染病去世。朝廷追授荣禄大夫，葬于福州北关外猫儿山。六营十郡将士仰慕其德，台湾百姓念其政绩，都建祠设祀。

甘国宝是一名儒将，公余雅好文墨，擅绘山水画，尤工手指画虎。《福建通志》记载，甘国宝"善画虎，能传神鸷威"，他画的虎有伏虎、卧虎、蹲虎、腾虎、上山虎、下山虎等，千姿百态。更为难得的是，他画虎不用毛笔，而是用指头蘸墨，在宣纸上挥洒自如。他的画风粗犷、简练，不注重形似而注重神似。

二十一　吴沙：开兰始祖

吴沙，雍正九年（1731年）出生于福建漳浦县西门外小山城元房大围头。

葛玛兰原名蛤仔难或甲子烂（今宜兰），在台湾东北部，三面环山，东临大海，中部是平原，南部有苏澳港，北部有乌石港，中有浊水溪（今兰阳溪）流向东海。浊水溪溪北称为"西势"，溪南称作"东势"。"沃野三百余里，可辟良田万顷"。在汉人进入开垦之前，这里散住着三十六社平埔族原住民，此时，清廷尚未在这里设官治理。

最早，康熙末年（1710年），就有汉人在此与原住民进行交易。

乾隆三十三年（1768年），漳州人林汉生率众进入葛玛兰平原开垦，旋遭原住民杀害，拓垦失败。乾隆三十八年，吴沙从原籍移居台湾经商，先居淡水。

当时，有很多人想去开垦葛玛兰。乾隆四十一年（1776年），林元旻由乌石港北边的河流上溯，成功入垦淇武兰（今宜兰县礁溪乡），这是汉人入垦兰阳平原最早者。到了乾隆末年（1780年代），汉人的移垦聚落已经有四五千处。

乾隆四十八年（1783年），吴沙从鸡笼迁移到三貂社，他与平埔族等原住民族村社进行贸易活动。三貂与宜兰仅有隔着一道山，吴沙把草药、布匹、盐、糖、刀等货物卖给原住民，又从原住民那里换回鸟兽、木材之类的山货卖给汉人。因他"通番市有信"，深得原住民喜爱，并娶了原住民女子，他自己因此当上了原住民的小头目，帮助广东、福建的移民"入山伐薪抽藤自给"。在与原住民的互市中，吴沙目睹葛玛兰一片荒芜，原住民都不会农耕，也不重视土地。因此，吴沙立志要开辟葛玛兰，开垦出良田，造福当地民众，于是悄悄与闽粤诸民，接近蛤仔难，从事樵采。

乾隆五十一年（1786年），吴沙以三貂为基地开始筹划开兰。为集结人力，吴沙首先在贡寮一带试行开垦，就地兴建房宅，使投靠者先有田耕，有房住。同时在三貂社开山修路，前来投靠者发给一斗米、一把斧头，使入山砍柴抽藤，解决临时生活费用。由于吴沙生性好侠，广结善缘，投靠的移民达一千多，其中漳州人占十分之九。开兰的最大障碍是所谓"番害"，由此决定了开兰行动必须是武装拓垦。乾隆五十二年，为确保拓垦成功，吴沙特委托许天送、朱合、洪掌等熟悉番情从事"番割"的友人，辅助筹划开垦事宜。他们组织二百多壮士为前导，保护垦民免受番害，并安排二十三名懂原住民语言的人随行。开兰需要庞大的资金，以保证垦民衣、食、住等生活之需和农具、种子、运输等生产之需。吴沙凭着平日创建的良好信誉，得到淡水富豪柯有成、何绩、赵隆盛等人的鼎力襄助。开兰还需要获得官府的同意和支持，吴沙协助官府拿获贼寇，得到了淡防同知徐梦麟的信任，使开兰行动得到了官府的默认。徐梦麟授予吴沙堵截之职，并允酬开蛤仔难地。

乾隆五十四年（1789年），徐梦麟还把吴沙开垦葛玛兰的情况报告给杨廷理，杨廷理后来极力建议在葛玛兰设官治理。徐梦麟，字润堂，浙江桐乡人，监生，乾隆五十二年从晋江知县升任淡防同知，乾隆五十三年署理台湾知府。当林爽文率部从大里杙进入后山（即噶玛兰）时，杨廷理派人送檄文给徐梦麟，让他堵截。事平后，徐梦麟致信杨廷理："有漳人吴沙久住三貂，民番信服，可保无疏纵弊，及隔港蛤仔难生番尚未归化，并无居民，毋须顾虑等情。"① 第二年，林爽文被捕，杨廷理随着清军返回郡城。徐梦麟署理知府篆，见到他时，每次都向杨廷理陈述蛤仔难的重要，

① 《噶玛兰厅志》卷七第365页。

土地广袤肥沃，原住民容易治理，吴沙可以信任。杨廷理遂多次写信给福建巡抚徐嗣曾，积极建议治理噶玛兰。徐嗣曾均以"经费无出，且系界外，恐肇番衅"为由，拒绝将杨廷理的建议转奏清政府。但是，杨廷理的这个建议终于在嘉庆十七年实现了。

嘉庆元年（1796 年），吴沙率领漳、泉、粤三籍移民一千余人、乡勇二百余人、通事二十三人，乘船向蛤仔难前进，于九月十六日登陆乌石港。据《宜兰县志》记载："惟当时吴（沙）使用火器甚猛，平埔族终于不敌溃走，撤至西势之哆啰美远、珍仔满力、辛仔罕三社为后图，吴乘势侵入，沿途无敌，遂入头围。"

吴沙一行占据乌石港，登陆后即在港口南方修筑土围，称"头围"（今宜兰县头城镇）。吴沙以头围为据点，创建了宜兰第一个汉人聚居地。由于头围的垦辟，此后，大量漳州移民都经此而进入葛玛兰各处，从台北、基隆进入葛玛兰，也都必经过此地，头围一时农事大兴，人员骤增，成为初期的政治、经济、交通中心。开兰行动从一开始就受到了原住民的阻挠，随着垦地的推进，原住民更是惊恐万端，经常袭击垦民。乡勇、垦民奋力抵御，双方死伤不少，吴沙之弟吴立也在一次拼杀中战死。吴沙深感不处理好与原住民的关系，便很难完成开垦事业，他派人欺骗原住民："海贼就要来犯，消灭诸番。我们是奉官命来堵贼，保护你们的。"

原住民将信将疑，还是常来侵犯，但又屡犯屡败，以为汉人有神助，战事才逐渐平息。在处理与原住民的关系中，吴沙更注意用仁德感化他们，在原住民强攻时，吴沙率众暂且退回三貂社。

嘉庆二年（1797 年），原住民流行生长水痘的天花病，不少人病死。吴沙懂医术，开方施药，原住民不敢服用，强灌，救活一百数十人。原住民以为吴沙是神，就用土地酬谢他。

吴沙赴淡水厅，请求允许他招人开垦蛤仔难地，淡水厅给他颁发了义首印信。他制定乡约，组织壮丁，修筑道路，设置隘寮，至者愈多。吴沙将垦民组织起来，十数人为一结，数十结为一围，形成严密而有系统的开垦群体。在不到一年的时间里，垦地几十里，接连开发了二围、三围。

嘉庆三年（1798年）十二月九日，吴沙病逝。吴沙妻子庄梳娘、儿子吴光裔、侄子吴化等继承吴沙遗志，继续开垦出了四围、五围（今宜兰市一带）、员山、汤围、柴围、大湖围等广大地区。

随着开垦活动的深入，汉人居民点有五围、员山、溪州、罗东、汤围、紫围、大湖围、三十九结围、都美鹤、劳劳围、下溪州、几穆劳、辛那罕等。浊水溪以北的土地十之七八已被漳州人开发了，浊水溪以南则是泉州人和广东人在开垦。

台湾西部的平埔族原住民也大规模迁到葛玛兰。嘉庆九年（1804年），彰化地区的原住民首领潘贤文等，率岸里、阿里史、阿束、东螺、牛骂头、大甲、吞霄、马赛各社原住民千余人，越过中央山脉迁到葛玛兰，欲与汉人争夺五围地区。汉人先是与之和好，拿衣服粮食交换原住民的鸟枪，削弱他们的实力，等到原住民的鸟枪几乎全部转到汉人手中之后，原住民只好放弃五围，至东势地区自行开辟罗东。

嘉庆十一年（1806年）春，蔡牵的船队出现在葛玛兰的头围乌石港外海。当地士绅陈奠邦、吴化等人，召集乡勇百余人，扼守险要。他们率领汉人与原住民合力抗拒，砍倒大树，推入乌石港内，堵塞海道，蔡牵的船队无法进入乌石港。

同治年间，漳浦人陈辉煌等率众人，开垦兰阳溪以南的广大地区。从嘉庆元年吴沙入垦头围，到同治十三年（1874年）陈辉煌开垦三星，历时八十年，葛玛兰由荒埔原野变成阡陌良田。

吴沙开兰之功，后世评价颇多。嘉庆年间，噶玛兰通判杨廷理祭拜吴沙墓，并撰联曰："天开草昧抚番岸丝净道合中庸，地辟兰阳践土食毛民怀大德。"

咸丰八年（1858年）秋，头围县丞王兆鸿在头城乌石港前接官亭内树立"昭绩碑"，上面镌刻："布衣而建开辟之功，纤民而创不朽之业，生无一命之加，殁享千秋之祀，稽之史册，伟绩如吴公者，绝无而仅见也……"头城镇开成寺，寓纪念吴沙开兰成功之意。寺内设吴沙祠堂，奉祀吴沙全身塑像，并有对联曰："三十六社内番族输诚堪钦智略，二百余年前兰疆垦辟永沐恩波。"

二十二　朱山：廉洁的画家县令

朱山，字怀仁，号寿岩，晚号蜕翁，浙江归安（今湖州）人，早年以卖画为生，乾隆十六年（1751年）进士。乾隆二十年，出任彰化知县。上任之后，朱山首先拜谒圣庙，然后去监狱巡视。朱山询问狱吏："那些囚犯都是巨盗吗？"狱吏回答说："他们都是些小窃贼。"朱山反问道："小窃贼还用囚禁吗？"朱山把所有囚犯都召集到庭院，然后释放，每人发放十两银子，作为谋生的本钱。朱山对他们说："我与你们约定，如果你们再犯罪，我就不再饶恕了。"

不久，县吏抓获了一个盗贼，朱山亲自审讯他，发现盗贼是以前他放走的囚犯之一。朱山对衙役说："当初我与他们的约定一定要兑现，应当把这个盗贼打死。"不久，朱山又按照当初的约定打死了一个盗贼，令彰化县的民众都十分惊骇。民众纷纷互相劝戒说："朱知县是敢作敢为的官吏呀，千万不要犯法呀！"时间不长，县吏又抓获了一个盗贼。朱山刚刚要下令打死，忽然发现盗贼脸上有泪痕。朱山问道："犯法者死，为什么要哭泣？"那盗贼回答说："小人自知必死，刚才与母诀别，所以内心悲伤。"朱山令人出去查看，果然看见一个老太婆正在抱席痛哭，准备用席包裹儿子的尸体。朱山说："这个盗贼有孝心，尚可改。"朱山又给盗贼十两银子，并且严厉地对他说："你拿着这十两银子到其他地方做小买卖吧，不要再留在彰化县城了，不然，恐怕又会被县吏捕捉。"那个人叩头拜谢而去。

朱山为政十分谨慎，在审讯案子时，他一定要把涉案双方都召集在衙门，面对面对质明白，然后才判决。这样审案，既准确清楚又有效率，所以，他当政时，彰化县没有积累下来的案件。彰化县衙本来有自己的私款，每年收入数千两银子，朱山丝毫不取。他说："在俸禄之外，其他的收入都是横征暴敛，作为老百姓的官员怎么能让老百姓贫困呢？"

巡道德文视察彰化县时，以前的招待都非常奢华。朱山不愿意那样招待德文，只给德文提供了大米十石、山羊四只。德文因此十分忌恨朱山，回去后立即给彰化县下令，让朱山丈量彰化的田地，以便加征税收。朱山尽力抗争说："彰化的土地才刚刚开辟不久，有一半是盐卤之田，与其他县不同。以前清丈土地时，曾留有余地，以救济彰化的贫苦民众。现在，如果再丈量征税，将会让彰化的民众很痛苦，朱山不忍心那样做呀！"

但是，德文拒不理会朱山的请求，仍然继续催逼朱山。彰化县城的士绅，准备向德文行贿一万两银子，以求免于麻烦。朱山却坚决不同意，他坚定地说："只要我朱山在此，断不会让诸公行贿我的上司！"他突然下令，县吏夺回银袋子，带回县衙看守。

德文听说这件事后，大怒，向朝廷上奏，弹劾朱山私下收受士绅赠送的贵重物品。奏章上到北京之后，朝廷下令逮捕朱山。彰化县城的民众数万人，愤而起来追打前来逮捕朱山的官员，民情因此汹汹。朱山挥手制止保护自己的民众，一边哭泣一边说："各位乡亲如果因为我而违抗朝廷的命令，这是杀我，而不是爱我呀！"民众激愤地说："如果是这样，那么，我们保护明公前去受审。如有不测，我们愿与明公一同赴死！"

朱山刚刚登上船，而民众赠送他的粮食用品就几乎堆满了船舱。一男子向朱山赠送一百两银子，朱山询问原因，那男子回答说："小人是明公连续两次释放的那个盗贼呀！"朱山说："你后来靠什么谋生？"那男子回答说："小人接受了您赠送的银子后，改行贩鱼，已经成家了。现在听说明公将要远行，母亲命小人来报恩。"朱山说："我确实不知道你手中的银子是怎么来的，怎么知道你不是盗来赠送我的呢?"那男子回答："明公不接受我的银子，是仍然把我看作盗贼呀。回去之后怎么向母亲交代呀，不如现在就去死!"随后就跳入大海。船夫急忙跳下去，把他救起来，朱山这才接受了他的馈赠。

朱山在省里被关押一个多月，福建将军深知他是被冤枉的，上奏朝廷请求赦免他。朝廷召见朱山，恢复了他原来的官职，并升任滦州知州。在上任新官职之前，朱山回家探亲，见自己的房屋发生了变化，逡巡不敢进入。不久，妻子出来迎接，对困惑的朱山解释说："这是您前年在彰化罢官时，彰化士民把我们的家迁移到这座好房子的。"朱山拿出购房的契约查看，房屋的购价是一万两银子。

朱山还是画家，善画水墨牡丹，用墨朗隽，英英夺目，间写古松，兼工山水。著有《寿岩诗存》、《蜕翁诗存》。

二十三　　杨廷理

　　杨廷理（1747—1813），字清和，号双梧，又号半缘、苏斋、更生，清代广西柳州府马平县（治今柳州市）人。出身行伍世家，祖父杨标以从征自南昌至广西，隶籍广西提督标营，家居柳州城西桃花庄，位置在今映山街南部一带。父亲杨刚，官至南宁府左江镇署总兵。乾隆十二年（1747年）三月初九，杨廷理出生于广西南宁左江镇署，十岁时随家人回柳州。父亲对杨廷理"督课甚严"，期望他日后能文能武。

　　杨廷理自幼聪颖，熟读四书五经、古文、时艺，喜欢书法与吟诗，有诗名。杨廷理立下科举致仕、保境安民的志向。他十二岁应童子试，有"世人只诩高声价，哪识良工费苦心"诗句，颇得广西学官陈桂洲赞赏，并称"小子后来必以诗成名"。于是，他被录取为府学生员。乾隆四十三年（1778年），杨廷理以拔贡生入京，朝考获一等第一名，奉旨以知县任用。这年冬天，授补福建归化县知县，次年冬调署宁化县。乾隆四十五年夏，他任侯官县知县，兼署福防同知。乾隆四十七年，杨廷理出任龙岩直隶州篆，三年后加通判衔。

　　乾隆五十年（1785年）八月，杨廷理升任台湾府海防兼南路理番同知，第二年八月二十日到台湾就任。不数月，值林爽文事件爆发，杨廷理以同知摄知府事，因守城安民有功，擢任台湾知府。乾隆五十五年春，再升台澎兵备道，兼提督学政。乾隆五十八年，加按察使衔。

杨廷理来台时，大大小小的反清活动不断，酝酿着更大的反清风暴，"全台不靖，抢劫频繁，谣言四起，人心汹涌，道路以目……文武官均有束手待毙状"。乾隆五十一年（1786 年）十一月，林爽文在彰化县大里杙起事，这是继朱一贵抗清以来规模最大的反清事件。

平定林爽文起义后，清廷对有功人员进行奖赏，杨廷理也因参与平定林爽文起义受到了封赏，于乾隆五十三年三月二十二日升任福建分巡台澎兵备道兼提督学政，赏戴花翎。参与镇压林爽文天地会起事，杨廷理"以书生骤莅戎事，应变不穷"，得到了乾隆皇帝的赏识。

除了亲自参加镇压林爽文起事之外，杨廷理还以朝廷大臣和史家的态度撰写了《东瀛纪事》。这部编年体史书，是杨廷理于乾隆五十五年夏天在郡署完成的，主要评述林爽文起事的过程。

其序言总结了林爽文起事的原因："盖自郑氏殄灭，朱一贵荡平以来，海疆无事，垂数十年矣，其始特以地沃民稠，志骄服美，守土者忽不加意，以为风俗固然；渐且奸胥猾吏，恣为民患而不之止。其民之黠者，则又交结胥吏，舞文弄墨，枉法干纪，蔽上耳目。桀悍者至于持械斗狠，千百为群，白昼相杀于道，而官不可禁，或因以取贿而免之。此乱之所由生，非一朝夕之故也。""盖尝综台湾一郡之形势，与夫治台湾者得失难易之故而论之，而知其致变也有三，其变而得骤复也亦有三。致变者何？五方杂处，民不土著而无恒产，一也。大里杙及他所山谷溪隘阻险而远，稽察所不能到，二也。衅初起而不急扑灭，俾贼得以啸聚嚣张屠割僭据，三也。变而得骤复者何？乌合之众易为聚散，前者见败，后不相救，一也。环岛中间，守山截海，游魂釜底，奔窜无所，二也。各营官兵之外，泉、粤义民卫公保私，悉力拒贼于前，贼不能进，南北番兵，畏威向化，奋勇断贼于后，贼不得退，三也。而况夫天子特选重臣，亲授机宜，有烛照数计于万里之外者。"[1]

---

[1] 参见林庆元《杨廷理传》，第 40 页、第 41 页。

最后，杨廷理提出了治理对策："兴利除弊，恤民纠吏，弭乱本于未形，跻殊俗于雅化，则庶乎可矣。"在护理台湾道期间，杨廷理奏请宽免林爽文案内胁从万余人。

此后，杨廷理在台湾几十年的治政，尤其是对噶玛兰的开发建设，正是源于这样的思想认识。

两任台湾知府任上的善政

乾隆五十二（1787 年）底，杨廷理跟随福康安的大军至平台庄、大里杙，他第一次听说三貂、蛤仔难。蛤仔难，原住民称为噶玛兰，位于台湾岛东北部兰阳平原中心，三面环山，东临大海，中部是平原，南部有苏澳港，北部有乌石港，中有浊水溪流向东海，汉人居民点有五围、员山、溪州、罗东、汤围、紫围、大湖围、三十九结围、都美鹤、劳劳围、下溪州、几穆劳、辛那罕等。浊水溪以北的土地十之七八已被漳州人开发了，浊水溪以南则是泉州人和广东人在开垦，噶玛兰还有从台湾西部迁移过来的阿里史社、阿束社、东螺社、牛骂头社等。

噶玛兰的情况，杨廷理是从淡防同知徐梦麟那里得知的。徐梦麟，字润堂，浙江桐乡人，监生，乾隆五十二年从晋江知县升任淡防同知，乾隆五十三年署理台湾知府。当林爽文率部从大里杙进入后山（即噶玛兰）时，杨廷理派人送檄文给徐梦麟，让他堵截。事平后，徐梦麟致信杨廷理："有漳人吴沙久住三貂，民番信服，可保无疏纵弊，及隔港蛤仔难生番尚未归化，并无居民，毋须顾虑等情。"[1] 第二年，林爽文被捕，杨廷理随着清军返回郡城。徐梦麟署理知府篆，见到他时，每次都向杨廷理陈述蛤仔难的重要，土地广袤肥沃，原住民容易治理，吴沙可以信任。杨廷理遂多次写信给福建巡抚徐嗣曾，积极建议治理噶玛兰。徐嗣曾均以"经费无出，且系界外，恐肇番衅"为由，拒绝将杨廷理的建议转奏清政府，但是，杨廷理的这

---

[1] 参见《噶玛兰厅志》卷 7，第 365 页。

个建议终于在嘉庆十七年实现。

乾隆五十三年（1788年）三月二十二日，杨廷理出任护理福建分巡台湾兵备道，兼提督学政。四月十八日，福康安参奏收受陋规银各员，涉及杨廷理。五月二十九日，福康安、魁伦、徐嗣曾奏入，称赞杨廷理"实心实力，办事公当，民情极为畏服"。乾隆降旨：杨廷理从宽改为革职留任。

以前，台湾各府城、县城均无城墙。康熙六十年，康熙帝还特别谕令巡台御史，全台湾不得建筑城墙。雍正元年，台湾县知县周钟瑄首次树立木栅。雍正十一年，闽浙总督郝玉麟上奏，在台湾各城种刺竹，以便保卫城邑。林爽文起义后，清廷认识到了城墙对于官府的重要性。乾隆五十二年正月二十一日的上谕中说："此次林爽文纠众猝起，县城遂被攻破，究由刺竹不能防御所致。朕意与其失之复取，既烦我兵力，又骇众听闻，何如有城可守而勿失，更为存备无虑乎！"① 乾隆五十三年，乾隆帝正式下谕令改建砖石城垣，并令钦差大臣福康安、工部侍郎德成、福建巡抚徐嗣曾亲自踏勘旧址，共同规划。由于运载砖石十分困难，改由以土筑墙。福康安令杨廷理具体负责这项工程。另外，福康安还保举知府成明任工程监造，原任同知田伊衡任工程督料，原任台湾知府万绵前、台防同知清华、署台湾县知县罗伦、前台湾知县王露、署澎湖通判王庆奎、原任布政使经历张鼎等分任工程分段正办官，嘉义县笨港县丞徐英、斗六门县丞章玉植、凤山县丞韦崇雅、龙岩州州同白玉、梅花桥巡检章汝奎、佳里兴巡检邵崇尧等人分任工程分段协办官。杨廷理率领这些官吏，亲临工场，监督工程。工程从乾隆五十三年（1788年）十月二十七日开始，至乾隆五十六年四月十一日竣工，共两年零五个多月，耗资十二万四千零六十余两，城高一丈八尺，有大东门、小东门、大南门、小南门、大西门、小西门、大北门、小北门八座，周长二千五百二十丈。郡城俯瞰台江，形似半月枕江，宏伟美观。为此，杨廷理撰写了《改建台湾府城碑记》，记述改建台湾府城的过程。

---

①　参见《清高宗实录》卷1273，第17页。

　　乾隆五十四年（1789年），在修建台湾县城墙时，民夫挖出了五百六十五具无主尸骨。杨廷理下令将这些尸骨埋葬在义冢里，得到广大民众的赞誉。除了建筑城墙之外，杨廷理还主持修造了柴头港桥、塭岸桥两座桥。

　　乾隆五十二年（1787年），清廷又在台湾进行科举考试，恢复文教事业。杨廷理身兼学政，主持文教事业非常认真。"岁科试五次，一秉至公。"他鼓励少年儿童好好学习，长大后成为国家有用的人才，重振海滨文风。杨廷理亲自校订《台阳试牍》初刻、二刻、三刻，

　　乾隆五十五年（1790年）六月六日，飓风袭击了澎湖，文武衙署、仓厫、兵房俱受损坏倒塌，压毙兵丁一名，民间庐舍多塌坏，风挟火行竟夜，满天尽赤。这一天，岸上小舟及轮船被风漂至五里外，一日夜乃止，杨廷理、同知曾中立奉闽浙总督之命，前去澎湖查勘，逐一抚恤。

　　乾隆六十年（1795年）夏，清廷清查福建库款亏空案，杨廷理受牵连而被革职拿问。

　　杨廷理之所以被革职下狱，是在侯官知县任内短交银子1137两，实际上这些都是填补上任已故知县王源学的亏缺。福州府知府邓廷辑劾杨廷理前在侯官县任内银款不清，由院司上奏。于是乾隆帝下旨：杨廷理着革职拿问，交该署督审办。不久，杨廷理被革职，摘去顶戴。第二年，福州将军兼署闽浙总督魁伦等上奏审办详文，以杨廷理编刊年谱"诈传诏旨"，拟"斩监候"。乾隆帝最后审核时，认定杨廷理亏缺库银、编造年谱的罪名成立，"但魁伦将伊照'诈传诏旨例'问拟斩候，引例定罪，却属过当，杨廷理着发往伊犁效力赎罪"。

　　嘉庆元年（1796年）八月十八日，杨廷理踏上了流放之路。嘉庆二年正月十五日，抵达流放地伊犁惠远城（今新疆维吾尔族自治区霍城县惠远乡）。杨廷理在伊犁被派往驮马处任章京，一干就是六年。每年三月至九月，他都要移驻城外，至八里外之贸易亭，督城守营守备以红白布与哈萨克人交换马牛羊及阿敦绸等物。嘉庆八年（1803年），杨廷理戍满返京，结束了流放生涯。

嘉庆十一年（1806 年）春，蔡牵的船队出现在葛玛兰的头围（今宜兰县头城一带）乌石港外海。当地士绅陈奠邦、吴化等人，召集乡勇百余人，扼守险要。他们率领汉人与原住民合力抗拒，砍倒大树，推入乌石港内，堵塞海道，蔡牵的船队无法进入乌石港，只能在海岸外逡巡示威，而后扬帆离开。当时在台负责追剿蔡牵的福州将军赛冲阿向皇帝上奏，"该处膏腴，为蔡牵所窥伺"，清廷至此开始关注淡水以东的这块肥沃土地，饬令查明办理，同时任命政绩卓著的杨廷理为台湾知府，赴台视事。

杨廷理赴任前，嘉庆帝在万寿山玉兰堂召见他，他向嘉庆帝力奏"噶玛兰当开"。此后，杨廷理多次建议地方官员"开兰"，最终在 1810 年促成了"开兰"事宜。

嘉庆十二年（1807 年），杨廷理到达台湾。八月，海盗朱渍率船队停泊在苏澳港内的南澳，打算在罗东以南至苏澳之间建立陆上根据地。宜兰平原的汉族移民，基本上都是漳州人，而朱渍也是漳州人。为了在台湾建立根据地，朱渍率领残余的船队停泊在南澳，与西势的漳州人联络，向东势、西势的原住民赠送哗叽、红布等物品，顺利入据东势。五围的汉人士绅陈奠邦、吴化等人，立即派人向官府告急，南澳镇总兵王得禄、台湾知府杨廷理分水、陆两路驰援。

杨廷理请求台湾镇总兵爱新泰拨给一百名士兵相助，也请求王得禄拨小船数艘进至乌石港，都遭到拒绝。身边的官吏也认为局势不稳，劝告杨廷理不要冒险去葛玛兰。杨廷理虽然感到孤立，但仍决定亲自去五围坐镇，以报效朝廷。九月九日，杨廷理赶至艋舺，致函柯有成、何绩、陈奠邦、赖岳、吴化、吴光裔、潘贤文等七人，晓以大义。为了取得原住民的信任与协助，杨廷理送给原住民哗叽十匹、红布五百匹、番银一千圆。不久，杨廷理抵达五围，极大地振奋了当地的民心。地方士绅林永福等人率领精壮民勇表明忠心，愿意协助官兵攻打朱渍。杨廷理令林永福率民众往苏澳方向开山辟路，以便与王得禄的水师会合，两面夹击朱渍；又令原住民首领潘贤文率众切断朱渍的补给线，攻击朱渍在陆上所建立的据点，这些措施有力地配合了水师在苏澳港的大战。王得禄率领的水师在苏澳港大败朱渍海盗，迫使他逃离。此后，杨廷理四次深入宜兰地区，查勘地势，了解民情。他禀请福州将军赛冲阿设官经理，丈升田园，赛冲阿不准，并檄催廷理回郡。

后来，杨廷理丈量土地，取消业户，并重新定订租则，采用按亩升科、按则征租、分别开征正杂租额的办法，促进了生产的发展。

嘉庆十六年（1811 年）十二月十二日，杨廷理再署台湾知府。

嘉庆十七年（1812 年），杨廷理译蛤仔滩为噶玛兰，草拟了《噶玛兰创始章程》十八则，提出了开发、治理宜兰的初步设想。根据章程，噶玛兰厅设立。杨廷理重定蛤仔滩全图，在五围挖壕沟，舂城基，建办公处、仓库，减免"番"民赋税，建议建关卡、炮台，以巩固蛤仔滩地区的安全，他还在噶玛兰创建了仰山书院。他奉旨补授福建建宁府缺，不久奉檄暂摄噶玛兰通判，他第二年卒于赴建宁府知府任前，终年 67 岁。

杨廷理还勤于笔录其所见所闻，著有《西来草》、《东归草》、《南还草》、《北上草》、《东游草》、《双梧轩诗草》及《再来草》等九集行世，后又删订汇编成《知还书屋诗钞》。纪事类著作则有《东瀛纪事》、《议开台湾后山噶玛兰节略》、《劳生节略》等，其中的一些诗文已成为研究台湾开发情况的重要史料。

杨廷理有诗："盖棺论定他年事，青史还凭舆论真。"他开发建设台湾尤其是开发宜兰的历史功绩，得到了人民的肯定。噶玛兰厅人因感念其创建之功，即设其神主于文昌坛右，生为祀之，时至今日，其长生禄位仍奉祀于头城吴沙祠，宜兰昭应宫内也一直奉祀着杨廷理的木像，《台湾通史》、《台湾通志》、《噶玛兰厅志》、《噶玛兰志略》、《宜兰县志》等史志均为其立传。

二十四   林爽文：台湾最大一次
农民起义的领袖

　　林爽文（1758？—1788），原籍福建漳州府平和县板仔，乾隆三十八年（1773年）随父赴台谋生，居住在彰化县大里杙（今台中县大里市），以耕田、赶车为业。大里杙距离彰化县城只有五十里，靠近内山，地势十分险要。他在做县捕时，喜欢与下层官吏交往，目睹时政，对腐败政治严重不满。乾隆中叶，台湾吏治腐败，贪官横行，台湾府"贪婪之吏，以宦为贾，舞弄文墨，剥民脂膏，三年报罢，满载而归"。台湾知府孙景燧任意亏缺国库，以公肥私。总兵柴大纪任职两年，贪污所获达"金银五六万两"。不做县捕后，林爽文与下层百姓一起打劫富户。

　　清廷在台湾设立台湾府之后，为防范郑成功旧部死灰复燃，严格管制大陆人民入台，而闽、粤一带的贫民仍然会偷渡去台湾谋生。来台的贫民称为"罗汉脚"，为求患难互助而结成各种各样的帮会组织，比较出名的有父母会、小刀会、天地会。父母会会员在父母去世时互相出钱出力办理丧事。小刀会成员大多是商贩，带小刀反抗官兵的欺侮。天地会是明末清初的一个反清的秘密组织，起源于闽粤地区，乾隆四十八年（1783年）由漳州人严烟传入台湾。翌年，严烟在彰化阿密里庄（今台中县乌日乡光明村）开布店，传播天地会，受到下层劳动人民的欢迎。彰化人林爽文（另一说是乾隆五十年三月加入）、刘升、陈泮、王芬以及淡水人王作、林小文、诸罗人杨光勋、黄钟、张烈、叶省、蔡福，凤山人庄大田、庄大韭等人均入会。

林家是当地巨族大户，林爽文曾任彰化县衙役，因此被彰化县天地会会员推举为长房领袖，会员有三四百人。从此，他成为台湾北路（诸罗、彰化间）天地会的领袖，台湾南路（台湾府城以南）的天地会则以庄大田为首。

天地会在台湾的各种斗争中发挥了很大的作用，在老百姓中影响巨大，引起了清政府的关注。乾隆五十一年（1786年）闰七月初，诸罗斗六门（今云林县斗六镇）发生动乱，杨光勋与杨妈世兄弟，为了争夺祖产，各自聚众成立添弟会（天地会的化名）和雷公会，互相械斗。官府前来调查镇压时，他们杀死了把总陈和等官兵，台湾镇总兵柴大纪重新调兵救平，杨氏兄弟一个枭首示众，一个充军新疆伊犁。事后，官府缉拿添弟会、雷公会成员，这些成员逃到大里杙（今台中县大里），投靠林爽文。台湾道永福、知府孙景燧派遣官兵前来追缉，查办过激，先后剿杀多人，激化了矛盾。

林爽文便于乾隆五十一年八九月间，在茄荖山（今南投县草屯东北）树起反抗清王朝的大旗，事变发生后，闽浙总督李侍尧先后调集两万清兵增援台湾。

彰化知县刘亨基请台湾镇总兵柴大纪调兵镇压，知府孙景燧进驻彰化，柴大纪自府城台湾（今台南市）派遣知县俞峻和游击耿世文率三百兵丁，赴彰化缉拿会党，扎营于大墩（今台中市），声称"如敢违抗，即烧庄剿洗"。大里杙离大墩仅十几里，形势紧迫，林泮劝林爽文揭竿起义。

林爽文忍无可忍，不顾林姓宗亲林石等人的坚决反对，毅然率众于十一月十一日起义，号召百姓"剿除贪官。以保民生"。十一月二十七日夜，林爽文率众袭清军大墩军营，杀知县俞峻、游击耿世文等，清军全军覆没。二十九日，林爽文又攻破彰化县城，杀死知府孙景燧、同知长庚等人。义军节节胜利，民众群起响应，众推林爽文为"盟主大元帅"，改元"顺天"，遵照明制设官分职，以彰化县署为盟主府，建筑防御工事，囤积粮食，勒派农民纳租，准备与清军长期对抗。

在彰化战胜之后，林爽文率众南下，十二月初一，林爽文攻占淡水，代理淡水同知程峻自杀。清军在淡水的残部固守艋舺一处。后来，淡水同知徐梦麟赶来，沿路召集义民，逐渐恢复淡水全境，镇守大甲溪，淡水北境恃以无恐。

十二月初六日，林爽文部攻占诸罗县城，杀同知董启埏、游击李中杨等，进逼台湾郡城。义军所到之处，反复发布告示，宣传起义的纲领和纪律，其主要内容：一是剿除贪官污吏，"台湾皆贪官污吏，扰害生灵"，"爰举义旗，共灭剿除，以快民心"，凡是贪官污吏，皆依法处死，没收财产以供军需和济贫。二是严明军纪，告诫起义人员，不许"妄杀一人，混取一物"，犯者"按法究治，决不姑宽"。三是保护民生，团结人民共同对敌，防止狭隘的地方观念和宗族宿怨作祟，"任令械斗结成深仇"，扰乱社会秩序。申明"无论闽粤民番"，一视同仁，共举大业。

与此同时，在凤山笃家港（今屏东县里港乡）的庄大田，率数千天地会会众响应林爽文的起义，率众攻占凤山县城（今高雄市左营区）。南路营参将胡图里闻风而逃，千总丁得秋、把总许得升等战死，凤山克，知县汤大绅被杀。

庄大田也是漳州平和县人，乾隆七年迁居到凤山，种田为业。林爽文起事后，曾派人与他联络，约定在凤山起义。

庄大田得悉林爽文占领诸罗，便派人联络，相约进攻台湾府郡城（今台南市），接着，南、北两路义军乘胜进兵台湾府城（今台南市）。这时，南北义军"号称十万"，控制着除府城和鹿耳门外的西部广大地区。

起义军的迅猛发展，引起清王朝的惊恐，立即调兵遣将前往镇压。乾隆五十二年（1787年）正月，水师提督黄仕简、陆路提督任承恩等，奉命率四千福建兵驰援台湾清军。

乾隆五十二年正月，清军总兵柴大纪率大军自盐埕桥北上迎战林爽文起义部队，二十二日攻占诸罗。林爽文多次调集义军围攻诸罗县城，展开了为期五个多月的争战。到了七月，坚守诸罗县城的清军病死者日增，援尽粮绝。

历数月，战败，黄仕简、任承恩被"革职拿问"。清廷为挽回军事危局，又命以闽浙总督常青为将军，以江南提督蓝元枚、福州将军恒瑞为参赞，率广东兵四千，浙江兵三千，驻防满兵一千，计八千人前往救授。常青所部在府城、诸罗同义军交战，还是不能挽救败局，最后缩守府城，对义军毫无办法。清廷鉴于常青师老无成，免了他的职。

十月，乾隆皇帝令名将、陕甘总督福康安为平台大将军，率领索伦猛将海兰察、护军统领舒亮、普尔普等人，以及黑龙江骑兵、湖南兵二千，广西兵三千，贵州兵二千，四川屯练兵二千，计九千人赴台镇压。

十一月初一早晨，福康安率军在鹿港登陆，为了嘉奖诸罗兵民坚守数月的功劳，十一月初三，乾隆皇帝颁布圣旨，把诸罗县改名为"嘉义县"。"嘉义"，即嘉奖诸罗县民忠义。

清军登陆后，福康安令海兰察率兵进占八卦山，佯攻林爽文大本营，牵制义军后方。福康安则率清军主力南下，意在解除嘉义之围。十一月初八，福康安的部队攻至嘉义县城外七里的牛稠溪，与林爽文的起义军对峙。

在嘉义县城内的台湾总兵柴大纪，听说朝廷大军已到，立即令王得禄率领义勇突围接应。清军内外夹击，激战终日，大败林爽文起义军一万多人，解除了起义军对嘉义县城的长期围困。傍晚，在雷雨之中，福康安入城。

鉴于大坪顶、大排竹（今台南县新化镇一带）的天地会庄大田部，临近而威胁台南府城，福康安下令海兰察率部去清剿。为了顺利地完成这项任务，柴大纪向福康安推荐王得禄做向导。在王得禄的带领下，海兰察所部清军不到十日就攻克了大竹排，庄大田则退到大武垄（今台南县玉井乡）一带山区，恃险防守。

台南府城附近局势稳定后，福康安率军北上，目标直指大里杙，王得禄仍然是向导，沿途在大埔林（今嘉义县大林镇）、斗六门、触口（今嘉义县番路乡触口村）、林圯埔（今南投县竹山镇）、阿罩雾（今台中县雾峰乡）等庄，都有优秀的表现。林爽文自斗六门战败后，率部众逃回大里杙。十一月二十四日下午，清军攻至大里杙附近。大里杙东依大山，南绕大里溪，林爽文在这里筑城架炮，树栅挖沟，严密布防。清军到达后，徘徊不前，王得禄一马当先，率先渡河。林爽文见清军渡河，下令起义军进攻，万余起义军三面围攻清军，展开激战。起义军屡败屡进，声势不减。夜间，起义军手执火把，轮番袭击清军。清军则埋伏在壕沟射箭开枪，起义军死伤甚多。第二天，清军分兵两路，从西南、西北两路同时进攻，一举攻陷大里杙，杀害义民和无辜百姓二百余人，缴获大小炮一百六十多门，鸟枪二百三十多支，稻谷六千石，牛八百多头，旌旗刀矛无数。

林爽文率残众逃到集集堡（今南投县集集镇）。十二月初五，清军抵达集集堡，林爽文起义军万余人自墙内射击，清军用大炮轰击，激战一天，"河滩山下，尸体遍地纵横"。普吉保所率的清军，也从山路来会，完成原先拟订的作战计划，经过此役，起义军一蹶不振。林爽文率残部进入汉番交界的社仔庄（今南投县水里乡），部分起义军则聚集在小半天地方。十二月十八日，福康安下令进攻小半天，王得禄带头攀藤登涉，清军纷纷跟进，终于剿平了这部分起义军。此时，林爽文余众又逃往东势角（今台中县东势镇），受到生番的袭击。福康安早就预料到林爽文必入生番境，令淡水同知徐梦麟赏生番通事、社丁，让他们向原住民说明皇上的恩德。

林爽文再逃到老衢崎（今苗栗县竹南一堡）朋友高振家，乾隆五十三年（1788年）正月初四，被高振绑缚送官，台湾北路悉平。

北路义军被镇压后，清军南下。庄大田退守琅桥，受重伤被俘，就地处斩，林爽文被解往北京，受尽酷刑后，于乾隆五十三年三月初十就义，年仅三十二岁。

林爽文起义，前后经历一年零三个月，参加人数达数十万，是台湾历史上规模最大范围最广的农民起义。参加起义者，将斗争矛头直指封建官府。从起义的起因、纲领到最后被清政府残酷镇压，可见移民拓垦之际，除了大自然的挑战外，还有来自封建统治阶级政治压迫和经济剥削的威胁。

林爽文起义的原因是官逼民反。乾隆五十二年六月二十四日，乾隆皇帝在上谕中说："林爽文等起事之由，皆因地方官平日的废弛贪黩，视台湾缺分为利薮，不以冒险渡海为畏途，转以得调美缺为喜。督抚之无能，若又或徇情保荐，明知不察暖昧牟利皆不可知而劣员等并不整顿，地方抚绥妥辑，于作奸犯科者又不及早查办。惟知任意侵渔肥蠹，以致敛怨殃民，扰累地方，遂使桀骜奸民有所借口——林爽文等滋事不法，实地方官养痈遗患，酿成事端——地方官平日唯利是图，漫无觉察，形同木偶，以致逆匪等乘机窃发。"

二十五　　林平侯：富而好礼

林平侯（1766—1844），名安邦，号石潭。祖籍福建龙溪白石堡吉尚村，父亲林应寅是秀才，乾隆四十三年（1778 年）去台湾，居住在淡水厅兴直堡新庄街，设帐授徒。乾隆四十六年，十六岁的林平侯去台湾探望父亲，一边读书，一边受雇到米商郑谷家做伙计。林平侯性格纯谨，吃苦耐劳，深得东家郑谷的信任。数年之后，林平侯积累了数百两银子，郑谷又借给他一千两银子，让他自己设立商号，独立经营稻米。林平侯善于书写和计算，用在经商之中，事业顺利，因此获利丰厚。

郑谷年老了，将要返回大陆，林平侯奉还他一千两银子，郑谷并不接受。林平侯替他在芎蕉脚庄（今台北县中和市）购买了田产，从福建老家招来佃农种植水稻，每年将收到的田租送给他。

后来，林平侯与竹堑的林绍贤合办全台湾的盐务，又购买了帆船，运输货物，贩卖于南洋、华南沿海和长江以北各口岸。

乾隆五十一年（1786 年），台湾发生了林爽文大起义，导致米盐价格大涨。时间不长，林平侯就拥有了数十万两银子的资产。他捐出数十两银子，被朝廷任命为新竹县县丞。

嘉庆十一年（1806 年），四十岁的林平侯向官府捐出粮食，购买了同知的官衔，他被分发到广西，署理浔州通判，兼代理来宾县知县。后来，林平侯又调任桂林同知，署理柳州府知府，因为干才突出，广西巡抚非常重视他。

嘉庆十九年（1814年），大学士蒋攸铦为两广总督。有不满林平侯的人，私下向蒋攸铦报告他的所谓秘密。等到见面之后，林平侯报告自己的所为，都非常有见地，得到蒋攸铦的高度肯定。不久，林平侯以生病为由辞职，返回了台湾。

这时，淡水的闽、粤人之间发生了械斗，漳、泉人之间也发生了械斗，蔓延数百村落，林平侯出面调解。新庄地当冲要，是漳、泉械斗双方必争之地，且泉州人势力太大。嘉庆二十三年（1818年），林平侯率全家迁到大嵙崁（今桃源县大溪镇），修建起宽大的房子，修筑高大的围墙，尽力进行农业生产。林平侯向官府购买了开垦权，从福建老家招来佃农开垦田野，开凿水圳进行灌溉，每年能收获粮食数万石。

林平侯一生热心社会公益事业。在富有之后，他想到故乡族人的贫苦，模仿宋朝范仲淹设置"义庄"的办法，于嘉庆二十四年（1819年）在故乡白石堡过井社修建永泽堂及林氏义庄，费时两年多才建成。他购买良田数百甲，作为故乡贫苦族人的生活学习费用。林氏义庄占地十五亩多，是座具有典型闽南风格的庄园。林平侯把台湾淡水海山堡水田四十三甲八分四厘二毫（折合637. 9亩），划为义田，年收稻谷一千六百石。这些稻谷按年运回祖地，供给同宗贫困族人之用，贫困的林氏族亲，会获得大米、棉布、婚丧嫁娶费用等资助。

林平侯出资倡导修建淡水文庙及海东书院，捐资修建郡城的贡院、考棚及义仓，仅在淡水就购置六处"学田"，每年收租一百四十石，均用来奖励和资助淡水的学生。

道光三年（1823年）二月，林平侯又招揽工人，拓垦淡水平原。开垦的范围远到噶玛兰，每年的收获更加巨大了，但是，道路却梗塞，林平侯于是出资重修嘉庆十二年杨廷理所修的旧道，历时两个月完成，把淡水、噶玛兰联系起来。宜兰的林泳春率众抗清，林平侯因为平素与其有生意往来而出面招抚。

道光十年（1830 年），宜兰两帮挑夫因抢生意而发生械斗。官府出兵镇压，引发集体反抗，又商请林平侯代为剿抚。闽浙总督程祖洛巡查台湾，知道了林平侯的事迹，便奏报朝廷。道光十二年，嘉义天地会张丙、陈办聚众起事，官军伐之。林平侯捐出二万两银子作为军饷，朝廷加封他道员官衔，赏二品顶戴。

林平侯有儿子五人：长子林国栋早逝，林国仁、林国华、林国英、林国芳，林国仁、林国英都是收养的。道光二十四（1844 年），林平侯无疾而终，享年七十九岁。在遗嘱中，他取"饮水思本源"之义，将家产分为"饮记"、"水记"、"本记"、"思记"、"源记"五记，分别给林国栋、林国仁、林国华、林国英与林国芳五个儿子及其后代。

二十六　　王得禄

　　王得禄（1770—1842），字百猷、百遒，号玉峰，别号慎斋、慎齐，乾隆三十五年（1770 年）出生于台湾府诸罗县沟尾庄（今台南县白河镇），家中巨富，兄弟各五十万。曾祖父王奇生来自江西南城，曾任台湾镇右营的领旗（掌旗官），是右营游击周应龙的部属，在镇压朱一贵起义时战死，获赏可以世袭的爵位——恩骑尉，配享忠义节义祠。王得禄的祖父王舜慕是王奇生的长子，王舜慕又生有五子，长子王必敬曾到北京国子监就读。王必敬生有四子，次子就是王得禄。十五岁那年，王得禄考入诸罗县武庠习武。

　　乾隆五十一年（1786 年），王得禄参与镇压林爽文起义。

　　乾隆五十三年（1788 年），林爽文起义被彻底平定。清军论功行赏，王得禄从战有功，福康安奏请清廷授给王得禄千总实缺，随时可去闽浙总督衙门报到，请求赏给王得禄花翎五品顶戴。赏戴花翎，在清朝时是一项政治上的殊荣，根据《大清会典》记载，当时全国总共才有千总 1543 人。

　　自林爽文起义平定后，王得禄一直留在嘉义县老家，直到乾隆五十九年（1794 年），他才内渡福州，向闽浙总督所辖的督标报到，谋求官职。

　　乾隆六十年（1795 年）四月，王得禄被授闽浙总督督标右营千总。不久，王得禄随闽浙总督伍拉纳返台，参加平定陈周全起事的战斗。陈周全是天地会成员，三月中旬起事，攻占鹿港及彰化县城，前锋直逼斗六门。在平定陈周全的过程中，王得禄搜捕天地会成员程文妙等九人。六月，陈周全被平定后，王得禄返闽，奉嘉庆皇帝诏加官一级。

缉捕海盗与护送册封大使

清初，国富民安，东南沿海的海盗问题并不严重。乾隆末年，海盗开始猖獗，横行于闽、浙、苏、鲁沿海，因此，闽浙地区海防变得十分重要，水师官兵升迁机会多，王得禄请求改派他到水师任职。上级遂令他带领兵船出海缉盗，先跟随铜山参将李长庚，捕获吴兴信等四十多名海盗。之后，又跟随金门镇游击魏成德，捕获杨善等十四人。王得禄因功又奉诏加官一级，改任督标右营水师千总。

转调到水师营以后，王得禄为朝廷立功的机会很多。嘉庆二年（1797年）闰六月，在斧头外洋上，击沉海盗船只，擒获海盗三人。八月，在竿塘洋上击沉海盗船，击毙海盗十多人，活捉二十多人。嘉庆三年，王得禄随闽安协副将庄锡舍出洋，先在斧头洋俘获船一艘、海盗李武等二十二人，又在白畎洋上消灭了海盗洪接等人，夺其船只武器。十二月，升任署理南澳镇右营守备。嘉庆四年，王得禄跟随福建安协副将陈名魁出洋缉盗，在北茭洋捕获黄敬发等二十二人。嘉庆五年，王得禄跟随定海镇总兵李长庚南下，在黑水外洋俘获翁圭等十六名海盗。

自明朝洪武年间开始，在台湾东北的琉球就是中国的藩属，琉球新国王即位，需要得到中国皇帝的册封才行。嘉庆五年，琉球新国王即位，清廷照例派遣使团前去册封。这次册封特使李鼎元与随员一行分乘两艘船，由水师官兵护送，总人数约五百人，福建水师提督李长庚派遣王得禄担任这次护送任务。七月中旬，册封使一行起航前往琉球首府那霸，十月下旬返回。当册封使的船只航经温州外海时，遭到十六艘海盗船攻击，王得禄指挥水师击退海盗，顺利完成护送任务。

　　嘉庆六年（1801年），王得禄重新率兵舰出洋巡逻，主要追缉对象是海盗蔡牵帮。六月，在金乡南洋面，会同各营兵船，擒获蔡牵党羽陈高等九人。十二月，在闽安协副将陈名魁率领下，在竿塘、下目洋面，围捕蔡牵，击沉海盗船两艘，夺取海盗船两艘，击毙海盗头目董永，擒获海盗九十二人，缴获炮械、铅弹火药等战利品一百二十七件。

　　嘉庆九年（1804年）正月，王得禄随金门镇总兵罗江太在南纲、古雷、布袋澳洋面，先后抓获海盗船十艘，俘虏吴尚、朱卑等三十九人。三月，又在大嶝、蚶窟澳、东椗外洋与海盗激战，击毁海盗船一艘，抢回商船一艘，擒获蔡协、方台等十六名海盗，王得禄因功升为署理澎湖副将。十二月，蔡牵率海盗船五十多艘进攻澎湖，见王得禄在马公防守严密，便选虎井岛作为登陆地点。于是，王得禄率领水师与蔡牵的海盗在虎井岛附近展开激战，成功阻止蔡牵在虎井岛登陆。

　　嘉庆十年（1805年）二月，蔡牵离开澎湖，在台湾西部沿岸寻找登陆地点，进入台湾，自称镇海威武王，改元光明。五月，蔡牵进取竹堑。八月，王得禄因功升澎湖水师副将，闽浙总督玉德上奏嘉庆皇帝，让王得禄率十六艘大型战船在浙江以北的北洋上巡逻。

　　十一月初，蔡牵的海盗船在淡水登陆，攻占新庄（今台北新庄市）、艋舺、桃仔园。不久，蔡牵又率六七十艘海盗船南下，结合台湾民众数万人，自十二月五日起开始攻打安平与郡城（今台南市），清军固守待援。蔡牵在洲仔尾设立陆营，大小船数百号，自鹿耳门至府城下，联络三十里，蔡牵自拥大帮巨舰，占据着鹿耳门。

　　李长庚奉命率王得禄等闽浙水师驰援，十二月二十四日抵达鹿耳门外海。蔡牵在鹿耳门港口凿沉一些旧船，沉塞港道，阻止清军登岛，李长庚所率水师被阻在门外不得进。李长庚令澎湖协副将王得禄、金门镇总兵许松年雇用一些"澎船"，带领士兵和义民六百人从南北汕、大港进入安平港，侦察敌情。一见蔡牵船帆弥满，众皆失色。

　　王得禄叫清军多备火器，至夜乘风进行火攻。嘉庆十一年（1806年）一月五日深夜，清军水师偷袭海盗，实行火攻，鼓噪大呼，大败蔡牵军，击毁蔡牵的海盗船三十多艘，俘虏数千人。其中，王得禄所部战果最大，烧毁海盗船二十二艘，虏获九艘，俘虏海盗一百六十八人。海盗大败，蔡牵退保洲仔尾，王得禄遂进入柴头港。翌日，清军乘胜进攻，王得禄击毁海盗船三艘，擒获海盗十一名。当天夜里，王得禄所部水师再度出击，缴获盗船三艘、毁船一艘，俘获蔡牵弟弟蔡猜等海盗多人。

二月二日，参加蔡牵行动的民众大量减少，回家过节。台湾总兵爱新泰乘机率士兵出郡城，攻击洲仔尾的敌人，李长庚则率水师在海上助战。王得禄率军在洲仔尾海岸炮击蔡牵的伏兵，与陆上清军合力大败敌人，烧毁盗船九艘，擒获海盗十七人。蔡牵从鹿耳门逃出，逃回福建。

三月间，福州将军赛冲阿率领福宁镇总兵张见升、澎湖水师副将王得禄、游击邱良功等渡海来台，帮助台湾总兵爱新泰敉平台湾各地的乱事。三月间，蔡牵进犯葛玛兰（今宜兰）的乌石港，失败后逃离。五月，蔡牵再度进犯鹿耳门，赛冲阿令王得禄率兵船十二艘、小澎船二十艘，自鹿耳门出击；又令福宁镇总兵张见陞率领兵船二十九艘，从外海夹击，企图一举消灭蔡牵。经过激战，王得禄部捕获盗船十艘，击沉十一艘，歼敌一百多人，缴获蔡牵所用的"正大光明印"、旗帜等。赛冲阿奏请皇帝嘉奖，八月，嘉庆皇帝降旨："王得禄着赏加总兵衔，并赏给四喜玉扳指一个、大荷包一对、小荷包二个。"

九月中旬，闽浙总督阿林保奉旨雇用三十五艘大商船，改装成战船，配置水师士兵三千名。十二月，李长庚从闽浙各现有的船队中挑选出四十艘同安梭船，与三十五艘大商船合组成一支大船队，由新升任福宁镇总兵的王得禄率领，全力追击蔡牵。

嘉庆十二年（1807年）六月，王得禄升任南澳镇总兵，奉闽浙总督阿林保的命令，带领兵船追剿海盗朱渍帮。朱渍是福建漳州人，他的船只在清朝官方文件中被称为"广东红头艚艇盗船"，最高峰时有上百艘，曾与蔡牵合作。嘉庆八年六月，蔡牵劫掠台湾运粮船，抢得台湾大米数千石，曾将其中一部分赠送给朱渍。朱渍活动在闽粤沿海，自称"海南王"，在广东的大莱芜外洋被澄海副将孙全谋击败后，朱渍向北逃到台湾的鹿仔港与淡水，王得禄因此奉命追剿，防止朱渍窜入北洋。七月，朱渍帮的三十多艘船出现在基隆与宜兰附近的沿海上，王得禄檄调署理台湾协副将邱良功配合，围攻朱渍。清军击沉朱渍帮的船三艘、烧毁两艘、俘获九艘，救回被劫持的商船一艘，击毙俘虏海盗八百五十人。

为了在台湾建立根据地，朱渍率领残余的船队停泊在南澳，与西势的漳州人联络，向东势、西势的原住民赠送哔叽、红布等物品，顺利入据东势。五围的汉人士绅陈奠邦、吴化等人，立即派人向官府告急。南澳镇总兵王得禄、台湾知府杨廷理分水、陆两路驰援。

与杨廷理在陆上布防同时，王得禄率领的水师也到达了苏澳港外。清军小舟载满火种，冲进苏澳港内焚烧海盗船只。大兵船则堵在港口外，一字排开，发炮轰击。九月二十日，清军水陆夹攻苏澳港内的朱渍海盗船，结果，烧毁海盗船只三艘、击沉一艘、俘虏两艘，朱渍率残存的十六艘船只突围逃脱，王得禄与邱良功率兵船尾随追击。十一月，王得禄、邱良功追剿朱渍，进入闽粤沿海，在古雷洋歼灭了另一个著名的海盗首领朱金，击沉海盗船只三艘，擒获张祈等五十多人。

嘉庆十三年（1808年）正月二十一日降旨，南澳镇总兵王得禄接任浙江提督，专门负责追剿蔡牵。六月，清廷又调王得禄为福建水师提督，以浙江定海镇总兵官何定江为浙江提督，福建台湾协副将邱良功为定海镇总兵官。七月，王得禄与闽浙总督一起上奏嘉庆皇帝，建议强化海峡两岸的海防。他们认为，台湾北部守卫的兵力太薄弱，应该将福建兴化协左营的守备改为水师，然后将此部队调到沪尾（今淡水）驻防。延平协的左营守备向北移防，驻守艋舺（今台北市万华区），统辖陆路的兵士。他们的建议获得朝廷的批准，台湾北部的防务从此得以加强了。

嘉庆十四年（1809年）七月，蔡牵由福建窜向浙江定海、宁波沿海。八月初五，浙江提督邱良功率领的水师在旗头洋面追上蔡牵，击毁其一艘船只，其余盗船逃向外洋，迅速消失。十六日，邱良功听说蔡牵在黄岩所属的鱼山外洋，王得禄与邱良功立即连船南下，第二天黎明即赶至该处，果然看见蔡牵率领的海盗船只十余艘正准备逃跑。王得禄令闽、浙水师专注蔡牵本人所乘的绿头大船，立即发动进攻。蔡牵用大碇札住邱良功的船，拼命抗拒。邱良功被敌枪刺伤，王得禄紧拢盗船奋击。因船上铅弹用光，蔡牵用番银作为炮子点放。王得禄被炮击伤，仍指挥千总吴兴邦等人向敌船抛掷火斗、火罐，烧坏蔡牵船的船舵边尾楼。王得禄又用自己所乘的船撞击蔡牵的船，蔡牵夫妻及船内的盗贼，都沉入海底。

王得禄是这次平定蔡牵的头号功臣，获封二等子爵，邱良功也获封二等男爵。

嘉庆十六年（1811 年）七月，王得禄启程去北京，九月二十七日到达。嘉庆皇帝接见了他六次，详细询问了水师的战备与沿海的情况，赏赐他听戏四天，颁赠如意斋戒牌、帽纬、荷包、茶叶、鼻烟壶、碗碟等物。十月七日，王得禄陛辞出都。

嘉庆二十三年（1818 年）七月，王得禄再次去北京觐见嘉庆皇帝。十月二日，嘉庆皇帝接见王得禄，随后降旨："王得禄前在海洋，著有劳绩，着加恩照一品荫生例，赏给五品职官，听其于诸子择一承荫。"赐宴听戏，赏赐白玉如意、四喜扳指、锦缎等物品，王得禄奏请由长子王朝纲承荫。

道光七年（1827 年）八月，王得禄带着长子王朝纲抵达北京。道光皇帝召见了王得禄，降旨"着回籍侯旨补用"。王朝纲奉旨内用，分到刑部学习。

退隐后的义举

道光十年（1830 年），王得禄令侄子王朝清、次子王朝纶捐出五千两银子，在嘉义修建罗山书院。嘉义原有玉峰书院，建于乾隆十八年，后来崩坏，已经停止办学几十年。嘉义地区民众莫不感激王得禄的兴学善举，嘉义县儒学训导王家屿特地撰写《罗山书院记》，赞扬王得禄。

道光十二年（1832 年）十月，张丙作乱，嘉义城遭到严重破坏，已经不能发挥防御的功能，闽浙总督程凯旋希望王得禄筹捐督修。王得禄令次子王朝纶带领工匠采石为材，重建四门城楼，添设炮台，并在城墙四周挖出护城河。鉴于嘉义城过去被围时缺粮，王得禄又创建义仓六十间，能够储存米谷二万石，以备兵荒。

在嘉义城楼设立义塾，用城内的店租与护城河的鱼税作为薪水，聘请老师来授课。嘉义县城内外的青少年，无论贫富，一律免费就读。张丙事件中遭到破坏的罗山书院，王得禄令本族的王源懋筹资重修。王得禄还为在张丙事件中牺牲的义勇将领建立祠堂，每年都进行祭祀，进行教化。

道光二十年（1840 年），英军侵略中国。七月七日，道光皇帝谕令军机大臣等："浙江定海县被英人滋扰，当降旨著余步云酌带弁兵，星驰会剿……至闽洋紧要之区，以厦门、台湾为最……台湾府守备事宜，在籍前任提督王得禄最为熟悉，或有应行商酌之处；着即飞檄该镇、道与王得禄同心协力，以资保卫。"

七月十二日，道光皇帝得知定海失陷后，再度下谕旨："……台湾孤悬海外，防堵事宜尤应准备。着该督飞饬该镇、道等，遵奉前旨，与前任提督王得禄同心协力，加意严防，毋稍疏懈。"王得禄奉旨积极筹办防范英国人侵略台湾的事务。

中英战争形势再度紧张后，道光二十一年（1841 年）五月，道光皇帝又给王得禄下圣旨："澎湖为台湾、厦门咽喉……王得禄熟悉海疆情形，前经降旨着该提督协同台湾镇、道办理防堵事宜。现在澎湖防堵紧要，着即驻扎澎湖，督同该将备等严加守御，毋稍疏忽。至台湾有该镇、道等驻守，所有应办事宜，仍可就近相商。王得禄受恩深重，定当不负委任。"接到圣旨后，王得禄率领乡勇三百四十人，赴澎湖协防。在此后的四个月里，王得禄每天都亲自督导士卒操练、修筑城垣，以备英舰突然袭击。然而，英舰没有骚扰澎湖，而是去了基隆外海。接到台湾官员的报告后，道光皇帝又于十月十一日下令给王得禄，让他回台湾，其谕令说："……前任提督王得禄驻扎澎湖，现在台湾地方紧要，该提督威勇素著，熟悉海洋，着即移驻台湾，协同剿办，其澎湖防守事宜，已谕令颜伯焘派员更替。"

但是，此时王得禄已经病入膏肓，不能再奉旨效力了，十二月二十八日，王得禄在行营病逝，享年七十二岁。

二十七　　孙尔准

　　孙尔准（1770—1832），字平叔，一字莱甫，号戒庵，江苏金匮人，乾隆三十五年（1770年）出生于江苏省常州府金匮县师古河上（今江苏省无锡市）的官宦家庭之中。远祖孙继皋，是明万历年间状元，吏部侍郎，父亲孙永清，清乾隆年间曾入职军机处，后擢为广西巡抚。乾隆六十年，孙尔准乡试中举。

　　嘉庆十年（1805年），登进士二甲，改庶吉士，后授翰林院编修。嘉庆十四年，孙尔准奉命协助编纂《全唐文》，后又编纂《永定县志》。嘉庆十九年，出任福建汀州府知府。

　　汀州府属下的宁化县，有民众聚钱拜会，上司将要一律以叛逆谋反罪处治。按照大清刑律，叛逆谋反是要满门抄斩并株连九族的。孙尔准想起，父亲以前在广西当幕僚时曾遇到过类似案件。为了争夺荫袭权，当地土司都出示盖有明代印玺的凭据。两广总督和广西巡抚据此认为，土司私造符信，蓄意谋反，当以叛逆罪处治。孙尔准父亲竭力说服上司，土酋志在承袭，并非谋反，不可以叛逆论罪。最后，总督和巡抚改变了决定，保全了近千人。孙尔准亲自赴宁化重新调查，发现没有其他情况，就将真实情况向上报告。他说，没有叛逆情节，只能以别的罪名处罚其为首者，更不应连累他人。朝廷采纳了这一意见，只诛杀了首要人物，没有株连其他。

事后，他被提升为福建盐法道。嘉庆二十四年（1819年），任江西按察使，同年任福建布政使。

道光元年（1821年），调任广东布政使，并升任安徽巡抚。当时，河南盗贼邢名章等纠众流窜颍州作案，孙尔准传檄按察使惠显率兵驰剿，格杀了邢名章，并清除余党。减免或减缓受灾地区的税收，赈济受灾严重的地方。以前，有大臣议论赈务积弊时，不能用银子折合铜钱。孙尔准上疏说明这样做不方便，仍然按照以前的做法进行赈灾。

道光三年（1823年），调任福建巡抚。福建各地山路丛错，经常有强盗出没，骚扰劫掠，危害社会安宁。孙尔准拿出一万银子作为缉捕费，连续捕获了几个贼首，都进行了法办，此后，强盗就很少了。

当时的福建省，辖境包括台湾。道光四年（1824年），孙尔准渡台巡阅。这时，北京、天津一带饥荒，米价昂贵，御史奏请采买台湾大米，孙尔准遂传示闽台商人运米到天津，鹿港、泉州、厦门的郊商运米赴天津者甚多。在巡阅台湾做了实地勘察之后，孙尔准查知鹿港港口沙淤情形，港道浅狭，船只出入极其困难，商船不前。他便令台湾知府方传穟委北路理番同知兼鹿仔港海防邓传安，同嘉义、彰化二县勘明五条港，另设正口。后来，孙尔准上疏报告朝廷说：台湾南北袤延千余里，初抵鹿耳门，可行舟楫。嗣增设鹿仔港，而浅狭多沙，内山溪水赴海，别开港在嘉彰间，曰五条港，颇利商船。道光六年（1826年），奏请将五条港改属嘉义笨港县丞，乌石港为正口，加礼宛港不用另设，皆如所议。

台湾东北部的噶玛兰山湾（今宜兰小平原），本是土著哈仔滩族人聚居之处。三面环山，东临大海，山峻路险，长期与外界阻隔。虽在嘉庆元年，就有福建漳州人吴沙率领漳、泉等地一批人来此垦荒种植，但清廷一直未在那里设官治理。道光五年（1825年）九月，孙尔准擢任闽浙总督后，即奏请将噶玛兰收入版籍，设官治理；他还建议，将原有可通载重五六百石小船的乌石港、加礼远港，加以疏浚改建，设为正口，因而促进了这一山湾地区的开化与发展。他还奏请，解除海禁，允许商人运输浙江的大米去福建，得到了朝廷的批准。

孙尔准还致力于台湾各地边防建设，提议修筑凤山县城等城防。修筑凤山县城的工程于道光五年七月开始动工，道光六年（1826年）八月竣工，王得禄捐助了番银两千元。

在此期间，孙尔准还平定了一次规模较大的彰化农民起事。嘉义彰化李通等率众械斗焚劫，附近村庄蜂起响应，全台湾为之震动。孙尔准传檄下令，福建水师提督许松年迅速前去剿捕，副将邵永福等迅速进军艋舺（今台北），阻其北窜；金门镇总兵陈化成以兵渡鹿仔港，防其入海。孙尔准本人则从福州进驻厦门，派遣副将佟枢等分别前往彰化、淡水等地，搜山围捕。不料，起事农民不走水路，更不出海，坚持在山间活动，与官军对抗。因此，卷入起事的人越来越多，形势越来越严重。孙尔准闻讯，只好派遣陆路提督马济胜驻守厦门，他自己于八月率一千兵渡海，进驻彰化就近指挥进剿。在寡不敌众的情况下，起事的首领李通潜逃，不久后被捕杀，余部也因此溃散。

因受彰化农民起事的影响，淡水也发生了分类械斗，孙尔准遂移住淡水指挥镇压。孙尔准下令，各庄检举带头械斗的人，通缉残余的匪徒。针对闽粤之间的积累很久的省籍矛盾，他特别下令，闽人捕闽人，粤人捕粤人，以免他们互相攻讦污赖。

在台湾的闽粤汉人中，有的人与原住民做生意并娶原住民妇女为妻，这些人当时名叫"番割"，并且还有自己的组织，为首的叫黄斗乃。他们久踞三湾，潜出为盗。这次彰化发生动乱起时，粤人和番割黄斗乃、黄武等诱使原住民出山，帮助他们进行械斗，并抢掠中港，所至骚动。为了消灭黄斗乃等头目，孙尔准派遣金门镇总兵陈化成、参将黄其汉等分路侦察和追击。原住民纷纷地向后山逃窜，士卒攀藤蹑葛而登，擒获黄斗乃等二十一人，其中六名主要骨干被杀，原住民队伍也就逐渐溃散。

八月，事平后，孙尔准上疏，报告匪徒起事的原因。这次大规模暴乱的发生，是由谣言焚掠引起的，不是反抗朝廷的叛逆事件，应当以强盗论罪。淡水以北的民众，分成团体互相报复，当以械斗论；烧杀抢掠有真凭实据者才论死罪，其他的则减刑。这样，那些被胁从而参加械斗的人，大多得到了保全。

可以看出，孙尔准是个很有政治头脑的人物，在处理彰化农民起事上，他剿抚并用，圆满地完成了任务。

同年冬，孙尔准巡视台湾，详细考察了全岛的治理情况。台湾北路械斗炽烈，孙尔准又上奏，台湾北路竹堑（今新竹附近）以北至艋舺将近五百里，仅有守备一员，很难完全进行巡防。应调南路游击一员驻竹堑，并于大甲、铜锣湾、斗换坪诸处添驻营汛，改建淡水土城。头道溪是原住民出入的必经大道，也应该修建一座土城，以屯丁驻守，以巩固台湾的防务。在进入噶玛兰抵达北关的过程中，他还作了《噶玛兰北关》诗一首。巡视兴隆庄后，他据众议奏准重建凤山旧城。

道光七年（1827年），孙尔准回北京朝见皇帝，道光帝称赞他处治台湾的匪乱，悉合机宜，迅速蒇功，孙尔准被加封太子少保，赏赐他的儿子孙慧翼为主事官。

防海水利工程木兰陂，最先修筑于宋朝熙宁年间，能灌溉民田四十万亩，修筑石堤一千一百余丈以防御海潮，岁久倾坏。孙尔准到莆田，亲自勘察木兰陂，兴工进行了修复。工程竣工后，孙尔准下令修建祠堂，祭祀首创木兰陂的宋朝长乐室女钱氏。孙尔准治闽最久，谙悉其风土人情，吏民皆相习，政从宽大，福建平安。

道光九年（1829年），因失察家仆收受贿赂，降级留任。道光十年，清廷下诏禁止各省种卖鸦片，这是听从了闽浙总督孙尔准的建议。道光十一年，孙尔准因病辞职，道光十二年去世，赠太子太师，赏赐他儿子孙慧惇为进士，孙慧翼为员外郎，谥文靖，入祀福建名宦祠、乡贤祠。

孙尔准为官清正，注意民生疾苦，他在福建任职前后十年之久，有相当政绩，受闽人爱戴。他学问渊博，擅长诗、书、画，尤长于词，著作有《奉天录》、《泰云堂集》、《游黄公涧记》，辑有《明诗钞》、《福建通志》。

二十八　　陈震曜

陈震曜（1779—1852），字焕东，号星舟，嘉义人，后来迁居郡治。陈震曜年少时十分聪敏，博通经史。陈震曜与本乡的张青峰、陈廷瑜等十几人，在台南府城宁南坊吕祖庙组建"引心文社"，一时文风大振，后改为书院。凤山知县非常看重陈震曜的品学，招聘他主管凤仪书院。凤山县城僻处南隅，民众学习的风气淡薄。到任之后，陈震曜每天大都召集当地的士人讲解儒家经典书籍，有时候也吟诗作文，自此之后，凤山县的民众才开始好学。

嘉庆十五年（1810 年），他以品学优秀而被推荐进入北京的太学，受到了朝廷的面试。嘉庆二十年他返回福州，先后出任建安、闽清、平和等县的教谕。

道光五年（1825 年），陈震曜被调回福州，监理鳌峰书院，助修《福建通志》，寻访和刻印先儒的遗书，福州士人都高度赞扬他。福州的贡院狭小阴暗，潮湿闷热，到这里参加乡试的士人往往因此而生病，于是，陈震曜四处向士绅们募集资金，改建贡院，扩大面积，增加用于考试的号舍一千多间。他亲自监督建筑过程，费时将近一年才完成。

道光六年（1826 年），陈震曜出任同安县训导，他又倡议撰写同安地方志，以资政教民。他曾经说："让皇帝安心治理万民，是政府各部门的职责；培养士人征集有文采的人，这是负责教育的官员的职责。我的官位虽然卑下，但也是负责一县教育的官员，怎么能不尽力宣扬儒家圣贤的教导哪？"

道光十二年（1832年），台湾天地会张丙、陈办等人聚众起事，围攻嘉义，台湾镇总兵刘廷斌困守孤城。福建陆路提督马济胜，奉命率兵两千渡台增援。陈震曜随军渡台，负责办理团练、抚恤当地民众等事务，朝廷任命他的级别为州同知。张丙、陈办起事被平定之后，陈震曜多次上书台湾知府，陈述台湾治理上的利弊得失。

当时，清廷一直用班兵戍守台湾，班兵都从福建各标中抽调。班兵既不了解台湾的民情，又结党滋事，当地的官员对他们的违法违纪行为无可奈何，出现紧急情况之后，班兵战斗力又严重不足。因此，陈震曜建议，减少来自福建的班兵而多招募台湾本地的乡勇。他在上书里说：

"各省兵丁俱属土著之人，惟台湾开辟之初，户口仅数十万，沃野千里，民愿为农，彼时招募土著之兵，亦无有应之者，加以郑氏甫平，续有小丑，恐土著在伍，或有通匪之虞，此当时调遣内地班兵戍台之深意也。今台属四县、三厅，约计三百万人，土地不加，丁口日繁，其无田可耕乏经纪者亦多。若招募充伍，临以号令之严，化其桀骜之气，平时资以缉捕，有事用以守御，人地熟悉，未尝不收臂指之效。查内地班兵调台，惟漳泉语言相似，余则乡谈各殊；路途东西，又全不辨。既难缉盗于平时，自难剿匪于有事。核其所能，则充武署杂差，或排列汛塘，备数而已。仓猝号召，仅执器械、守城陴，未闻其能义勇，独自出郊战胜也。有养兵之名，而无养兵之实；经百数十年，奉行调遣，习焉不察。夫养兵既少实效，则匪类易滋事，地方易蔓延。偶闻警报，茫然不知。今日小汛归大汛，明日大汛归城郭，唯有紧闭城门以待贼至。置乡民于度外，听匪类之胁从。科派富民，旷日持久；乌合啸聚，小丑成魁。非疾呼绅衿、自备资斧、招募义勇、飞禀大军救援，而乱未能平也。先后情形，同出一辙，可胜痛哉！查台水陆之兵不下二万余名，年需军饷二十余万，养兵不为不厚，而束手无策若此。溯自康熙年间至今，乱十数次，未有不赖土著义勇而能报捷者。即近四十年，而考之，乾隆五十一年林爽文一案，台民为义勇者，南北不下数十万人。议叙赏给之义民首，亦千数百员。乾隆六十年陈周全一案、嘉庆十一年蔡牵一案，议叙官职之义民首，俱不下数十员，可见台民能为义勇以从军，未尝不可充兵而敌忾也。是故欲求长治久安之策，遇有班兵出缺，准就土著挑补。每营数百之兵，但得乡壮数十名，用以剿捕，资以御侮，则海疆军制，日有起色，不似从前之仅能守城守汛已也。"①

陈震曜又在建议添募屯兵的上书中说："台湾僻处海隅，戍台悉用内地之兵，语言不通，道路不熟，水土不服，险要不知。每逢剿捕之时，必藉乡勇屯番为前导。查乾隆五十二年，生番拒逆，熟番助捕。五十三年，福中堂入告，以沿山未垦之地，准其耕为屯田，平时录为屯丁，有警调为屯兵，拔其头目，奖为屯弁。自设立四十余年，番人恭顺，听地方官调遣战守，奋勇可嘉。但屯地多荒，屯饷不裕，屯兵亦不能多募。窃思全台陆路戍兵，共有九千七百九十七名，似可酌减一千数百名，留其粮饷及抚恤眷口之款，可添募屯兵一千数百名，分配台湾道府、四厅、四县十衙门，按月点验一次，给以粮犒。秋令每月操练一次，冬令每月操练二次。军装器械铅药，官为购备。与操练犒赏，剿捕饭食，即于征收台地屯租款下动支。操演之后，军器存贮道府厅县之库。每季巡查地方之时，各衙门酌定数班，轮值调遣。若有剿捕之时，则全队统带，可资捍御。战胜之实效，较之戍兵尤为得力也。"② 接到这封上书之后，总督非常赞同陈震曜的建议。

陈震曜又提议，台湾郡治拓建外城，添造炮台，也被上司采纳。不久，陈震曜奉福建巡抚的命令，与凤山、嘉义两个县的知县一起，督办采访册，送福州省里补修台湾通志。陈震曜以台湾府县各志地图，旧多疏谬，山川庄社误置尤多，建议先绘里堡分图，次绘厅县分图，然后统绘全图。他还建议仿照国史馆绘画一统图的方法，布画网格线，横直各三十。在陈震曜的努力下，新绘的台湾地图更加完善。事

---

① 参见连横《台湾通史·列传·陈震曜》。
② 参见连横《台湾通史·列传·陈震曜》。

情结束之后，陈震曜又被彰化知县杨桂森招聘，帮助撰写彰化县志。当时，鹿港的施、黄、许三姓，族大丁多，负隅罔法，动不动就发生械斗，一直是乡里的祸害，陈震曜上书请严办。因为鹿港是全台滨海适中之地，有上万户人家，是彰化县的一个大市镇，而一直没有城池，无法保护人民，无法防守。于是，陈震曜又上书，请在鹿港修建一城，筑一寨。他又看到凤山县辖地辽阔，行政管理很难周全，遂提议在淡水南岸新建一县城。以后，沈葆桢巡视台湾，就采纳了陈震曜的提议而设立了恒春县，所以说，陈震曜所著的建议书，对台湾的治理有帮助，并非空泛不实之论。

道光十五年（1835 年），陈震曜被任命为陕西宁羌州州同，道光十七年九月抵任。宁羌本来是少数民族地区，民众很少读书。到任之后，陈震曜每月都召集当地的士绅长老讲话，告诉他们汉人的伦理，并请他们学习文字经书。数月之后，当地的风俗就发生了变化。宁羌州境当南北栈道之交，是陕西甘肃进入四川的要道，但栈道很久废没有维修了，给行人带来很大的不便。于是，陈震曜亲自考察勘探维修栈道的工地，劝民助修。

陈震曜在宁羌州任官十几年，廉洁慈惠，州民爱如父母。道光二十四年（1844 年）七月，陈震曜代理城固县令。道光三十年，陈震曜因病归家，宦囊萧瑟，唯携书籍古帖十数笥，多为汉唐石刻。陈震曜精通经术，爱好宋儒学说，治家甚严，一遵古训。长期学习中医，晚年医术更加精深，采辑古今名方及论医之法若干卷。

咸丰二年（1852 年），陈震曜在家里病逝，享年七十四。著有《小沧桑外史》四卷、《风鹤余录》二卷、《海内义门集》八卷、《归田问俗记》四卷、《东海壶杓集》四卷，都没有刻印出版。同治十三年（1874 年），钦差大臣沈葆桢访求陈震曜的遗文，抄录一份带走。光绪八年（1882 年），台湾人士请把陈震曜入祀乡贤祠，朝廷下诏认可。

二十九　　姚　莹

　　姚莹（1785—1853），字石甫，一字明叔，晚号展和，因以十幸名斋，又自号幸翁，安徽桐城人。姚家是桐城麻溪望族，从明朝景泰年间到清朝，都有仕宦名人出现。曾祖父姚范，曾做过翰林院编修，以诗、古文、经学闻名。从祖姚鼐，为桐城派古文主要创始人。

　　姚莹乾隆五十年（1785年）十月七日出生，身材短悍，双目炯炯，发声如钟。幼年时家道中落，刻苦攻读诗书，少以文章名。嘉庆十年（1805年）五月，补安庆府学附生，以府试第一名入郡学校。嘉庆十二年七月，赴试金陵，考中举人第十八名。嘉庆十三年春，去北京礼部应试，中进士第三十二名，殿试三甲，归班铨选。

　　嘉庆二十一年（1816年）春，姚莹被选为福建平和县知县。从北京赴福建，经过浙江钱塘，拜见浙江督学汪廷珍。汪廷珍曾任安徽督学，早就听说姚莹才华横溢，一直没有见面。两人见面后，纵谈三日。汪廷珍读了姚莹的诗文后感叹说："国士也，慎自爱。题辞卷首，有曰：众鸟啁啾中，独见孤凤皇。"后来，姚莹重编自己的文集时，把汪廷珍的题辞收录，以汪廷珍为最早的知音。闰六月，到达福建就任平和知县。平和一带的风俗，好斗健讼。姚莹就任后，严捕诛锄强暴，听断劝谕悉以至诚。每次到四乡巡视，都是自己出费用。在围捕罪犯时，他也都亲自带头参加，保证公平。所至鸡犬不惊，民无扰攘，风俗一变。总督汪志伊、巡抚王公，都非常重视姚莹。嘉庆二十二年春，姚莹兴建九和书院。

这年冬，姚莹调任龙溪知县。龙溪经常械斗，盗贼因而四出，官兵无可如何。姚莹说："此乱民也，非绳以重典不可。然仇怨各有所由，比年民皆不见官，无以自达，官但据告词捕犯，十九富人而当捕者，反不在告中，何以服民？"姚莹向道府及总兵官请求，以前发生的旧案，犯人全部停止拘捕，让他们自己到县衙说明情况，亲自为他们评断是非曲直。他又选取二十以上、四十以下的壮勇，加以训练，用来巡捕盗贼。他亲手擒获罪行严重的犯人数人，讯实罪状，在万人环观将犯人击毙，远近股栗。之后，姚莹又亲至各村社巡视，厘清它们之间的疆界。闲暇时间，姚莹则课农劝学，一时弃刃修和的村社有七百多个，漳州人于是大悦。当时，闽督董教增十分器重姚莹，曾称他为闽吏第一，多次拜访他询问政事。每当有郡守、县令到漳州上任，董教增必说：治法可问姚令。

嘉庆二十三年（1818年），漳州太守方传穟拜访姚莹，一起谈论政事，方太守非常认同姚莹的观点。这年，姚莹调任台湾知县。漳州人上书挽留他，每天都有成百上千封，他的上司也挽留。姚莹留在原任一直到第二年春，然后去台湾。

台湾孤悬海外，叛乱不常，姚莹不务苛细，唯以恩信抚之，深得士民心。不久兼理海防同知。嘉庆二十五年（1820年）正月，郡兵在大街市上赌博，姚莹的轿子刚好经过。郡兵并不回避，姚莹大声呵斥，他们才一哄而散。一个兵卒诬蔑县衙役抢夺了他的钱，相互争斗。姚莹命令他们跪下来，然后讯问。众散兵怀疑姚莹将要责罚那个兵卒，几十人持械大喊大叫跑来，想把兵卒夺去。姚莹下轿，亲自用铁索套住那个兵卒的脖子，对着他的脸说："你敢抗拒，你们这些同伙都要处死！"众散兵愕然，不敢冒犯姚莹。姚莹手拉兵卒，步行至总兵官署。众兵卒都非常害怕，请求姚莹饶恕一次。姚莹不答应，最后，处罚了十几个人，并禁止兵卒再赌博。从此之后，姚莹所到之处，兵卒都畏避。九月，兴化、云霄两个军营发生了士兵斗殴，他们还企图杀害诸将领，两个军营实行紧急戒严。姚莹夜里到军营里巡视，众兵见他过来，都下跪。姚莹温和地说："我知道斗殴不是你们的本意，恐怕是被人劫持之后的自我防卫吧，不要放下兵器，不要私自外出，私自出去就犯错了，他们就会乘虚而入了。"

众兵大喜说："县主爱我。"那天夜里一直很安静，聚集起来的士兵天亮之后散去。事后，总兵到军营巡视，诸军肃然。

台湾信鬼的风俗很盛，旧有五妖神作祟。民人许某相传被妖神作祟，将要死亡，其兄用盛大礼仪迎接五妖神像，进行隆重的祭祀。姚莹听说后，下令将五妖神像抬来，当庭捣毁，妖遂绝。

道光元年（1821年）正月，姚莹兼任噶玛兰通判，随后从郡城北上入噶玛兰。六月，噶玛兰出现了大风暴雨，伐木坏屋，庄稼损失很大，接着又出现了瘟疫。姚莹此时正好因公事在台南府城，急驰而回，周巡原野，抚恤灾伤，向上级请求缓征税收，并制药治疗民众的疾病，民众大悦。

淡水男子朱蔚，自称是明朝皇帝的后裔，妄造妖言，入噶玛兰煽惑民众，准备起事，姚莹知情后捉拿了他。有人对此事非常小心，对台湾知府说："这不过是小民发神经罢了，现在是太平时节，哪有这样的事情？"

姚莹认为，朱蔚谋反，有同伙的承认，有妖书、木印、悖诗，台湾人情浮动，当以朱一贵、林爽文为戒，应当将他处死。姚莹之父姚骙说："没有事的，酿成动乱的大事，各个部门都有责任。幸而没有发生，并抓获了首逆，是否处死还是听从上官指示吧，且我也不愿你把多杀人当作有能力。"命姚莹交出所获物品，全部烧焚了。朱蔚被押解至台湾府郡，多次审讯都证实是谋反，最后以狂疾抵罪。

姚莹任台湾知县时，台湾戍兵皆自内地更调，经常出现骄横不法的事情。台湾道叶世倬想改为招募台湾本地人，姚莹说："如果这样做，那就没有台湾了。以前因为台湾人反叛，所以派大陆的兵卒来戍守，至今已经有一百四十余年了，一旦改用台人，谁帮我们镇守呀？"因为征用民船代运官粮，给商民带来沉重的负担，有人提议改为官运。姚莹说："以前因为福州、漳州、泉州三郡所产粮食太少，兵食不足，而台湾缺少银钱但有很多粮食，所以以有易无，台湾运粮食而省府运饷，改变这种情况会使双方都匮乏。并且，台湾的粮食每年运出十多万石，民船配载每舟一百三十石，多的也只有一百八十石。民船自己载货，都可以达到三四千石，官府付给他们运费，即使有时无钱支出，官员也需要花费，也不致十分困难。如果罢为官运，运输十万石粮食，以每船载二千石为标准，需要用船五十艘；每艘船的工料以五千两银子为准，共需要二十五万两银子；加上每只船上的弁兵、舵工、水手数十人，每年又需要数万两银子。海船每三年需要维修一次，又需要数万银子。重洋风涛不测，一旦有沉没损失，船粮两亡，这是漕艘之外的国家另一负担。"台湾道叶世倬认为姚莹的说法是错误的，遂把姚莹调到噶玛兰任职，故意刁难他。

姚莹抵达噶玛兰上任后，不久就抓获著名海盗林牛等十余人。在这之前，朝廷有诏令，让福建提督罗斯举渡台擒捕林牛等人，现在被姚莹设计捕获了。罗斯举大喜，派人迅速向朝廷报捷。台湾道、府却想阻挠报捷，遭到台湾总兵音登额的反对，被迫向朝廷报告姚莹的功劳。此时，姚莹已经因为在龙溪的旧案离职了。以前在龙溪县任职时，福建总督董教增有一件公事交给道员、知府、知州、知县讨论。知县姚莹的建议书上交后，董公大悦，就不让道员、知府再讨论了，姚莹的上级因此对他更加忌恨。

龙溪县民人郑源，与族人有仇隙，率亲戚打死族人，并抢走了财物。姚莹抓获郑源，审讯时郑源认罪。这个案件上报后，郑源还没来得及押送去福州，姚莹就离职了。过了两年，新任漳州知府来，忌恨姚莹的人污蔑他，他们把郑源的案件改为偷盗案件，弹劾姚莹办理案件有严重错误。这时，台湾道叶世倬、汀漳龙道道员孙公，已相继升迁为巡抚了。这件事情上报朝廷后，有关部门的官吏索贿三千两银子，姚莹不给，遂被革职。又因在台湾抓获海盗，朝廷特令姚莹到北京当面报告。

道光二年（1822 年），姚莹离开台湾时，台湾民众很失望，成群结队到台湾道府挽留他。噶玛兰民众听说后，害怕姚莹被其他地方夺去，也成群到台湾府挽留姚莹，台湾人以为姚莹以后还会重返台湾任官。等到姚莹被罢官后，台湾人纷纷为他喊冤。

姚莹住在旅馆，十分贫困。台湾两地的士民不断地给他送钱送粮，并且募集银子替姚莹偿还了官债。各种手续办完，姚莹正准备登舟内渡，此时，姚骥忽然有了大病，十月二十八日，在鹿耳门舟中病逝，姚莹便顺便护送棺材至福州。

这一年，督抚以前台湾道叶世倬，欲改班兵之制，台湾总兵观喜犹豫不决，请教姚莹。姚莹撰写报告，交给台湾总兵，得到了高度肯定。然而，叶世倬升任福建巡抚时，曾当面向皇帝提过这件事。皇帝命令叶世倬与福建总督讨论解决这个问题。等到赵慎畛出任闽浙总督闽时，改变班兵的提议才作罢。颜检出任福建巡抚时，发现姚莹被冤枉了，将上奏朝廷说明，叫台湾总兵音登额促姚莹内渡。颜检还说："推荐的公文已写好，等姚莹回来就报送朝廷了。"姚莹还没来得及回大陆，而颜检已经调任直隶总督了。

道光三年（1823 年），姚莹抵达福州，此时，赵慎畛来督闽浙军，把姚莹留下来。姚莹在闽日久，洞悉利弊，赵慎畛多次咨询他，于是，姚莹遭到很多人忌恨。适逢原署台湾知府方传穟护任分巡台湾兵备道，邀姚莹同往。十月，姚莹至台，士民敲锣打鼓欢迎他。姚莹感激方传穟及赵慎畛的知遇之恩，知无不言，把他原来有计划的善政全部报告，由赵、方二公在台湾落实了。当时，把姚莹与方的配合比作蓝廷珍兄弟在台湾的配合。

道光四年（1824 年）三月，有外国商船私泊鸡笼港，出售鸦片，直到八月，仍不离去。在此关键时候，署总兵赵裕福却借口巡视，想去台湾南路。姚莹认为，这是赵裕福害怕外国人，并且南去途中招待花费很大，遂上书兵备道孔昭虔制止。

五月，抚军孙尔准巡视台湾，准备开垦埔里、水里二社，如开垦噶玛兰那样。

对此，方传穟询问姚莹。姚莹说："要想开垦二社，有八个要点。第一，和睦番民。第二，通事必求良善。第三，官课、番租不可混淆。第四，界址作何启闭。第五，官荒招佃永除业户之名。第六，用佃万人，不可无头人经理。第七，埔里地在万山中，为全台之要领、前后山海之关键，去彰化县城窎远，非微员所能镇抚，不得不略如厅制，文武廉俸、兵饷作何筹计。第八，开通北路一溪，以便舟楫。然又必得经理之人，才识足以干事、操守足以信众，乃可。"方传隧把姚莹的建议上报，孙尔准感觉很困难，遂放弃开垦二社的想法。

道光五年三月初一，姚莹辞方太守内渡。四月，至福州。十月，自家乡启程去北京，第二年正月至京，奉旨以获盗功，改为降二级调用，遵例捐复原官，归吏部铨选。道光十一年以后，姚莹曾出任武进县代理知县、元和县代理知县、淮南监掣代理同知等官。

道光十七年九月，朝廷下令，升任姚莹为福建代理台湾道员，并赏加按察使衔。第二年闰四月十六日，姚莹去台湾就任台湾兵备道。此时，台湾民情浮动，自道光十二年张丙之乱后，曾经参加起事的万余人散在民间，时思啸聚。

道光十九年，清廷下诏禁止全国军民吸食鸦片，限一年又六个月全部肃清，违者重刑。巡道姚莹遵旨严办，当即通令全台，凡初犯者刑，再犯者死，一时鸦片几绝。五月，嘉义发生大地震，姚莹派人查勘，并带头捐出自己的养廉银子赈灾。

道光二十年（1840年），英国军队不断袭扰粤、浙，海疆告警。姚莹与总兵达洪阿共筹战守之策，以防英入入侵。六月，姚莹撰《台湾水师船炮状》，描述台湾的港口和炮台状况。七月二十日，台湾道姚莹向福建督抚书面报告防夷急务，将所办急要事宜，分成七条进行了陈述，其中他最忧虑的是沪尾、鸡笼等口兵备薄弱。姚莹向王得禄、达洪阿等呼吁，请协力严守海防；并募集乡勇，调兵设防，整修炮墩、器械以御。姚莹于八月初六日赴台湾北路各海口，相度形势，添设炮墩、巡船，雇募乡勇、水勇，沿途传见绅耆等，谕令各庄团练壮勇。九月，姚莹为使台湾内外防务，事有专责，乃拟订《台湾十七口设防图说状》，作为制订军事计划和指挥军事行动的参考。

道光二十一年七月十日，英军攻陷厦门，台湾震动。八月十六日，有英国船只驶进鸡笼海口，副将邱镇功手发大炮击折其桅，船毁于礁。清军官兵乘机亟进，抓获黑人百余名，缴获英军大炮十门、地图、图书等。捷报上奏，姚莹被特赐花翎，交吏部优叙。九月十三日，英军再犯鸡笼，毁我兵房，炮台伏兵发炮击毙登岸英军。

姚莹添调兵勇守护鸡笼，英军才撤退。这时，嘉义的江见等人乘机作乱，南路凤山人陈冲等闻风响应。姚莹会同总兵达洪阿指挥文武兵勇剿办，各庄亦实力协拿，六月，江见等起事的首领被抓，地方安谧。

道光二十二年正月二十四日，有三艘英军军舰，在台湾外洋向北驶去。姚莹对文武官员说，不能与英军在海上争锋，应设计诱擒。三十日，三桅夷船及舢板船在大安港外洋，见兵勇众多，乃向北驶。台湾官员所招募的渔船上，有个广东人周梓，他与英军军舰上的广东人打招呼，诱骗英舰"安因号"从土地公港进口。结果，英舰在暗礁上搁浅，台湾伏兵齐起进攻，英舰"安因号"遂破。英军落水溺死甚众，被杀死数十人，生擒英军十八人、红色人种的英军一人、英军黑人三十名、广东人五名，缴获英军大炮十门，又俘获铁炮、鸟枪、腰刀、文书等，都是镇海、宁波清军军营中的物品。

四月五日，捷报上奏后，诏令赐姚莹二品冠服，仍交部优叙。不久，朝廷来书询问，如果大批英军来台滋扰，台湾兵勇是否够用？用什么办法防御英军？姚莹与镇守台湾的将领商议了五条计策上报朝廷。姚莹等还认为，囚禁在台湾的英军一百六十人，既不能押解去福州，也不能长久囚禁。因害怕大批英军突然袭击，姚莹等就想先行处死英军俘虏，以除内患。上奏之后，得到朝廷的批准。在大安俘房的英军上尉颠林，地理知识丰富，能绘制地图。皇帝下令，要好好向颠林询问英国的情况。姚莹便详细审问了颠林，并让他制作了地图，上报朝廷。五月，奉旨将英军颠林等九名军官及汉奸黄舟、郑阿二囚禁，其余英军俘虏一百三十九名全部在台湾正法。

根据各港口文武官员的报告，有英船一二只至九十只，各在外洋游弋，且勾结海盗小船，随时可能进攻。姚莹不断地激励文武官员根据各地情况堵剿英军，清军击沉匪船多只，擒获百余名，英舰乃全部离开。

七月，英舰由镇江至江宁，清军失利。朝议罢兵，与英国议和，英国要求将关押在台湾的英军俘虏及汉奸全部释放，道光帝答应了他们的请求。九月五日，英军派巨舰至鸡笼口外，拟来索俘，守军不予理会。十月，英军家属至台，持总督给其统领印文，要求入城。姚莹率府、厅、县及三营游击，在城外会见英国人。英国官员六人都行免冠礼，要求带回两次在台湾被俘的英国官兵。姚莹向英人说明了大皇帝以德柔远之意。早在九月十六日，有一艘英船在沪尾港遭遇暴风，被地方官救获二十五人，英国官员也要求带回这二十五人，且求登上沪尾港的英船。姚莹以其恭顺，答应了他们。姚莹同台湾太守熊一本、司马全卜年及营员数人往登舟。英国官员五人，穿着长衣，率兵持械鹄立，鸣九炮、悬彩旗百面，以迎接姚莹一行。临别时，英国官员持酒一瓯敬姚莹，说这是天下太平酒。

道光二十三年（1843年），颠林等释放之后，在厦门的英国官员忽生异议，说在台湾两次被俘的英军，都是因为遇到了暴风而船只出了问题，并没有与台湾军民打仗。台湾总兵、台湾兵备道冒领功劳，欺骗朝廷，宰相穆彰阿要求姚莹与英国人对质。道光帝乃命总督怡良渡海查办杀戮英俘案，并明白训示："倘该镇、道所奏悄形意有虚饰，即遵照前旨办理（即解京审办）。如所奏皆系实情，亦当筹及大局，将达洪阿撤任，带至省城，候旨办理。该督所带总兵一员，随着代理台湾镇总兵；其台湾道印务，着熊一本兼理。"正月二十六日，制军怡良至台，即传旨将姚莹革职拿问，将英国人所讲的情况拿出来，令台湾文武官员解释。姚莹对达洪阿说：英国人强横无信，非口舌所能折辩。台湾镇道官员不去，英国人或许又有别的要求，又烦皇上担忧，大局不可不顾也。"遂主动撰写报告请罪。

朝廷下令押送姚莹至京。三月，姚莹内渡，八月十三日入刑部狱。时台谏交章论救，而粤督耆英致书京师要人，谓不杀台湾镇道，我辈无立足之地。幸天子仁圣，深鉴枉曲；既入狱，命大学士查取亲供。姚莹据实回答说："臣未能逆料夷人有就抚之事，以致思虑疏忽，诚未能防患于未然。臣实有应得之咎，惟有请皇上从严治罪。幸臣以为词意未洽，宜权辞以对。"姚莹的供词上报后，皇帝说："台湾事，朕已知之，毋庸阅也。"二十五日，奉旨出狱。十月，奉旨以同知知州发四川用。

姚莹平常羡慕贾谊、王文成的为人、为学，体用兼备，不为空谈。姚莹崇尚程朱理学，"耽性理，兼怀济世"（《论心罪檄文》），做官清廉自守，注意时务。文章善持论，指陈时事利病，慷慨深切。姚莹所交的朋友，都以文章经济见推重。姚莹的诗文都是自己编辑的，凡《东溟文集》六卷、《东溟外集》四卷、《东溟文后集》十四卷、《文外集》二卷、《后湘诗集》九卷、二集五卷、续集七卷、《东溟奏稿》四卷、《东槎纪略》五卷、《康輶纪行》十六卷、《寸阴丛录》四卷、《识小录》八卷、《姚氏先德传》六卷，俱刊行。

在文学上，姚莹承袭家学，曾亲聆姚鼐教诲，名列"姚门四弟子"，为桐城派古文家。他论文继承桐城派的"义法"说，"才、学、识三者先立其本，然后讲求于格、律、声、色、神、理、气、味八者以为其用"，使文章"关世道而不害人心"（《复陆次山论文书》）。他的文章除阐释性理者外，还有论辩、序跋、赠序、书信、记传、杂文等，于论政议事之中，渗透着自身的遭遇感慨和切愤深忧，激昂豪宕，文笔峻利而富于感情。

三十　　曹谨：修建曹公圳的县令

曹谨（1787—1849），字怀朴，号定庵，初名瑾，河南怀庆府河内县（今河南沁阳）人。少时才锋颖拔，年未二十，便于嘉庆十二年（1807 年）在家乡考中举人第一名。曹谨也很自负，以为甲科可中，然而，此后数次到礼部参加进士考试都失利。后以大挑一等分发到直隶，先后署理平山、曲阳、饶阳、宁津等县。直隶畿辅号称难治之地，曹谨署理饶阳时，当地连年旱灾，饿莩载道。他上表朝廷，请拨公帑赈饥，然后，他亲自到全县各地察看户数多寡、受灾程度的轻重，亲自发放赈济，不经过胥吏之手。在这个过程中，他自己则买饼充饥，艰苦廉明。署理宁津时，因盗贼蜂起，曹谨实行清联庄法，捉获盗首，社会秩序好转，深得直隶总督器重，后调丰润县，遭人诬陷，被议落职。

道光十四年（1834 年），曹谨被朝廷选拔分配到福建，署福建将乐县。道光十六年，调任闽县县令，兼代理福州府海防同知。当时，旗军与县民各千人相互械斗，福建巡抚委派官员前去调解无效。曹谨奉命前往，他在军民之间放置一张床，挺身至旗军门外，晓以利害。在智勇双全的曹谨面前，械斗双方都很服气，一场激烈的械斗这才平息下来。

此时，台湾凤山县因歉收而出现了很多盗贼，上司又调曹谨去台湾。道光十七年正月，曹谨出任凤山县令。曹谨到凤山县上任后，巡行县境，察民疾苦，知道饥民铤而走险，认为弭盗莫如足食，足食首当兴修水利，其次是减轻民众负担。

当时，台湾班兵废弛，总兵达洪阿十分想进行整顿。他选取六百人，练为精兵，每年给这些精兵发钱二万五千余缗。巡道周凯赞助达洪阿，下令府厅县捐助他所需的军费一半。等到姚莹出任巡道时，让下属讨论训练班兵的事务，曹谨坚决反对让台湾各府厅县捐助军费，他的谈话记录在连横《台湾通史·军备志》里。

曹谨亲自到田野查看农业生产，当他行至下淡水溪岸边时，慨然感叹说："这是造物主恩赐的宝地，等待我们来好好经营呀！"这时，凤山县平原田野上万顷，水利未兴，一遇到干旱天气，就会颗粒不收，曹谨召集当地士绅长老商讨解决之道。他召集能公巧匠，开凿九曲塘，筑堤设闸，引下淡水溪的溪水灌溉田地。他还令工匠做了五个水门，以备下大雨时排泄大水。在办公之余，曹谨都会徒步去查看水利工地，讲笑话鼓舞民众，所以，工地上的工匠和民众都不懈怠。历经二年，九曲塘和引下淡水溪的水圳才完成。水圳长达四万三百六十多丈，可以灌溉田地三千一百五十甲，其水自小竹里而观音，而凤山，又由凤山下里而旁溢于赤山里。圳建成后，设有管理人员，制定了一套蓄水和放水的制度。因为有了灌溉，当地民众收入的粮食是过去的两倍，民众都安于农业生产，家家户户都有余粮，就没有人再去做盗贼了。

道光十八年（1838 年）春，巡道姚莹命令台湾知府熊一本去查看水圳。上报之后，姚莹给曹谨记功，把水圳命名为曹公圳，下令刻石碑记述这件事。后来，天大旱，灌溉用水仍然不足，曹谨又命令贡生郑兰生、附生郑宜治晓谕业户，捐资增凿，别成一圳，名新圳，而以前为旧圳，这样，灌溉的田地更多了。

道光二十年（1840 年），因政绩优异，曹谨升任淡水同知，凤山县的士民攀辕流着眼泪挽留，前来参加饯别的达数千人。到淡水履任后，曹谨仍然一如既往地热爱民众，兴利除弊。

道光二十一年，英军侵犯福建沿海，八月，进窥鸡笼（今基隆港），台湾的官员和官兵并力筹防。曹谨查户口编保甲，操练乡勇，准备应变。查户口的目的是抽壮丁，例如他查明属于今天桃园县境的户口，计竹北一堡一万八千九百三十二丁口，竹北二堡一万七千四百六十丁口，桃涧堡二万五千七百二十四丁口。他以淡水沿海，沙汕延长，自鸡笼以至大安，凡是可以停泊船只的地方，都用沙袋筑墙围堵，用训练过的乡勇防守。他又看见淡水厅城防守薄弱，就在旁边修建一座土城，种植毛竹开凿壕沟作为犄角。

道光二十二年（1842 年）正月二十四日，英舰三艘驶至大安港（今台中北）外洋游弋窥探。为了淡水厅城的安全，曹谨与绅民筹捐加筑土围，为厅城外蔽，仍建四城门楼及四小门，城外植竹开沟，曹谨指挥兵勇严为戒备。为了防备英军，曹谨把渔舟编成组，互相监视，严禁它们接济英军，设立哨船，定期在海上巡逻。在此严密的防备之下，曹谨先后破获海寇案件三起，把海寇解送台湾府郡正法，台湾知府和驻军将领都高度称赞了他。当军事兴起之际，曹谨认为班兵无用，请求停止在海洋上设防的经费，专练乡勇，在陆地上防卫，姚莹不许。然而，姚莹也知道班兵的疲弱，非整饬不可，自选精锐六百人，厚给饷糈而加强训练，然后再逐渐训练余下的各营，后来，朝廷遂裁掉班兵而招募台湾本地的乡勇。

战后，英国人强迫清廷惩办抵抗侵略的官兵，闽浙总督怡良深知曹谨无罪，便问曹谨："事将若何？"曹谨回答说："但论国事若何？我官可不做，人要做。若罪应任者，甘心当之，但百姓出死力捉贼，不宜有所负。"怡良感叹道："真乃丈夫也！"

这一年，曹谨还在艋舺下嵌庄继续修建文甲书院，并将它最后建成，大力提倡文教，大官员巡台时常常居住在这个书院里。

道光二十四年（1844 年），淡水一带的漳州、泉州籍的民众之间发生了械斗，全台四邑骚动，曹谨闻报，要求赶快去彰化、淡水一带制止械斗。曹谨驻在大甲两个多月，召集械斗双方的耆老，陈述利害，械斗开始缓和。于是，曹谨在中港妈祖庙后花园树立一座"漳泉粤人和睦碑"，以做警示。

曹谨治民以宽，而对于犯法的人一定要处罚，猾胥土豪皆屏息莫敢犯。曹谨在台湾五年，每天都提倡文教、崇尚实学，在淡人士人中开创好的风气。每月初一和十五，一定去明伦堂行礼，宣讲皇帝的圣谕。刊印《孝经》、《小学》等书籍，发给各私塾，让青少年习诵。公务之余，曹谨经常招来诸生一起读书，对于成绩优异者进行奖励。淡水厅本来建有一座学海书院，但未完全竣工，曹谨就捐出自己的官俸，把它修建完善。他还增设了一些乡塾，让全淡水各地的青少年都能读书，淡水民众好学的风气，从此开始兴盛。

道光二十五年，曹谨因生病而辞官回家。淡水人感念他的恩惠，将他入祀德政祠。而凤山县的民众，也在凤仪书院内为他建立了祠堂，春秋祭祀，一直不断。曹谨处理械斗的方法，也被其他官员所借鉴。道光二十七年，大甲又发生漳、泉分类械斗，淡水同知曹士桂冒雨前去，按照曹谨的做法极力劝说双方和睦，致听者下泪，械斗遂止。

道光二十九年（1849 年），曹谨病逝。咸丰十年（1860 年），凤山士绅在县城师仪书院东傍，建曹谨祠三楹。光绪二年（1876 年），福建巡抚丁日昌上奏，请求将曹谨入祀名宦祠，得到了朝廷的批准。

三十一　郑用锡：开台进士

郑崇和，字其德，号怡庵，金门人。十九岁时去台湾，在淡水厅竹堑教书，遂定居在那里。淡水厅一带是新辟之地，当地民众很少读书。在郑崇和的劝说和鼓励下，富家子弟多就学，尊敬老师，故老师的薪水也很丰厚。

嘉庆十年（1805 年），蔡牵侵掠淡水，土匪暗地里活动，郑崇和此时正好在后珑，奉官府文檄招募乡勇防守。蔡牵之乱平定之后，台湾府嘉奖了他。淡水厅地区住有福建人和广东人，他们为争夺土地等资源常年分类械斗。郑崇和又奉檄弹压，召来械斗双方的父老，向他们陈述利害，他们的仇恨才开始和解。竹堑多山野，当地原住民时常出来杀人，每年达到几十人。郑崇和乃召集壮丁和集资，在地理位置重要的地方设置岗哨，以保卫行人，给进山砍柴等带来了安全和便利。

嘉庆二十年（1815 年），发生饥荒，郑崇和把自己家中的粮食拿出来出卖，以平抑粮食价格。这时，竹堑人士议建文庙，郑崇和慨然捐出巨款，并叫次子郑用锡负责施工。文庙建成后，又举行庄严的仪式，竹堑文风之盛始于此。郑崇和喜好宋儒书，尤守紫阳家训，他的学生多是通达的人才。道光七年（1827 年），七十二岁的郑崇和去世。道光十二年，奉准入祀乡贤祠。

郑用锡是郑崇和的次子，字在中，号祉亭，乾隆五十三年（1788 年）出生，少遵父训，以力行为本。早年与弟弟郑用鉴在淡水厅儒学求学，拜当时台湾的名师王仕俊为师。道光三年四月二十一日，郑用锡参加殿试，会试第四十一名，殿试三甲第一百零九名。这是台湾人最早用台湾籍考取进士，因此被称为"开台进士"。但他并不孜孜求官，而是家居读书为乐。淡水厅自开辟以来，尚无地方史志书籍，郑用锡乃召集弟弟郑用鉴和朋友一起编纂志书书稿，藏为后法，文献以存。

道光六年（1826年）冬，闽浙总督孙尔准巡视台湾，至竹堑。署淡水同知李慎彝依从绅士郑用锡的提议，请求用砖石改建淡水厅城（即竹堑城），郑用锡自愿负责施工。得到批准后，十二月兴工，郑用锡与署理淡水同知李慎彝、绅士林国华共同负责修筑淡水厅厅城，城周围总计八百四十丈，墙高一丈五尺，添垛三尺，共一丈八尺，顶宽一丈二尺，基宽一丈六尺，深一丈，雉堞有九百七十四。筑城所需费用约纹银十五万五千两，大多是由绅民共同捐出的，其中林国华、郑用锡和林祥麟捐款最多。第二年六月，淡水厅城建成后，经理郑用锡因功叙授同知衔，不久改为京官。

道光十四年（1834年），郑用锡去北京供职，被分配在兵部武选司，翌年，授礼部铸印局员外郎兼仪制司。每逢朝廷举行祭祀等大典时，郑用锡都恪恭从事，忠于职守。道光十七年春，因母老需要奉养，郑用锡返回台湾家乡。他在家乡热心地方，倡修桥渡、赈饥恤寒、振兴文教，足为乡里表率。

在家乡，乡亲们举办任何有益的活动，郑用锡都会尽力出资赞助，故人称他为善士。道光二十二年（1842年）正月二十四日，英国军舰进窥大安港（今台中北），郑用锡自己出资招募乡勇，会合清军捍卫家乡，严为戒备。三十日，英舰安因号被诱驶入土地公港，触礁搁浅。清军和乡勇乘机进攻，打死英军几十人，俘获英兵四十九人，缴获大炮十一门及鸟枪腰刀一批，自此，英军不敢再轻易地侵略台湾了。郑用锡的事迹上报朝廷后，赏戴花翎。郑用锡还捕获过乌草的洋匪，获得大官吏的嘉奖。

咸丰三年（1853年）四月二十八日，台湾县人李石树旗于台湾县湾里街（今南投县竹山镇），以"兴汉灭满"为号召，从者渐众，知县高鸿飞被杀，林恭、吴磋等人也相继在岛内起事。五月二日，林恭、李石兵分二路进攻府城，台湾道徐宗干、总兵恒裕及知府裕铎等急令兵弁及乡勇等进行防御。八月，淡水漳、泉等四县籍居民分类械斗，毁新庄艋舺县丞、海山堡潭底公馆、大加蚋的八里新庄、艋舺的祖师庙，全台秩序大乱，混乱程度并不亚于林爽文之乱。

郑用锡奉旨与进士施琼芳等人一起举办团练，同时向民众劝捐。郑用锡首先提议运输津米救济台湾，并派弟弟郑用鉴筹办运输工作，郑用锡因功受封二品官衔。这时，漳、泉人之间的械斗愈烈，延蔓一百数十里，杀人越货，道路不通，郑用锡和著名孝子李锡金、陈缉熙设局安抚。郑用锡和李锡金分赴各庄，竭力排解矛盾，竭力劝和。五月，郑用锡作《劝和论》分发各地，苦口婆心，劝止械斗。

其文内容是："分类之害，甚于台湾，尤甚于淡之新艋。台为五方杂处，自林爽文之后，有分为闽粤焉，有分为漳泉焉。闽粤以其异省也，漳泉以其异府也。然同自内地播迁而来，则同为台人而已。今以异省、异府各分畛域，法所必诛。矧更同为一府，而亦有秦越之异。是变本加厉，非奇而又奇者哉？夫人未有不亲其所亲，而能亲其所疏。同居一府，犹同室兄弟之至亲也，乃以同室而操戈，更安能由亲及疏，而亲隔府之漳人，亲隔省之粤人乎？淡属素敦古，新艋尤为菁华所聚之区，游斯土者啧啧称羡，自分类而元气剥削殆尽，未有如去年之甚也。干戈之祸愈烈，村市半成邱墟，问为漳泉而至此乎，无有也。问为闽粤而至此乎，无有也。盖孽由自作，衅起阋墙，大抵在非漳泉、非闽粤间尔。自来物穷必变，惨极知悔。天地有好生之德，人心无不转之时。余生长是邦，自念士为四民之首，不能与在事诸公竭诚化导，力挽而更张之，滋愧实甚。愿今以后，父诫其子，兄告其弟，各革面，各洗心，勿怀夙忿，勿蹈前愆，既亲其所亲，亦亲其所疏，一体同仁，斯内患不生，外祸不至。漳泉闽粤之气习，默消于无形。譬如人身血脉，节节相通，自无他病。数年以后，仍成乐土，岂不休哉？"

在得到郑用锡的文章后，有些人深受感动，械斗因此而缓和了。众人乃把郑用锡的文章刻在后垄的石头上，借以警示后人。

作为地方名流，郑用锡尤其重视农业生产，每年收获上万石粮食，家产越来越丰厚。郑用锡晚年修建北郭园自娱，沉浸在山水之中。郑用锡爱好吟咏诗词，凡是去竹堑的士大夫，必定一起饮酒赋诗。郑用锡带动了竹堑一带爱好文学的风气，直到日据时期竹堑一带仍然有浓厚的文学氛围。

咸丰八年（1858 年），郑用锡在家中去世，终年七十一岁，著有《北郭园集》、《周易折中衍义》。同治九年，同知陈培桂在郑用锡及严金清稿本基础之上，纂辑《淡水厅志》，正月开局迄十月告成，计十六卷，翌年刊行。

同治十一年（1872 年），朝廷下诏，郑用锡入祀乡贤祠，至今子孙犹守其业。

三十二　林占梅

　　林占梅（1821—1868），字雪村，号鹤山，淡水竹堑（今新竹）人。明末，始祖林三光自同安去台湾，居于今台南府治子林，数迁至竹堑。祖父林绍贤，一边开垦田地，一边经商，主办全台湾的盐务，富冠一乡。林绍贤有儿子七人，长子叫林祥瑞，生下林占梅，早卒，林占梅由三叔林祥云抚养成人。

　　林占梅少颖异，读书知礼，没有纨绔子弟的习气，进士黄骧云非常看重他，把自己的女儿许配给他。林占梅十一岁时，黄骧云带着他到京师游历。林占梅在北京出入的都是缙绅之门，学问每天都有很大进步。林占梅性格豪迈，喜欢结交出身社会下层的名士，济困扶危，有时候即使花费万金也不觉得可惜。

　　道光二十一年（1841 年）八月，英国军队进犯鸡笼，沿海戒严。这时，戍兵虽然只有一万四千人，然团练义勇却有四万七千多人。淡水贡生林占梅带头捐一万元巨款，以助修筑炮台及制作攻守战具之用，受到朝廷的嘉奖，遂以贡生加道员衔。

　　道光二十三年（1843 年），台湾军民防堵八里垒口，林占梅又捐巨款。事情结束后，朝廷论功行赏，林占梅以知府即选。第二年，嘉义、彰化各邑的漳、泉人不停地相互械斗，林占梅招募乡勇扼守大甲溪，断绝其蔓延之势。林占梅指挥乡勇盘查奸宄，保护闾阎，出资抚恤，被朝廷赏戴花翎。

咸丰三年（1853 年）四月，发生了林恭之变，台湾、凤山两个县俱乱。八月，淡水漳、泉等四县籍居民分类械斗，毁新庄艋舺县丞署、海山堡潭底公馆，大加蚋的八甲庄及艋舺师庙焚毁。同安人败走大稻埕建新市街，或逃至大龙峒择屋而治，此外芝兰堡也发生了分类械斗，台湾北路震动。林占梅为全台团练大臣，奉旨会同台湾道办理全台团练，参与平乱。捐运津米时，林占梅捐出大米三千石，奏准简用浙江道。翌年，小刀会首领黄位占据鸡笼，林占梅以克复功，加盐运使衔。

同治元年（1862 年）春，彰化戴潮春起事，淡水同知秋曰觐被戕于东大墩，进略大甲，进窥淡水。台湾境内土匪也蠢蠢欲动，民心惶惶，纷纷逃避。林占梅独筹维危局，故无害。

当初，戴潮春设立八卦会时，势力日盛。林占梅知道他一定会发动起事，便赶紧召集绅商郑如梁、林萃等人，抓紧筹办团练，积极做好准备，秋曰觐却并不赞同他这个极有远见的做法。戴潮春起事后，秋曰觐率兵南下，林占梅即出资，备器械，讨军实，修城壕，募勇士，以生员郑秉经、贡生陈缉熙、职员翁林萃负责这些事情。林占梅还主动联络各庄互保，命乡勇首领蔡宇率练勇防守要害地方。

部署刚刚完成，而警报至，城中无主，众人都主张集资送给戴潮春，以延缓起事队伍的到来，也有人提议弃城逃走。林占梅独排众议，他说："淡水为财赋之区，彼必来争。即令行贿，安能保其不至？既至而又何如？我能往，彼亦能往，走将安之耶？今与诸君约：不如以通款之资，为战守之费。其济诸君之功也，不济吾以死继之。"众人答应说："好。"

林占梅当即从自己家中拿出十几万两银子，用作饷糈，在他的影响下，城中的绅商都踊跃捐钱捐粮。于是，众人共拥候补通判张世英代理淡水厅通判，派遣人员去福州省里，请示督抚大吏，请求指导行动。林占梅率众人至城隍庙，刑牲设誓，愿共存亡，民心始定。

五月，张世英令蔡宇率乡勇四百名，进攻大甲。陈缉熙偕行，请张世英驻军翁仔社。林占梅派人去联合东势角的罗冠英，以安抚内山一带，而自己去淡水以南巡视，作为声援。

不久，林占梅奉巡抚徐宗干的檄令，准许他出任布政使，颁发总办台北军务大印，授予总办台北团练之权，通饬所属。当时，北门外苏、黄二姓械斗，地方骚乱不宁。林占梅率兵去制止，擒获械斗的首领，把敢于继续械斗的送官惩办，械斗这才平息下来。然而，城中的游民很多，特别希望动乱。林占梅严令各街编写户籍，将游民严加管束，日给口粮。所费不资，而军需又巨，林占梅靠借贷应付。借贷仍然不足，林占梅就卖掉自己的良田，总共得到数十万两银子，致使自己几乎破产。

同治二年（1863年）春，乡勇首领蔡宇攻克牛骂头、梧栖等汛，这都是林占梅出谋划策的结果。梧栖镇为通海之埠，富商聚集，林占梅把它作为进攻彰化的要道。林占梅派人暗暗地联系梧栖镇郊的杨至器，以便作为内应。二月，林占梅攻取了它，乘势进至山脚庄，张世英也自内山赶来，与林占梅首尾相应。

这时，官军多驻防城市附近，与起事民众持久对抗，双方都十分疲惫。林占梅提议进兵，为忌者所阻。然而，徐宗干催林占梅出兵，林占梅因此致信徐宗干议论局势说："贼本乌合之众，死据孤城，其势难久。我军前后进剿，非不能战，乃至今未克，诚以诸君皆由鹿港而进，贼已备识虚实故也。若得省垣遣一大员，由淡水登岸，沿途招选兵勇，以壮声势，占梅当统练勇数千，同时南下，剿抚并行。彼将闻风胆落，不战而平。兵有先声而后实者此也。"徐宗干非常赞赏。不久，朝廷又任命丁曰健为台澎兵备道。

十月，丁曰健领兵三千，自北而南，进驻牛骂头（今台中县清水镇），与林占梅兵会合。丁曰健率兵进至竹堑，与林占梅商议如何进兵。林占梅自率精锐二千，扼守山脚庄，攻拔茄投，进攻大肚，进驻溪南，放回降将入城为内应。戴潮春久处斗六门，城中议降，股首江有仁持不可。十一月初三日，林占梅以前锋林忠艺、林尚等攻彰化南门，总兵曾玉明破北门而入，林占梅、丁曰健相继抵达，遂克复彰化。丁曰健入城，旋往鹿港，以林占梅所部驻城中。丁曰健之行军也，胁从各庄多痛剿，林占梅辄请宽宥，全活甚众。彰化既复，林文察亦自麦寮港登岸，合官兵定嘉义，复斗六，驻兵阿罩雾。戴潮春灭亡后，林占梅的事迹上报，朝廷加封林占梅布政使衔。

福建督抚以林占梅急公好义，品学兼优，奏请简用，得旨召见，林占梅却因病推辞了，遂不出。林占梅工诗书，精音乐。在行军打仗时，林占梅写作军令文书，闲暇时则弹琴歌咏，若无事然。筑潜园于西门内，结构甚佳，士之出入竹堑者无不礼焉，文酒之盛冠北台。同治二年，林占梅与金门举人林豪、闽县林亦图创"潜园吟社"诗酒琴歌，从之者四十余人。林占梅著《琴余草》八卷，未刊，徐宗干为他作序，又有《潜园唱和集》。

林占梅为一时之杰，倾家纾难，保障北台，忌恨他的人对他多方陷害，令他十分愤闷。同治四年（1865 年）卒，年四十有九。弟林汝梅，字若村，少入泮。光绪六年，巡抚岑毓英创造大甲溪桥，赞襄最力，及建省后，督办铁路清赋，有名于时。

同安林豪评价林占梅说："占梅力排众议，投袂而前，悉群虏于目中，运全局于掌上，屡收要隘，再复坚城。以视夫阶下叩头者，其人之贤不肖何如也。"连横曰："林豪之论，贤于杨浚。作史须有三长，而知人论世，尤贵史德，而后不至颠倒也。"

三十三　　戴潮春

　　戴潮春（？—1864），字万生，彰化四张犁庄人，祖籍福建龙溪县。祖父戴神保乐善好义，有名乡党中，生四子，长子戴松江。戴松江有子七人，戴潮春是其第三个儿子。因家境一直富裕，戴家长期与台湾北路协署的军官很熟悉。戴潮春之兄戴万桂，与阿罩雾人争夺田地失败后，召集一些富户组织八卦会，相约有事相互援助，此时，戴潮春并未参加。

　　咸丰十一年（1861年），彰化知县高廷镜下乡办事，戴潮春向他赠送土棍。北路协副将夏汝贤认为，戴潮春背叛了自己，便向他勒索钱财。戴潮春不从，被夏汝贤革除了户籍。这时，戴万桂已去世，戴潮春在四张犁（今台中市北屯区）的家里居住，乃集亲朋故友，建立了八卦会，举办团练，自备乡勇三百，随官捕盗。高廷镜大喜，签发公文重用戴潮春。彰化治安本来一直不好，道路上经常发生杀人越货的事件，然而，戴潮春善于约束当地民众，豪强因此不敢乱动，行人在旅途中便安全了。随着戴潮春威望的提高，当地人只有捐献巨款，才能加入他的八卦会，从此，戴潮春八卦会的势力越来越大。八卦会祭祀五祖，在《台湾府志·宗教志》中有记载。仅仅数月时间，戴潮春的八卦会发展至数万人。

　　同治元年（1862年）春，高廷镜免职，雷以镇接任彰化知县，仍重用戴潮春。

此时，戴潮春的会众仍在发展，逐渐无法控制了。三月初九日，台湾兵备道孔昭慈至彰化，捕杀八卦会总理洪某，传檄令淡水同知秋曰觐查办八卦会党。秋曰觐随后前往彰化县任职，作风强硬，并且很武断。金万安总理林明谦向秋曰觐推荐了林日成，招募乡勇四百人做随从。林日成是四块厝庄人，性格粗野，绰号戆虎晟，曾犯法。秋曰觐又传檄阿罩雾林奠国，要他率练勇六百来会。十五日，秋曰觐偕北路协副将林得成、守备游绍芳率兵千余至大墩（今台中市），林日成忽然反戈相向。秋曰觐退入竹围，遭到围攻，形势十分危急。十七日，秋曰觐突破包围逃出，奴仆猫阿鹿行刺他，另一仆从颜大汉为保护他而战死。年仅十五岁的奴仆小黄，以身保护秋曰觐，大呼："杀我，毋伤我主人。"也身受数刀而死。守备郭得升、把总郭秉衡都被杀死。林得成被抓，囚禁在林日成的家中。

当秋曰觐开始出兵的时候，戴潮春仍然居住在家乡，而八卦会群众已四处起事了。这一天，郑玉麟、黄丕建、戴彩龙、叶虎鞭纠集会众，开始攻打彰化城。守城的官兵很少，孔昭慈命令都司胡松龄、千总吕腾蛟全力防御。会党已占据了八卦山，炮击城中。而在鹿港召募的援军还没有赶到，千总杨夺元请出战，孔昭慈不听。幕客汪宝箴请退守鹿港，孔昭慈也不听。城内的民人王万密谋内应，事泄，为官兵所执。林明谦赦免了王万的罪行，令他带乡勇守城，不久又令他出城与会众议和。林明谦扬言会众已接受了招抚，孔昭慈轻信了，文武皆相贺，守兵懈。十九日夜半，内应打开城门。八卦党人自东门入，大呼曰："凡在约中，插香为识。"城内民众具香案迎之。守兵溃散，陆路提兵李得志率十余人巷战，力尽被抓。八卦会众问他银库在哪里，李得志假装带他们进入官署，行至火药局，夺火把引爆，会众都被炸死。

八卦会党人既入城，大张歌舞迎接戴潮春。戴潮春头戴黄巾，穿黄马褂，率健卒数十人，骑马入城，出示安民，令蓄发遵明制，自称大元帅，以戴彩龙为二路副元帅，郑玉麟为大将军，郑猪母为都督，卢裕为飞虎将军，郑大柴为保驾大将军。以叔戴老见、侄戴如川、如璧及黄丕建、叶虎鞭、林大用、陈大戆为将军，陈有福为殿前大国师，相士黄阿狗副之，外甥余红鼻、乌鼻为左右丞相，乌鼻兼刑部，其弟为礼部尚书，黄秋桐为户部尚书。在应天局设立白沙书院，以蔡茂朱为备粮使，司理局务，魏得为内阁中书。在城内设立宾贤馆，以礼待搢绅，其余会首各有不同的封赏。

猫阿鹿以秋曰觐之头献潮春，戴潮春叹气说："你是人家的奴仆却杀害了主人，是不忠呀。不忠之人，谁能容忍你？"令人送给猫阿鹿几两银子，赶走。戴潮春下令埋葬了秋曰觐的头颅，并说："我之起事，是听从了大众的意见，秋公有知，其能鉴我。"这时，文武官员都被拘押在金万安总局。南投县丞钮成标曾经给清庄发檄文，八卦党人最恨他，执见郑玉麟，不屈死，幕友姚兹、孔昭慈随员戴严也被杀死。前任知县高廷镜、同知马庆钊去见戴潮春，被放走去了鹿港。雷以镇素持斋，逃入斋堂得免。当初，戴潮春将要起事时，寡嫂罗氏哭着参与谋划，等到进入彰化城，又请戴潮春不要杀戮百姓，不要进入斋堂杀人，而后自缢。前任副将夏汝贤以贪酷，一家俱受辱死。孔昭慈被囚，犹问计于汪宝箴，汪宝箴复信说："朝闻道，夕死可矣。"当夜即喝药自杀了，守备游绍芳、千总吕腾蛟皆走鹿港。

四月，戴潮春命林日成攻打阿罩雾，以报宿仇。庄人林奠国率丁壮力守，儿子林文凤尤其勇敢，陷围三昼夜。正好罗冠英率援兵赶至，林日成才率部撤退。陈弄攻打鹿港，绅士黄季忠纠集三十五个村庄的泉州籍的人防御，故没有攻破。台湾郡中骤闻彰化会众起事的警报，文武官员讨论战守问题。知府洪毓琛已升汉黄德道，有人劝他赶快离开台湾，他不听，遂代理台湾道职务，指挥修筑城垣，整备器械，开通驿站，设立筹防局，总兵林向荣派遣安平副将王国忠、游击颜常春以兵防守嘉义。王国忠等率兵至柳仔林，遭到八卦会众袭击，仓促入城。黄猪羔、黄万基、罗昌已率众来围攻嘉义了。戴彩龙、陈弄、严辨也过来，但不久离开。绅士王朝辅、陈熙年召集城内民众至城隍庙，共同发誓，死守城市，富户许安邦也拿出全部家财助军，城内情形稍安。

当初，林日成起事，自以位在戴潮春之下，与洪丛、何守密谋杀之以赎，故一直把林得成留在自己家中。等到江有仁去游说，对他说："太平军蹂躏半天下，清军犹无力戡定，台湾虽小，可自霸也。"林日成答应了他。林得成知道林日成不可挽回了，遂自杀。林日成去见戴潮春说："古之王者，以兵定国，南征北伐，而后有功。今鹿港近在肘腋，攻之未下，而嘉义守御日固，岂可坐镇城中，以贻后悔。"

戴潮春认为他说得对，遂返回四张犁庄，让林日成驻守彰化。林日成自称元帅，以林猫为中军，掌帅印，江有仁为军师，何守为扫北将军，王万、何有章及弟林狗母为将军。于是，陈鲔据守茄投，陈九母据守大肚，蔡通据守牛骂头，纪番朝据守葫芦墩，廖有誉据守涑东，洪丛据守北投，皆受约束，称将军。

大甲城在彰化的北边，是通往淡水的交通要道，沿着大甲溪筑堡垒，驻兵守备，居民约五千。庄人王和尚知道彰化县城已被攻破，起兵响应，突击进入土城，守备、巡检等官员都逃跑，戴潮春命令马泉前去驻守。马泉倚靠王和尚为耳目，没有防守设备，竹堑绅士林占梅派遣乡勇首领蔡宇把他击走。林占梅为淡水的巨富人家，听说戴潮春之变后，召集绅士郑如梁、翁林萃、郑秉经、陈缉熙等筹划防务，以候补通判张世英代理淡水厅通判，出资练乡勇，在城中设立保安局，派人向巡抚徐宗干报告，徐宗干授予他总办台北团练的大权，至此，林占梅的乡勇恢复了大甲城。王和尚知道乡勇仅有数百人，四月初六日，又来攻，断绝了水源，幸好天下大雨，城人得食。四月十三日，张世英率兵来援，罗冠英亦率乡勇至。罗冠英是东势角的广东人，骁勇仗义，所部皆精锐。大甲城中乡勇出战，王和尚败走，马泉逃到了彰化，被戴潮春处斩。戴潮春传檄令王和尚再去攻打大甲城，四月十一日，王和尚会合何守、戴如川、陈鲔、刘安、陈在、陈梓生等部，合计二十七营，以杨大旗为先锋，复攻大甲，断水道，天复大雨。张世英援桴登陴，罗冠英、蔡宇等各开门出，奋勇力战。王和尚再次战败，大甲城才转危为安。

四月初七日，总兵林向荣率兵三千，从台湾府治出发。四月初九日，抵达枋埤，立五大营为犄角。戴彩龙据南靖厝，以八掌溪为界。时霖雨，溪流尽涨，官军饷项俱屯盐水港。四月二十八日，戴彩龙据白沙墩，断粮道。翌日，官军出击，澎师大败，守备蔡安邦、把总李连升、外委周得荣皆落水死。五月，兵备道洪毓琛以千总龚朝俊率屯番五百，从九品陆晋亦率兵二百，保护军饷前行。初五日，到达了安溪寮，遭到向朝江在半路的截击，陆晋被其部下所杀，军饷全部被劫。初七日，戴彩龙乘势攻大营，官军又溃乱，澎湖副将陈国诠、游击陈宝山、把总周应魁都战死。林向荣踉跄走，遇到龚朝俊，掖之行，至安溪寮。过了二天，林向荣移驻盐水港，收合余军，其弟林向日以新兵五百来援，势稍振，柳仔林黄猪羔、店仔口吴志高都请求投降。这时，嘉义久攻未下，戴潮春准备前去攻打，自称东王，以庄天赐为丞相，赖阿矮为先锋，率所部向南进军。至水沙连，令庄民治道，丞相先行，绣衣朱履，骑马佩剑。戴潮春衣黄衣，冠黄冠，乘轿行。壮士数十人，戎装执刃，派列前后。择吉日登坛，祭告天地，随后又行籍田之礼，鼓吹喧天，远近观者数万人。水沙连人刘参筋、五城人吴文凤皆受封为将军，以许丰年为总制。嘉义所属各庄多树红旗响应戴潮春，遂攻斗六门，都司汤得升拒战，千总蔡朝阳阵亡。副将王国忠率领援兵赶到，戴潮春才撤退。这时，嘉义城已经被围三个月，粮食快吃光了，林向荣选精锐八百，以王飞虎、林有才为先锋，遣龚朝俊、宁长泰率班兵屯番，分道赴援。陈弄、严辨连战数日，乘胜逼近城下，绅士王朝辅、陈熙年亦率乡勇开门出，围始解。六月初八日，林向荣入城。兵备道洪毓琛催促派兵去防守斗六门，林向荣认为不可。洪毓琛派人送书信刺激，林向荣乃拔队前往，不久，严辨、陈弄合围了斗六门。

当初，戴潮春攻下彰化城，以鹿港近在肘腋，是通往大海的必经之地，命叶虎鞭攻之。叶虎鞭是泉州人，对戴潮春说："鹿港是泉州人生聚之区，攻之是无泉人也。"戴潮春大怒，叶虎鞭负气出来，对黄丕建说："以我们两人当日之约，将联和二属，以成大事。今城中漳州人可以任意出入，而泉州人走动就会遇到抢劫。且当初约定不许滥杀，陆提之兵都是泉州人，而无一幸免。我害怕他日兄弟之约不坚，复成分类械斗之祸。"黄丕建把叶虎鞭的话告诉戴潮春。戴潮春下令禁止滥杀，限三日之内，准许民众离开。叶虎鞭率所部巡北门，以捍卫进出的泉州人，改命林大用为镇北大将军，在鹿港附近行军。林大用也是泉州人，鹿港之人热烈欢迎他，不久离开。黄季忠即筹划守御鹿港，陈弄攻之不下。

五月，总兵曾玉明以兵六百至鹿港。曾玉明也是泉州人，曾任北路营副将，与戴潮春、林日成是老熟人，写信招降他们，遭到拒绝。戴潮春南下，因为二十四庄曾归附官军，命戴彩龙、郑玉麟、李炎等攻打。戴潮春部众至燕雾下堡大庄赖登云之家索饷，茄苳脚庄拔贡陈捷魁密约庄人截击。六月十九日，二十四庄俱起，戴彩龙、李炎战败被擒获，他们被押解至鹿港处死，郑玉麟力战而死。于是，漳、泉人互相仇视，叶虎鞭向官军投降。

七月十九日，林日成以林大用、陈九母、赵憨率众攻湳仔庄，攻破之后，放火以毁，西至和美线，北及竹仔脚番社，迫加宝潭。庄人陈耀抵抗八卦会众，连战三日，不支，献马请降，林日成不肯。陈九母、赵憨都是陈耀的佃户，替他向林日成求情，林日成乃撤除包围。陈耀即请求陈清泉率勇二百驻李厝庄，又求援于新港柯、姚二姓，众至，遂举白旗抵抗。林日成怒，命林大用攻之，不克。八月十五日，林日成率诸将誓师于大圣王庙，翌日进攻白沙坑。陈捷魁又率众抵抗，鏖战数日，互有杀伤。林日成登观音之山以望，见其庄固不可拔，鸣金而退。复攻秀水庄，叶虎鞭中炮陷阵，黄丕建私下放跑了他。总兵曾玉明驻安东庄，固垒自完，故林日成得无恙。闰八月二十八日，争葫芦墩，与罗冠英大战于圳蘩，廖世元阵亡。张世英以其弟廖江峰领其众，罗冠英退屯翁仔社。林向荣进入斗六门后，地势绝险，粮运不通，戴潮春长围之，援绝，以龙眼核为粮，杀马做军粮。屯番谋内应，九月十三日，放火焚街中，退入土城，士卒皆疲敝不能再战。林向荣自杀，王国忠率所部十八人突围出，都被擒获，不屈而死，管理粮台同知宁长敬、镇标游击颜常春、署斗六都司刘国标、守备石必得及弁兵数百人皆死。俘虏王飞虎，庄天赐被认为是壮士，免死。义勇首领陈有才亦被执，戴潮春闻其勇，欲降之，不从亦死。

于是，戴潮春准备攻取嘉义，军师刘阿屘曰："斗六既破，镇兵俱没。若悉我精锐，鼓行而南，则郡城必望风瓦解。既得郡城，据中枢以号令全台，则嘉义可不战而得。今若以全力，争一小邑，胜负未可知，而嘉义城坚众协，恐急切未易下也。"

戴潮春不听，令陈弄、严辨、吕梓、廖谈、洪花等全力进行攻打，黄猪羔也来投奔。何守、陈鲋也率部众来援，筑长墙包围城市，每数十步就建立一座炮台，与城楼一样高，以观察城中的虚实，自此无日不战。严辨的妻子侯氏、廖谈的侍妾蔡氏都很勇敢，每次打仗，都骑马冲在前面。城中也竭力守御，故不破。陈弄、严辨遂攻涂库，遭到陈澄清的极力防御，不能攻克。十月，戴潮春分兵攻打盐水港，也没攻克。

十一月初十日，林日成自攻大甲，十八庄起应，与官军在大安庄大战，守备郑荣大败，进而围之。十一月十四日，罗冠英援至。十一月十七日，林占梅亦遣千总曾捷步率兵至，翌日战于水堀头，官军先溃，罗冠英独奋斗，陷围不得出，柯九兴救之，才得救。林日成指挥会众四面包围，放火焚南门，城墙崩塌数丈长，取饮水的道路也被阻绝，居民将要渴死。何守写书信射入城中说："我攻其兵，不害其民。"约以明日出城取水，遂撤西门之围。城中用水很少，但突然天降大雨，林日成只好解围而去。

同治二年（1863年）正月十八日，林日成再次包围大甲，候补同知王桢率义首林盛在磁窑庄拒战。林日成衣黄衣，张黄盖，麾众而至，官军再次战败。林日成遂登铁砧山，祷于延平郡王，不吉而还。

二月初五日，罗冠英、廖廷凤合攻新广庄，克之，又克坝仔，迫四张犁。戴潮春久围嘉义，陈梓生防守，据垒力战，各有死伤。二月二十七日庄破，林日成在四块厝庄听说后，遂集合敢死队对抗。

当初，署水师提督吴鸿源率兵至台湾府治，议出师，进驻盐水港，以降将吴志高为向导。二月十二日，攻破马稠后庄，斩首百余级。接着攻下茄苳，以吴邦基、洪金升分驻白沙墩，多设疑兵，以杨兴邦、张启煌驻水窟头，为犄角，而吴鸿源亲自率领游击周逢时、守备苏吉良去救援嘉义。嘉义被围已六月，城中无粮，捣龙眼核为粉，熬而食之，绅民死守。听说援军到来，守将汤得升开门夹击，陈弄、严辨都失败而逃。吴鸿源命苏吉良、徐荣生攻打刘厝庄等，疏通道路，以规复彰化。四月，攻打南靖厝。吕梓之妻与罗彭胡拒战，竹围坚密，不能拔。苏吉良力攻，罗彭胡被杀，吕梓的妻子亦中炮死。五月，攻打在新港的严辨，进围大仓，吕梓投降。六月十八日，义民首领陈捷三进驻沙仔仑，陈贞元助之，与杨目丁大战于浊水溪，遂攻占南投。义民首领陈云龙来援，进取集集镇。戴潮春传檄令所部反攻，义民力守。九月，陈大用以中蒇降曾玉明。罗冠英、廖廷凤亦破大墩，以通阿罩雾，参将林文明迎接他，然而，官军仍不敢进攻彰化，在各地的战斗，互有胜负。

九月九日，丁曰健抵沪尾，先宣布解散胁从，鼓励绅耆、总董以及"义首"一并效力，于是官军军事渐有起色。

朝廷诏令福建陆路提督林文察到台湾视察军队，林文察是阿罩雾人，十月至麦蓁，登岸，直接回到自己家中。巡抚徐宗干也上奏，请求选任兵备道丁曰健会办台湾军务。丁曰健率兵三千，自北而南，进驻牛骂头。十六日，林占梅率翁林萃、陈尚惠等，督勇首蔡宇以军三千进扎山脚，三路并攻。何守乞降，赵憨、陈鲋仍然据城反抗。勇首林忠艺、林尚等奋勇而前，进逼城下。十二月初三日，总兵曾玉明率林大用破北门而入，丁曰健、林占梅陆续赶至。赵憨、陈鲋、陈在、卢江逃到四块厝庄，江有仁、郑知母在巷战中被擒获，戮于较场，粮官蔡猪亦被磔。彰化县城被攻克后，丁曰健传檄下令诸将，会攻斗六门，双方鏖战数日，官军未能攻下斗六门。

这时，林文察来到，登高而望，然后说："如此险阻，接济不断，何以能破？不如先分其势，而后取之。"于是，林文察令四品军功洪廷贵赴嘉属交界之处，招抚百余庄，许丰年、黄猪羔等人都投降了。林文察又令其弟林文明切断水沙连的道路，一个大的包围圈形成。戴潮春见形势严重，想逃入内山，他逃到七十二庄张三显的家中，随从只剩下数十人了。张三显劝戴潮春投降，并许诺保护其家人，戴潮春妻子许氏怕死，也劝他投降。二十一日，戴潮春乘轿至北斗投降。丁曰健讯问他起事的原因，他回答说："这都是本藩自己的事，和百姓没有关系。"丁曰健大怒，命陈捷元推出斩之。许氏上吊自杀，廖谈也被杀。当初廖谈战败后欲投降，其妻蔡迈娘止之曰："势败而背人，非信也。既降而受制，非勇也。命为丈夫，而卒非信勇，吾宁死于红旗之下。"每战，策马当前，指挥左右，不避炮火，至是夫妇被擒，戮于北斗。

同治三年（1864年）正月，林文察攻打四块厝庄，以王世清为左翼，林文凤为右翼，自率精锐捣之。林日成拒战，以弟林狗母率陈鲋、刘安、陈梓生等守外寨，王万、林猫皆等守内寨。连战数日，林狗母战死，部众每夜都有人潜逃。林日成怀疑陈梓生有异志，开辟了一个可以逃跑的洞。陈梓生暗地里令人钉上了林日成的大炮，林日成自知不免一死，拿出家财分发给亲信人员。王万前来报告发生内乱，林日成在门口堆放火药桶，然后与妻妾、王万痛饮。妾萧氏听到炮声渐近，突然起来逃跑，被林日成拉回。林日成妻子点燃火药桶，与王万一起被炸死，林日成及萧氏被炸到门外，仍有气息，官军戮之。

三月，官军攻打小埔心庄，这里是陈弄的家乡。罗冠英率所部奋击，官军乘之。陈弄失败后欲降，妻陈氏曰："今日虽降，难免一死。与其俯首受戮，何如并力以拒。战而胜，犹可后图，况不至即死耶。"不久，官军用大炮轰击，居瓦俱碎。守军掘地为窟，官军以水灌之。十九日，罗冠英率壮士力攻。陈氏接战，以嬴卒诱。罗冠英深入，伏炮尽发，与数十人皆死。林文察下令暂停进攻，而这时张三显忽然率众起事，包围了彰化。

张三显向官军献出了戴潮春，认为功劳很大，但得到的赏赐却很少，内心十分不满。陈鲋、陈梓生听说后，游说张三显起事。张三显起来反抗官军后，陈九母、赵憨、洪丛等都起来响应。二十七日，拥众数千人，占据八卦山及布仔尾等地。张三显率众逼近彰化城，守城官兵很少，知县凌定国登陴，命吴登健缒城求援。过了二日，林文察派遣的援兵来到，张三显的部众溃散。张三显为族人所捕，丁曰健斩之。

官军复攻小埔心，罗冠英之弟罗坑尤血战，庄破，陈弄之妻陈氏自焚死，陈弄逃至新兴庄，绅士陈元吉捕之，解至官军军前处死。

十一月，丁曰健率知县王桢、游击郑荣及林文明的乡勇，攻打北势楠庄的洪丛。庄上设有很多炮垒，力击未下，淡水义民首领林春、李光辉皆战死。郑荣下令用炮轰击，洪丛病死，埋在猪圈里。王春传抓获其弟洪番，献给官军，戮之。官军发现了洪丛的尸体，枭首示众。

同治四年（1865 年）三月，严辨又在二重沟树旗起事，号召戴潮春余党响应，吕梓附之。王新妇之母以其子为将军，自刻一品夫人之章，经常参加战斗。王新妇被杀后，其母出资募死士，投奔吕梓，旗上书写着"为子报仇"。郑大柴之妻谢氏，也声言为夫报仇，各起事。跟随戴潮春起事的人当中，严辨最强悍。严辨的妻子侯氏也很积极，多次攻打嘉义。每次出征，严辨亲自为妻子牵马，她雄冠剑佩，威仪若大丈夫。戴潮春所部十数万，器械粮秣都由严辨筹集供给，故其权最大。

四月，丁曰健下令，知县白鸾卿、参将徐荣生、都司叶保国分别率兵前往攻打严辨。严辨经常利用官军的旗帜，伪装成官军，设伏兵突然袭击，多次击败官军。丁曰健派遣都司吴志高率乡勇前去支援，严辨力战而死，其妻侯氏被抓，在嘉义磔死，王新妇之母亦被杀，唯谢氏突围去，兵勇死者数百人。吕梓逃到布袋嘴，投奔自己的好朋友海贼蔡沙。蔡沙夺取吕梓的家产妻妾，而将他沉入海底，自此，戴潮春起事的余党才逐渐平定下来。

三十四　　沈葆桢

沈葆桢（1820—1879），原名沈振宗，字翰宇，又字幼丹，福建省侯官县（今福州市区）人。嘉庆二十五年（1820年）出生于贫苦的读书人家庭，父亲沈廷枫是私塾先生。母亲名叫林惠芳，舅舅是晚清著名大臣林则徐，沈葆桢在林则徐家里览阅了许多书籍。

父亲沈廷枫考中举人后，带着十一岁的沈葆桢赴礼部应试，此时沈葆桢舅舅林则徐正在南京担任江宁布政使。沈廷枫把儿子留在南京，然后独自去北京应试，返家时又从林则徐家将沈葆桢带回。受林则徐的帮助和影响，沈葆桢阅读了大量书籍，对洋务运动也有所了解。一次，他对林则徐说："当今舅舅和魏源先生都倡导西学，以图国强民富。开矿、办厂必能富民，铸炮、造舰亦可强国。然而朝堂之上，因循守旧之人居多，有谁支持兴办洋务？何况开办洋务花费巨大，如今白银外流，官员中饱私囊，朝廷已是入不敷出，银从何来？"

道光十六年（1836年），沈葆桢考取秀才，道光二十年，沈葆桢又考中举人。这一年，沈葆桢和林则徐的女儿林普晴完婚。

道光二十一年（1841年），沈葆桢赴京赶考，落第。道光二十四年，沈葆桢与父亲沈廷枫一同上京赴秋闱，父子二人最后都落榜了。父亲发誓永不再考科举，回乡继续教书。沈葆桢再苦读三年，于道光二十七年考中进士，被安排到翰林院任庶吉士（从七品）。沈葆桢在翰林院继续读书学习，他还出任翰林院编修、武英殿纂修官、顺天乡试同考官、江南道监察御史、掌贵州道监察御史。时值太平天国运动，全国各地大小起义不断，平乱是清廷头等大事，监察御史无事可做。

任职江西

咸丰六年（1856 年），朝廷擢升沈葆桢为杭州知府，然而沈葆桢以祖上曾在杭州居住，杭州亲戚过多为由推辞，而改任江西广信（今江西上饶）知府，追随曾国藩与太平天国作战。此时，太平军已占领江西八府五十多县，只剩下南昌、饶州、广信、赣州、南安五郡。七月，江西太平军将领杨辅清率万余人向清军发起了进攻，连克泸溪、贵溪、弋阳，进逼广信城。当时，沈葆桢正陪同工部右侍郎廉兆伦外出征办军粮、军饷。广信城里的 400 守军，闻弋阳失守，纷纷遁逃，城里只剩下知县、参将、千总和沈葆桢夫人林普晴。在危急关头，林普晴一边亲自登上城墙鼓舞百姓官兵，一边派人向林则徐以前的部下、驻扎在浙江玉山的提督饶廷选求援。第二天沈葆桢赶回了广信，不久援兵也至。沈葆桢、饶廷选采取袭扰辎重的战术，七战七捷，打退了杨辅清的进攻。经此一役，沈葆桢扬名官场。

咸丰七年（1857 年），升任江西广饶九南道。三月，石达开攻打广信，沈葆桢、饶廷选率守军顽强抵抗，激战数日，石达开败走浙江。咸丰九年，沈葆桢以父母多病，请求离职回家探望。

咸丰十一年（1861 年），在曾国藩的保荐下，沈葆桢升任江西巡抚。此时，湘军已攻克安庆，天京已危在旦夕，太平军的败局已定，江西的太平军已被驱赶出境。同治三年（1864 年），清军攻破太平天国首都天京（今南京），幼天王洪天贵福及洪仁玕、黄文英等逃至江西，在石城兵败，皆为沈葆桢所擒，沈葆桢将他们就地处死。沈葆桢因俘获幼王和玕王有功，被授世袭一等轻车都尉并赏头品顶戴。沈葆桢为官清廉，具有远见卓识，对战后抢占农民土地的乡绅严惩不贷，保护农民的原有财产，鼓励发展生产。为了警示全省的豪强恶吏，他在一起官逼死民的案件中判处了恶吏绞刑，威慑了四方豪绅。除此之外，他还取消了许多地方上征收的苛捐杂税，让百姓休养生息，并妥善处理了法国教堂被毁事件，协调了各方利益。

同治四年（1865年），母亲去世，沈葆桢离官回乡丁忧。第二年春，左宗棠升任闽浙总督，行辕设在福州。五月，左宗棠上折奏请在福州设局制造轮船。七月，清廷批准了左宗棠的奏折，决定在马尾江的三岐山下建设船政局，即福州船政局。于是，朝廷加委左宗棠为"钦差马尾船政大臣"，命福建巡抚以下官员一起协理船政。但不久陕西回民起义，九月，左宗棠调任陕甘总督，只好放手船政局的筹备工作。临离开福州前，左宗棠力荐丁忧在家的江西巡抚沈葆桢接手船政，并亲自到宫巷请沈葆桢出山。沈葆桢借口重孝在身，不肯赴职。十月，福建船政局破土动工。左宗棠两赴宫巷，都不奏效，又奏请朝廷给沈葆桢有专事奏折权，"凡船政奏折无须经过巡抚衙门，仍由沈葆桢会臣领衔"。左宗棠第三次到宫巷，对沈葆桢说："朝廷已特命总理船政，由部颁发关防，凡事涉船政，由其专奏请旨。其经费一切会商将军、督抚，随时调遣，责成署藩司周开锡不得稍有延误。"沈葆桢这才点头答应。

同治六年（1867年）二月初一，朝廷谕旨沈葆桢"先行接办"、"不准固辞"，沈葆桢只得出任马尾船政大臣。左宗棠大喜说："接办之人，能久于其事，然后一气贯注，众志定而成功可期，亦研求深而事理愈熟悉。此唯沈公而已。"六月，沈葆桢正式赴任船政大臣。除了在马尾兴建船坞，制造现代船舰以装备清廷水师，他还开办了求是堂艺局（船政学堂），招募学生学习近代科学、造船和舰船知识。船政局在沈葆桢主持管理下，招聘外籍技术人员、招考水手，向国外购买机器和木材等原料，工厂建设初具规模。福建船政学堂是中国首家海军学校，训练出大批人才，其中不少人成为日后北洋水师与洋务实业的中坚力量。

同治八年（1869年），福州船政局自制的第一艘轮船"万年清"号准备下水，法国监工达士博和法国领事巴士栋都坚持要法国人来引港，百般要挟，但沈葆桢皆不为所折。他说："引港是中国政府的主权，这个权不能让给外国政府。"由于他的坚持，才保住马尾的"港口权"。随着马尾船厂的投产，清廷命令沈葆桢开始组建南洋和福建船政两支水师。为了解决造船所需的原料，沈葆桢采取了一系列措施，开矿、办厂、冶铁炼钢，实现了自给。在船政大臣任上，沈葆桢提出，中国千年来都是以文为主，学的都是子曰诗云，对近代物理、数学等科学丝毫不了解。要实现国防近代化就必须拥有近代化的人才，要拥有近代人才就必须改革教育制度，增加物理、数学等近代科学的基础学科。

同治十一年（1872 年），沈葆桢升调福建船政大臣。同治十三年，沈葆桢被任命为两江总督兼南洋大臣，次年，他会同李鸿章奏请派船政学堂优秀学生出国留学。

保卫和开发台湾

同治十年（1871 年）十一月六日，中国属国琉球的贡船两艘，载有六十九人，遇风漂至台南八瑶湾，误入原住民居住地。其中五十四人被高士佛、牡丹两社的原住民杀害，另十二人逃脱得救，被清廷由福州转送回国，这本是中国与琉球之间的事情。同治十二年三月，日本小田县民四名，漂流至卑南，被救后，被安排在陈安生家生活，后送至凤山县，辗转送还日本。然而，日本却以琉球的宗主国自居，为牡丹社事件，派全权大使向清廷交涉，请讨"生番"不成，便加紧了侵略台湾的阴谋活动。日通译官水野遵为刺探台湾山地情形，由上海渡台，五月二十二日至艋舺乘轿转赴枋桥入大嵙崁。六月，陆军少佐桦山资纪由福州转入淡水登陆，侦探台情。桦山资纪从鸡笼出发，沿乌石港、头围、噶玛兰厅、苏澳，一直勘查到南澳，再回鸡笼，费时一个多月。

同治十三年（1874 年）四月四日，日本于太政官内正式设立侵台机构——台湾都督府，以参议大隈重信为事务局总裁，陆军中将西乡从道为事务都督，并组成征台军。四月五日，天皇授与西乡都督征台诏书和特谕。

五月七日，日陆军中将西乡从道率十一艘舰船和三千六百多名官兵，在台湾琅峤（今恒春）社寮登陆，其攻击目标主要是牡丹、高士佛两社。五月十八日，日军开始与当地原住民交锋，五月二十二日攻占石门，牡丹社酋长阿禄父子等三十余人阵亡。

六月二日，日本征台军一千三百余人兵分三路，攻击牡丹社。左翼以谷参军为司令官，自枫港进军；中军以佐久间参谋为司令官，自石门进军；右翼以赤松参军为司令官，自竹社进军。三路军于次日下午会合，攻下牡丹社，屠杀原住民。六月三日，山后大鸟万、干仔帛（甘那壁）二社，被胁迫至日军军营里议和。六月十三日，日军进占龟仔角社，七月中，日军已完成对各社的征讨，先后胁迫五十七社原住民投降，并以龟山为基地建立都督府，修筑医院、营房、道路，并向后山南北各处番社分发日本国旗，准备久踞。

清廷知道日本的侵台活动后，宣布沿海戒严，照会日方诘责。四月十七日，清廷授福建船政大臣沈葆桢为"钦差办理台湾等处海防兼理各国事大臣"，福建镇、道等，均归节制；江苏、广东的轮船，准其调遣，并渡台督办军备。清廷又命福建陆路提督唐定奎率师入台，供沈葆桢调遣。

沈葆桢受命后，便与福州将军文煜、闽浙总督兼署福建巡抚李鹤年联合上奏四事：一为联络外交，以国际舆论来制裁日本；二为储存利器，购置铁甲轮船及水雷枪弹，以充实军备；三为储存人才，调用提督罗大春、前台湾道黎兆棠等会筹；四为灵通消息，安设福州、厦门之陆路电线及台湾、厦门之水线。清廷从之，并命迅速办理。

五月四日，沈葆桢偕同帮办大臣福建布政载潘霨及洋将日意格、斯恭塞格，率兵轮两艘和楚勇两个营赴台，到台南治军。沈葆桢令台澎道夏献纶去会见日军将领，向他们出示照会。

沈葆桢抵台之时，清廷对郑成功的抗清运动也已由贬抑转向包容，康熙帝有"朱成功系明室遗臣，非朕之乱臣贼子"之语。台湾人也有建祠祭祀之风，乡民私下祭奉郑成功，称为大王爷、开山王，且名以"开山庙"。进士杨士芳等禀称，可否奏请追谥郑成功，并准予建祠，台湾道道员、台湾知府等官员亦表赞同。沈葆桢乃上奏皇帝，请求在台湾府城建筑延平郡王祠堂。在奏折中，沈葆桢高度概括了郑成功的生平与勋业："明末延平郡王赐姓郑成功者，福建泉州府同安县人，少服儒冠，长遭国恤，感时仗节，移孝作忠，寰宇难容洛邑之顽民，向沧溟独辟田横之别岛，奉故主正朔，垦荒裔山川。"清廷准其奏请，在台南府城为郑成功建专祠，并追谥"忠节"，以彰义忠，以南明诸臣一百一十四人配享，春秋两季加以祭祀。沈葆桢并亲手书写对联云："开万古得未曾有之奇，洪荒留此山川，作遗民世界；极一生无可如何之遇，缺憾还诸天地，是创格完人。"

六月二十日，福建陆路提督罗大春，由迫州臭涂口（秀涂）乘坐"靖远"轮船，随带亲勇一哨（一百零八名），放洋渡台。六月二十二日，抵达台湾府，与沈葆桢等商讨御敌之策。六月二十八日，清廷答应沈葆桢所请，在台湾海口建炮台，招抚原住民。

沈葆桢莅台办理海防并与西乡从道谈判，无结果。清廷依沈葆桢之议，台湾由中、南、北三路进兵，开通蕃地。有清一代，原住民地域禁垦之令始除。以铺递旧制不胜紧急军务，沈葆桢奏请改铺递为站书馆，分置正站、腰站、尖站、宿站，每站书（铺司）一司，跑兵（铺兵）三人。

沈葆桢大力开辟原住民地区的道路，并派员招抚各处原住民，沈葆桢令台澎道夏献纶赴中路主办开山事宜。五月二十九日，台澎道夏献纶由旗后乘轮船北上，而于六月三日到达苏澳，坐镇防守日军侵扰，并筹划开拓北路。沈葆桢于五月派遣同知袁闻柝搭轮船前往埤南，招抚埤南社头目陈安生。陈安生等随袁同知到郡，表示社众皆愿归化。五月十五日，袁闻柝抵卑南，传集各社头南，共到二十五社、头人五十一名、社众二三百人，经剀切开导，皆愿归诚。六月十五日，同知袁闻柝带头目买远等五十六人抵郡，请求派兵驻防其社。沈葆桢乃令袁闻招募士勇五百，无事以之开路，有事以之护番，名其军曰"绥靖"。同知袁闻柝为开路而派往埤南的员弁回来报告说：埤南社头目与西路各社"生番"素无来往，仍须从下淡水一带，先行设法招徕开路，方有把握。

六月八日，沈葆桢上奏，征调丁忧在籍的前南澳镇总兵吴光亮渡台，筹划中路开工事宜。八月二日，沈葆桢奏准，前台澎道黎兆棠募兵前往中路水沙连，一面抚番搜匪，一面开路设防。九月十三日，沈葆桢饬令，南澳镇总兵吴光亮统领所募粤勇两营半，计一千二百七八十名，于十三日开始拔营北上，进扎中路集集街办理开山抚"番"事务。十一月十一日，沈葆桢下令，台防同知袁闻柝摄南路理番同知篆率领缓靖军进驻埤南抚"番"。十一月十五日，沈葆桢奏准，"开山抚番"及移福建巡抚于台湾。至十二月，台湾南路开山已抵卑南、北路开山已抵岐莱。十二月初五日，沈葆桢再次上奏，请求解除内陆人民渡台入山垦耕禁例，以广招徕。

沈葆桢一面向日本交涉撤军，一面着手布置全岛防务。府城为根本之地，在府城、安平与澎湖等地增建炮台，安放西洋巨炮；同时派兵分驻枋寮、东港等地，也在旗后（今旗津）设立炮台。在安平、厦门之间装置海底电线，增调淮军精锐武毅铭字军唐定奎的部队十三营六千五百人入台，部置于凤山，总兵张其光、吴光亮等率洋枪队及粤勇共八千余人先后抵台，积极备战。

陆上防务北路由台湾镇总兵负责，南路由台湾兵备道负责，海上防务，以扬武、飞云、安澜、清远、镇威、伏波六舰常驻澎湖，福星一号驻台北，万年一号驻厦门，济安一号驻福州。清廷也相继运来洋炮二十尊，洋火药四万磅，火药三万磅，士气民心为之大振。

这时，侵台日军因水土不服，疾疫流行，每日死者四五名至数十名，士气极其低落。在进退维谷的形势下，日本不得不寻求外交解决。日方全权代表大久保利通偕顾问李仙得于是年九月到达北京，在前后七次谈判中，日方仍坚持日本进兵的是"无主野蛮"之地，对此清政府予以严厉驳斥。大久保利通认识到，只有在清政府所坚持的"番地属中国版图"的前提下，才能和平解决日本侵台问题。十月，签订了《中日台湾事件专约》三条，赔偿日本五十万两银子，承认日本出兵乃为"保民义举"，实际上等于承认琉球为日本的属国，日军于十一月撤出台湾。

日本和法国的两次大规模侵台战争，使清廷认识到台湾是"南洋之枢纽"、"七省之藩篱"，必须抓紧进行建设。朝廷下诏，命沈葆桢经理善后。光绪元年（1875年），钦差大臣沈葆桢再次赴台。正月初十，皇帝谕令内阁："沈葆桢等奏《台湾后山亟须耕垦，请开旧禁》一折，福建台湾全局自隶版图以来，因后山各番社习俗异宜，曾禁内地民人渡台及私入番境，以杜滋生事端。现经沈葆桢等将后山地面设法开辟，旷土亟须招垦；一切规制，自宜因时变通。所有从前不准内地民人渡台各例禁，着悉与开除。其贩买铁、竹两项，并着一律弛禁，以广招来。"

台湾开发于是进入了一个新的历史阶段。正月初五，提督罗大春率亲军，取道新开北路，经大南澳、大浊水、大清水，而于正月初九抵达新城。到七月上旬，提督罗大春开路抵终点秀姑峦水尾，费时年余，北路全线终于开通。

正月初九，总兵吴光亮分兵两路，各以林圯埔和社寮为起点，动工开凿中路，两路越岭开至大坪顶再合为一路，经大水窟，而抵顶城。

二月，署南路理番同知袁闻柝，回营再度管带驻扎埤南之绥靖军。三月，招抚埤南西北沿山至璞石阁一带平埔番社，四月，招抚猴子山、成广澳，至大港口，沿海一带平埔番社，到了十一月则招抚大陂一带高山完万各社。

根据沈葆桢等人的奏折，到四月，"北路开山已至吴全城、中路开山已至茅埔，各番虽节次乞抚，而北路之薄薄、理留等番社反复无常"。

六月十八日，沈葆桢会同闽督、抚奏请台湾添设台北一府三县之折上奏。此前，台湾仅设一府四县，而寄其权于巡道，地既辽远，民又孳生，守土官但求无事，非敢稍议更张。沈葆桢认为，台湾北部一天一天开辟，垦务日兴，于是，他奏请添设台北府县，以资治理。略曰：

"台湾固海外荒岛，康熙年间，收入版图，乃设府治，领台湾、凤山、诸罗三县。诸罗即今之嘉义，而嘉义以北，尚未设官，郡之南北各一百余里，控制绰乎有余。厥后土地渐辟，雍正元年，乃设彰化一县，并置淡水同知。九年，移治竹堑，起自大甲溪，至三貂岭下之远望坑而止，计地三百四十五里有奇。嘉庆十五年，复自远望坑迤北，东至苏澳，计地一百三十里，设噶玛兰通判以治之。……故就今日台北之形势而画，区为三县，以分治之，则可以专其责成；设知府以统辖之，则可以系其纲领。伏查艋舺……不特淡、兰扼要之区，实为全台之管钥，请于其地创建府治，名曰台北府。彰化以北，直至后山，胥归控制，仍隶台湾兵备道。附郭一县，南划中坜以上，至头重溪为境，计五十里，东西相去五六十里，方围折算百有里余，拟名之曰淡水县。自头重溪以南至彰化大甲溪为止，南北相距百五十里，其间竹堑，即淡水厅之旧治，拟裁淡水同知，改设一县，拟名之曰新竹县。自远望坑以北而东，以噶玛兰原辖之地，拟设一县，名之曰宜兰县。鸡笼一区，欲建县治，则其地不足，而通商以后，竟成都会，且煤务方兴，游民四集，海防已重，讼事尤繁。该处向未设官，亦非煤务微员所能镇压，若事事仰成艋舺，则官民共困，应请改噶玛兰通判为台北府分府通判，移驻鸡笼以治之。"

十二月二十日旨准，乃置台北府，治艋舺（府署位今城中区重庆南路、开封街口），下分设三县；附郭一县曰淡水，改淡水厅为新竹县，噶玛兰厅为宜兰县，改鸡笼名为基隆，设通判，同辖于台北府，是自彰化以北，直达后山，胥归控制。

除北台湾外，沈葆桢也对中南部的行政区划加以调整，由于当时嘉义县南部的曾文溪以南地区距离县治过远，且为加强台湾府之附郭县台湾县的辖境，因此将此一地区划入台湾县。此外又将彰化县埔里地区单独设立埔里社厅，改"北路抚民理蕃同知"为"中路抚民理蕃同知"，移驻埔里。

在后山地区设置埤南厅，移"南路抚民理蕃同知"驻守。十二月，他又奏准在日军登陆的琅峤地区设置恒春县，于是大甲溪以南的中南部地区仍设台湾府，下辖彰化县、嘉义县、台湾县、凤山县、恒春县五县及埔里社厅、澎湖厅、埤南厅三厅。

八月，沈葆桢奏请开山"抚番"，蠲除前禁，语在《抚垦志》。于是以提督罗大春、总兵吴光亮、同知袁闻柝率兵三路而入，会于台东之水尾，筑垒驻兵，卫行旅，而东西之道通矣。台湾绿营久已废弛，沈葆桢奏改营制，筑炮台，架电报，振商务。

凡诸要政，多有更置。

他认为开山、"抚蕃"须同时进行，且必须积极开发后山地区，以免为外人所占，因此他急于打通前后山的通道，分北路、中路、南路同时进行。北路由噶玛兰厅苏澳至花莲奇莱，共计二百零五里，中路由彰化林圯埔至花莲璞石阁，共计二百六十五里，以及南路由屏东射寮至台东卑南，共计二百一十四里。

沈葆桢所谓的"抚蕃"，是有计划地使原住民汉化，其所拟订的计划包括选土目、查蕃户、定蕃业、通语言、禁仇杀、设"蕃学"、修道路、易冠服等。他在开山深入山地之时，道路所经之处，随时随地招抚当地"蕃社"，使其承诺愿意接受汉化，不再屠杀汉人，若有不服招抚或仍以武力抵抗者，便以兵力展开讨伐。

此外，沈葆桢认为若要彻底落实"抚蕃"工作，则必须将过去限制汉人携眷入岛、禁止汉人偷渡的渡台禁令以及禁止汉人进入山地，禁止汉人娶原住民女子为妻等禁令加以解除，否则汉人对山地的开垦仍将裹足不前。因此沈葆桢于光绪元年（1875 年）正月奏准解除对台湾的一切禁令。

沈葆桢还奏请朝廷改革台湾的营制、裁汛并练，其内容大略为："查湾营伍废弛，曾经屡次奏陈。积弊之深，尤所罕见。汛弁则干预词讼，勒索规；兵丁则巧避差操，雇名顶替。班兵皆地而来，本系各分气类，偶有睚眦之怨；立即聚众斗殴，且营将利弁兵之规费，弁兵恃营将为护符；兵民涉讼，文员移提，无不曲为庇匿；间有文员移营会办案件，又必多方刁难需索，而匪徒早闻风远扬矣。种种积习，相沿已久，非大加整顿不可。臣等体察情形，计无逾于裁汛并练者。盖分汛裁撤，则骄诈擅扰，不禁自除。并营操练，则汰弱补强，渐归有用。台地除澎湖两营外，尚有十五营，拟仿淮、楚军营制归并。以五百人为一营，将台南、凤山、嘉义三营调至府城，合府城三营，安平三营为一支，专顾台、凤、嘉三县，其已路协副将所辖中、左两营，合鹿港一营为一支，专顾彰化一带。艋舺、沪尾、噶玛兰三营为一支，专顾淡、兰一带，均各认真训练，扼要驻扎。遇地方有事，接准劄调移拨，立时拔队，不准延宕。其兵丁换班，固多疲弱；而就地招募，亦利弊参半，尚省详加察看。

顾立法唯在得人，而事权尤宜归一，现裂巡抚来台，似应归之统辖。千总以下，即由巡抚考拔；守备以上，仍会同总督、提督拣选题补。台湾镇总兵应请撤去挂印字号，并归巡抚节制。"①

光绪元年（1875 年）四月，清廷发布上谕，派李鸿章督办北洋海防事宜，沈葆桢督办南洋海防事宜。五月三十日，以沈葆桢为两江总督，兼通商大臣，督南洋海防。六月十三日，皇上谕令军机大臣：令沈葆桢来京陛见，所有台湾开山抚番事宜，着王凯奉督率夏献纶等实心办理。七月二十三日，奉旨进京，沈葆桢撤军内渡，途径澎湖巡视了炮台。不久，他就任两江总督兼南洋通商大臣，督办南洋海防，扩充南洋水师，并参与经营轮船招商局，派船政学堂学生赴英法留学。

光绪五年（1879 年）十一月，沈葆桢在江宁病逝于任上，谥文肃，朝廷追赠太子太保衔，入祀京师贤良祠。

连横评价沈葆桢说："台湾归清以来，闭关自守，与世不通。苟非牡丹之役，则我乡父老犹是酣歌恒舞于婆娑之洋焉。天诱其衷，殷忧日至。析疆增吏，开山抚番，以立富强之基，沈葆桢缔造之功，顾不伟软。而惜乎吾乡父老，犹以晏安为事，不能与时并进也。"

---

① 参见沈葆桢《上据福建台湾奏折》。

三十五　　林文察

　　林文察（1828—1864），字密卿，台湾府彰化县阿罩雾庄（今台中市雾峰区）人。世代业农，父亲林定邦是家乡保甲的首领，富有侠义精神，本乡的民众都非常倚重他。

　　林文察自幼喜欢与小伙伴玩作战游戏，十二岁能作诗文，十四岁受业于当地孝廉杨廷鳌门下。他喜欢听关羽、岳飞忠义报国的故事，并好读兵书，勤练枪法、刀剑等武术，尤其擅长射击火枪。

　　草湖庄人林和尚，称雄一方，召集了一群不法之徒，经常到林文察家乡骚扰，肆意打人抢劫，无人敢出面制止。他们曾抓走林连招，勒索重金，林连招是林定邦的族人，林定邦派人去请求释放他。林和尚根本不听，仍然拘押着他。林定邦带领三儿子林文明前去说理，遂发生激烈的争吵。林和尚召集他的部下，持械围殴林定邦父子。林定邦奋战，已经突围而出，见儿子还被围困，虽然身上中弹，仍返身回去激斗，结果被杀，林文明也身受重伤。

　　这一年，林文察才十九岁，听到噩耗之后，放声大哭，准备前去与林和尚拼命。但是，他转念一想，弟弟林文明仍然被囚禁，只好忍痛含冤，请父老做中介求和。最后，林和尚归还了他父亲的尸体，并释放了林文明。事后，林文察到彰化县衙门控诉林和尚，知县因接受了林和尚的贿赂，故不受理林文察的控告。

林文察指天发誓说："不报仇，非人也。"此后，他日夜密切关注林和尚的行踪。最终，林文察成功袭击了林和尚，并押送到父亲坟前，剖心以祭。他并祈祷说："仇报矣，吾不可累家人。"然后，他自己去县衙门投案自首，被官府关押。

咸丰三年（1853 年），小刀会起事，相继攻陷福建安溪、永安和厦门等地，之后被清军围攻。部分小刀会众于咸丰四年转来台湾，并在台北、噶玛兰（今宜兰县）一带起事。五月，小刀会众进犯台北，攻破了鸡笼城。北路协副将曾玉明认为，林文察是位勇士，且林家在地方上也有很大的影响力，应该释放出狱，让他回家招募乡勇随征。果然，林文察不负曾玉明所望，率领二百名乡勇为前锋大败小刀会，成功收复鸡笼，并以火枪架在船上追击小刀会众，烧毁两艘船舰，拿下首功，小刀会首领黄位败走竹堑沿海，之后，彰化县府判定林文察在林和尚案件中无罪。

咸丰七年（1857 年），林文察又捐赠银两，帮助台湾府处理彰化县与淡水厅械斗的善后工作，清廷赏赐他游击头衔分发福建补用。林文察大力增加家族的田地、房产，并招募更多乡勇，扩充手下兵力。

这一年（1857 年），太平军旁系势力郭万淙再组小刀会，以书占山为根据地，于咸丰八年攻陷麻沙，围逼建阳。第二年，台湾镇总兵邵连科奉命在台湾征召乡勇助战，林文察乃招募乡勇四百二十人。闽浙总督王懿德传檄，命令林文察率领台湾乡勇到建阳，帮助清军镇压太平军，林文察便率领台湾乡勇参战。四月十七日，林文察抵达泉墩头，沿路消灭所遇敌军，三天后进扎洋墩，与敌军隔顺阳江对峙。这时他利用敌军涉水偷袭时，部署大量火枪沿岸射击，果然大败敌军。四月二十八日，他与友军兵分三路扫荡敌军余党，成功解除建阳之围。之后，林文察持续北上，与张塾、游绍芳等部围攻麻沙，并率乡勇冲入敌阵，击溃敌人，收复麻沙。咸丰十年，林文察持续追捕郭万淙，并于绍武山坊山使其投诚，之后郭之残余势力与土匪胡熊合流，他随大军前往大田围攻，终迫使胡熊投降。由于连战皆捷，十月二十一日林文察被升为参将，换花翎，并赏"固勇巴图鲁"称号。不久，他捐票钱五万串，而被加封为副将。

林文察所部台湾乡勇，皆乡里子弟，朴讷坚武，生死相处，故能以少击众，协力建功。

咸丰十年（1860年）年底，太平军以江西常山为根据地，进袭江山县。咸丰十一年正月十四日，林文察奉檄令，率两千兵力赴援浙江，这时，太平军已攻破江山城。林文察率部冒雨搏战，首战获胜，乘胜攻城，既而援至，遂攻破江山城。因有战功，林文察以副将尽先补用，赏换乌讷思齐巴图鲁。四月，汀州、连城俱陷，林文察奉调回闽。五月，林文察率部攻克汀州，晋升为总兵。

七月，林文察平定沙县之乱。这时，太平军自皖南进入浙江，分路攻陷金华、衢州、严州（今建德东北）各府县，人数发展到十万，声势大张。将军瑞昌上疏，请调林文察援助浙江。此时，林文察所部台勇久战伤亡，仅存五百余人，未能速进。十二月，杭州被李秀成率领的太平军攻破，浙江巡抚王有龄自缢死，朝廷下诏，令林文察驰援。

同治元年（1862年）正月，闽浙总督庆瑞传檄，令林文察率所部自处州前进，林文察率部打破了太平军对衢州的包围。不久，太平军进略福建西北，林文察与弟弟参将林文明会合，遂进驻龙泉。在浙江按察使张铨庆的策应下，林文察先克遂昌，以断绝太平军进入福建之路。

七月，林文察补四川建昌镇总兵，未行，奉旨克复处州。林文察率部攻打松阳，久而未下。林文察所部台勇远道运粮，日不得饱，仍然拼死奋战，遂攻克松阳。五战皆捷，林文察直抵处州城下，与各军合。台勇并力奋击，破门而入。朝廷下诏，林文察加提督衔。十一月，林文察率部移军武义，寻调福宁镇总兵。

同治二年（1863年）二月二十七日，四张犁庄破，林日成率敢死战士在四块厝庄拼死防守。台湾粤勇溃散，闽浙总督左宗棠奏请饬四川建昌镇总兵林文察办理台湾军务。

六月，林文察署理福建陆路提督。这时，戴潮春在大墩起兵，攻破彰化，进围嘉义，窥视淡水，台湾南北震动。朝廷下诏，命令林文察渡台。十月，林文察至嘉义，与护理水师提督曾元福商议进兵。林文察自率游击白瑛等部进攻斗六，以分其势，而告总兵曾玉明进取彰化，不久攻克。然而，斗六深沟固垒，林文察久攻不下。林文察乃佯言援彰，率部撤离。城内民军中计，开门出击，进入林文察所部的埋伏，斗六遂被攻克。戴潮春知道形势危急，欲窜内山，惧罪自投，被兵备道丁曰健处死。

此后，林文察率部进围四块厝庄的林日成，死伤甚多。林文察下令，在四块厝庄周围修筑炮台，昼夜轰击，四块厝庄很快就被攻克。随后，林文察率部与族人林奠国返回家乡彰化阿罩雾庄，他们招抚附近山区的乱民，不服从的就派兵镇压。

同治三年（1864 年）正月十八日，林日成再次进围大甲，林文察率部攻打四块厝庄，林日成拒战败死，彰化县属地全部平定。

张三显出卖了戴潮春后，因嫌赏赐太少而怀恨。三月二十七日，他突然率众围攻彰化。陈九母、赵憨、洪丛等皆应之，拥众数千。张三显等人攻占了八卦山及市仔尾，林文察率义勇来剿，张三显被捕后处死，所部民众溃散。

四月，闽浙总督左宗棠以延平军务危急，上奏请求调林文察内渡。然而，此时全台尚未平定，林文察仍率军驻扎在家乡。

八月，丁曰健向朝廷奏报：林文察、曾玉明所部兵勇骚扰地方，均应彻底查究，朝廷命令左宗棠调查。

十月，林文察抵达福州，巡抚徐宗干疏言："文察赴调延缓，实以夏秋多飓，重洋难渡，请免议处。"林文察内渡之际，仅率台勇五百，不足战，请徐宗干帮助补充兵力。不久，漳州被太平军攻破，下游震动。檄令林文察统领全军，从同安前去攻打。十一月，林文察进驻洋州，距离漳州城三十里时，下令各部策应。

十二月，林文察率台勇移驻万松关，太平军进攻，先以羸卒诱敌，击走之。两军相持，多次战斗，互有胜负。此时，清军大队未至，台勇只有五百人。一日，林文察、林奠国一起巡视自己的堡垒，行至瑞香亭，太平军骤至。二人陷入包围，林文察竭力奋斗，所部多死伤，而外无援兵。林文察对林奠国说："吾为国家大将，义当死。阿叔可破围出，毋俱没。"林奠国不答应。林文察又催促说："势急矣！趣去，吾不能归也。"林文察遂授命林奠国负责善后。随后，林文察在阵中战死，幕客谢颖苏也战死。

于是，林奠国收拾台勇残部撤退，而因缺乏军饷无法返回台湾。

左宗棠、徐宗干先后上疏，报告林文察的事迹。朝廷赐令祭葬，赠太子少保衔，予谥刚愍，准建专祠，赏骑都尉世职，兼一云骑尉。弟林文明随军，叠战有功，官至副将。儿子林朝栋，亦有名。

三十六　　刘铭传：台湾
现代化的先驱

刘铭传（1836—1895），字省三，晚年自号大潜山人，道光十六年（1836年）七月二十七日出生于庐州府合肥县（今安徽肥西县）大潜山下蟠龙墩一个农民的家庭中，在兄弟中最小，排行老六。刘铭传幼年曾染天花，脸上留有"陷斑"，同乡人叫他"六麻子"或"幺麻子"。十一岁时，父病故，不久两个哥哥也相继去世，因家贫停学，耕读兼贩私盐，养家糊口。他不喜欢四书五经，却喜欢阅读五行、堪舆、兵法一类的书籍。他曾经登大潜山仰天叹曰："大丈夫当生有爵，死有谥，安能龊龊科举间？"

19世纪50年代，国内阶级矛盾日益尖锐，太平军、捻军起义席卷大江南北，清朝地方政权土崩瓦解，社会秩序大乱。刘铭传成年后躯体魁梧，勇谋过人，贩私盐者多以他为首，曾受官府追捕。

咸丰四年（1854年），刘铭传母亲周氏被一富豪欺负，他追数里找那富豪评理。富豪持刀威胁，被刘铭传夺刀劈下马背。咸丰六年夏大旱，农民断粮，邻近的金桥集上有富户屯粮不卖，激起民愤，粮被哄抢。官府追查时，有人说是刘铭传领头干的。官府派人追到刘家，未找到刘铭传，便放火烧毁刘家房屋，刘母惊吓而死。刘铭传召集起几百名贫苦青壮，以"捍卫井里"为旗帜，在大潜山西面建起寨堡，当上了结寨自保的团练头目，并准备参加太平军。传说祭旗时大风吹折旗杆，在寨参赞军务的塾师刘盛藻扬言这是"上天不助"，遂罢。

铭军提督

随着太平军的势力越来越大，清政府所依赖的八旗兵和绿营兵战斗力很差，于是寄希望于各地组织的"团练"。刘铭传后接受六安州官邹笛劝告，改听官府调遣。咸丰九年（1859 年）八月，太平军一部攻打合肥的长城镇、官亭，刘铭传奉命率部协剿，将太平军击退。后被安徽巡抚福济褒奖为千总，赏五品顶戴。

咸丰十一年（1861 年）十月，李鸿章奉曾国藩之命在合肥招募勇丁，编练淮军。李鸿章早就听说了刘铭传的大名，以他为管带，刘铭传带领一支五百人的队伍，号称"铭字营"。

同治元年（1862 年）三月，李鸿章奉命援助上海，刘铭传率领"铭字营"，乘英国轮船由安庆到达上海。六月，刘铭传在南汇招降太平军吴建瀛、刘玉林等众四千人，收复上海外围一些地方。李鸿章到达上海后，便着手更换军械。至八月，"铭字营"中小枪队已改为洋枪队，以后，全营都换成清一色的洋枪。十月，刘铭传聘请法国炮兵军官毕乃尔教演洋枪，后来又四处购觅新式炸炮，委任他充任亲兵炮营营官。随着武器装备的改变，作战形式也就改为在开花炮队掩护下由洋枪实施突击的新式战法。次年，刘铭传率部进攻苏南常熟、江阴、无锡等地。同治三年，刘铭传所率部队攻克常州，俘虏陈坤书。

由于打仗勇敢，深得淮军统帅李鸿章的赏识，刘铭传由游击、副将擢升至记名提督，所部"铭字营"发展成左、中、右三军，每军六营，共十八个营，加上炮队、亲兵队和幕僚人员，总兵力达七八千人，成为淮军的主力之一。

参与镇压东捻军

同治三年（1864年）十一月，刘铭传率"铭军"奉命移师安徽六安、霍山一带，参加镇压捻军的战争。刘铭传援湖北，陷黄陂，战颍州（今安徽阜阳），当时捻军以马队为主，刘铭传平原追击不能得手。借鉴僧格林沁马队全军覆没的教训，刘铭传遂向"剿捻"主帅曾国藩提出"定长墙圈制与扼要设防、分道兜剿"的建议。曾国藩下令以运河、黄河、贾鲁河、沙河、淮河为界，沿河筑起长堤碉堡，分兵防守。刘铭传部负责防守从周家口到槐店（今河南沈丘）的地段，连战于瓦店、扶沟等地。为了追击捻军，刘铭传率先组建马队，配备双响短洋枪。

同治四年（1865年），捻军首领张宗禹率部攻入陕西，任柱、赖文光率部攻山东，自此，捻军分东西两部，互相呼应。次年八月，捻军突破清军沙河防线，宣告曾国藩计划破产。十一月，淮军统帅李鸿章接办"剿捻"军务，刘铭传奉命专攻东捻军，大小数十战。

同治六年（1867年）正月，李鸿章、曾国荃商定分进合击东路捻军。刘铭传奉命率"铭军"自湖北宜城西上，曾国荃派鲍超率"霆军"自樊城南下，合攻旧口、尹隆河一带的东路捻军，刘铭传与鲍超约定同时出兵。刘铭传率"铭军"提前由下洋港渡过司马河（今天门河）进攻捻军，结果，遭到捻军的分割包围，总兵唐殿魁等部被歼灭，一夕之间，刘铭传的精锐尽失。刘铭传与书记刘宗海骑骏骡狂奔数百里，刃从脑后下，劈及骑，负痛益奔，乃免。鲍超率"霆军"这时才赶到，架劈山炮击退包围刘铭传残部的捻军，救出了刘铭传等两千余人，这就是清军反败为胜的尹隆河战役。李鸿章数日不得刘铭传的消息，以为已死。战后，刘铭传责备部下刘盛藻"浪战轻敌"，责备鲍超贻误战机。李鸿章据此上奏朝廷，使得刘盛藻和鲍超受到严厉处分，这引起曾国藩等湘军将领对刘铭传的强烈不满。

五月，东捻军在赖文光、任化邦率领下渡过运河进入山东半岛，兵锋直指烟台。

刘铭传遂提出"守运河进扼胶莱"，将捻军"挤入登、莱海隅，趁势围逼"。李鸿章采纳了他的建议，在胶莱河河西修筑长墙壕沟，部署近百营重兵把守。七月，清军王心安部营垒初成，河墙未筑的情况被捻军侦知，由此突围，向南转移。刘铭传紧追其后，先后在淮县、赣榆大败捻军，并收买叛徒杀害捻军领袖任化邦。赖文光率捻军残部退至扬州东北瓦窑铺被俘，东捻军覆灭。清廷论刘铭传为"首功"，赐三等轻车都尉世职。

同治七年（1868 年）春，张宗禹率陕北的西捻军回援东捻军，取道山西，进入直隶，威胁北京。此时，刘铭传正在合肥养病，清廷慌忙调集多路清军围堵，下急诏令刘铭传出山赴援。刘铭传于六月底回到铭军老营，参与镇压西捻军。七月，刘铭传部淮军和郭松林部湘军，与西捻军在陡骇河边决战，西捻军覆败，刘铭传因功获封一等男爵。在镇压太平军和捻军过程中，刘铭传的"铭军"逐渐扩编为一万两千余人，分步、骑、炮诸兵种，全部装备了洋枪洋炮，然而，在累功晋升的过程中，刘铭传被传冒功、诬陷等，激化了湘军和淮军的矛盾。

清廷派左宗棠为陕甘总督，镇压当地的捻军和回民起义。同治八年（1869 年）十二月，回民起义军击毙左宗棠爱将刘松山，一路南下，清廷急命李鸿章入陕督办军务。左宗棠不希望李鸿章去陕西，李鸿章因此派刘铭传前往。同治九年，天津教案发生，英、美、法等七国军舰集结天津炮台，京城震动，清廷命刘铭传赶赴天津接统铭军，加紧备战。教案平息后，刘铭传率军赴陕西镇压回民起义。清廷命刘铭传监督、密报陕甘总督左宗棠的军事行动，引起左宗棠怨恨，刘铭传称病辞职。同治十一年正月，刘铭传回老家养病，不久，在陕西的"铭军"哗变溃散，刘铭传从此被解除兵柄。

在家乡闲居的十三年间，"常在金陵，筑水榭冠于秦淮，喜学诗，为白乐天、邵康节语"。除此之外，刘铭传还特别留心洋务，积极探讨中国富强之道。他大量阅读新翻译的西方书籍和报刊，常在上海、南京与陈宝琛、徐润、薛福成等洋务派人士交流，使自己眼界大开。他认为："中国不变法、罢科举，火六部例案，速开西校，译西书以厉人才，不出十年，事不可为矣。"① 光绪六年（1880 年），沙俄侵占伊犁，武力威胁中国，清廷召刘铭传入京。刘铭传呈上《筹造铁路以图自强折》，该奏折陈述欧、美、俄、日修造铁路概况，以及中国修造铁路以利军事、经济、民政的重要性迫切性，并提出了初步规划。这一建议未被清廷采纳，刘铭传只好还乡。他在家乡立义庄、办义学，与张树声、周盛传等合办肥西书院，倡修家谱、府志、县志，助修大潜山、紫蓬山寺庙及巢湖姥山塔、合肥城内包公祠等，并陆续修建了刘老圩，在圩内建造"盘亭"，陈列"虢季子白盘"，供亲友参观。

保卫台湾

光绪九年（1883 年），中法战争爆发。中法战争分两个阶段，第一阶段在越南北部及中越边境进行，第二阶段扩大到福建沿海，有陆战和海战两个战场，尤以台湾陆战最为激烈。

光绪十年（1884 年）三月十八日，法舰一艘驶入基隆，瞭望绘图，强行购煤，意在寻衅。

四月，清廷急召直隶陆路提督刘铭传进京，命他出任督办台湾事务大臣。刘铭传此时已不屑为钦差大臣，想做总督或巡抚。朝廷谕令下来后，刘铭传故意带着几个姬妾到杭州西湖游览。李鸿章急派人催他接旨，刘铭传仍然不答应。他叫人传话给李鸿章说："不做封疆大臣，我就再也不与他们为伍了。"李鸿章把他的意思向朝廷委婉地做了报告，朝廷便于闰五月四日下谕令，前直隶陆路提督刘铭传，着赏给巡抚衔，督办台湾军务，授太子少保，加兵部尚书衔，所有台湾镇、道以下各官，均归节制。刘铭传上《海防十策》奏折被采纳，遂赴台抗法。刘铭传于闰五月二十四日抵达基隆，巡视要塞炮台，令守将曹志忠，在外海口门社寮两山对峙之区，各

---

① 参见刘铭传《刘壮肃公奏议》卷首。

筑炮台一座，另再建护营一座。闰五月二十五日，法舰再窥基隆。闰五月二十八日，刘铭传进驻台北府城。六月二日，刘铭传开府台北，设团练，筹备战事。

法国远东舰队司令孤拔中将奉命率领舰队开往中国福建、台湾一带海域，法国的行动计划是攻占基隆煤矿，夺取台北，进而吞并全台。

六月十四日，四艘法舰直逼基隆，法军远东舰队司令孤拔和副司令李士卑斯（另有译为利士比）派一副官上岸，向守将曹志忠提出最后通牒，要求守军"于第二天上午八时以前将炮台交出"。

六月十五日晨八时，四艘法舰在李士卑斯的指挥下齐向基隆炮台猛烈开火。刘铭传骑马赶赴基隆，率提督曹志忠、苏得胜、章高元、邓长安拒之。中午，法军摧毁了清军数处炮垒及营房，守军死伤弁勇六十余人，刘铭传将守军转移至后山。法军登陆，占领基隆港，将港内各种设施和炮台尽行破坏。法军陆战队向基隆市街搜索前进，并攻击附近高地。守军在刘铭传亲自统率下奋勇从各个方向进行反击，逐渐缩小包围圈。经过几小时的激战，击毙法军官三人，擒斩一人，打死打伤法兵百余人，缴枪数十杆，帐篷十余架，法军狼狈逃回军舰。

七月，法军又向清政府提出新的和议条件，清政府再次拒绝。法军组成无敌舰队集中于福州马江，突然袭击中国南洋水师，击沉所有战舰，炮轰马尾造船厂和马江沿岸各炮台。防务大臣张佩纶不能战，总督何璟也受惊吓而逃。朝廷下诏，令大学士左宗棠到福建整顿军事，刘铭传也在台湾整顿军备。法军进而封锁台湾海峡，夺取了澎湖列岛。

八月十二日，法舰八艘抵达基隆，加上先前停泊的共有十一艘。八月十三日黎明，法军登陆攻基隆，不克。八月十四日破晓，法舰分两路猛攻基隆和沪尾（今淡水），孤拔率多名士兵在十余艘军舰大炮的猛烈炮火掩护下再犯基隆。刘铭传亲自率守军奋勇抵抗。突然一发炮弹飞来，炸死数人，左右请他撤退，刘铭传说："人自寻弹，弹何能寻人？"官兵听到这句话后，都奋勇战斗，士气大振，法军又败去。后来，法军军舰转而去攻打沪尾，沪尾为台北要害，距城三十里。刘铭传害怕沪尾丢失之后，则台北不守，遂命令撤军。各提督竭力劝阻，刘铭传不听，唯留统领林朝栋在狮球岭驻防。有人议论，认为刘铭传不该撤军。刘铭传说："这是不知道我的深意呀！"

在沪尾之战中，李士卑斯以战舰七艘轰击沪尾炮台，炮台在猛烈还击后多被击毁。由于河口事先被守军以巨石堵死，法舰不能深入，遂派陆战队千余人上岸，分路进攻。刘铭传指挥守军埋伏，待敌军接近，突然从北、东、南三个方向分五路杀出，毙伤法兵三百多人，法军大败逃回。法舰开炮掩护，反自击沉小轮一艘，七十多人落水。在这场战斗中，法方自认死二十七名，伤四十九名；刘铭传在给朝廷的奏折中说："我军阵亡哨官三员，死伤兵勇百余人，法军被斩首二十五级，枪杀三百余人。此外又俘获法兵十四名，枭首示众。"

光绪十年九月五日，法军宣布封锁台湾。

十月二十日，法军再攻，不克。十二月五日，法军袭大武仑，却之。十二月十一日，月眉山沦陷，旋力战复之。十二月十六日，我以四路围攻月眉山，克其首垒，战竟夜，双方伤亡各有数十人。十二月二十日，法军攻大武仑，却之。十月二十五日，又犯，败之。

左宗棠以基隆失守，弹劾刘铭传，刘铭传具疏自辩。法军攻占基隆后，谋南下，却被林朝栋所部阻击。

自此以后，法国舰队只能轮流在淡水河口对这个海港实施封锁，再没有能力发动大的进攻了。法国拟订新的和议条件，其中一条是法国占领基隆、淡水作为可以接受第三者调停的先决条件。由于淡水大捷，清政府断然拒绝这样的条件。为了挽救进攻受挫、和谈停顿的困境，法国侵略者宣布封锁台湾。

法军自淡水惨败后，即集中注意力于基隆。光绪十一年（1885年）一月十七日，法军以三千之众，由杜奇斯指挥，自基隆大举南犯，刘铭传督战军民奋起迎击，双方激战数日，湘军总质王诗正及曹志忠部失利，将领多人战殁，死亡千余，法军亦损折一百八十人。

二月初，法军司令孤拔从越南战场调来的大批援兵到达。二月十五日，孤拔率战船四艘，占领妈祖宫，法军派出精锐一千三百余名猛扑月眉山，出动两千名直攻戏台山。刘铭传率领的守军腹背受敌，月眉山失守，退守基隆河南岸，河北地区悉为敌所占。聂士成等率援军两千多名从台东登陆，翻山越岭赶到基隆前线，投入战斗，稳住了阵地。中法军队隔河对峙，直至战争结束。法军多次进攻，而始终局促于基隆港周围一隅，加之基隆疫病流行，遂放弃攻占台湾的计划。法军于二月底转攻澎湖，占领澎湖岛。此时，法军在镇南关大败，导致法国茹费理内阁倒台。清政府决定"乘胜即收"，与法国签订停战协定。五月，《中法合订越南条约》在天津正式签订，六日，法军撤出基隆。五月初九日，法军全部调往澎湖，刘铭传乃命杨岳幽等部署全台事宜。

六月五日，刘铭传以法兵已退，奏请开福建巡抚本缺，俾得专办台湾防务。刘铭传领导的十个月抗法保台战斗，取得最后胜利。

六月十八日，刘铭传上奏说："窃法兵退让澎湖，臣同前陕甘总督杨岳斌于本月十七日会奏在案，善后各事，急须次第举办，谨为我皇太后皇上陈之：

一、台澎以设防为急务也……

一、台澎军政急宜讲求操练也……

一、全台赋税急宜清查也……

一、全台生番急宜招抚也……

夫设防、练兵、清赋三者，皆可及时举办，唯抚番不易，应俟三者办成后，方能议行。其次如安设电报，修路造桥，以通南北之气；清理屯垦，开矿采木，以兴自然之利，亦为要务。"

不久，刘铭传又奏请专驻台湾，略曰："台湾为七省门户，各国无不垂涎，每有衅端，咸思吞噬。前车可鉴，来轸方遒。所有建防、练兵、清赋、抚番数大端，均须次第整顿。臣曾平居私念，以台孤悬海外，土沃产饶，宜使台地之财，足供台地之用，而后可以处常，可以处变。此次莅台经年，访求利弊，深见实有可为。甚惜从前因循之误，固知补救未晚，而时会迫切，势不能不并日经营。况臣才质庸愚，恐难胜任，重以闽疆公事繁多，而又远涉重洋，顾此失彼，与其贻误于后，易若陈情于前。再四思维，唯有乘此未接抚篆之时，准开福建巡抚本缺，俾得专办台湾事务，庶几勉效寸长，或可无效隅越。"

六月二十三日，朝廷下谕令，以闽浙总督杨昌浚兼署福建巡抚，命刘铭传专办台湾善后事宜。六月二十四日，法将李士卑斯率法军离开澎湖，台湾解严。

首任巡抚

九月五日，清廷接受左宗棠、张之洞、李鸿章等封疆大吏建议，在台湾建省。朝廷里的大臣认为，台湾新创，百事待举，非有文武兼备之臣，不足以资治理，遂任命刘铭传为首任台湾巡抚，兼理学政。十月十七日，福建巡抚刘铭传在台北行营具奏："筹度台湾情形暂难改省会。"同年十二月十二日奉上谕："刘铭传所请从缓改设巡抚，着无庸议。"

光绪十二年（1886年）四月，刘铭传就任，取法西洋，刷新台政。刘铭传与福建总督杨昌浚会商勘察后，于六月十三日上奏折，议台湾改设行省事宜十六款，当以理财为要。前贵州布政使沈应奎以罪褫职，永不叙用，刘铭传了解他有理财专长，两次保荐他，朝廷便任命他为台湾布政使。沈应奎乐于辅助刘铭传，台湾财政因而越来越好。

然而在改制的过渡期间，刘铭传与原任按察使衔分巡台湾兵备道刘璈（湘军出身）之间权责归属不明，加之保台战功之争深化两人间的派系矛盾，抚道之争以刘铭传胜利告终，刘璈获罪被流放。

刘铭传在台湾全面推行自强新政，加强海防，推动了台湾社会经济的发展，加速了台湾迈向近代化的步伐。刘铭传希望"以一岛基国之富强"、"一隅之设施为全国之范"，在他治台的七年中，对台湾的防务、清赋、行政、生产、交通、教育等进行了大胆的改革，其主要内容如下。

巩固海防。台湾为海中孤岛，防务维艰。刘铭传对台湾建设的规划，原以军事为先，首先推行"办防、清赋、抚番"几项"急务"。他建议在台湾建立海军，清廷因已有南北洋海军和经费短绌而不予采纳。刘铭传购买"南通"、"北达"等几艘小轮船，用来缉捕、运输兼通文报；雇洋匠制造驳船一艘，用以运炮械、安置水雷。光绪十二年十月，在台北设军械机器局，以记名提督刘朝干为总办，聘请德国人彼德兰为工程师，自制武器弹药及民用机械。同时，设立火药局水雷局，以筹自制。他又聘德国技师以钢筋水泥重建基隆炮台，兴工加固安平、旗后、沪尾、妈宫、西屿、大城北诸炮台，花费六十四万多两银子定购配备新式大炮三十一尊，火力增强数倍。在基隆和沪尾设水雷局和水雷营，使水雷与炮台相资为用。整军练兵，汰弱留强。将台湾驻军统编为三十五营，全部改用洋枪，聘请外国教习，实行新式操练。在台北设总营务处，统辖全台军务。

查田清赋，整理财政。台湾所需的薪饷，以前一直依靠内地协助，每年需要数十万两银子，财政上不能自立。作为重要的财政来源的田赋悉入豪强，海关税安平、沪尾二口，属于镇闽将军管辖。刘铭传收回安平、沪尾二口的海关税，不再接受内地的协饷。

台湾田赋极其紊乱，在豪绅吏胥的包揽控制下，"强者有田无赋，弱者有赋无田"，"田去粮存"，求免无路。于是，刘铭传于光绪十二年（1886 年）五月八日奏准在台湾实施丈量田亩，清查赋税。六月，他在台湾南北两府设立负责测量全台田园的清赋局，让台湾布政使负责，各县设置分局。而各厅县官员认为，欲办清赋，当先查户口。刘铭传通饬各属，限两月之内把户口报上来。既成，刘铭传就根据户口进行清赋。按照台湾旧例，计田以甲，每甲当十一亩。这次清理地籍，刘铭传采用江南一条鞭法，将丁税等征收项目一律并入田租，折成银两缴纳。将田园分为上、中、下、下下四等，不入等的田园分为天字、地字、人字三等，简化税则，减少中间环节，使各地官府再难从中作弊。由清赋总局进行会查保甲，清丈田亩，历时二年多，完成了清丈工作，田赋大量增加，年收入达六十七万四千余两，比原额增加四十九万一千余两。

清赋直接触犯了地主豪绅和商人的利益，一时流言四起，阻力极大。光绪十三年（1887年），台湾各州县多不敢实行，怕引起变乱，只有彰化县令李嘉棠想得到上司赏识保荐，急切地在彰化实行清丈，催迫民户领丈单并索取重费。第二年，彰化县的乡绅施九缎率众起来反对清赋，但是，刘铭传不为所动，檄令栋军统领林朝栋镇压。

此外，在整顿税收方面也取得了巨大成绩。光绪十四年，刘铭传改原台湾盐务总局为台南盐务分局，以台湾道兼任督办委员，下辖安嘉总馆、凤山总馆、澎湖盐务暨台南五盐场；而安嘉总馆之下，设各分馆、子馆、暌馆，以林圮埔贩店隶于该总馆所辖之斗六分馆。经过整顿后，台湾的茶税年增十三万两，盐税增十二万两，樟脑、硫黄增三十万两，鸦片增四十万两，加上其他各项收入，财政总收入从九十万两激增至三百万两，最高达到四百五十万两，军事、交通诸项建设经费至此才有了着落。

光绪十六年闰二月二十六日，巡抚刘铭传上奏称：全台田亩清丈完竣，年额征银五十一万二千九百六十九两零。

扩大抚番垦荒。当初沈葆桢在台时，曾举办抚"番"开垦，刘铭传继续并扩大他的事业，于光绪十二年（1886年）四月设全台抚垦总局，上奏推荐在籍绅士林维源为总办。南、北、东三路，分设抚垦局及分局，并在各重要番区如大科崁、东势角、埔里社、苏澳、花莲等处，各立抚垦分局。局中有医生、教耕、教读等人员，开设"番学堂"，教番人童子读书。另外在台北特设"番学堂"，供给他们衣食，教以汉文、算术、官话、闽南话、起居礼仪等。为了抚番，刘铭传"三亲绝域，蒙瘴涉险，不骑而徒"。

为了顺利地"开山抚番"，刘铭传对原住民采取"示威怀德、一视同仁"的政策，即恩威并用，剿抚兼施。恩抚不从，方行威剿，威剿之后，仍归恩抚。如有官吏凌虐原住民，汉人夺占其地，均予惩处禁止，绝不偏袒。原住民劫杀居民，不听晓谕，则威之以兵。光绪十一年（1885年），首先招抚北路淡水东南马来番，为其定规约，命其遣子弟至城读书，雉发归化。原住民地界，各归各业，不许军民侵占。

东势角的原住民不接受招抚，刘铭传派林朝栋前去讨伐。林朝栋屯兵罩兰，以威胁苏鲁、马腊邦二社，但他们仍不从。五月，林朝栋进攻，又不利。

十月二十四日，刘铭传向各州县下令："责成驻防各该处统兵将领，会同地方官察度情形，就近相机剿抚。兹拟酌定章程，所有未经归顺、情愿剃发归化各社番，每社百人以外者，立一社丁，月给口粮洋五元，春秋发给衣裤四件；至五百人以上者，立一社长，月给口粮洋八元；其有千人以上之社长，月给口粮银十两，春秋发给该社长家衣裤每季每人各一套。其各社长、社丁口粮，每月皆需亲至地方官卫门请领，务使日益相亲相近，两意浃恰，毫无猜疑，渐至永远诚服。"

总之，刘铭传命将"抚番"，以道员林朝栋驻兵新竹、彰化间之罩兰，总兵柳泰和办理中路，提督章高元招抚埔里及花莲港地区，副将张兆连招抚后山，总计自光绪十一年冬至光绪十二年夏，半岁之间，共招抚"番社"四百余，归化者达七万余人。

光绪十二年（1886年）七月，刘铭传亲自前去平定，那些不服的原住民也先后归服。

光绪十三年（1887年）春夏之间，后山抚二百一十八社，原住民男丁五万余人，前山抚二百六十余社，原住民男丁三万八千余人，田园数十万亩，合计招抚原住民八百八十余社十五万余人，实现了全台政令的统一，制脑、采藤、烧煤各业逐渐深入马凹（今大湖）、洗水坑、细道邦、马那邦等原住民住地。光绪十五年，刘铭传等上奏，台湾"生番"一律归化，逆首就擒，请奖励出力人员。

全台大定后，于是广招福建贫民扩垦，使原住民与内地人民共处杂居，逐渐改变他们的习俗，同时使原住民"耕织自精，货财自殖"。刘铭传鼓励种茶、棉、桑等经济作物、养蚕并拓展水利灌溉设施。他重视发展农业，开垦荒地，大米等农产品外销量不断增加。

提倡新式教育。刘铭传十分重视培养人才和新式教育。光绪十三年（1887年），他在台北大稻埕六馆街创办台湾第一座西学堂，延聘英人辖治臣与丹麦人布茂林为教习，授以外国语文，及图算、测量、制造之学。西学之外，兼课中国经史文字，培养通晓近代科学、善于对外交涉的人才。经过严格甄选，第一批招收学员六十四名，所有费用全部由政府供给，年支银一万余两。光绪十六年，又在大稻埕建昌街设立"电报学堂"，招收西学堂和福建船政学校学生十名，专习电讯技术，旧有的私塾和府学、县学也促进办好。刘铭传亲任学政，主持考试，选拔人才。

增设府县。清初，在台湾仅设一府三县，后以土地日辟，人口倍增，于光绪元年（1875年）增设了一府四县，共有两府八县。光绪十三年四月，新任台湾巡抚刘铭传会同闽浙总督杨昌浚合奏，台湾郡县分别添改裁撤，设"台北、台湾、台南"三府、一直隶州台东州、四厅、十一县，裁鹿港同知。以彰化位于全岛中央，平原宽敞，定为省会，在台中彰化桥孜图设首府曰台湾府，附郭首县曰台湾县；另划嘉义以东、彰化以南，方长百余里之地为云林县，分新竹西南沿山新垦地带为苗栗县，升卑南厅为台东直隶州。在省会未建成以前，以台北接近福州，先以台北为施政中心。

发展交通通讯。光绪十一年（1885年），刘铭传规划淡兰便道，由台北府城向南，经景尾、深坑、石碇、坪林尾、石槽、倒吊子、四堵、越山凿路，经猴洞坑，陆军路经礁溪十一股、得子口至宜兰，于十一月竣工，为北部交通要道。光绪十二年十月，统领镇海后军副将张兆连禀称：后山番社，未抚尚多。若由水尾适中之地与前山彰化开通道路，声气联络；先抚后山中路，其余闻风向化，招抚较易。巡抚刘铭传乃檄署台湾镇总兵章高元统带炮队，并镇海中军前营、"定"字左营及练兵七百人兼顾石工、民夫由彰化境之集集街开山而东；张兆连由水尾开山而西，两面刻期会办。从集集街到水尾的横贯中央山脉的公路，长三百六十多里，使东西海岸连成一片。

　　刘铭传是近代中国大倡兴建铁路的第一人。在他推行新政时，制定了以"兴造铁路为网纽、辅之以电线邮政"的方针。光绪十三年（1887 年）三月三十日，刘铭传奏请借商款以开办台湾铁路。六月，台北成立"全台铁路商务总局"，聘英德两国人为工程师，着手修建铁路，前后历时六年完成了基隆至新竹全长二百一十多里的铁路，成为中国人自办自建的第一条铁路。光绪十七年（1891 年）基隆、台北铁路通车。

　　光绪十二年，在台北大稻埕设立电报总局，聘丹麦人韩生为总管，架设海底电缆，包括光绪十三年十月竣工的沪尾（今新北市淡水区）与福州之间的一百一十七里，以及安平至澎湖支线的五十三里。光绪十三年三月开始动工兴建电报明线，包括基隆、台北到台南陆上的电报线一千二百余里，水陆电线全长一千四百多里，大大改善了岛内外的电讯交通。

　　创立新的邮政制度，在台北设立邮政总局和各地支局，发行邮票，兼办官民通信业务，并购买"南通"、"飞捷"邮轮两艘，定期往来于台湾与大陆之间，邮路远至厦门、福州、广州、上海、香港等地。

　　刘铭传又派革职道张鸿禄、候补知府李彤恩考察南洋商务。他们在新加坡设立"轮船招商局"，购买"驾时"、"斯美"轮船两艘，航行于台湾、大陆及东南亚各地，台湾贸易为之大进；又购挖泥船疏浚旗后、安平等港，海上交通日趋发达。

　　庶糖和茶叶是台湾大宗出口商品，向为英商垄断，刘铭传积极组织本国商社与之对抗，购进新式机器制糖制茶，自备船只销往日本等地，夺回中国权利。出于经济开发的需要，刘铭传还拨银建设台北新城，兴筑了"建昌"、"千秋"两街。

　　刘铭传还设立脑黄总局，用新法开采熬制台湾特产樟脑、硫黄，年获利银三万余两。在沪尾设立官办硫黄厂，用新法熬制获利甚多。设立官办机器锯木厂，为铁路提供枕木。后垅、苗栗发现石油后，又设煤油局生产煤油。在台北设立警察，组织商人成立兴市公司，兴建商店。设立煤务局，整顿基隆旧矿，采取官督商办方式，投资四十万两银子购买新式机器开采，日可产煤万余斤。光绪十三年十二月一日，刘铭传因基隆煤矿办理不善，退回商人股，改归官办，派英人玛体逊监督工程，但因管理不善，时有亏折，收回官办后仍无起色。

光绪十六年（1890年），因光绪皇帝寿辰，加刘铭传兵部尚书衔，不久，命帮办海军事务。八月，刘铭传草签协议，将基隆矿交本国商人承办，议定"由商经营，官不过问"。上奏后，清廷于八月十五日以"动辄议立章程"罪名，给刘铭传"革职留任"处分，令布政使沈应奎护理。

光绪十七年（1891年）三月二十七日，光绪帝谕内阁："福建台湾巡抚刘铭传，着准其开缺。"朝廷以邵友濂为台湾巡抚，刘铭传于四月离开台湾返回故乡。

光绪二十年（1894年），甲午战争开启，清廷欲重新任命刘铭传为领兵大臣，刘铭传推辞。听说台湾被割让给日本，刘铭传悲愤至极，李鸿章亲自致信安慰他。光绪二十一年十一月二十七日，刘铭传在家乡病逝，享年五十九，清廷谥"壮肃"，追赠太子太保，准建专祠。

刘铭传最轻视武夫，把他们看作畜生一样。他既是封疆大吏，则又轻视封疆大吏，唯独看重京官，对知名的士人给予礼遇，喜谈命相。在台湾时，有一个相士说他将来官至相国，刘铭传说："我是一介武夫，做到督抚已是破格了，哪有再做相国的道理。"相士断定他一定能当相国，刘铭传说："果然是那样，天下大事也就危险了。"刘铭传能文善诗，著有《刘壮肃公奏议》十卷，《大潜山房诗抄》一卷，《盘亭小录》一卷，另著有遗诗数百首未及印行而散失。

台湾著名史学家连横评论说：台湾三百年间，吏才不少，而能立长治之策者，厥维两人：曰陈参军永华，曰刘巡抚铭传，是皆有大勋劳于国家者也。

三十七　刘　璈

　　刘璈（？—1889），字兰洲，湖南临湘人。以附生从军，大学士左宗棠率军在新疆镇压回民起事时，任命他为记室。他参赞戎机，指挥羽檄，意气甚豪，及新疆回民之乱平定后，刘璈以军功荐升兰州道道员。

　　光绪七年（1881年）八月，刘璈出任分巡台湾兵备道，规划防务。当时，朝廷正议论台湾建省，福建巡抚岑毓英每年都去台湾巡视。岑毓英于闰七月十七日自马尾开船，东渡台湾，十八日黎明抵基隆。而后，经台北府、淡水、新竹、彰化、嘉义各县，陆行前进，抵达台湾府城。十一月一日，岑毓英再次渡台筹办"抚番"事宜，并督修城池、炮台、河堤工程。刘璈到台湾之后，对建省之事多所擘画。他认为，彰化地理位置居于台湾南北之中，应该把兵备道移驻于此，设置同知，让副将也驻防于此，而让知县去鹿港办公。大肚以北，大甲以南，方圆数百里，平畴宽敞，水环山抱，可以作为台湾省的省会。建设城池公署的费用，应由台湾、凤山、嘉义、彰化合资襄助。然而，福建巡抚岑毓英也选择台湾东部大墩的山麓，筹造省垣。台北知府林达泉认为，台湾首府当移驻台北，著《全台形势论》一篇，提出："台北之胜于台南者四，就闽论台，台北之胜于台南者亦二。窃意台北经营措置，少则五年，多则十载。台湾巡道当移驻台北，不唯风气日辟，势不能遏，抑亦形势扼要，理有固然也。"

刘璈勇于任事，不避艰巨，整饬吏治，振作文风，并将"开山抚番"未尽事宜次第办理。又以台南为首善之区，街衢狭窄，疾疫丛生，欲开辟大道，开凿运河，引水入城，以行舟楫。可是，台南府郡的民众却不愿意这样做，刘璈只好先挖掘沟渠，冲击城里的积秽，并令镇海营士兵填造安平之路。府郡中大火，烧毁商廛数十，烈焰涨天，无人敢靠近。刘璈听说之后，短衣缚裤，跃登屋上，指挥士兵拆屋，断绝火路，减少了损失，府郡的民众因此非常感谢他。

法国发动侵越战争后，岑毓英奉命去广西带兵。刘璈致信岑毓英，出谋划策，请岑毓英帮助黑旗军，让黑旗军就近阻挠法军的进攻。他说："今日之事，鲜不龃战而诽和。抑知和战皆系一理，事决于和，不能不先决于战，盖能战而后能和。为越南计，为中国计，是在和缓而战急。然必外主乎和之名，内助其战之实，慎战于始，庶能缓和于终。"岑毓英高度赞扬了刘璈的建议，其后遂招抚刘永福而用之。

刘璈也在台湾积极备战，例如，他亲自检阅安平炮台。安平炮台原有洋教习教练操演，光绪六年，洋教习病故，由技术较精的头目充当教习。每次操练，都是这个头目亲自装炮，技术要领秘不示人。刘璈整顿安平炮台，"试以炮艺，能开放者尚无一二，而诘其开放度数，则仍属茫然，余并不能开放。"

中法既战，沿海戒严。光绪九年（1883 年），刘璈驻军台南，"协士民，筹战守，办团练，讨军费"。受到刘璈赏识的林文钦，召集佃兵五百，到台南助防，器械粮秣，全部自备。

台湾孤立海外，延袤千里，守兵仅有一万六千五百名，不敷全台布置。刘璈将全台分为五路，酌派五军，分其责成，有事互相策应。刘璈上书，请求闽浙总督进驻台湾，居中调度，但闽浙总督不从。刘璈再次上书，请求选派知兵大员到台湾督办防务，以便统一台湾的军事指挥大权，于是，朝廷命令署福建陆路提督孙开华率所部进驻台北。十二月，清廷特命两江总督左宗棠派兵增防台湾，归刘璈调遣。

光绪十年（1884 年）三月，法舰进窥台湾。四月，刘璈又上书督抚，略曰：

"台湾本有为之地，为之亦非无把握，端赖有治人，有治法，又有治权，则事可得为，地方亦可制治。台湾防务不外山海，平时则山烦于海，有警则海重于山。然必先整山防，海防始有凭借，否则内外交讧，防务更难措手，此山海所宜并筹也。

"……今筹防派分五路，因地制宜。……夫权在我，则敌由我制，五路防军虽分犹合，运用皆可自如。特恐我权不一，是我先为我制，何能制敌，此又陆防之难者。盖以远隔重洋，事事扞格，职道鉴前虑后，曾以权缓急，决疑难，定刑赏三大端，断非专阃节制不可，详恳奏请简派知兵大员渡台督办，实为安危第一要着。"

五月，防务大臣刘铭传抵达台湾，经理台北，而让刘璈负责台南。刘璈把台南培元总局又改为团练总局，亲手制定和公布了十七条章程，训练民众。这时，军务倥偬，十分需要军饷，道府两库存银一百五十万两，刘铭传命刘璈拨给五十万做军饷，刘璈不从。刘璈是兵备道加营务处，按照惯例，有事要先向刘铭传报告。但是，刘璈却颇不愿意接受刘铭传的节制，刘铭传因此心中不满。

澎湖妈宫伪法师黄虔生、乱童许周泰，伪称神谕，毁坏天后宫庙前的照墙及店屋三十余间。台湾道刘璈急忙派兵前去阻止，捕其巨魁，余孽逃而复回，尚托神威毁掉店屋，刘铭传乃公布断然禁止扶乱等活动。

六月，法舰攻打基隆失败，再攻复败，台湾军民士气大振。刘铭传却忽然撤兵，导致法军进占。刘璈上书揭露刘铭传的过失，并且报告了李彤恩欺骗上级的罪行。左宗棠根据刘璈的报告，上奏朝廷。朝廷严旨谴责，撤销了李彤恩的职务，刘铭传对刘璈更加仇恨。

九月十五日，法国水师提督孤拔下令封港，一时航运遏绝。刘璈认为法国违犯了万国公法，前去会见各国领事，请求各国干涉。各国领事以事关重大，须待国命。刘璈乃密上封章，恳沿海各省督抚代奏，语在《台湾通史·外交志》。

基隆既失，澎湖亦陷，刘璈自刭，多次请求南北洋海军派舰援助台湾，但南北洋海军军舰都不至。光绪十一年（1885年）二月，孤拔所乘军舰停泊在安平港，通过英国领事转请与兵备道刘璈会见。刘璈欲往，左右劝阻他说："法人狡，往将不利。"刘璈说:"不往,谓我怯也。呫!乃公岂畏死哉。"刘璈抵达安平后,告戒炮台守将说:"有警,即开炮击,勿以余在不中也。"刘璈与孤拔相见甚欢,吃饭喝酒。当谈到军事时,刘璈说:"今日之见,为友谊也,请毋及其他。"孤拔说:"以台南城池之小,兵力之弱,将何以战?"刘璈回答说:"诚然。然城土也,兵纸也,而民心铁也。"孤拔无言以对。刘璈尽醉而归,法舰随后也离开,而台南也因此没有受到伤害。

中法和议谈成以后,朝廷下诏,以刘铭传为台湾巡抚,处理战后事务。四月,刘铭传上奏说:"包办洋药厘金董事陈郁堂吞匿鹿港等口厘金四万六千余两,叠经札提来辕讯究,竟敢抗延不到。台湾道刘璈有督办税厘之责,当上年秋冬饷项支绌之时,应如何筹划,以备接济,顾持危局,事前既不查察,事后又不追还,显系通同作弊,已由臣檄令撤任。"

五月十三日,刘铭传又弹劾刘璈,列举十八条罪状,语多不实。朝廷下旨,将刘璈革职,籍没家产,并命刑部尚书锡珍、江苏巡抚卫荣光到台湾查办,台湾道遗缺由江苏候补道陈鸣志署理。

六月,锡珍、卫荣光等奏请,将刘璈拟斩监候,改流黑龙江。台湾士民议论纷纷,认为刘璈是冤枉的。黑龙江将军穆图善听说他有才,把他招入幕府做参谋。过了几年,穆图善将要为刘璈上奏辩冤,而刘璈竟病死了。

当刘璈在台湾做官时,著有《巡台退思录》三卷,刘铭传上奏,请求毁坏了它的刻版。

三十八　　沈应奎

　　沈应奎（1821—1895），字小筠，号吉田，浙江平湖县人，附贡生，例捐纳归安县训导，升温州府泰顺教谕。咸丰时，沈应奎因保卫泰顺一方安全立功，被选为云南恩安待铨知县。左宗棠巡抚闽浙，过温州，温州道台周寿山向其推荐沈应奎。左宗棠见沈应奎气宇不凡，又崇尚理学，就以同知衔命沈应奎赴闽，至福建加知府衔署泉州府。

　　沈应奎后又为华福宝轮管带，受命赴天津。同治三年（1864年），左宗棠调任陕甘总督，受命赴新疆消灭回民叛乱，就调沈应奎任陕甘大营总理行营支应处，后又命他驻陕军需局兼营务处。不久，沈应奎因军功升陕西按察使，并于光绪元年（1875年）、二年、四年、五年，四次出任陕西乡试文武闱监试官。

　　光绪五年（1879年），沈应奎被调任贵州布政使，在贵州因维护国家主权，废除与法签订的协议，于光绪十年（1884年）被朝廷撤职，此时左宗棠已升大学士并巡视福建。

　　左宗棠得悉沈应奎被撤职，就任命沈应奎为台湾总办全台粮台兼理捐借事务，这虽是不入品的地方临时小吏，但有实权。左宗棠又考虑到台湾地广而兵力单薄，也注意到列强早已对此垂涎三尺，就命懂军事的沈应奎负责台湾防御并训练民团。

平湖从明正统五年（1440年）之后，农民年年有去乍浦卫守驻海疆的兵役，基本上是每年四丁抽一。乍浦卫明军用来侦察及快速战斗的小船，叫哨船和快船。哨船一般有四人，快船则有八人，所以，沿海农民必须学会摇快船、摇哨船，否则，不能在海上生活，更不要说打仗，所以，沈应奎自幼也会摇快船、摇哨船。他把家乡的这种组织训练方法运用到了台湾，不久，台湾全岛渔民训练成能战斗的民团，沈应奎成了台湾民团的总领。

光绪十年（1884年），中法战争期间，法国海军占领澎湖，进扰基隆、淡水，台湾戒严。刘铭传退至淡水，基隆被法军占领。沈应奎奉召赴台，乘渔舟冒险渡海。台湾人民在沈应奎的组织下，利用夜幕袭击法军，使法军不能逾越基隆港外。

台湾海岸山峭壁陡，海域近岸又多礁石，法军除在基隆港停泊军舰外，其他地方无法行动，而海边芦苇丛生，所以法军只得困守在基隆港内。他们自然不甘心于此，就向基隆后山侵犯，一时间法军枪炮如雨，但后山一片安静，正当一百多名法军在三名军官的带领下进入后山时，就遭到早已埋伏在芦苇中的沈应奎所率领的民团的迎头痛击，他们以大刀长矛打败了洋枪洋炮，法军全歼，无一漏网。在基隆的法国守兵被迫退回军舰，最后撤出了基隆港。但法国并不甘心失败，封锁台湾海峡八个月之久，期间又攻打月眉山，三犯沪尾，可均遭到了沈应奎所率民团的打击。

光绪十一年（1885年）九月，朝廷下诏，设置台湾省，并以刘铭传为巡抚。光绪十二年四月，刘铭传就任，乃偕福建总督杨昌浚奏议，改设行省当以理财为要，前贵州布政使沈应奎以罪褫职，永不叙用。刘铭传非常熟悉他的理财能力，奏请破格任用，朝廷不许；刘铭传再次举荐，朝廷乃以沈应奎为台湾布政使。

沈应奎十分聪敏，并且乐于辅助巡抚刘铭传，台湾财政因之日进。

沈应奎在台湾推行新政，筑铁路，办工厂，佐巡抚刘铭传筹划一切，劳绩最著。

光绪十五年（1889 年），沈应奎奉旨接替邵友濂，担任台湾首任布政使。

光绪十七年四月二十八日，刘铭传卸任。布政使沈应奎暂时代理福建台湾巡抚，至十月二十四日邵友濂到任始卸职。光绪十九年，布政使沈应奎在台北府治修建明道书院。

三十九　　唐景崧

　　唐景崧（1841—1903），字维卿或薇卿，一字小泉，号南注生，道光二十一年（1841 年）生于广西桂林府灌阳县的一个书香之家。祖父唐廷植是道光间的贡生，父亲唐懋功，咸丰年间中举，但以后屡试不第，只能在广西灌阳的乡间以授课为生，因其才学受到桂林"燕怀堂"王家的赏识，于是被请去教书，这样唐景崧兄弟三人才得以随父亲来到桂林。唐景崧幼时家境贫寒，母亲早逝，与弟唐景崇、唐景封三人均刻苦读书不倦。

　　唐景崧之父唐懋功教子有方。咸丰十一年（1861 年），唐景崧参加广西乡试，高中头名解元；同治四年（1865 年），赴京赶考，唐景崧考取乙丑科二甲第八名进士，赐出身。唐景崧的两个弟弟唐景崇、唐景封，也先后中了进士，入翰林。据朱保炯等编《明清进士题名碑录索引》卷下，唐景崇获同治十年（1871 年）辛未科二甲第六十三名进士，唐景封获光绪三年（1877 年）丁丑科二甲第四名进士。

　　唐景崧考取进士后，选翰林院庶吉士，散馆改吏部主事，多年不得升迁，"以编修转部。性豪爽，饮酒赋诗，遨游公卿间"①。

---

　　①　参见连横《台湾通史》卷 36。

请缨抗法

第二次鸦片战争后，法国逐步将越南南方变成了它的殖民地。法国人对此还不满足，光绪八年（1882年）三月，法国再次侵略越南北圻，不久，河内和南定等地相继失陷。法军威胁到了广西，中国朝野震动，但在战火尚未燃烧到本国土之前，清廷又不愿派清军直接与法军交火。七月二十九日，唐景崧上书朝廷言越事，提出"绥藩固圉"的御敌之策：朝廷招安在越的黑旗军残部来与法军作战，这样可避免中法两国兵戎相见，但却可阻挡法军队北进，使朝廷以后可以灵活决策。这支黑旗军是天地会的一支，首领刘永福和两千多部众大多来自广西，在清军的追剿下退入越境并拥武器自保。唐景崧自告奋勇赴越招降刘永福，并促其部举旗抗法。清廷采纳了他的建议，八月五日发出上谕："吏部候补主事唐景崧，着发往云南，交岑毓英差遣委用。"

临行前，唐景崧慷慨赋诗言志：

> 狼星悬焰自西方，又见烽火到雒王。
>
> 可有大力平敌寇，已无神弩出安阳。
>
> 何人更下求秦策，说客将治使越装。
>
> 宣是唐衢轻痛哭，乡关消息近苍黄。

唐景崧出京后，先到广东拜谒两广总督曾国荃，曾国荃赞同他的主张，帮助他出镇南关进入越南。

光绪九年（1883年）初，他到达越南保胜，会见刘永福，给刘永福提出了上、中、下三策：

"据保胜十州，传檄而定诸省，请命中国，假以名号，事成则王，此上策也；次则提全师击河内，中国必助之饷；若坐守保胜，事败而投中国，策之下也。"刘永福愿意施行中策。

光绪九年（1883年）五月，被黑旗军围困河内一年的法军，在海军北圻舰队司令李威利上校率领下出城反攻。为鼓舞士气，唐景崧特为黑旗军做檄文一篇，历数法军侵越以来种种暴行，宣告黑旗军援越抗法乃是应天顺民的正义之举，号召越南民众与黑旗军并肩战斗。檄文贴出后，远近争相响应黑旗军的抗法斗争。战斗过程中，刘永福在河内城西纸桥设伏，大败法军，击毙法酋李威利及其副手卢眉，大获全胜。刘永福因功被越王封为"三边副提督"，主管越南的宣光、兴化、山西三省，并负责扼宁富良江两岸。

河内之役大败后，法军避开黑旗军而转攻越南首都顺化，以武力迫使越南阮氏王朝与法国签订"保护"条约。唐景崧向清廷提出："为今之计只能顾及南交之土地、人民，而不能顾及阮氏之社稷！"并在上光绪帝的奏折中说："越南半载之内，三易国王，欲靖乱源，莫如遣师直入顺化，扶翼其君，以定其心，若不为藩服计，不妨直取为我有，免归法夺。否则首鼠两端，未有不取败者也。"

越南的嗣君被法军胁迫，不能独立振作，唐景崧乘机劝刘永福回归祖国。刘永福犹豫未决，唐景崧说："你能够让越南不亡，就已经报答了越南国王对你的恩宠了。并且，国王阮福已薨，你没有背叛越南国王。"刘永福被唐景崧说动了，便广招人才，准备大举行动。光绪皇帝感念唐景崧的勋劳，赏四品衔。

光绪十年（1884年），法军在越南连战连捷，长驱北进，大举进攻驻越黑旗军和清军，兴化、北宁等地形势紧张。唐景崧随黑旗军驻扎兴化，当时，驻守北宁的清军广西将领黄桂兰告急，云贵总督岑毓英命令唐景崧劝导刘永福率部救援。当初，刘永福所部被法军围困在山西时，防守北宁的桂军黄桂兰等部坐视不救，对此刘永福一直怀恨在心。这时，唐景崧只好竭力劝说刘永福，刘永福最后才答应前去救援。

唐景崧又去劝说黄桂兰离城择隘而守，黄桂兰不听，致使战略要地失守，大败而逃回云南；刘永福部黑旗军在顽强抵抗两日后，也失掉长年驻守的山西。唐景崧立脚不住，只好去投奔驻于越南谅山的广西军主帅徐延旭，徐延旭早闻唐景崧的大名，并欣赏其才干，两人商量了战守问题。适逢扶良形势紧张，唐景崧请求回去犒劳刘永福黑旗军。行至郎甲时，涌球失陷，唐景崧被阻，无法回到刘永福的黑旗军。唐景崧只好返回谅山，对徐延旭说："寇深矣！亟宜收溃卒，定人心，备糗粮，集军械，分兵守险，以保兹土。"

于是，徐延旭令他负责前敌营务，率兵扼守军事要地巴塘岭。法军再至，又被广西军队击退，从而使全军的士气得到了恢复。

战争初期，张之洞已接替曾国荃任两广总督。张之洞是一甲翰林，为唐景崧的座师，了解唐景崧的才干。1884 年冬，张之洞命令唐景崧回国招募兵勇，编成四营，号"景字军"，入越作战，作为收复越南的广西军队之一，朝廷赏加五品卿。此外，唐景崧还奉张之洞之命请出他的同乡、已归隐的老将冯子材指挥东线战场。

战争中，唐景崧亲率景字军入越，开赴西线，参与了云贵总督岑毓英指挥的宣光攻坚战和临洮大捷。唐景崧率所部取道牧马，深入敌后，行程一千二百里，箐壑深岨，多瘴厉，人马颠殒不可称计。既至，唐景崧多次击败法军，挫敌锋芒。岑毓英非常赏识唐景崧的才干，又拨滇军潘德继所部听其指挥，使其兵力更加雄厚。十月，唐景崧率所部进驻河内门户三江口。一个月后，法军进攻刘永福所部吴凤典营，唐景崧率谈敬德部驰救。景字军与黑旗军并肩作战，大获全胜。法军后退，唐景崧率部进逼宣光城。城外都是草木很深的荒地，唐景崧乃指挥军队开山辟道，从龙州开始，一直到馆司，创设台站，滇桂之间的道路才开通。不久，唐景崧率部在宣光城南门驻扎，城内的法军打开壁垒出击，枪弹如雨。这时，阴雨连绵，军粮运输断绝，清军官兵个个面无人色。逾岁，滇军丁槐所部攻城，桂军虽饥疲，然犹据山巅轰击。法军殊死抵抗，不可败。岑毓英担心唐景崧等清军的后援被法军切断，令他不要孤注一掷，于是，唐景崧率军退至牧马。

法军被围困于宣光城内达四个月，惶惶不可终日。恰在此时，法国茹费理内阁倒台，致使法军人心浮动，危城难守，清廷却在光绪十一年二月二十二日下旨罢战。

唐景崧即奉命带兵入关回国。唐景崧因功赏戴花翎，"赐号霍伽春巴图鲁，晋二品秩，除福建台湾道"。他奉命主管中越边界划分事宜。

建设与保卫台湾

光绪十三年（1887 年）四月，唐景崧正式出任分巡台湾兵备道。台为海中奥区，人材蔚起，唐景崧雅好文学，重视文化建设，聘请进士施士浩任海东书院主讲，礼遇官办的各级学校的学生。他还修葺道台官署内的旧斐亭，组成"斐亭吟社"，工作闲暇时邀请同僚、下属举行诗文酒会。他又建设万卷堂，收藏大量的书籍。唐景崧母亲也能作诗评诗，一时间，台湾人士竞为诗学。

光绪十七年（1891 年）十一月二十四日，以福建台湾道兼按使衔唐景崧升任台湾布政使，移驻台北。台北新建省会，游宦寓公，簪缨毕至。又时邀名士吟咏于官署，诗会时曾由海上运来数十盆牡丹，遂名为"牡丹诗社"，亦多作诗钟。光绪十九年，取历年唱稿，分门编辑，录佳作十卷，命名《诗畸》，为台湾诗钟选集之滥觞。作品 1301 联，律诗 68 首，另包括宦台及本省名士佳作，如施士浩、丘逢甲、汪春源、林启东及淡水举人黄宗鼎等 56 人之作品。唐景崧在台南及台北带动地方文风，有功于诗歌传播，此后，唐景崧下令编纂《台湾通志》，自任监督。

面对日本的侵略野心，唐景崧不仅重视文化建设，还特别重视台湾、澎湖的战备。光绪十七年（1891 年），唐景崧上奏说："查倭人虽鸥张于北，而志不忘台。六月以来，时有倭轮游弋测水，故台湾设防与临敌同。"唐景崧认为："台湾逼近闽粤江浙，为南洋第一要害……欲固南洋，必先保台，台若不保，南洋永远不能安枕。"

光绪二十年（1894 年）春，日本在朝鲜寻衅，与中国开战，甲午战争爆发。清廷以台湾为东南重镇，孤悬海外，于五月二十八日密令北洋大臣李鸿章，转告福建台湾巡抚邵友濂抓紧筹办防务。不久，又派福建水师提督杨岐珍会办，福建台湾布政使唐景崧、广东南澳镇总兵刘永福帮办。唐景崧因邵友濂在布置防务方面不让自已知情，严重不满。六月，刘永福至台南，巡视沿海，驻旗后。八月，唐景崧与到达的刘永福商议台湾的军事。

九月十五日，唐景崧上奏，直白自己对上司邵友濂的不满，清廷派闽浙总督谭钟麟据实查明。谭钟麟调查后回报，邵友濂本不知兵，唐景崧帮办防务略有头绪，但越级上奏攻讦，也是不识大体。清廷遂调邵友濂署湖南巡抚，遗缺暂由唐景崧代理，并严饬唐景崧应与杨岐珍、刘永福会商防务。

上任以后，唐景崧就大力整饬军政。十一月，唐景崧上奏，报告台湾防务计划，同时令丘逢甲招募义勇。丘逢甲推荐吴汤兴，唐景崧便授予吴汤兴台湾义民统领，统领台湾义民参加防务。

在台湾本岛的防务上，前任邵友濂原先安排"以杨岐珍总统基（隆）沪（尾）各军，以刘永福径赴台南"，并调总兵廖得胜、副将余致廷率兵赴台北守备。唐景崧接任后略做调整："以廖得胜统沪尾诸营，余致廷带三营副之。……委知府朱上泮带四营助守澎湖"，刘永福部"仍往台南"，谭钟麟认为"其布置防营似尚周密"。日军曾占据过台南半年有余，对那里非常熟悉，"南路于霜降后，涌浪渐平"，因此防守台南也是重任，唐景崧考虑"刘永福仅带两营，不敷展布，商属派员回粤，增募四营"。

澎湖地理位置重要，"从来争台者，必首争澎……我能保澎，敌难寄顶，游行洋面，势不能长"。唐景崧调朱上泮部去加强澎湖的防御，"并募炮队前往协防；又开水旱雷一营，择要分置"，他还计划在澎湖"筹设电报"，方便联络。

此时，台湾驻军凡三百数十营，每营三百六十人，急需大量军饷，唐景崧奏请清廷拨款。不久，户部许诺拨给五十万两，南洋大臣张之洞许诺帮助一百万两。

光绪二十一年（1895 年）一月，唐景崧电奏清廷："台湾戒严以来，增防设备，一切情形，业经前抚臣邵友濂奏明在案，惟日人今虽鸥张北洋，而其未尝一日忘台湾，时时游弋，测深海道，故台湾防备无异临敌，而台南海上，霜降以后，波浪平静，澎湖亦形势俱重，恒春县辖自大港口至凤山、枋寮，百有余里，前时日人曾盘踞半载，熟悉地理，汉奸尚有存者，而该处未炮，且防营单薄，深恐敌兵乘虚上陆，故加意防御。"

一月十七日，日军攻陷威海卫，大败清军北洋舰队，随后移师南下，进窥台湾、澎湖。唐景崧令黄义德募广勇四营至台，移刘永福军于台南，会总兵万国本守南路，唐景崧自守台北。

此时，台湾军费困难，唐景崧致电清廷："户部拨付台款百万两，暂补防费，欲添防兵，则苦不能。"他认为，唯一办法是向台湾本地绅民借款。林潍源拥有家产数百万两，曾两次认捐共计四万五千两，但不愿再借款给官方。唐景崧请朝廷下旨，让林维源出借百万两。清廷于三月十日电令林维源筹借百万两，其他富户也只好借款给官府。唐景崧还派员与元丰顺洋商商议，以关税做抵，"借镑银三百万两，九五扣，周年息七厘……十年本息摊还"。

二月底，中日双方议定除台湾地区外实施停战。二月二十七日，日本联合舰队司令官伊东佑享率舰十二艘陆海军万余人抵澎湖，先以二舰进攻妈祖宫，遭到清军炮击。第二天，日军自良文港登陆，清军不敌，日军进占澎湖厅城，守将周镇邦、朱上泮逃归台湾。朱上泮乘渔舟走台南，唐景崧非常生气，欲将其斩首示众。这次，日军进攻澎湖的兵力超过清军一倍多，而死伤超过清军数倍，这得益于唐景崧事前的部署。唐景崧希望利用海内外的豪杰收复澎湖，他在台湾会见广东会党首领，听取其制敌对策。唐景崧上奏："此辈远胜新募军。……东计迟且危，不如用此辈北上，速且稳。"唐再次致电奏称："现招粤中义士骁将集万人，有自备船械者，拟由粤用渔船航海夺澎。……到澎必战，请示进止。"清廷以"和议已定"为辞，电唐"奉旨止令勿发"。

东北的清军也是节节败退，朝廷命令李鸿章赴日议和，日本要求割让台湾等地。三月二十二日，唐景崧电奏："三次电奏，一次电询总署和议情形，均未奉复详行。纷传割辽、台，并派某爵率兵船即日来台签押。李鸿章希图了事，断不可行。……割台，臣不敢奉诏。……朝廷已弃之地，无可抚慰，无可约束。日人到台，台民抗战，臣不能止。……揆今时势，全局犹盛，尚属有为，何至悉如所索？"

三月二十三日，中日订定《马关条约》，依第二条第三项，澎湖列岛、台湾岛割让给日本。消息传来，全台震骇。唐景崧致电清廷，"请旨饬户部速拨饷二百万两，以备急需"，并称"台将亡矣，赏畀此款，慰藉万民悲愤之忱，二百年养育天恩，亦遂从此尽"。次日，清廷"电谕张之洞先行筹拨五十万两，陆续解往应用"。

三月二十六日，鸣锣罢市，绅民蜂拥入抚署，哭声望天。绅民上书唐景崧："万民誓不服倭，割亦死，拒亦死，宁先死于乱民之手，不愿死于倭人手。"台北绅民环请英国驻台领事设法保护，愿以台湾所产之煤、金两矿并茶、樟脑、硫黄等各税酬之。这时，街市大乱，时有劫掠，沪尾兵勇迁怒外侨，枪击洋轮，英、德两国遂派水兵六十五名进驻大稻埕，保护外侨。

三月二十七日，唐景崧连上二电，吁请清廷依据国际公法规定，废约再战，前请各国出面主持公道。"北辽、南台，二者失一，我均无以立国；外洋谁不生心，宇内亦必解体。……委香港与英，乃小岛耳，贻害已甚，况咽喉肩背之地？""未失而予人，此端一开，各国援以索地，是不动兵而可裂我疆域，恐大变即在目前。……今一割地，以后欺凌艰苦之事惟皇上一人当之，诸臣不复见矣。"

清政府借口保卫京师重于保台，电令唐景崧"出示劝令全台绅民，勿得逞忿一时……致碍大局"。

三月二十八日，在台湾各官员及其家属，奉命内渡，台北各官署撤离一空。

四月四日，唐景崧上电略谓："现在各署局幕友、书吏、仆役，离散一空，电报、驿站亦将无人，势必不通，无从办事。愚民惟知留臣与刘永福在此，即可为民做主，不至乱生，刘永福亦慨慷自任。臣虽知不可为，而届时为民挽留，不能自主，有死而已。"这时，绅民悲愤填膺，慷慨激昂，群向抚署呈递血书。

四月十四日，清政府代表在烟台与日本代表交换了条约批准书。唐景崧在获悉法国愿阻日割台的外交信息后致电总署，要求他们设法"密约法使，迅速派轮来台会商"。

清廷电令唐景崧"着即开缺来京陛见，其台有大小文武各员，并着饬令陆续内渡"，而唐景崧等与台湾士绅决定自主。

四月二十一日，台湾谋独立，以阻割地之议，电奏清廷并分禀各有关衙门说："台湾属倭，万姓不服，而事难挽回，如亦子之失父母，悲惨曷极！伏查台湾已为朝廷弃地，百姓无依，惟有死守，据为岛国，遥戴皇灵，为南洋屏蔽。众议坚留唐抚暂仍理台事，并留刘永福镇守台南。……台民此举，无非恋戴清，图固守以待转机。"自主之议以成。二十二日，市民公请唐景崧暂统政事，唐景崧再三推让。二十三日，唐景崧致电张之洞："三国护台，不知肯否？然当务者，谓自主后与中日断绝，请外援方肯来。但民主之国亦须有人主持，绅民咸推不肖，坚辞不获。惟不另立名目，终是华官，恐倭藉口，缠扰中国；另立名目，事太奇创，未奉朝命，似不可为，如何能得朝廷赐一便宜从事、准改立名目不加责问之密据。公能从旁宛奏，此亦救急一策。"同日，张之洞回电："另立何名目？大约称总统，朝廷未必肯给密据。恐为倭诘，如事至万不得已时，只可由尊处自奏，昨台民公电已转奏。其意请台自为岛国，即系台自主，恐朝廷亦未必肯明允也。"二十六日，唐景崧电张之洞："名目惟有总统，仿洋制也。……惟守或有转机，奈急切不能筹利器。饷可虑，五十万乞早赐拨，不卜尚能续济否？毛瑟弹不敷，恳多济为妙。"① 光绪帝谕军机大臣等，"日已派员来台收地，现派李经方前往商办。"又命唐景崧解职来京，并令台省大小文武各员内渡。

四月二十七日，台湾绅民成立"台湾民主国"，仿朝鲜、西藏例，永为清室屏藩，制国玺曰"台湾民主国之印宝"。台湾绅民齐集台北抚署，恳请唐景崧主其事。五月初二日，丘逢甲等以全体居民的名义，发布了"《台湾民主国独立宣言》"。"台湾民主国"在台北宣告正式成立，士绅丘逢甲等拥立唐景崧为"台湾民主国"总统。唐景崧身着朝服而出，遥拜宫阙方向谢罪，然后北面受任，大哭而入，就任总统，

---

① 参见曾廼硕《连横传》，第22页。

刘永福为大将军，年号"永清"，电告中外，置内部、外部、军部以下各大臣。随后，唐景崧致电清廷，表明心迹：

"台民闻割台后，冀有转机，未敢妄动。今已绝望，公议自立为'民主之国'，于五月初二日齐集衙署，捧送印旗前来，印文曰'台湾民主国总统之印'，旗为蓝地黄虎，强臣暂留保民理事，臣坚辞不获。伏思倭人不日到台，台民必拒；若炮台仍用龙旗开仗，恐为倭人借口，牵涉中国，不得已暂允视事，将旗发给各炮台暂换，印暂收存，专为交涉各国之用。一面布告各国，并商结外援，嗣后台湾总统均由民举，遵奉正朔，遥作屏藩。俟事稍定，臣能脱身即奔赴宫门，席藁请罪。"

唐景崧又分电各省大吏："日本索割台湾，台民不服，屡经电奏，不允割让，未能挽回。台民忠义，誓不服从。崧奉旨内渡，甫在摒挡之际，忽于光绪二十一年五月初二日，将印旗送至抚署，文曰'台湾民主国'总统之印，旗用蓝地黄虎，不得已允暂主总统。由民公举，仍奉正朔，遥作屏藩，商结外援，以图善后。事起仓猝，迫不自由，已电奏，并布告各国。能否持久，尚难预料，唯望悯而助之。"

五月三日，唐景崧又以大总统之衔告示台民曰："日本欺凌中国，大肆要求，此次马关议款，赔偿兵费，复索台湾。台民忠义，誓不服从，屡次电奏免割，本总统亦多次力争。而中国欲昭大信，未允改约，全台士民不胜悲愤。当此无天可吁，无主可依，台民公议自主，为民主之国。以为事关军国，必须有人主持，乃于四月二十二日，公集本衙门递呈，请余暂统政事。再三推让，复于四月二十七日相率环吁，五月初二日公上印信，文曰'台湾民主国'总统之印，换用国旗蓝地黄虎。窃见众志已坚，群情难拂，故为保民之计，俯如所请，允暂视事。即日议定改'台湾为民主之国'，国中一切新政，应即先立议院，公举议员，详定律例章程，务归简易。唯台湾疆土，荷大清经营缔造二百余年，今虽自立为国，感念旧恩，仍奉正朔，遥作屏藩，气脉相通，无异中土。照常严备，不可疏虞。民间如有假立名号，聚众滋事，借端仇杀者，照匪类治罪。从此清内政，结外援，广利源，除陋习，铁路兵船，次第筹办，富强可致。雄峙东南，未尝非台民之幸也。"

同日，台湾布政使顾肇熙内渡，福建提督杨岐珍率所部十二营先行内渡厦门，这些有战斗力的部队内渡，对台湾防务造成不可弥补的损伤。

五月四日，唐景崧先于成立"民主国"之始，命文武各员，有内渡者听便，留者倍薪，以今天为止。在慌乱之中，大多数官员都想离开。总兵万国本效杨岐珍率所部离台，林维源也内渡，道、府、县官纳印西渡者约一百五十人，唐景崧的新政府乃重整各文武官署。台北府知府管元善、淡水县知县李淦均内渡，唐景崧令候补同知愈鸿及候补知县凌汝曾分别接任。

唐景崧重新部署台湾防务，他率兵驻守台北，总揽全台军政大权，并分兵把守各海口要隘。以道员林朝栋移守台中，提督张兆连统七营驻基隆，廖得胜统七营驻沪尾，胡连胜统六营守狮球岭，及澳底、三貂岭守兵，共二十八营之众。但是，实际上仅有兵约五万，其中五分之三驻北部，其余的由帮办防务总兵刘永福率领驻南部，因乏训练，武器杂乱，士气低落。除此之外，他另派亲信携银内渡购买武器，但是，他这位回大陆购买武器的亲信后来居然卷款潜逃。

五月五日，中日在芝罘（烟台）换约，清廷正式将台、澎割让给日本。桦山资纪乘横滨丸至淡水，与浪速、高千穗二舰会合，借英舰询岸上情形，知不可登陆，乃转向基隆、三貂角等洋面侦察。六日，桦山资纪会见近卫师团第一旅团长川村景明。七日，侵台日军首先在基隆以东荒僻的三貂角澳底登陆，这里防守薄弱，唐景崧只安排了两营刚刚新募来的土勇防守。八日，日军不战而逾三貂之险，唐景崧复命胡连胜、陈柱波、包干臣各率军助阵，诸弁不和，广勇互哄，退走基隆，而日军继续前进，逼近狮球岭。

五月十日，清廷割台特使李经方租用外籍客轮抵达台湾，到基隆外海的日舰"西京丸"上，与日本海军大将桦山资纪签署了《交接台湾文据》。唐景崧旋即下令全台文武官员限期内渡，总计全岛三府三厅一直隶州十一县的正职官员共十八人中，有十三人逃回内地，导致全台形成权力真空，整个台湾陷于极度混乱。台湾守军分隶于统领六七人，无统一指挥，各不相助协调。同日，日军正式武装侵入台湾，攻打台北要塞的三貂岭和狮球岭。

五月十一日，日舰松岛、千代田、浪速、高千穗开炮轰击基隆岸上炮台，分统李文忠所部溃败。提督张兆连率四营、通判孙道义率二营冒雨赶至，两军激战。张兆连的亲兵死伤殆尽，陈得胜、曾喜照陷阵救之。陈得胜战死，张兆连、全台营务处内务督办大臣俞明震、曾喜照均受伤，炮台失守，日军遂攻陷基隆。众守将议守狮球岭，犹豫不决。十二日，同知方祖荫到台北请唐景崧率兵驻扎八堵做死守计，唐景崧不允，只命令黄义德率护卫营前去防守八堵，黄义德却很快逃回来，诡言狮球岭已失，八堵无法防守了。营官李文魁驰入抚署，大呼："狮球岭亡在旦夕，非大帅督战，诸将不用命。"唐景崧见其来，悚然起立，举案上令架掷地曰："军令俱在，好自为之。"李文魁俯身拾令箭时，唐景崧转身离开。日本人悬金六十万购买唐景崧的头颅，故官兵索饷大哗，不愿继续作战。当日傍晚，"溃兵争入城，沿户淫掠，客勇、土勇互相斗，积尸遍地。中军护勇为内应，总统府火发，光滔烛天"，形成不可收拾之局。

五月十三日晨，日军果然攻占了狮球岭。俞明震等人劝唐景崧退守新竹，合林朝栋、刘永福再举。唐景崧不听，微服携巡抚印带着家人逃至沪尾（今台湾淡水）的德商忌利士洋行（Douglas），他电令丘逢甲、林朝栋、杨汝翼等速率兵赴援。十四日，日台湾总督桦山资纪登陆基隆，命第一联队长小岛大佐及参谋明石元三郎进兵台北，进驻水返脚。小岛大佐派中尉两角三郎率一中队侦察锡口，风闻台北城内尚有守军二万，不敢冒进。

五月十五日，在淡水沪尾税务司英国人马士的帮助下，唐景崧带亲兵乘德国籍轮船鸭打号（Arthur）弃职，逃亡至厦门。按照大清律例，守土官员丢失库银为死罪，所以，唐景崧携带巨额的台湾省库银回厦门，交割朝廷。唐景崧弃台后，人心惶惶。台北溃兵四处抢掠，藩库存银被抢劫一空。仓库失火，秩序大乱。五月十六日，日军少将川村景明率步兵一大队入台北城，随后命令中西中佐率大队向沪尾追击。

唐景崧内渡后，朝廷念其旧功而并未降罪，仅命其休致返乡，但声望从此一落千丈，晚年在桂林担任桂山书院和榕湖书院的院长。光绪二十九年（1903 年），卒于桂林，享年六十三岁，著有《请缨日记》、《诗畴》、《迷拾》、《寄困吟馆诗存》、《看棋亭杂剧》等。

四十　　刘永福

　　刘永福（1837—1917），原名业，又名义，字渊亭，道光十七年（1837 年）十月出生于广东钦州县古森峒小峰乡（今属广西防城各族自治县）一个农民家庭。刘永福八岁时，合家迁徙至广西上思州平福新圩八甲村，种田过活。不久，又迁柜口村，租种别人的几亩坡地。十三岁便外出做滩艇佣工，因为熟悉江河水情，被推举为带水的滩艇师。

黑旗军将领

　　刘永福从军之际，广西各地农民起义的烽火四起，特别是太平天国运动爆发后，广西地方官府时刻受到大大小小起义的打击，拉起的各种队伍性质十分复杂，有反清复明的天地会党，也有结寨自保的地主团练。为了求得安身之地，刘永福先后投效过几支农民队伍，并在这过程中逐渐聚集起部众两百余人。

　　咸丰七年（1857 年），刘永福投奔上思隆安地区的天地会旗头郑三。同治三年（1864 年）组织黑旗军，武装自立。同治四年，他率众来到广西安德，投奔势力最大的天地会武装吴亚忠部。也就在这一年，刘永福率领所部在安德神庙祭旗建军，仿庙中悬挂的七星黑旗制成军旗，"黑旗军"由此初创。"黑旗军"是在壮族地区建立和发展起来的，其主力是壮族农民领袖吴凌云、吴亚忠所领导的壮族农民起义军余部。黑旗军的前营主将黄守忠、左营主将吴凤典等二十多名大小将领，都是广西上思、宁明一带的壮族。刘永福先任前敌先锋，后为左翼大帅，有勇有谋，曾多次立下战功。

同治六年（1867 年），清朝军队趁着太平天国革命失败，农民起义走入低潮，调集兵力，前来"围剿"吴亚忠的起义军。他们派遣凶悍善战的楚军为主力，装备洋枪洋炮，采取堡垒合围战术，步步为营，逐步推进到起义军坚守的根据地归顺州城下。刘永福面对这险恶形势，知道死守城池绝非上策，遂借口赴波斗一带筹集军粮，率所部三百多人转移到中越边境活动。

刘永福率黑旗军三百多人入越，暂时摆脱了清军的"围剿"，但受到盘踞当地的白苗土霸盘文义的袭击。黑旗军火器很少，就设置孤枪阵（即竹签陷井）伏击来犯之敌，又设计除掉了荼毒百姓的盘文义，从此声威大震。两年以后，刘永福又在中越边境的保胜（今越南老街）一带，聚众耕牧，设卡抽税，建设起一块拥有二十五万人口、农商各业发达的根据地。

1860 年代，刘永福曾选编福字前后两营，配合清军广西提督冯子材在北越围剿宿敌黄旗军黄崇英部，并于同治九年（1870 年）接受冯送给的蓝翎功牌数枚，木质关防一颗。黑旗军与冯军协同作战一事，不但缓和了刘永福与清廷的矛盾，还为黑旗军的扩充创造了条件，许多流落越境的会党武装纷纷投奔刘永福麾下，黑旗军人数增至近两千人。

参加中法战争

19 世纪 70 年代初，已经占领了越南南部的法国殖民者又把魔爪伸向北方，企图打通红河交通线，进窥中国西南边疆。

同治十二年（1873年）八月，法国驻西贡总督杜白蕾派上尉安邺率"远征军"百余人北上，一路攻城略镇，一月之间征服红河三角洲，十月中旬占领河内城。越南国王急忙派信使驰赴保胜，请求刘永福出兵援助越军抗法。刘永福接到邀请后，率黑旗军数百人翻越宣光大岭，星驰河内。十一月，在黑旗军诱使下，骄狂的法军头目安邺率数十人出城追击，在河内城西二里处的纸桥遭到伏击，在近战肉搏中，法军大炮火枪发挥不了作用，安邺以下法军二十余人死伤。安邺毙命的消息传到西贡，法国殖民当局大为恐慌，提议与越南言和，并把安邺所占的河内和其他地方交还越南，从而推迟了法国殖民者占领越南北圻的计划，刘永福因功被越王封为"兴化保胜防御使"。第二年，越南国王又任命刘永福为三宣副提督，防守宣化、山西、兴化三省，控扼法军企图入侵中国的通道——红河上游。

光绪元年（1875年），刘永福因配合清军"围剿"活动于越北的黄崇英、李扬才部武装，被清政府授予四品顶戴。两年后，他又向云南捐局捐纳游击衔。光绪八年三月，法国殖民者再度北侵。法交趾支那海军上校李维业（或译李威利）集兵五百余人攻陷河内，光绪九年二月占越北南定省，企图进犯广西，北圻形势告急。四月初，刘永福又接受了越南政府的请求，率黑旗军两千五百余人迅速南下。四月上旬，抵达河内郊外，誓师抗法。黑旗军黄守忠和杨著恩部三百余人企图乘夜拔除由教士教民盘踞的河内教堂，未能成功，给刘永福带来深刻的教训。他看到河内壁固沟深，城外洋楼与江面兵舰相倚为守，而黑旗军枪不足一千支，其中三百余支还是火绳土枪，绝大多数人仍然手持刀矛，围城和攻坚都难以收效，遂决定诱敌出城，利用野外有利地势，发挥黑旗军近战的特长，遏制法军枪炮的火力优势。被黑旗军的挑战书所激怒的李维业率法军四百余人直扑纸桥西区的杨著恩部阵地，受到隐蔽在关帝庙中、竹篱笆下和村落堡垒中的黑旗军的顽强阻击，不久杨著恩部佯败退回上安决村，引诱法军鱼贯过桥。这时，装备有快枪的黑旗军吴凤典部，迂回包抄到法军侧后，冲乱了法军的战斗队形。刘永福乘机组织黑旗军各部三面夹攻，杀死李维业等法国殖民军数十人。法军残部逃回河内死守，人人惊恐万状，一夕数惊，惊呼黑旗军前来袭击。战后,越南国王封刘永福一等义勇男爵,任"三宣提督",主管越南宣光、兴化、山西三省军事。

法国殖民当局得知纸桥惨败消息,又派波滑将军为北圻陆军统帅,增兵至三千余人,并成立北圻舰队,由海军少将孤拔指挥。

翌年(1883年),唐景崧前往云南昆明,拜见云南巡抚岑毓英,被岑毓英派往中越交界处的保胜,与黑旗军首领刘永福共事。唐景崧与刘永福相见,有恨晚之憾。当即向刘永福提出抗法御侮上、中、下三策。上策乃"以保胜等越南十州为基地,相继拓展至其他各地";中策乃"黑旗军全师进攻河内,以争取中国所支援的军饷";下策乃"坐守保胜,以待时机"。刘永福权衡者再,决定采用中策。

光绪九年(1883年)七月,波滑率法国侵略军一千八百余人,沿红河进犯黑旗军扼守的怀德,孤拔率海军炮艇攻打越南首都顺化,企图一举占领越南北圻。波滑部在怀德望乡附近,遭到了黑旗军的英勇抗击,损失惨重。法军乘雨决堤,水淹黑旗军阵地,刘永福指挥部队退扎丹凤。波滑经此挫败,知道自己现有兵力不足进取,请求增援炮艇和攻城炮队。丹凤地处河内通往山西要冲,三面环江,利于法军炮艇近距离火力支援。七月,法国侵略军发动三千余人、炮艇十余艘,猛扑丹凤。刘永福派兵一路阻截陆路法军,一路依托红河堤岸,构筑简易工事,阻止敌人炮艇靠岸。黑旗军坚守阵地三昼夜,打退法军无数次进攻,使其无法前进一步。然而在黑旗军将士浴血奋战的时候,越南国王阮福耐病死,孤拔趁王室成员纷争不休,率领法国海军攻入顺化,威逼越南朝廷签订了《顺化条约》,并晓谕各地息兵。刘永福的军事斗争失去越南统治者的支持,自觉兵单力薄,难以独自支撑北圻抗法局面,决定退往战略要地山西,与屯兵北宁的清军主力成犄角之势。

此时,清廷为了"保藩固围"、"代越守土",在北宁集结了军队万余,但不希望立即与法军直接冲突。因此,抗法的中坚力量——黑旗军首先成为侵略者的眼中钉,必欲除之而后快。九月,孤拔就任法国远征军总司令,兵力增至九千余人。十一月,孤拔按照其"先攻山西,再取北宁"的作战方针,率兵六千人,炮艇十二艘,分水陆两路进攻山西。这时，驻山西的清军主方闻风先逃，刘永福独自负担起山西防御战的指挥重任，动员黑旗军三千余人，联合留下的五营清军，以竹筏阻塞河面，又沿岸修筑炮台，密排苯炮，以简陋的武器依托城垣及外围工事抗击法军，重点防守河堤，法军以舰炮和机枪掩护步兵摧毁了扶沙要塞。刘永福命令黑旗军五个营秘密向敌人侧后机动，突然出现在陆路法军及水面炮艇之间，配合堤岸守军夹击法军，双方激战很久，终因黑旗军迂回部队伤亡较大，被迫撤退。下午，法军迫近城北堤岸，黑旗军战士跳出工事与法军肉搏。经过一小时激战，法军以死伤士兵二百人、军官二十二人的代价，夺取了堤岸阵地。

刘永福派人偷袭法军，打算夺回堤岸阵地，但是当时月光皎洁，法军利用优势火力保住了阵地，黑旗军只得撤至山西外城，分段固守。法军炮艇以桅炮悬击，配合陆炮轰塌西门城楼及全部防御工事，突入城内。刘永福指挥黑旗军依托市区建筑物步步阻击，于当晚退至兴化休整。黑旗军本以灵活机动的游击战术见长，刘永福曾对法军宣言："永福岂畏尔哉！尔占水，我占山。我有无穷之饷源，尔无久支之兵费。尔纵设立码头，我必频年兴兵，杀尔人，焚尔居，扰尔商政，使尔不得安枕。虽有红江之利，尔法国岂得及享哉？"① 可惜他在实战中并没有这样做。尤其是怀德，丹凤、山西等地，紧靠红河利于法军炮艇活动，黑旗军单纯采取固守城池的阵地战法，自难抵挡优势敌人的强攻。此外，山西一役，屯驻北宁的万余清军见危不救，令刘永福十分愤怒。

光绪十年（1884年）初，清朝云贵总督岑毓英率军万余抵家喻关，会见刘永福，将黑旗军正式扩编为十二营，三千到四千人，称"福字营"，并陆续装备了刚输入中国的十三响和十七响连发枪。但是，清廷只是把刘永福当成抗法的借用力量，实行"刘团战而官兵守"的错误方针，引起黑旗军的普遍不满。二月，刘永福奉命增援北宁清军，在涌球修筑"地营"（有被覆的野战掩体）十座，抗击敌人，终因与北宁清

---

① 参见中国近代史资料丛刊《中法战争》第1册，第315页。

军将领结怨太深，没有主动出击，挽救危局。北宁失陷后，清军相率溃奔，刘永福也立脚不住，退守保胜。七月，署理两广总督张之洞电奏清廷，提出了"牵敌以图越为上策，图越以用刘为实际"①的战略方针，建议由刘永福部黑旗军、唐景崧部粤军与岑毓英统领的滇军会合犄角，共同抗法。九月，法军收缩战线，退回宣光固守。西线清军则进围宣光，调动炮队，采用"滚草龙"战法，企图克复宣光，进而与东线清军会师，并力进攻北宁、河内。刘永福初时指挥黑旗军配合清军阻击出城反扑之敌，后来他看到顿兵攻坚，徒伤精锐，加上与滇军将领丁槐有矛盾，便自请出防左育，堵截顺江增援之敌。他在沿江两岸修筑地营炮台，用木船载石塞江，并在炮台附近和江边密布地雷、火箭，多次击退乘船增援宣光的法军。第二年正月，法军在东线得手后，抽调第一旅援助宣光。二月初，分路进攻左育及对岸的同章阵地。黑旗军依托地营，引发地雷，一次又一次打退法军的冲锋。后来因为防守同章的黄守忠部被击溃，法军占领对岸高地，安设炮位，猛轰左育阵地，黑旗军伤亡近千人，被迫撤退。

正月下旬，东线清军在老将冯子材的率领下，在镇南关（今友谊关）重创法军，并乘胜反攻，接连收复文渊、驱驴、谅山，屯梅等处。刘永福也在同一天进兵临洮，迭克被法军侵占的广威府、黄岗、屯鹤江等十余州县，取得了西线反攻的重大胜利。

光绪十年（1884 年）八月，法国舰队突袭泊于马尾港内的中国海军，清军仓促应战，以惨败告终，朝野震动。朝廷下旨对法宣战，中法战争爆发。两月后法国舰队又犯台湾，守将刘铭传深谋远虑，在内陆和法军周旋，以致台湾战事呈胶着状，而使法军进退无据。以后，法军又入侵镇海海面，浙江提督欧阳利见顽强抗击，取得镇海战役的胜利。在南线，朝廷正式收编黑旗军，刘永福被授提督衔。

刘永福、冯子材所取得的胜利从根本上扭转了战争形势，迫使挑起战争的法国费理内阁倒台。

---

① 参见《清季外交史料》卷 15。

中法战争中，法军总兵力达二万余人，清军参战兵力则有十余万人，但武器落后。中国军队取得了数次作战的胜利，这是鸦片战争以来同列强的战争中，清政府唯一真正获胜的一次。清廷"乘胜即收"，在天津与法国签订《中法新约》，并令前敌将领限期停战撤兵。清廷承认了法国对越南的保护权，同时使得中国西南逐渐成为法国的势力范围。

法国侵略者畏惧刘永福留在越南继续战斗，声言黑旗军一日不离越境，就一日不交还占据的澎湖岛。在清廷的逼诱下，刘永福于光绪十一年（1885 年）七月率三千人入关，次年被委任为广东南澳镇总兵，而刘永福则率领黑旗弟兄改编的官军，担任南澳岛总兵。南澳岛地处汕头海外，正处于台湾海峡的"喇叭口"，是广东唯一的海岛县。总兵辖广东营和福建营两营，负责澎湖列岛的治安。刘永福与唐景崧相约：你建台湾，我保台湾！黑旗军被裁减为五个营，不足一千人，最后竟只剩三百人。

保卫台湾

光绪二十年（1894 年）三月，中日甲午战争即将爆发。清廷因台湾孤悬海外，防守薄弱，起用抗法名将刘永福赴台帮巡抚邵友濂办理防务。六月，朝廷又命福建水师提督杨岐珍、南澳镇总兵刘永福为帮办，各率师渡台。刘永福调动两营黑旗旧部，并新招两营士兵，于七月分乘"威靖"、"驾时"两艘军舰，起航赴台。八月，刘永福率广勇两营驻台北，增募六营，称黑旗军。九月杨岐珍率所部十营至，清廷以岐珍为台湾防务督办，永福为帮办，统辖全台军务。命提督张兆连守基隆，台绅道员林朝栋守狮球岭，提督李本清守沪粑，朱上泮等守澎湖，台绅主事丘逢甲率义军守彰化新竹。

光绪二十一年（1895 年）二月，刘永福奉唐景崧之命驻守台南，与总兵万国本防守台湾南路。刘永福所部驻防凤山、东港以至恒春一带，刘永福先后在潮汕、台湾等地招募新兵，将黑旗军扩充至八营，决心为保卫台湾血战到底。

三月二十三日，清廷与日本签订了丧权辱国的《马关条约》，把台湾、澎湖列岛割让日本。消息传来，台湾人民悲愤交加。唐景崧致电刘永福，询问他何去何从。刘永福复电说："与台存亡。"这样，台湾自主之议成。

五月初二日，丘逢甲等人在台北成立"民主国"，推选巡抚唐景崧为总统、刘永福为将军，希望他们出来领导抗日保台斗争。

为了迫使台湾人民投降，日本派北白川能久亲王率领日军主力近卫师团，于五月初四日从冲绳出发，分兵两路进攻台湾。五月初六日，其中一路日军从三貂角强行登陆，攻占基隆。接着，又进犯台北。五月初十日，日本侵略军攻陷基隆。五月十四日，台北被日军攻陷，唐景崧登船内渡厦门。不久，丘逢甲也遂携妻儿由鹿港内渡，临去前将义军统领交给了吴汤兴。

台南地方绅民及各地代表推举刘永福为"台湾民主国"总统，总兵杨泗洪任分统，领导抗日斗争。刘永福坚辞不受，仍以"帮办"之职，发行钞票，筹军饷，行邮递，统率防军与台湾义军抗敌保台。发表公告："日本要盟，全台竟割，此诚亘古未有之奇变。台湾之人发指眦裂，誓共存亡，而为自主之国。本帮办则以越南为鉴，迄今思之，追悔无穷。倾顺舆情，移驻南郡。本帮办亦犹人也，无尺寸长，有忠义气，任劳任怨，无诈无虞。如何战事，一担肩膺；凡有军需，绅民力任。誓师慷慨，定能上感天神；惨淡经营，何难徐销敌焰。"① 他把议院设在府学，以举人许献琛为议长，廪生谢鹏翀、陈凤昌等为议员，郎中陈鸣锵为战防局局长，重新部署防务，士民纷纷上书议防守之策。刘永福以知州刘成良统福军驻旗后炮台，提督陈罗统翊安军守四湖，中军游击李英统镇海军备白沙墩，周明标、张占魁两营驻喜树庄，都司柯壬癸统吉林炮队，合郑、周得启、孔宪盈各军防守安平，是为海口之防。在加强海防的同时，重点部署了以新竹、大甲溪、八卦山、曾文溪为防线的多层防御。

五月二十日，日军三千一百余人自台北分东西两路合击新竹，刘永福令副将杨

---

① 参见曾廼硕《连横传》，第 26 页。

紫云率新楚军会同吴汤兴等部义军防守。义军在大科嵌山区和湖口镇附近山林中伏击日军，使其每前进一步，都要付出沉重的代价。日寇以重炮轰击新竹县城，义军避免死守硬拚、主动撤至山中。五月三十日，日军攻陷新竹。闰五月上旬，义军分三路反攻新竹，因消息走漏，只杀伤日寇多人，未能攻克县城。刘永福听说新竹失陷，杨紫云战死，担心台中有失，派幕僚吴彭年为前敌主将，率领黑旗军精锐七星队七百人驰援前线，加强大甲溪防线，副将李维义辅助吴彭年，闰五月二十九日至彰化。

日本又派第二师团增援台湾，侵台日军增加到八九万人。六月中旬，四万日军分成三路大举向台南进犯，组成"南进军司令部"，以日本台湾副总督商岛炳之助为总司令官。近卫师团继续南进，乃木希典率第二师团猎道自南部枋寮登陆，向北进攻；贞爱亲王率混成旅团由嘉义西部布袋嘴登陆，沿海南趋，三路向台南包围。

为了保卫彰化，黑旗军和台湾义军在大甲溪一带同日军展开激战，取得全胜，缴获日军枪械甚多。刘永福闻讯，急电前线守军，严防日寇由僻径渡大甲溪，包抄八卦山。黑旗军和义军埋伏于大甲溪南岸，乘日军渡溪之际，发起猛攻，日寇纷纷落水，积尸盈溪。最后，日军收买奸细带路，从背后抄袭，大甲溪遂陷于敌手。大甲溪防线的失守，严重危及台中重镇彰化的安全。刘永福任命吴彭年为主将，吴汤兴和徐骧为副将，分别扼守彰化城外的大肚溪和八卦山，日寇正面强攻大肚溪受阻后，绕道攻陷台中府城。

七月初四，刘永福收到桦山资纪劝他投降的书信："独以无援之孤军，把守边陬之城池，大势之不可为，不待智者而可知矣。"桦山资纪这封信是他于五月二十二日刚进台北时写的，由英国商船到台南转交，故拖了很长时间。刘永福回复桦山资纪说："中日两国同隶亚洲之土，讲信修睦，载在盟府，不意贵弃好寻仇，侵我疆域，中国帕将雄师，亦昭忠义，而兵机有失者，李鸿章之误尔，自古兴之人，必先施仁布泽，而后可以得民心，而后可以感天意。刻下台北时疫大作，贵国兵队病故者多，民情不附，天灾流行，已可概见。而阁下犹不及时省悟，余甚惑之。余奉命守台湾，义当与台存亡，来书谓余背戾圣旨，又何见理不明也。夫将在外君命有所不，况台南百姓遮道攀辕，涕泣请命，余既不敢忘效死勿去之又何忍视黎庶沈伦之惨。爰整甲兵，以保疆土。台南虽属边陬，然部下数十营，皆经战败死之士，兼之义民毕万，粮向既足，军械亦精，窃以天之不亡台湾，虽妇孺亦知之。阁下总督全师，为大将，雄才卓识，超迈寻常，何不上体天心，下揆民意，撤回军旅，归我台北，不唯台湾桥性感戴不怼，而阁下大义昭然千古矣！"桦山资纪知不可说，遂进兵。①

七月初五，徐骧率义军诱敌深入，义军李邦华及营官李士高在正面阻击，营官陈尚志、义军吴汤兴、沈仲安分别从左右包抄，大败日军。七日，台湾府城被日军攻陷。接着，日军分两队，以川村为左翼，山根为右翼，进攻彰化，彰城小如斗，八卦山在其东，俯瞰城中，山破即城亦破。刘永福急令吴彭年据守八卦山，吴彭年令吴汤兴义军为前队，陈尚志新楚军为后队，李士高镇海军为左队，林鸿贵黑旗军为右队，吴彭年自守山顶。八日，激战八小时，毙伤日军千余人。九日黎明，日军大队环攻，以一中队涉溪，进迫吴彭年率领的黑旗营，又以一中队击其背，而另外一队则直扑八卦山。吴汤兴、徐骧拒战，力竭弹罄，吴汤兴中炮而死，林鸿贵率百余人冲入敌阵，又中炮死。吴彭年回军救，率众夺山，也中弹而死，黑旗军三百多人全部壮烈牺牲，徐骧率余众突围退至台南。日军攻入彰化城，李士高、沈仲安率众巷战半日，全部牺牲。日军攻陷了战略要地彰化，刘永福深感悲痛。日军因受到沉重打击，心怀畏惧，不敢孤军冒进，遂暂停南下，等待援军。

彰化激战时，刘永福赶到前线指挥，命令黑旗军统领王德标迅速率领所部七星队北上增援，又派部将杨泗洪率镇海右军、武毅右军、吉林炮队担任野战任务，刘永福又招来义军黄荣邦、林义成、简成功及子简精华等部助战。

七月初十日，日军攻陷云林，进据大莆林，别以一军略埔里社，兵锋甚锐。十一日，副将杨泗洪率镇海中军及吉林炮队，星夜进取大莆林，林义成、简精华各以

① 参见曾廼硕《连横传》，第28页。

所部数千助战，日军败退。杨泗洪在追击中，中炮而死。营官朱乃昌奋战不退，简精华从侧面猛击，林义成、黄荣邦拦截，前后夹击，杀敌数百人，收复大莆林。

日军陆上进攻受挫，急调军舰十多艘进攻台南各港口。刘永福被迫返回台南部署海防，令都司肖三发率福军赴前敌代替杨泗洪指挥前线各军，并且以银三千两犒赏军队。十三日，刘永福令简成功统领义军，守备王得标、嘉义知县孙育万会师，与简精华之兵合攻云林。日军弃城逃走，王德标率部与义军追击。简精华部从小路包抄，把日军截成两部。日军一部分窜入山区，被林义成部包围全歼。十五日，肖三发指挥各军进攻，日军逃入彰化。十六日，肖三发指挥军队围攻彰化，自辰时一直作战到日中，因为被日军的炮火所阻挡，故不能前进，据险以守。这时，军声颇起，中北各路约期俱举，但是，台湾军民武器简陋，粮饷军械已绝。刘永福几次派人到大陆要求接济，都是毫无所得。其中一次，吴桐林渡海前往厦门乞求援助，遍走沿海地区，无人响应。围城军民连日饥饿，肖三发、简精华等决定速战速决，合力攻克彰化。八月初五，全军发动进攻，徐骧率原住民七百人为先锋，被日军猛烈炮火所阻。初六日，义军猛攻炮台，黄荣邦壮烈牺牲。初七再攻，林义成受重伤，义军损失甚大，此后，义军因缺乏弹药而停止再攻。

八月十三日，日军自彰化反攻。肖三发督军力战，身负重伤，徐骧、简精华率部死战，击退敌人，各军损失惨重，粮食匮竭，向刘永福求救。刘永福无策，痛心疾首地说："内地诸公误我，我误台民！"二十日，日军再次反攻，简精华、林义成、徐骧均受重伤，官兵死伤无数。二十一日，日军用重炮轰塌城门，义军与日军巷战肉搏。义军大败，林义成战死。二十二日，徐骧督队冲击，各军奋战，日军退却，但徐骧中炮牺牲。日军反击，各军败退，云林、大莆林再次失陷。二十三日，日军攻嘉义，王德榜放弃军营入城，诱敌占据城外营房。半夜，地雷爆发，炸死日军七百多人。日军仓皇溃逃，又被王德榜伏兵截杀无数。二十四日，日军大举进攻嘉义，破城，王德榜、简精华率残部退入大山。

嘉义一战，日酉近卫师团长北白川能久中将重伤毙命。二十三日黎明，日军登上枋山，进入恒春，于是进略东港，以夺取凤山。刘永福退入台南城内，眼看军中缺粮，部下溃散，自己回天无力，心中愁闷万分，他请求英国领事欧思纳致书桦山资纪求和。此时，日军舰大集于澎湖。欧思纳往见副总督高岛鞆之助，不许。高岛鞆之助约刘永福至军舰议和，否则开战，刘永福拒绝前往，日军在凤山屠城后北犯台南。二十五日，日舰炮轰旗后炮台，陆战队从小路进攻。二十六日，日本军舰再次攻打旗后炮台。炮台守将刘成良是刘永福义子，率军多次打退日军的进攻。守卫炮台的兵士饥饿不能战，刘成良率部退守台南。

这时，据守曾文溪的黑旗军和义军将士，与进攻的日军展开白刃格斗，但是，由于寡不敌众，台南最后一道防线失守。

日军围攻台南，刘永福退保安平炮台。八月二十九日，日军军舰炮轰安平炮台。刘永福亲自发炮迎击，毙敌数十人。当晚，日军攻城益急，城内弹尽粮绝，在艰苦的恶战中，士兵筋疲力尽，致不能举枪挥刀。当时城内大乱，刘永福欲冲回城内，部属极力劝阻。刘永福见大势已去，仰天捶胸，呼号："我何以报朝廷，何以对台民！"入夜，刘永福率领亲随数人巡视安平炮台。九月初二，刘永福带领养子刘成良等十多人乘坐小艇，转乘英船爹利士号逃奔厦门。

九月初四日，台南陷落，台湾全境被日军占据。初五日，留下的八千余黑旗军群集海边，向日本海军陆战队投降。

台湾军民在饷械缺乏外无援助的情况下，坚持抗战五个多月，给予日军以沉重打击。据日本官方统计，日军死伤四千六百四十二人，陆军少将山根信成、近卫师团长北百川能久被打伤后毙命。

刘永福历经艰险，回到广州后，以兵折地失引咎自责，一再报请两广总督谭钟麟辞官归里。这年冬天，刘永福卸甲解职，返归钦州老家。

光绪二十八年，刘永福任广东碣石镇总兵。袁世凯与日本签订《二十一条》时，将近八十岁的刘永福义愤填膺，要求重上战场。1917年1月，病卒，葬于惠州城畔。

四十一　　林维源

　　林维源（1840—1905），字时甫，祖籍福建漳州龙溪，道光二十年（1840 年）三月二十一日出生于台湾大溪，祖父林平侯，父亲林国华。林平侯去世后，林国华于咸丰三年（1853 年）迁居台北板桥，盖大屋，造园林，垦荒地，兄弟子侄聚族而居，号称"林本源"。当林家传到林维让、林维源这一代时，已达全盛时期，年收租四十万石，拥私兵数百名，遇到漳、泉械斗更能招兵数千名。

　　林维源自幼聪敏过人，被称为奇童。十岁时，林维源与兄林维让同游厦门，拜访高士陈南金。陈南金以黄孟伟所撰的立身九旨相勉励，九旨者"敬德也，尊老也，勤学也，钦贤也，修身也，齐家也，节用也，守分也，知礼也"。不料，林维源回答说："何止也，还有尚义也，行仁也，效忠也。"陈南金感到他应对不凡，将来必为干城之器。

　　福建水师参将陈胜元多次随提督陈化成赴台湾督办军务。期间，他结识了林平侯及其子林国华，并成为挚友。林维源在厦门求学期间，常到溪岸陈家拜会陈胜元，深得赏识，于是，陈胜元将其三女许配林维源。

倾心建设台北府城

咸丰九年（1859 年），林国华逝世，林维源便回到台湾继承家业。由于精心经营，家业更加昌盛，遂成台湾首富。他秉承"义利合一"的好家风，热心公益事业。台北盆地又发生大规模的漳、泉人械斗，遍及淡水河、大溪、新店溪两岸。早在咸丰三年（1853 年），林本源逮捕欠租的泉州人，引起淡属四县漳州人对泉州、广东人的械斗。咸丰九年九月七日，加蚋仔、枋寮街、港仔嘴、瓦窑等庄，悉付之一炬。林维源叔父林国芳闻讯自厦门赶回，率乡勇反攻泉州人，克瓦窑，严守树林的竹篱厝，余波远及芝兰二堡，纵毁房屋，村里为墟，其祸之惨为北部械斗之最。泉州人以艋舺黄阿兰为首，加蚋仔、新庄、树林、坪顶、和尚洲、港仔嘴、溪州等地泉州人附之，他们与士林、枋寮、土城、大安寮等地的漳州人订期而战。

林维源竭力化解漳、泉人之间的矛盾，寻找解决各方分歧的长远之法。同治二年（1863 年），林维源出资修建"文昌祠"，设立"大观书社"，聚集漳、泉两族的绅士，教当地民众读孔孟经典、诗文，以儒家道德规范改变民风。林维源将其妹许配泉州籍举人庄正，让他主持"大观书社"，以示祥和诚意的决心。从此，漳、泉两族人士常往常来，共同吟诗作对，不再械斗，"化干戈为玉帛"。

同治十二年（1873 年），林维源用重金礼聘福建文士吕世宜、叶化成、陈南金、谢琯樵等到台湾，在"大观义学"任教。他们授徒讲学于台湾的台北、板桥、淡水、大溪、新店溪两岸以及宜兰之间，传授儒家经典学说。每年农历九月廿八日孔子诞辰都在"大观书社"隆重举行祭典，随着祭孔活动不断开展，儒家思想及其传统文化逐渐深入人心。

同治十三年（1874 年），日本借口琉球漂民为土著所杀，发动侵台的"牡丹社事件"，清廷命时任福州船政大臣、平定太平天国的名臣沈葆桢为钦差大臣，并借饷银二百万两为军费以主持台海防务。日本退兵之后，沈葆桢奏请抚垦后山及山区，林维源大力帮助。

丁日昌继沈葆桢之后出任福建巡抚，在台湾筹办建造洋式炮台、举办矿务、海务等，并向台湾士绅募款，林维源捐洋银五十万元。

光绪三年（1877 年），山西、河南两省大旱，有饥民数十万人，林维源向朝廷献捐五十四万银两赈灾。翌年，晋、豫又发生灾害，他又以母亲钟氏名义捐出两万银两助赈，受朝廷嘉奖，赐赠"尚义可风"匾额。台湾水利设施因受台风袭击而损坏严重，林维源捐输五十万两银子，兴修大甲溪水利工程，引水灌溉农田。

林维源不仅在抵御外侮、开拓建设、清丈赋课、抚番开山方面颇有建树，而且在建设台北城上也卓有功绩。光绪年间，台北知府陈星聚承办建筑台北府城，由林维源负责督造。光绪八年（1882 年）正月二十四日，台北府城兴工兴建。至光绪十年十一月，台北城初步建成，历时二年十月。台北城周一千五百有六丈，叠石为之，池略大，关五门，东曰景福，西曰宝城，南曰丽正，北曰承恩，另小南门曰重熙，东、北两门又筑一郭，北门外郭门曰"岩疆锁钥"。

建筑台北府城，仅城墙造价就要二十万两银子，朝廷拨给的筑城经费根本不够。林维源带头捐资十万两银子，建造通往板桥的"重熙门"和一部分城门、城楼。台北城的建筑材料都就地取材，石材大多采用北投区其里岸的安山岩，利用淡水河的舟行运至台北，用安山岩砌城墙，城门则用较有硬度的观音山石，砖、瓦则购自厦门。因此，顺利竣工，城墙坚固，型式优美。承恩、宝城、景福、丽正四门，亦相继建成。为了使台北城尽快形成商业街市，林维源与厦门人李春生合作投资，模仿西欧建筑风格，在大稻埕一带营建"千秋"和"建昌"两条街，众多富商云集，一时百业俱兴，市井繁荣。他又从上海购进人力车一百五十部和马车若干辆，行驶于城内、大稻埕、艋舺之间。

光绪十年（1884 年）六月，中法战争爆发，法国孤拔将军率军舰攻打福州和基隆。清廷急派淮军名将刘铭传，以巡抚衔督办台湾军务。他入驻台湾后，立即整顿军纪，加强防务，号召民团参战保卫疆土，发动绅士、富商捐资购买军械，共助军需。林维源带头捐资二十万两银子，资助基隆、沪尾（今淡水）建造新式炮台，加强海防。当年八月，法军统帅孤拔率军舰数艘攻打沪尾，林维源集中林氏兵勇、家人五百多名组成民团，由其管家刘寿铿率领，开往沪尾前线，与官军合力同法军展开激战，岸上的炮台猛击军舰，孤拔中伤死亡，法军伤亡惨重，匆忙败退，这是台湾军民团结合作所取得的重大胜利。

刘铭传的主要助手

光绪十一年（1885 年）九月，清廷在台湾建省，任命刘铭传为首任台湾巡抚。刘铭传实施丈田清赋，开垦荒田，抚理番务，修建铁路，加强海防，创办邮电，大兴西学等一系列自强新政，在此过程中，林维源成为刘铭传的得力帮手。

基隆是台湾北部的重要港口，刘铭传在这里设立招商局、煤务局，委派林维源为总办。光绪十三年五月二日，清廷命内阁侍读学士林维源督办台湾铁路及商务。林维源斥资三十万两银子，支持港口建设，测量内港的深浅，兴工浚渫，开辟港道，连通铁路，开采煤矿。光绪十三年开始修建铁路，由台北南下至新竹这一段，全程长达四十二公里，经过六年修筑，于光绪十九年竣工，台北至基隆则于光绪十七年通车。早年计划开发的基隆八斗煤矿，因种种原因议而未开，林维源出面邀请富商蔡应维、冯成勋等人与官方合办开采，初见成效，但后来又被清廷否定而停产。

光绪十二年（1886 年），林维源帮助刘铭传理"番"。台湾史学家连横认为："理番之事，台湾之大政也，成败之机，实系全局。"巡抚刘铭传把抚"番"和募民垦殖结合起来，在大科崁成立了抚垦总局，任命林维源为抚垦帮办大臣。光绪十四年十二月二十一日朝廷正式下旨，派遣林维源帮办全台开垦"抚番"事务。林维源在大稻埕六馆仔设置行馆，以便就近调度。

林维源鼓励原住民开田、种茶伐木、建砖瓦厂等，以期改变他们的生活与生产方式。他制定了"五教、五禁"则例，教化原住民。五教是：一教正朝，二教恒亲，三教体制，四教法度，五教善行。五禁是：一禁做飨，二禁仇杀，三禁争产，四禁佩带武器，五禁迁避。在"理番"过程中，对欺凌原住民的官吏，不管职位高低，林维源都予以严厉惩处。对于汉人与原住民的纠纷，林维源都予以公平调解。他严令："生番地界，各归各业，不准军民侵占。"

在抚"番"工作中，林维源注重教育"番民"。他设立义塾，招收原住民儿童入学。在台北天后宫设"番"学堂，招收"番社"头目的子弟入学。原住民学生的衣食文具一律由官府供给，每月考试一次，及格者发赏银，以资鼓励，学习内容是汉语、诗文、起居礼仪等。

在林维源的协助下，刘铭传的抚"番"卓有成效，总共招抚原住民村社八百余，二十多万原住民归化，开垦出水旱田园数十万亩，教原住民从事农桑事业。例如，光绪十二年，林维源在大龙峒、大稻埕、冷水坑等地尝试栽桑养蚕缫丝，这是台湾桑蚕业的开始。光绪十六年，林维源筑"四成陂"（在今苗栗一堡），引大安溪水，灌溉月眉、六份等庄田地五百余甲，这就是所谓"钦差圳"的由来。其中，林维源在台北地区就新开垦出荒地七万多亩，原住民也开垦了大片山区，这为台湾的近代化建设打下了良好的社会基础。

刘铭传赞赏林维源的抚"番"工作，把其抚"番"办法推广全台。刘铭传在光绪十四年（1888 年）十一月给朝廷的奏章中说："林维源笃实忠勤，感激图报，台北已征成效，自当推广全台。拟恳天恩饬派帮办全台抚垦事务，不独臣得资指臂之助，实于全台治化裨益无疆。"光绪十五年（1889 年）初，清廷正式任命林维源为帮办全台开垦抚"番"事务太常寺少卿。光绪十七年，林维源奉命进剿大嵙崁的原住民暴乱，历时十个月始告平定。

刘铭传上任台湾巡抚之初，赋税混乱、省库空虚、田赋征收困难。此时，台湾土地开垦比清初增加了数十倍，而田赋反而不断减少，地主大多隐匿新垦田亩以逃赋。几百年以来，大陆汉人移居台湾所开垦的土地，均未进行勘丈建立地籍，官府征税无凭无据。于是，刘铭传开始在全台湾进行量田清赋。台南、台北两知府设立清赋局。

刘铭传聘请林维源主持北部地区的土地清丈。清丈工作阻力甚大。林维源秉公办事，以身作则，率先带领清丈人员从本家族的田地开始丈量，不徇私，逐丘逐片仔细测核亩数，一一登记造册。在他的带头下，整个清丈工作顺利开展。这项工作历时两年，至光绪十三年（1887 年）底告竣，第二年夏开始征收当年上、下两季的新田赋。

这是台湾历史上第一次土地普查，全台入册的土地达四百七十七万多亩，新增加了三百多万亩，清赋后全台定粮额年征银五十一万多两，加上其他租赋共计六十七万多两，新增加了三十六万两。

清赋工作结束后，巡抚刘铭传和清赋总局布政使邵友濂都上奏朝廷，建议奖励林维源。刘铭传在奏折中说："臣查全台清丈之始，官绅半设难词，阻挠大计，林维源田园较多，不避嫌怨，身先倡导，遇事出力，民情因之踊跃，未及两年，全功已竟，虽其意在图报，不敢仰邀议叙，臣未便壅于上闻，应如何加恩之处，出自圣主鸿施。"邵友濂也在奏章中说："帮办台北抚垦事务三品卿衔太常寺少卿林维源，在帮办抚垦中极重公义，此次开办清丈，给单升科，事事皆得林维源倡首相助，所有屯租、番租、大小租，名目不一，俱由林维源会同司道分别厘定，民间称便，深得其力。"光绪十四年（1888 年）七月，朝廷颁发诏书："林维源着赏加二品顶戴。"

刘铭传在台北设立招商局，聘请林维源为总办。林维源首先对当时台湾重要的商港基隆进行全面疏浚清淤，召集商股购置轮船，开通定期航班，开展海上客货运输，使台湾初步形成了客货水陆联运新格局。

在增加财政方面，林维源从台湾实际出发，提出了许多好的建议。一是将台湾大宗土特产品樟脑生产销售经营权收归官办，刘铭传采纳了他的建议，在艋舺（今台北万华）成立"脑务局"，经办樟脑产销事宜，二是积极协助刘铭传实施"茶商缴税"政策。当时茶叶已是台湾大宗农产品，除了供应本地饮茶之需之外，还出口外销，又不需纳税，经济效益一时超过种植大米，于是农民纷纷把稻田改种茶叶，致使台米减产。为了鼓励种粮，以稳定台湾民众生活，并支援闽省粮食，也为稳定和增加税收，刘铭传遂令茶商缴税。林维源本身是台北的大茶商，他首先响应，带头纳税，带动了其他茶商踊跃交税。三是在台北开创房地产业，他于光绪十三年初创立建昌公司，与厦门人李春生合资在台北市区大稻埕合建千秋、建昌两条大街为市口，创建沿街商住楼，出租给商户经营。光绪十五年春落成，沿街建筑采西洋式二层连栋洋楼，内有地板、壁炉等西式设备，为台北市初有洋楼建筑之嚆矢。

光绪二十年（1894年）六月，清廷以台湾为海疆重地，命巡抚邵友濂筹防务，以在籍太仆寺正卿林维源为会办。第二年，清廷因甲午战败被迫签订《马关条约》，将台湾割让日本。台湾军民以"台湾民主国"名义抗日，推举林维源为议院院长。林维源推辞不就，捐银一百万两资助抗日军队。五月十八日，林维源携家当夜乘轮渡海，往泉州。后来，林维源一家定居厦门鼓浪屿。

光绪三十一年（1905年），林维源去世，葬于角美莆山故里，距离林氏义庄不到一公里。

四十二　　胡传：踏遍台湾云山千叠

胡传，本名珊，一字守三，另字铁花，号钝夫，道光二十一年（1841年）出生于徽州府绩溪县北乡八都龙井上庄村，父亲胡律均在上海经营茶叶生意。同治四年（1865年），胡传考中秀才，后在上海龙门书院就读，所学为程朱理学，讲求经世致用。同治九年，他在安庆府考取岁贡生的资格，后来便以此身份步入仕途。他曾经远游东北，深入海南，行遍十一个行省，在其中五个行省中做过官员。光绪十四年（1888年），因治河有功，胡传获候补直隶知州身份。

光绪十八年（1892年）正月十七日，朝廷令候补知州胡传赴台湾做官。胡传渡台于二月十九日在上海登上"驾时轮"，二十二日起航，二十四日晨抵达鸡笼（今基隆）。三月七日，闽浙总督、台湾巡抚邵友濂会衔奏准，将改设台东之水师协中、右两岸，暂缓移扎；即将旧制驻扎安平之台湾水师协副将，移扎台东，改为台东协陆路副将，暂缓移驻，仍令督率原营照旧巡防。胡传奉邵友濂之命前去大嵙崁内山（今桃园大溪）劳军，察看军情。他发现这里的海防营常与原住民发生战斗，并回台北向邵友濂做了报告。三月十九日，福建台湾巡抚邵友濂任命胡传为全台营务处总巡，让他考察全台军营设施，查出台湾海防的漏洞。台湾省营务总处在台北，但中、南各路也设有营务处机构。

全台巡查首先从台湾南路开始，行程包括：自安平至恒春沿海各地的南路，时间自三月二十六日至四月九日；自后山三营六哨，沿着中央山脉至卑南到花莲的东路，时间自四月十一日至五月五日；嘉义、云林、埔里、新竹等地的中路，自五月十三日至六月九日；鸡笼、沪尾、大陇东的北路，自闰六月初三日至初七日；西路的澎湖，自闰六月二十九日至七月初四。北路的大嵙崁、宜兰、苏澳等内山，自七月十三日至二十三日。①

胡传与蒋师辙、管元善等人从台北乘船南下，三月二十五日抵达台南府城。第二天，胡传自台南府城启程，开始徒步巡视全台防军三十一营、二十八哨、二队，这些军队分布在各海口、要隘、外岛，北自鸡笼、沪尾，南至旗后、恒春，西至澎湖，东入后山、宜兰。胡传不负期望，对上述全台各驻军营队，一一实地查看，提出了不少改革意见。

四月十二日，胡传由枫港，经枋寮、水底寮，至三条仑入口石盘营，这里有管带南路屯兵前、左二哨总兵江云山，自带亲兵二队及左哨第七队驻守。十三日，胡传在总兵江云山带兵护卫下，自石盘营起程，横断中央山脉入后山，经归化门、六仪社，至大树前宿。十四日，他经大树林、出水坡，至溪底宿。十五日，他经过海边的巴塱卫，这里南距阿朗壹溪十里，为恒春、台东二邑分界之处；又北行，经大得吉、虷子仑，至大麻里宿。自巴塱卫向北，都是沿海而行，由埤南屯军一哨分段驻守。在这里，他不仅检阅军队，还办理了台东秀姑銮抚垦局，发给垦首邱霖送谕单，准其自备农器、牛种，招人开垦针塱庄附近、土名顶平庄一带草埔。十六日，胡传自太麻里起程，经知本社，至台东州（埤南）。提督张兆连、州牧吕兆璜在郊外迎接他，他在镇海后军中营进行了点名和阅操。十七日，胡传自埤南起程，至鹿寮，校阅镇海后军前营后哨一、二、三、四队。十八日，胡传经雷公河（雷公火），至新开园，管带镇海后军前营、副将后元福驻此，这里都是平埔族原住民所居。十九日，

---

① 参见黄学堂《胡传传》，第96页。

胡传经大陂庄、公埔庄、吕坑、大庄，至璞石阁，沿途也都是平埔族原住民所居。二十日，胡传经周塱（针塱）、跌街（迪街），至水尾，这里只有粤人四五家；又北行至拔子庄，这里有守备邱炳章管带海防屯兵二哨驻守，设有抚垦局，并有居民二百余人。二十一日，胡传经大巴塱，鹿阶鼻，至象鼻嘴。二十二日，胡传经吴全城，至花莲港，这里有管带镇海后军左营都司张升桂驻守。自埤南至花莲港计程六日，每日渡溪或数处或数十处，皆无船筏，无桥梁。二十三日，胡传于午后自花莲起程，循原路南下埤南，至象鼻嘴。二十四日，胡传返抵拔子庄。二十五日，胡传返抵璞石阁。二十六日，胡传返抵新开园（今台东县池上乡），随行亲兵二名皆病，留在此地镇海后军前营医药局医治。二十七日，胡传过雷公大河，返抵鹿寮。二十八日，胡传自摆仔摆上游过河，绕山二十里，返抵埤南。后山各营防军共有三营六哨，分防二十四处。

五月一日，胡传由埤南起程，循三条仑、卑南道原路山前山，而于四日抵三条仑石盘营。三条仑道自知本社至巴塱卫七十余里，皆沿海沙碛之路；自溪底至石营盘七十余里，皆山岭崎岖之路，旁无居所，官商往来皆依营房以资餐宿，并需营勇护送，乃保无虞。十一日，胡传抵达安平。十四日，胡传到嘉义，查看了武毅右军右营的情况。五月十八日到云林后，胡传发现中路屯兵中哨哨官刘得云所呈的花名册作假。二十一日，胡传来到埔里，受到北路协镇副将滕国春的冷遇，此处屯兵枪法生疏，且点名不齐。在这里，胡传发现有汉人乱杀未汉化的原住民的现象。二十三日至大坪顶，这一带是栋字隘勇副营驻防地段，主要是保护垦户与脑丁。二十七日，胡传至台湾县城，巡查栋字副营中、左二哨。隔日，胡传又到了彰化，巡阅定海后营四哨，以及留守的定海右营。

六月初七日，胡传到达苗栗，八九日两天，胡传抵大湖地区（苗栗县大湖乡），巡阅驻防的栋字隘勇正营各哨队。其三队驻十八湾，六队驻竹桥头，八队驻大茅埔，石哨一队分驻大南势，二队驻老社场山顶，三队驻番子路坑口四队、七队驻老鹰嘴山脚，六队驻老鹰嘴山顶，五队驻小南势山顶，八队驻小南势山脚。这些屯兵忙于弹压原住民，以及为富豪看守田园，与海防无关。六月初十，胡传经新竹回台北，他对整顿营务提出了建议：炮台的炮兵应学会测量、计算方法。多数枪械破旧损坏，应予以淘汰，补充新枪和弹药。在营规方面，入伍的原住民应改汉化的姓名、学习礼法军规。胡传的建议，被巡抚认为是"深得机要"，并由营务处转令各营办理。①

闰六月初三日，胡传跟随台湾兵备道顾肇熙前往基隆，校阅铭字中军副、左、右三营。三天后，他们又去沪尾校阅定海前、中二营及炮台二哨。这些屯兵忙于开铁路、筑炮台、镇压原住民，无暇操练，枪法生疏。

闰六月二十九日胡传启程去澎湖，第二天抵澎湖，查阅宏字正、副、前、左四营及果毅练营，大城北炮台、金龟头炮台、内湾（东炮台）、外湾（西炮台）等，于四日乘"飞捷轮"返回台北。七月十三日至二十三日，胡传又去大嵙崁、苏澳检阅，由北而南，走了三百多里，发现内山隘勇简直是在鬼混。

八月初四日，胡传离开大嵙崁，回到台北。十日，胡传奉命委托到宜兰各处巡查防移，攀越草岭，下大里简，到达头围。他每到一处，按花名册点验官兵，然后检阅官兵枪法阵法，奖励枪法体力好的官兵。十九日，胡传回到台北，结束巡查全台营务的任务。他把自己看到的情况，据实向上级做了报告。他认为，应该加强台湾海防，减少陆上兵力与营垒，设法减少防备原住民的兵力和经费，添购战舰，组训海上劲旅，邵友濂称赞他"虑事周详，词意恳挚"。②

八月二十四日，胡传请辞全台营务总巡之职，两天后，获得巡抚邵友濂的批准。九月一日，福建台湾巡抚邵友濂派委胡传，提调台南盐务总局兼安嘉总馆。

到任后，胡传对台南盐务总局的账目、人事、制度进行改革，清缴各盐馆应徵的欠款。盐馆都是由乡绅土豪揽办，垄断市场，鱼肉百姓。盐务官员则中饱私囊，不闻不问。胡传清缴盐馆欠款，增加了盐务局的收入。

---

① 参见黄学堂《胡传传》，第103页。
② 参见黄学堂《胡传传》，第106页。

光绪十九年（1893 年）二月二十六日，胡传家眷从上海来到台南，与他团聚。五月三日，胡传卸下提调台南盐务总局兼安嘉总馆之差，在任不到八个月。五月四日，胡传奉布政使唐景崧之命，代理台东直隶州知州。十七日，胡传自台南起程，二十四日至卑南（今台东市），暂时居住在妈祖庙里。六月一日，在卑南，知州吕兆璜卸任，候补直隶州胡传接印上任。这时，"台东土荒地僻，民少番多；岁只征银一千二百两，尚由官垫完小半。无城，无署，只有茅屋数间。官如弁髦，侍营以自立，不能以有为也"①。台东直隶州下辖五个乡三十二个庄的汉人，一百三十七个社的原住民，总人口五万六千多人。

六月二十五日，胡传奉巡抚之命，兼代镇海后军统领。镇海后军有前、左、中营等三营、海防屯军二哨、南呫屯军二哨、埤南屯军一哨，他以文官而兼武职，代理边州，兼为统将。七月一日，胡传移居镇海后军中营居住办公。

此后，他在后山为州官两年。台东直隶州原来叫卑南厅，光绪十三年改为台东直隶州，辖卑南厅、花莲港厅。胡传是台东直隶州第八任州官，是所有州官在任最久的，也是最积极有为的一位。在两年的任期之内，他积极进行救济灾民、整军经武、严禁烟赌、教育原住民、劝农垦荒、清理税赋、编写地方志书等工作。

八月三日、十日、二十七日，三次台风在台东吹倒草房三十六间、瓦房火药库一间，其余七间歪斜未倒。重造官房、吏目房、幕友房、家丁房、书办房、川堂、哨官房、勇棚房、社丁房、厨房等三十五间，以及瓦房火药库一间；又撑修官房五间、修勇棚二间改为通事棚，总共四十三间。台风大雨冲田约一百二十六甲、沙没田一百零七甲，胡传亲自实地踏勘，丈量造册，向上级报告，申请免除赋税银六十三两多。第二年，胡传又查报佳乐庄抛荒田九十余甲，补报上年水冲田十一余甲，碉堡庄抛荒田九余甲：共悬额田三百四十四甲多。他禀请台湾布政使唐景崧，豁免田赋银。

_____

① 参见胡传《台湾日记与禀启》，《台湾文献》24 卷第 2 期，第 151 页。

十一月十二日，胡传赴鹿寮埔察看荒地，回宿鹿寮营房。鹿寮埔在防营北八里，宽广五六里，昔为南北社每岁打鹿之所，草甚茂。营勇往来经此，不得遣火烧其草，否则，社人必索赔鹿价，为台东第一大草原。这时，此地已无鹿可捕，已经荒芜。胡传征得原住民同意，请求开垦。第二年三月，埤南抚垦局由胡传接管，设委员一名、局书一名、社丁二十五名；秀姑銮抚垦分局，设委员一名、局勇二十名；花莲港抚垦分局，设委员一名、局勇二十名。

在整军经武方面，胡传也卓有成效。十一月二十七日，因胡传代统后山各营，整顿有方，巡抚又令他接手统领镇海后军各营屯。在埤南点验镇海后军前营官兵时，他将三十四名抽鸦片的勇丁淘汰。第二年（1894年）一月，胡传起程北巡校阅本部各营屯的官兵。二十日至鹿寮，二十一日至新开园，巡阅前营中、前、左三哨。二十二日，胡传自新开园，经大陂、大庄、至璞石阁。二十三日，胡传经迪街、水尾，至拔子庄，查阅埤南屯兵。二十四日，胡传经大巴塱、鹿阶皮至象鼻嘴。二十五日，胡传经吴全城，至花莲港。二十六日，胡传至加礼宛，回程沿海察看米仑港。二十七日，胡传返抵大巴塱。二十八日，胡传东行越猴子岭，沿丁仔老溪至海口，宿猫公社通事李自明家。二月一日，胡传沿海岸南下，渡大港水，过纳纳社，经开伞埔、乌鸦石、水母丁、大通气、加走湾、扫别，至坪子村（彭仔存），宿已革总理廖宗元家。二日，胡传沿海岸南下，南行经过乌石鼻、阿哈姑买，至成广澳。三日，经马老漏、加水来、莪律、都力、马武窟，至加里猛押，宿通事刘来成家。四日，胡传沿海岸南下返回，自加里猛押，经八里芒、都峦、猴子山，返抵埤南署，历时十四天。

在进行了实地勘察之后，胡传了解了各地屯兵的实情，从三月开始整顿。埤南屯兵最早设于光绪十四年冬，原设三哨；光绪十五年夏，裁撤二哨，只存一哨，分防大（太）麻里、知本社、虷子仑、大足（竹）高、巴塱卫等处。光绪十七年七月，巴塱卫、大竹高二处防兵，伴归虷子仑、知本社防所，调海防屯兵后哨填防大竹高、巴塱卫、溪底三处。光绪十九年九月，以海防屯兵前哨与后哨原防拔子庄，后哨调防巴塱卫等处，联络不易，乃以前哨跟埤南屯兵对调，埤南屯兵遂移防拔子庄。

海防屯兵最早设于光绪十五年六月，共有前、后二哨，驻防拔子庄。光绪十八年秋，后哨调防巴塱卫等处。光绪十九年秋，前哨亦调防太麻里等处，与埤南屯兵换防。驻防大麻里，分防知本社、虷子仑、大得吉、巴塱卫、溪底等处。

镇海后军中营原设五哨，光绪十年冬，中、前、左三哨驻防埤南，右哨驻防水尾，后哨以四队分驻成广澳，以四队分驻大陂、鹿寮。光绪十四年六月，大庄发生抗官事件，右、后两哨死亡殆尽。这年冬，复行募补。自光绪二十年三月以后，中营五哨，全部驻防埤南。

镇海后军左营，原名飞虎军后营，光绪九年改称，驻守花莲港一带。以中、右、后三哨驻防花莲港，左哨分防加里宛和吴全城，而前哨，则分防象鼻嘴、鹿甲皮（六阶鼻）和大巴塱。

镇海后军前营，是在光绪十四年冬、大庄事件结束后增设，中、前、后三哨驻防新开园，右哨驻防成广澳，后哨则分防璞石阁和鹿寮。

为了补充兵力，六月十六日，胡传派刘德杓等赴凤山境内招募勇丁。六月二十六日，胡传赴槟榔、阿里摆等社，踏勘营地。七月二日，中日开战消息传来，胡传估计，日军终将会侵略台湾，于是积极备战。第二天，胡传就再赴阿里摆寻找营地，赶办筑垒移营，因无帐篷，少锄锸，不能速移。二十二日，胡传赴阿里摆，查看新营。二十四日，镇海后军中营一半，移驻阿里摆新营。二十六日，胡传遣幕友家人等，先移居新营，次日，胡传率州署移驻新营，以防日本人前来偷袭。

光绪二十一年（1895 年）一月七日，日军占领威海卫，形势危急。十三日，胡传遣家眷冯顺弟、胡适、胡郎山、胡汉升等起程内渡归里，仅留次子随侍在侧。二月十二日，胡传正式补实台东直隶州知州。三月二十三日，中日《马关条约》签字，台湾割让给日本。四月二十七日，前山已奉朝廷的电旨：在台大小文武员弁，均着陆续内渡。后山的台东也在撤退之列，却没接到撤退的命令，无所适从。五月六日，胡传禀请撤遣防军，并自请开缺回籍治病。五月二十一日，胡传委任都司刘德杓充当镇海后军中营帮带。五月二十四日，胡传奉准内渡。五月二十八日，胡传书遗嘱授其次子，云："（上略）。壬辰（光绪十八年）之春，奉旨调台湾差委，至则派查全省营伍，台湾瘴疫与琼州等。予自三月奉檄遍历台南北、前后山，兼至澎湖，驰驱于炎蒸瘴毒之中凡六阅月，从人死尽，而予独不死。今朝近已弃台湾，招臣民内渡，予守后山，地僻而远，闻命独迟，不得早自拔；台民变，后山饷源断，路梗文报不通，又陷于绝地，将死矣！"①

闰五月三日，胡传自州署起程。十二日，抵安平。六月二十五日带病登舟内渡，二十八日抵厦门。不久，他病逝于厦门三仙馆，享年五十五岁，留下《钝夫年谱》、《台湾日记与禀启》、《台东州采访册》等，是了解清代后山最重要的文字资料。在实地调查研究的基础上，胡传批评"开山抚番"说："台湾自议开山以来，十有八年矣。剿则无功，抚则罔效，垦则并无尺土寸地报请升科，防则徒为富绅土豪保护茶寮、田寮、脑寮，而不能禁凶番出草。每年虚糜防饷、抚垦费为数甚巨。明明无丝毫之益，而覆辙相蹈，至再、至三、至四，不悟、不悔，岂非咄咄怪事哉！"

---

① 参见黄学堂《胡传传》，第 151 页。

四十三　　林朝栋：　栋军统领

　　林朝栋（1851—1904），字荫堂，号又密，幼名松，绰号称"目仔少爷"，台湾府彰化县阿罩雾人（今台中市雾峰区），栋军主帅，雾峰林家第六代，曾参与中法战争的台湾战事，协助刘铭传在台湾办理新政，以及平定施九缎事件，官至二品顶戴道员，赏黄马褂。甲午战争后，支持筹组"台湾民主国"。但乙未战争却令他心灰意冷，于是举家迁至厦门，最后病死上海。

　　咸丰元年（1851 年），林朝栋出生于彰化县阿罩雾庄，为林文察长子。林文察为报父仇而入狱，咸丰三年（1853 年）小刀会来台起事，林文察又被召入清军中担任勇首，后来，林文察又先后参加平定太平天国起义、戴潮春起事。同治三年（1864 年）年底，林文察战死于漳州万松关。

　　林朝栋自幼熟读兵书，喜欢练武，有次练武时伤到一只眼睛，只剩一眼能见事物，因而得到"目仔少爷"的称号。

　　同治九年（1870 年），林朝栋二叔、林家家长林文明，被控侵占房人以及带头威胁官府等罪，在公堂上审讯时被凌定国下令打死。因此，林家在林朝栋祖母林戴氏、叔公林奠国带领下，向上控告了十五年，期间四度去北京告状。林朝栋也曾前往福州和北京诉冤，但始终没有结果。期间，林朝栋因捐官而获得兵部郎中之职。光绪八年（1882 年），林戴氏重病不起，而林家也因控诉案花费大笔家产，但却难获胜诉，于是，林朝栋为林文明结案，并返回台湾接掌家业。

同年，福建巡抚岑毓英来台湾巡视，决定在东大墩建立新府城（即今台中市），并于大甲溪建立桥梁与堤防以整治溪水，于是召集各地士绅捐款。林朝栋率领数百名壮丁协助施工，材料经费全部自费，且施工十分有效率，因而博得岑毓英的好感，后来，岑毓英把他推荐给刘铭传。

参与中法战争

光绪十年（1884 年）八月四日，法国海军少将利比士率舰队入侵鸡笼（今基隆市），致信中国守将，限令二十四小时投降，中国守军置之不理。法军开始破坏海岸炮台，在大沙湾登陆，提督苏得胜、章高元率守军将其击退。

九月二十六日，法军进犯基隆狮球岭鸟嘴峰山隘，守军负垒力战三昼夜，将法军击退。十一月初，法军舰队在孤拔率领下，集中到沪尾（今新北市淡水区）口外，连续八天向海岸炮台攻击，都被提督孙开华率兵击退。镇守台中的台湾兵备道刘璈奉刘铭传之命，征召兵部郎中林朝栋北上助战。林朝栋率领五百乡勇与两个月的军粮前往鸡笼，镇守大武仑炮台。十一月二十五日，法军从狮球岭等地兵分四路环攻清军，血战至傍晚，法军死伤百余人。十二月初，法军进攻鸡笼港，激战五小时，法军占领了鸡笼港。清军退守山地，自动破坏八斗子煤矿，做久战计。十二月十日，法军进攻大水窟圆窗岭，又以舰兵四百名，自八斗仔突袭深澳坑后，进迫月眉山阵地，林朝栋等率众力战。十二月十一日，法军攻陷月眉山。十二月十六日，台湾军民以四路围攻月眉山，克其首垒，战竟夜，双方伤亡各有数十人。

光绪十一年（1885 年）三月初三，法军再次发动进攻，法军陆战队在其军舰炮火掩护下，猛烈进攻狮球岭，守军统领林朝栋不支，退守六堵及暖暖街，法军旷日无所获。三月十八日，孤拔乘旗舰拜亚德号率四艘军舰进攻澎湖，从风柜尾南蒔里澳上陆。清军水师副将周善初未战而溃，营管陈得胜力战不利，二十日，法军占领妈祖宫。中法《天津条约》签订后，法军于七月二十五日从澎湖撤兵。

林朝栋因助战有功，被奖叙道员。林朝栋在此战中的表现，深得刘铭传赏识，战后全台三十多营乡勇被裁撤，独林朝栋与张李成两营被保留纳入清军，而林朝栋本人也在台湾建省后颇受重用。

抚垦事业

光绪十一年（1885年）四月，巡抚刘铭传受罩兰庄（今卓兰）人民之请，令林朝栋、林泰和以五营之兵约二千人攻伐北势原住民村社中的马那邦、苏鲁二社的原住民。当时，官军扎营罩兰地方，先遣使说服，二社不从，并联合北势诸社及大湖山的原住民对拒官军。官军由罩兰、中科、新开三路进击，原住民以天险之防，官军受挫，对阵数月不克。

十月，林朝栋驻扎新竹与后垅（今苗栗县后龙镇）两处海口。期间，罩兰庄（今苗栗县卓兰镇）发生原住民猎杀汉人的事件。林朝栋报告刘铭传，刘铭传便令林朝栋展开抚"番"工作。

武荣社原住民围攻罩兰社，林朝栋派兵解围，之后亲自督战，并与柳泰和合军抚平附近一带的山社，最后武荣社头目不敌逃走，于是该社接受清军就抚。十一月，大湖遭到原住民袭击，林朝栋又率军就抚附近七社。光绪十二年（1886年），刘铭传上奏朝廷叙奖，林朝栋得"劲勇巴图鲁"名号，并由四品官加升为三品。

六月，林朝栋受命办理垦务，防止原住民与汉人发生冲突。苏鲁社进犯罩兰庄，并与官府断绝关系。林朝栋与林泰和率军前去镇压，遭到激烈抵抗，林朝栋返乡率援军返回。八月底，刘铭传离开台北城，去前线视察，却于九月中旬遭到伏击，官军与原住民双方爆发激战。之后几日，官军入山猛攻，途中被多次伏击，死伤颇多。九月，林朝栋与前来支援的台湾镇总兵章高元，率兵合力进攻，击杀一百多人，终迫使武荣、苏鲁等七社投降。十一月初，林朝栋因"抚番"有功得赏二品顶戴，并于十二月就抚石加禄北路二十四社。该年，刘铭传开办抚垦总局等部门管理开垦事宜，林朝栋被命负责大湖与东势两地抚垦局的事务，从此负责台湾中北部地区的开垦与抚番工作，并延续到甲午战争之后。

光绪十三年夏，开始讨伐南势社的原住民，鉴以讨伐北势的原住民的经验，此次实施稳妥的办法。统领林朝栋率二千五百兵勇前进，遣使入社劝降。原住民不但不投降，反而出来挑战，七月先攻白毛、阿冷雨。十一月，官军又惨遭原住民伏击，死伤惨重，管带张园理在抽藤坑战死。

光绪十五年八月起，开始筑台湾府城（今台中）。由台湾知县黄承乙监造，绅士吴鸾旗为总理，中路统领林朝栋督"栋军"官兵修筑城垣。光绪十九年，林朝栋投资五万元，开设八宝圳下游至潭子的聚兴庄。

林家在林文明去世后官司不断，家道中落，但林朝栋得到刘铭传赏识后，情况就不同了。林朝栋官至三品，成为家族中仅次于林文察的大官，林家的社会地位得以大大提高。另外，林朝栋接掌抚垦与樟脑事务，使林家广泛种植樟脑树以外销他地。因此，林家社会经济地位大幅上升，再度成为台湾中部最具影响力的家族，而全台也仅有板桥林家可与之比拟，时称"一天下，两林家"。

平定施九缎事件

清光绪十二年（1886），巡抚刘铭传为增收赋税，"以台湾之入款，供台湾之所用"，令各县清查丈量土地。当时，台湾各州县多不敢实行，怕引起变乱。

光绪十三年（1887年），彰属十三堡在知县蔡麟祥率领下进行丈量和登记，每甲以十一亩计算，随丈随算，错则改之，百姓并无怨言。不料，彰化县知县蔡麟祥病死，刘铭传派淡水县知县李嘉棠到彰化去续办。李嘉棠丈量时不仔细评断土地优劣，遭到乡民抵制。李嘉棠又别出心裁设了一种鱼鳞册（清丈单），每家须交二元大洋，强迫农户到县领取。本来彰化一年收田赋三万多，丈量后要增多一倍，哪里还交得出鱼鳞册费用？百姓不去领鱼鳞册，李嘉棠就派出皂隶催领。八月，李嘉棠以刑威民，在鹿港处死土豪简灿，激起了民众更大的愤怒，浸水庄民尤甚。

施九缎，祖籍晋江钱江（今龙湖前港），世居台湾彰化县二林堡浸水庄，务农为生，为人正直，好打抱不平，深得乡人敬重。

九月初一日，以施九缎为首的起事在浸水庄发生了，参加的民众有数百人。他们在白布上书写"官逼民反"，用庙里的神轿抬着施九缎，像平时迎神祭赛那样，队伍浩浩荡荡地向县城出发。因为施九缎事先申明禁止抢劫杀人，所以得到北斗街（今彰化县北斗镇）、牛骂头（清水）、鹿港等地各村庄的响应和支持，中午来到城下，队伍已经扩大到一千多人，到下午就会集了数千人。大家包围了城门，高喊着烧毁鱼鳞册（清丈单）的口号，知县李嘉棠等大小官员被包围在彰化县城里，紧闭城门。

李嘉棠一面赶忙电告抚署，说是彰化百姓造反了，一面布置手下守城，又派人出城传檄各堡绅士召集丁壮入援，可是，无人愿意救援他。鹿港的施氏绅士，因不出手救援李嘉棠而遭到他的怨恨。

初二日，施九缎带起事民众占领彰化城东的八卦山，山上有炮垒，有人提议开炮打县衙门，施九缎说："罪在李嘉棠一人，如果用炮火，就会打死无辜的人，况且我们这一回只不过是为民请命，只要县令答应收毁丈单，我们就可回家了。"众人称施九缎为"公道大王"。

初三日，施九缎带起事民众迎击一队从嘉义来的援军，打死了带队的武毅右营提督朱焕明和十几名部下，继续包围彰化城。巡抚刘铭传闻警，立即派遣中路统领林朝栋、台湾镇总兵万国本、澎湖水师总兵吴宏洛等率兵合攻施九缎。

初六日，林朝栋率领新招募的栋军一千八百人抵达县城外，与城内守军里外夹击，解除彰化县城之围。起事民众撤出八卦山，退驻平和厝庄。十一日，统领林朝栋带兵围攻平和厝庄，经过一场血战，民众被杀死四五十人，官军也死伤十七人。

与此同时，林文荣等也在砖仔窑击溃起事群众，起事民众只得各自四散，施九缎逃归浸水庄。

事件后，林朝栋建议刘铭传解散起事群众，仅追究带头者的责任。刘铭传接受其建议，并上报朝廷奖叙林朝栋，使他成为清朝唯一以道员身份受赏黄马褂者。而他的建议也得到彰化二十四庄（今彰化县花坛乡、大村乡等地）民众的感念，并于光绪二十一年（1895 年）赠予他"德同再造"的匾额。在安抚工作上，刘铭传举荐绅士吴德功等人善后，矫正鱼麟册以就公允，民心乃服。

光绪十四年，林朝栋在大湖八份街（今苗栗县大湖乡）建筑关帝庙，规模共一十一间，垦户吴定连年捐香祀谷一十石；又将八份街地租跟年捐出一半，做庙内香油之费。光绪十六年，林朝栋又奉令督率乡勇在东大墩、新庄仔、桥仔头间兴工建筑台湾府城，与台湾知县黄承乙、绅士吴鸾旅等人一起负责工程。

西渡大陆

光绪二十年（1894 年），甲午战争期间，林朝栋奉台湾巡抚邵友濂之命率领四营镇守狮球岭炮台，之后又陆续增援两营兵力，然而唐景崧接任巡抚后，又将他调回台中，而以广东来的勇兵代替。光绪二十一年三月，清廷与日本签订《马关条约》，将台湾与澎湖割让日本。四月，在台湾各地士绅支持下，"台湾民主国"成立，以唐景崧为总统，以抵抗日军接收台湾。唐景崧令刘永福率黑旗军守台南，道员林朝栋率十营义军守台中，自己负责台北、基隆防务。而林朝栋早在四月初就已经将家眷送到厦门避难，自己再只身返回台湾与日军作战。

然而，林朝栋返台后，日军已于五月初七日登陆澳底，一路挺进。在登陆十天后，日军即轻易攻占了台北城，并直入桃仔园（今桃园市）。林朝栋见状，感到大势已去，支付银饷后独自西渡抵达厦门，他手下八营兵力并未解散，继续追随李秉瑞、吴汤兴投入抗日战争。

到厦门后，林朝栋于光绪二十三年（1897年）奉旨两次晋见皇帝，由南洋大臣刘坤一指挥，之后又再建军，仍作"栋军"，并驻守海州，不久被命接管全福建团练的管理工作，但又被刘坤一以机要的要求留为原职。光绪二十五年刘坤一返回北京，由于林朝栋和江苏巡抚鹿传霖不合，便辞官返回厦门经营樟脑事业。光绪二十八年，林朝栋转往上海居住，最后于光绪三十年五月去世，享年五十四岁，身后葬在漳州香亭坂。

四十四　梁成：原住民的阿公

梁成，字子嘉，广东南海人。少负气，曾经因为某事而忤逆了咸丰皇帝，将要被当地的官府绳之以法，遂离家出走，到江浙、两湖等地做官员的幕僚，但没有很合得来的，愤而渡台，被林朝栋聘为栋军文书。这时，巡抚刘铭传正在依靠栋军治理原住民。林朝栋与刘铭传之间的私人信件与公文很多，有时候一天需要书写数件。林朝栋原来的文书，作文往往词不达意，梁成一来，情况完全改观。对此，刘铭传很奇怪，便询问林朝栋：为你撰写文章的是谁？林朝栋报告说，是南海人梁成，他很有才华。

光绪十二年（1886年），刘铭传在彰化东势角设置抚垦分局，传檄令梁成负责。东势角在大甲溪左边，群山环抱，中间是已经开拓的平原。

台湾原住民（史称"番"）遍布台湾山区，以狩猎为主，兼有原始的畲种农耕。至郑成功收复台湾时，他们还处于原始氏族部落时期，强悍好斗。随着明末清初开始的大开发，"番社"开始分化为"熟番"和"生番"，接受汉文化、生活习俗、生产方式的番社，服从官府的管辖，称为"熟番"。至乾隆三十一年（1766年），台湾南北两路归化的"番社"已达两百多社，但仍有不少不愿归服王化的所谓"生番"。因此，即使到了乾隆中期，阿里山的"番社"仍保有"人牲"祭神的恶俗。

以前，汉人和原住民隔绝，原住民一愤怒就会去袭击和杀害汉人。原住民贫困了就跑来讲和，得到粮食布匹等物资。讲和之后，原住民仍然会不时地杀人，但却会推诿给其他族的原住民。当地的地方官经常无法惩办杀人的原住民，最终也都不了了之。

原住民各族居住在偏僻的深山老林之中，彼此不相往来。几个原住民村社，合用一个通事，与汉人交流。地方官了解原住民的任何情况，只能通过这些通事，然而，通事却往往依靠原住民自高自大，并为原住民通风报信。所以，地方官送给原住民的各项费用很多，而原住民仍经常骚扰或袭击汉人。

据此，梁成向上司提出了"利诱势禁"的建议：一面在各隘口严密布防，一面制定汉人原住民进行集市贸易的办法。原住民各社，如果不与汉人进行贸易，则无法得到布匹和食盐。梁成的建议实行之后，原住民比以前安定了许多。之后，梁成又亲自到原住民各社考察，对他们嘘寒问暖，逐渐赢得了他们的信任。梁成还迎娶了一个原住民女人为妾，跟着她天天学习原住民的语言，时间一久，各社的原住民与梁成的关系都非常密切，呼他为阿公。

光绪十三年（1887年），万社的原住民男子袭杀汉人，当地的居民纷纷逃避。刘铭传传檄，令林朝栋与当地的士兵共同抓捕杀人的原住民男子。万社在原住民各社中最强大，族人很多且居住地十分险峻，原住民各部都要听从它的指挥。接到刘铭传的命令之后，大家都认为执行起来很困难，唯有梁成一人，奋然前去万社。见到万社的大首领后，梁成对他说："我以前与你约定，千万不要杀人，我们每年给你们牛酒盐布，让你们能吃饱穿暖，生活安逸，如果谁杀人了则要出来抵罪。现在你们违背了约定，我也失去了台湾巡抚的信任，将要被他弹劾离职。以后到这里的官吏，必将断绝与你们的集市贸易，你们将会有很多人饥寒交迫而死。"

梁成声色俱厉，万社大首领感到害怕了，便问他怎么办，梁成说："你能把杀人者交给我，就没事了。否则，巡抚派遣的大兵就会进来攻打你们。你交出杀人者，就是除一暴而安众良，这是最好的办法了！"

　　大首领按照梁成的要求，令人将杀人者捆绑着押出来，斩首示众，原住民其他各社听说之后，都十分震动恐惧。与原住民各社都十分熟悉之后，梁成在原住民居住的地区购置了不少产业，他开辟了罩兰的田野，种植树木，每年的收入有上千两银子。在梁成的努力下，中央山脉的原住民也比较温和了。

　　光绪十五年（1889年），刘铭传令抚垦局兴办蚕业，并派云林县斗六等地的季联珪等二人，前往大陆考察蚕桑事业，梁成留驻大坪林、罩兰，倡导养蚕。

　　光绪二十一年（1895年），日军侵入台湾后，梁成内渡，他在台湾的产业资产全部丧失，诗文也全部散落。

　　后来，梁成客死在香港。数年之后，门人林资修记述了梁成的一生，并高度评价了梁成。林资修的评论说：

　　"台湾土番古称难治，往时大府亦尝用兵，至则散匿深菁，毫无踪迹。乃转缘岸附木，狙击刍粮。及其惰归，每中厥伏。再举失利，亦稍厌矣。夫以彼族之野，手无寸铁，家少余储，非有假寇兵而赍盗粮者，彼何敢逞？而番辄夜郎自大，谓汉与我等尔。使译者能开陈利害，亦当少警顽迷。而乃张彼虚声，坠我士气，斯亦木腐虫生之验也。故番非难治也，未得其方尔。不揣其本而齐其末，方寸之木可使高于岑楼；惜乎梁先生之未竟其用也！"[1]

---

　① 参见连横《台湾通史》卷36《梁成》。

四十五　　徐骧：台湾抗日义军领袖

徐骧（1860—1895），字云贤，台湾苗栗县头份镇客家人，苗栗诸生，祖籍广东，世代以农耕为业。他素有大志，性刚毅而具胆识，"耕而兼读，耕读之余，更以余力习武技"。徐骧勤奋耐劳，常资助贫苦乡民，深得当地农民的信赖。

甲午战争失败后，清廷与日本签订《马关条约》，割让台湾给日本。消息传至台湾，人心愤慨，成立"台湾民主国"，推举唐景崧为总统，各地都起兵响应。

光绪二十一年（1895 年）五月初七，日军近卫师团在台北澳底登陆。五月十二日，日军攻陷基隆，唐景崧逃回厦门，丘逢甲、林朝栋相继内渡。十五日，日军攻陷台北，积极准备继续南犯。

台湾人民义愤填膺，奋起反抗，推举黑旗军刘永福为抗日领袖，可是，黑旗军虽然英勇善战，但只有几千人，怎能扭转危局？

台湾人民自发组织义勇军，联合起来抵御日军。苗栗人吴汤兴面向北方誓师说："是吾等效命之秋也。"众人皆起而应和，吴汤兴随即率众起义抗日。

徐骧乃在苗栗响应，散尽家财，号召乡民组成"田赋军"。徐骧对乡民说："吾台，吾民父母之乡也。吾民之田庐在于是，子孙在于是，祖宗丘墓在于是。台亡，吾民将安归乎？诸公皆健者，义薄秋云，气吞百川，际此生死存亡之交，何兴乎来，执挺以为刘（永福）公助。庶几人自为战，家自为守，成则建造新邦，熠跃千古，败则举吾民之骨血与全台俱尽焉！是亦亡国之荣也！""朝廷无力以卫吾台，能卫吾台者，吾民耳。"

乡民感奋，纷纷响应，皆"握拳自击其掌"，表示愿投效义军，跟随徐骧，战死在所不辞。于是，各乡分别精选壮丁，组织民团，推举徐骧为民团长。

同时，姜绍祖在北埔起兵，简精华也在云林起兵，各率领数百至数千人，他们互通信息，相互支援。

总之，在这危急关头，新竹、苗栗、云林等地义军，由徐骧、吴汤兴、邱国霖、胡嘉猷、简精义领导，所在奋起，会同官军抗敌，以阻日军南侵。

五月十六日，台中义军出援台北，行至中途，闻台北已陷，遂返回。五月二十日，日军自台北分三路进攻新竹，刘永福唯恐台中有所闪失，遂商议派兵支援。吴彭年自愿前往，率领七星旗兵七百人，加入新楚军副将李维义的阵营，刘永福令杨紫云率新楚军会同吴汤兴的新竹义军防守。五月二十三日，吴汤兴率领新竹义军五百名与姜绍祖部共同北上支援时，在杨梅坜遭遇日军，两军合力攻击，日军稍有退却。

闰五月初五，日军分三路南下：一路由新竹大道，一路出安平镇，一路援助三角涌，到处都遭到义军的英勇阻击。闰五月二十七日，日军再度南下，往攻新竹。二十九日，吴彭年率黑旗军七星队到达彰化八卦山时，李维义之新楚军已部署于苗栗。三十日，日军攻陷新竹。日军进攻到老崎崎时，徐骧率兵伏击，日军溃退，追击到新竹城外数里而回。

这时，台湾抗日军民士气高涨，台湾府知府遂决定夺回新竹城。副将杨紫云率新楚军二营，与傅德升一营、郑以金一营，会师进攻，陈瑞昌率义勇五百人为前锋。他们围攻新竹三个大门，炮火可以打到城中，徐骧所部尤其勇敢。日军死守，攻城失败。

徐骧与吴汤兴等诸义军统领于六月十五日向吴彭年请求援助，吴彭年率屯兵营管带徐学仁至大甲，屯兵营管带袁锦清、帮带林鸿贵等带兵前往，并于隔日进驻苗栗的大甲。六月十八日，日军大队人马自湖口反击，合攻笔尖山，击溃邱国霖所部义军七百多人。二十日，日军从香山、头份庄之后偏僻小路抄袭，新楚军副将杨紫云在头份庄战死，徐骧力战，李维义败回。日军猝至，吴彭年骑马冲入敌阵，徐骧、吴汤兴助之，奋力呼战，弹如雨下，袁锦清、林鸿贵都战死，吴彭年收兵回大甲。在新竹之战中，大小二十余战，互有伤亡。

日军乘势攻苗栗，该地无城不易防守。六月二十三日，近卫师团攻陷苗栗，吴彭年、吴汤兴、徐骧等力战失利，吴彭年退彰化，徐骧、吴汤兴率义勇退入台中。大甲溪是台中地区门户，据有天险，敌人若不得大甲溪，就不能进犯台中，而台中又背山而海，居中驭外，可以控制全台，因此大甲溪的得失，在战略上具有重要意义。

日军从国内增调两万援军，六月下旬大举进犯大甲溪。徐骧率义军与其他抗日武装伏兵溪两岸，突然袭击，日军大败溃逃，追杀日军一百几十人。日军收买汉奸，偷袭新楚军营，李维义怯战逃走，大甲溪遂失陷。接着，葫芦墩（今丰原）也失陷，中部遂告失守。

刘永福下令各军在台中、彰化境内的大肚溪一带防守。七月初五日，遇日军结筏渡溪，徐骧率义军诱敌深入。义军李邦华及营官李士高在正面阻击，营官陈尚志、义军吴汤兴、沈仲安分别从左、右两翼包抄，大破日军。初七，再次大败日军。日军逃入深山，在汉奸引导下，向彰化东门外的八卦山出击，八卦山丢失则城不能保，刘永福急令吴彭年据守八卦山。吴彭年令吴汤兴义军为前队，陈尚志新楚军为后队，李士高镇海军为左队，林鸿贵黑旗军为右队。吴汤兴、徐骧防守山顶。八日，激战八小时，毙伤日军千余人。初九日黎明，日军分头进攻，以一中队涉大肚溪进攻黑旗营，又以一中队击其背。吴彭年挥军迎击，而日军大队则从小道直扑八卦山。吴汤兴、徐骧开炮击，多不中。日军冒险攻山，吴汤兴中炮而死，徐骧败走。吴彭年遥望八卦山上已树日军旗帜，急忙率领黑旗军三百多人赴援。林鸿贵率百余人冲入敌阵，也中炮而死。攻上山顶的黑旗军全部英勇战死，吴彭年也中弹而死。日军攻入彰化城，李士高、沈仲安率众巷战半日，全部壮烈牺牲。

当彰化刚失陷时，徐骧率领二十人往后山逃走，辗转来到台南。刘永福慰劳了徐骧，令他进入卑南召募强悍的士卒，总共募得七百人，个个身手矫健，勇猛有力，飞快赶往敌前，彰化诸军因为被围攻得太久，弹药都已经用尽。徐骧率领这七百义勇，进驻斗六溪底与日军打游击，多次歼灭日军。后遭日军击退至他里雾（斗南）。

彰化失守后，刘永福即到前线指挥，令王德榜率七星营防守嘉义，杨泗洪率镇海军、武毅右军、吉林炮队担任野战任务，又招得黄荣邦、林义成、简精华等部义军助战。七月初十，日军攻陷云林、十一日攻陷大莆林。十二日，杨泗洪率所部星夜进攻大莆林，简精华、林义成率领数千义军助战。日军败退，杨泗洪在追击中被炮炸死。营官朱乃昌奋战不退，简精华从侧面猛击，朱乃昌受重伤仍挥军追杀。林义成、黄荣邦率义军截溃敌逃路，前后夹击，杀敌数百人，收复大莆林。

日寇陆路失败，急调军舰十余艘攻打台南各港口。刘永福回台南部署海防，令肖三发代替杨泗洪指挥前线各军，令简成功总统义军。七月十三日，王德标率七星队，联合黄荣邦、林义成、简精华等部义军进攻云林。日军弃城逃跑，在途中被截击成两部。一部窜入山中，被林义成部义军包围全歼。十五日，肖三发指挥各军前进，日军逃入彰化。十六日，各军围攻彰化，但是，这时台南军饷枪械都枯竭，刘永福派人多次到内地求援，毫无所得，前线围城军连日饥饿。肖三发、简精华等商议，早日并力攻下彰化。八月初五日，全军进攻，徐骧率原住民七百多人为先锋，被日军猛烈炮火阻击，未能攻克。初六日，义军猛攻炮台，黄荣邦牺牲。初七日再攻，林义成受重伤，义军损失甚大，因子弹缺乏，此后无力发动攻势。

日军从辽东调来第二、第四两个师团，于七月二十三日到达台北，重组"南进军"，配合海军大举进犯。八月八日，日军出竹堑城，据牛埔山，与据尖笔山南方高地的抗日义军对峙。八月八九两日，尖笔山会战，日军攻占中港。八月十三日，日军自彰化反攻，大举猛扑肖三发的军营，肖三发督军力战，身负重伤。徐骧、简精华率兵前来援救，奋战数日，击退日军。然而，抗日各军伤亡惨重，粮食匮竭，向刘永福求救。刘永福无策，悲叹道："内地诸公误我，我误台民！"徐骧率部退至他里雾。

八月十九日，云林又再度沦陷。日贞爱亲王带一旅团兵力，分攻萧垄及曾文溪。日军侵入麻豆，义军刘光明部不战而退。八月二十日，日军又反攻，简精华、林义成、徐骧均受重伤，战士死伤无数。次日再战，义军大败，林义成牺牲。八月二十二日，泷本大佐率一联队渡曾文溪，侵入东势宅庄，义军徐骧、柏正材、王得标等部在溪岸奋勇抵抗，日军退却，徐骧不幸中弹跌倒，重新站起后大呼说："丈夫为国死，可无憾！"

四十六　　丘逢甲：义勇军大将军

丘逢甲（1864—1912），原名丘秉渊，字仙根，又字吉甫，号蛰庵、仲阏、华严子，别署海东遗民、南武山人、仓海君，辛亥革命后以仓海为名。晚清爱国诗人、教育家、抗日保台志士，祖籍广东嘉应州镇平县（今梅州蕉岭县文福镇），出生于台湾府淡水厅苗栗堡铜锣湾（今苗栗县铜锣乡竹森村）。

乾隆中叶，丘逢甲的曾祖父丘仕俊偕同一批客家人漂洋过海，迁到台湾。到丘逢甲这一代，丘家在台湾定居已有四代、近百年的历史了。丘逢甲的父亲丘龙章，台湾贡生，毕生从教，为乡村塾师。同治十三年（1874 年）日本出兵侵犯台湾南部牡丹社地区，以及光绪十年（1884 年）法军占据台湾鸡笼（今基隆）等事件，使丘龙章倍感忧虑和警惕，对台湾的将来充满忧虑。

同治三年（1864 年），丘逢甲就出生在这样一个具有浓厚爱国爱乡思想的乡村塾师的家庭里，他"幼负大志"，渴望报效国家民族。他自幼天资聪颖，读书过目不忘，在其父的亲自教授下，六七岁即能吟读、属对。十四岁时赴台南应童子试，获全台第一，受福建巡抚兼学台丁日昌注意，特赠"东宁才子"印一方，由此闻名全台。

光绪六年，丘逢甲自东势角移居翁仔社。当时，三角仔庄吕母游太夫人五十寿，丘逢甲有寿诗献祝，里人为之传诵不已。光绪十四年秋，赴福州参加乡试，中举人第三十一名。

光绪十五年（1889年）春，赴京参加考试，以优等成绩中进士，钦点工部虞衡司主事。但丘逢甲无意在京师做官，以"亲老需侍"为由返台，受台湾望族、原籍漳州的筱云吕氏（今称神冈吕家）礼聘教授子弟。其兄丘先甲也因办理乡勇团练、开垦土地等因素，举家迁往大埔厝柏庄新宅，竖旗竿。

丘逢甲在台湾专意养士讲学，任台南崇文书院主讲，同时兼任台湾府衡文书院及嘉义罗山书院主讲。光绪十八年（1892年），《台湾通志》总局正式开设，丘逢甲被聘为采访师，负责采访、补辑乡土故事，因此有较多机会深入民间，了解社会民情。这一时期，西方列强的殖民侵略使中华民族面临着生死存亡的威胁，这样的社会现实不能不使丘逢甲感到郁闷和隐忧，他慨叹道："风月有天难补恨，江山无地可埋愁。""孤岛十年民力尽，边疆千里将材难。"他虽隐身山林，专心教读，但报效国家之情强烈。在他的书屋中，自书中堂"且看鹰翅出云时"以明心志。

光绪二十年（1894年），甲午战争爆发，丘逢甲奉旨在台中督办团练。六月，他预见到台湾前途危难，对友人说："日人野心勃勃，久垂涎此地。"① 他遂以"抗倭守土"为号召，召集乡民训练，以备战守。八月，唐景崧奏准创建团练。十月，丘逢甲所部团练被唐景崧改称义军，并委其续招义勇，以备择调。丘逢甲推荐吴汤兴，唐景崧乃任吴汤兴为台湾义民统领。丘逢甲带头变卖家产以充军费，并动员亲属入伍。据《台湾通史》卷四记载，这时，全台的官兵，土、客、新、旧为数三百数十营，每营三百六十人。唐景崧既驻台北，以丘逢甲率所部戍附近，备策应。

到这年冬，一百六十余营义军成立，但缺乏训练，实际上训练过的只有三十余营。丘逢甲奉命负责"总办全台义勇事宜"，自任全台义军统领，在台中柏庄设立司令部，防守台中、新竹等地，兼任筹饷。

---

① 参见徐博东《史海拾贝》，第299页，华艺出版社2014年版。

　　光绪二十一年（1895年）二月，中国战败，清廷派李鸿章赴日议和。丘逢甲奉命率所部义军北上，驻防在台北后路南崁至后垄一带，坐镇元帅庙。

　　三月二十三日，李鸿章与日本首相伊藤博文签订了《马关条约》，割让台湾，激起了全国人民的义愤。丘逢甲悲愤交加，当即刺血上书，抗议李鸿章的卖国行径，此后他多次联合台湾绅士向朝廷发出呼吁电，要求废约抗战。清廷不但置台湾领土和几百万同胞于不顾，反而于四月二十三日急诏撤回守土官兵。绅民闻讯，知难挽回，乃决计组织"民主国"，以图死守，公推进士邱逢甲起草宪法，巡抚幕宾陈季同设计制度：议选总统，开议院、定官制、易旗帜，自主之议乃定。

　　五月初二日，邱逢甲率绅民数百人，鼓吹前导，到巡抚署，公推唐景崧为大总统，行两跪六叩首礼，上印绶"台湾民主国总统之印"，及蓝地黄虎国旗，年号永清，示不忘清也。刘永福为大将军，礼部主事李秉瑞为军务大臣，兵部主事丘逢甲为义勇大将军，刑部主事俞明震为内务大臣，副将陈季同为外务大臣，道员姚文栋为游说使，使诣北京，陈述建国情形。唐景崧发表《台湾民主国独立宣言》，宣称"台湾同胞誓不服倭，与其事敌宁愿战死"。

　　"台湾民主国"成立时，丘逢甲痛哭表示："吾台孤悬海外，去朝廷远，朝廷之爱吾台，曷若吾台人之自爱。官兵又不尽足恃，一旦变生不测，朝廷遑复相顾。惟人自为战，家自为守耳。否则祸至无日，祖宗庐墓掷诸无何有之乡，吾侪其何以为家耶？"

　　唐景崧当初滞留台湾也不是完全出于自愿，唐景崧留台本来就是权宜之计，丘逢甲等台湾士绅对此也无异议，他们在《全台绅民致电禀》中明确表示，台湾"暂行自主……留台抚暂仍理台事"，请各国公断后"再送唐抚入京"。

　　五月，日军开始进攻台湾，台北、台南和台中的防务分别由唐景崧、刘永福和丘逢甲、林朝栋负责，丘逢甲率士勇守彰化至新竹地区。由于唐景崧平时放纵部下，纪律松散，无心抗战，一与日军交手，便节节败退，不久基隆失守。五月十四日，唐景崧弃职，乘德商轮船逃往厦门。第二天，日军先头部队八十人在辜显荣引导下，开入台北。丘逢甲急忙指挥义军赴台北增援，途中得知台北已沦陷，唐景崧已内渡，丘逢甲痛恨唐景崧不战而逃，宣称："吾台其去矣！误我台民一至此极！景崧之肉，其足食乎！"

日军沿铁路南侵直达彰化、新竹，丘逢甲率义军与日本侵略军血战二十余昼夜，进行了大小二十多场战斗，给日军以沉重打击，义军终因"饷尽弹尽，死伤过重"而撤退。丘逢甲见局势不可为，便返回台中，于阴历六月初五携带家眷由鹿港内渡福建泉州。林朝栋、丘逢甲先后内渡后，义军节节溃败。

史学家连横称其随身还卷带原本征募所得十万银两军饷，但是，大陆研究丘逢甲的专家徐博东认为，丘逢甲携款潜逃之说没有确实证据，不足为信。① 丘逢甲临去前，将义军统领交给了吴汤兴。离台前作《离台诗》六首，其中最著名的是："宰相有权能割地，孤臣无力可回天；扁舟去作鸥夷子，回首河山意黯然。"

连雅堂在《台湾通史》便作总评为"成败论人，吾所不喜，独惜其为吴汤兴、徐骧所笑尔"。

丘逢甲内渡后，先后主讲潮州韩山书院、潮阳东山书院、澄海景韩书院，并与三弟树甲共同成立岭东同文学堂。

光绪二十二年（1896 年）五月，丘逢甲首次到广州万木草堂，其时草堂已被清廷取缔，屋宇也早归还丘家，丘逢甲在此先后拜见了广东巡抚许仙屏、翰林院编修刘葆贞、菊坡精舍山长梁诗五等。许仙屏上奏朝廷，陈述丘逢甲抗日护台的良苦用心和义烈举动，请求朝廷褒扬录用，朝廷批复"归籍海阳"。这也是丘逢甲第一次到广州，在邱氏书室写下了《镇海楼》、《珠江书感》等二十多首诗。光绪二十九年，被辛亥革命元老、中国现代教育奠基人何子渊等聘为兴民学堂首任监督。光绪三十年再赴广州，任广东学务公所参议，长住万木草堂。光绪三十二年，被两广总督岑春煊聘为两广学务处视学、广州府中学堂监督、商业职业学校监督。光绪三十三年，

---

① 参见徐博东《丘逢甲"携款潜逃"辨讹》，《学术研究》1984 年第 6 期。

与何子渊等秘密筹划潮州黄冈起义，并参与营救遇险的革命党人。光绪三十四年，被推为广东教育总会会长。宣统元年，广东咨议局成立，丘逢甲当选议员，既而被推举为副议长。

丘逢甲积极支持姚雨平、邹鲁等人的反清革命活动。宣统三年（1911年），武昌起义爆发，各省响应，广东宣布独立，推胡汉民为都督。丘逢甲被选为代表，选举孙文为中华民国临时大总统。

民国元年（1912年），丘逢甲因积劳成疾，请假南返，2月25日，卒于广东镇平县（今梅州市蕉岭县）员山里门第，弥留之际遗言"葬须南向，吾不忘台湾也"。丘逢甲出殡时，"执绋而哭者数千人"，有挽联曰："忆当年，祸水滔天，空拼九死余生，双手难支新建国；病今日，大星坠地，只剩二三遗老，背面同哭故将军。"

丘逢甲少有诗名，内渡前所作已多，但代表其诗歌思想、艺术成就的，是内渡后的作品。这部分诗有一千七百多首，以怀念台湾和感愤时事之作最为突出，诗集主要有《柏庄诗草》、《岭云海日楼诗钞》等。丘逢甲的诗文曾获得诸多学者高度的评价：钱仲联曾评其《岭云海日楼诗钞》曰"七律一种，开满劲弓，吹裂铁笛，真成义军旧将之诗"。柳亚子谓"时流竟说黄公度，英气终输仓海君，战血台澎心未死，寒筇残角海东云"。梁启超则誉为"诗界革命巨子"、"天下健者"。

主要参考文献

赵尔巽主编《清史稿》，上海古籍出版社 1986 年版。

连横《台湾通史》，商务印书馆 2010 年 12 月版。

许雪姬总策划《台湾历史辞典》，远流出版事业股份公司 2004 年版。

刘春德《关于开台王颜思齐几个问题的再认识》，《人文社会研究》2009 年 3 期。

台湾省经济研究室编《郑成功传》，台湾省文献委员会 1995 年版。

延平、王户官、杨英《从征实录》，台湾历史文献丛刊，台湾省文献委员会 1995 年版。

朱希祖《郑延平王受明官爵考》，台湾历史文献丛刊，台湾省文献委员会 1995 年版。

郑亦邹《郑成功传》，台湾历史文献丛刊，台湾省文献委员会 1995 年版。

匪石《郑成功传》，台湾历史文献丛刊，台湾省文献委员会 1995 年版。

阮旻锡《海上见闻录》，厦门大学出版社 2011 年版。

夏琳《海纪辑要》，台湾历史文献丛刊第 22 种。

石万寿《沈光文事迹新探》，《台湾风物》第 43 卷第 2 期。

蒋炳钊《蓝鼎元传》，台湾省文献委员会 1998 年 12 月版。

林庆元《杨廷理传》，台湾省文献委员会 1998 年版。

蔡相辉、王文裕《王得禄传》，南投：台湾省文献委员会 1997 年 6 月版。

陈汉光《王得禄传记及其他》，《台湾文献》第 20 卷第 4 期。

林庆元《杨廷理传》，台湾省文献委员会 1998 年 1 月版。

曾廼硕《连横传》，台湾省文献委员会 1999 年版。

黄学堂《胡传传》，南投：台湾省文献委员会 1997 年版。

刘宁颜编《重修台湾省通志》，台北市：台湾省文献委员会 1994 年版。

叶振辉《刘铭传传》，台湾省文献委员会 1998 年版。

庄吉发《从档案资料看清代台湾的客家移民与客家义民》，收于赖泽涵、傅宝玉主编的《义民信仰与客家社会》，台北：南天书局 2006 年版。

徐博东、黄志平《丘逢甲传》，时事出版社 1987 年版。

中国军事史编写组《中国历代战争年表》下册，解放军出版社 2003 年版。

台湾"国家图书馆"网站："台湾大事记要"。

图书在版编目（CIP）数据

明清时期台湾先贤先烈传记/李跃乾,孙钦梅编著.
—北京：华艺出版社，2016.4
ISBN 978-7-80252-588-7

Ⅰ.①明…　Ⅱ.①李…②孙…　Ⅲ.①历史人物—列
传—台湾省—明清时代　Ⅳ.①K820.858

中国版本图书馆 CIP 数据核字(2016)第 078717 号

明清时期台湾先贤先烈传记

编　　著：	李跃乾　孙钦梅
责任编辑：	陈娜娜
装帧设计：	张　璇
出版发行：	华艺出版社
社　　址：	北京市海淀区北四环中路 229 号海泰大厦 10 层
电　　话：	010-82885151
邮　　编：	100083
电子信箱：	huayip@vip.sina.com
网　　站：	www.huayicbs.com
印　　刷：	北京润田金辉印刷有限公司
开　　本：	1/16
字　　数：	315 千字
印　　张：	22
版　　次：	2016 年 12 月第 1 版第 1 次印刷
书　　号：	ISBN 978-7-80252-588-7
定　　价：	38.00 元